企业员工安全操作与事故防范丛书

煤矿企业员工安全操作与事故防范

《企业员工安全操作与事故防范丛书》编委会　编

中国劳动社会保障出版社

图书在版编目(CIP)数据

煤矿企业员工安全操作与事故防范/《企业员工安全操作与事故防范丛书》编委会编. —北京：中国劳动社会保障出版社，2014

(企业员工安全操作与事故防范丛书)

ISBN 978-7-5167-1584-0

Ⅰ.①煤…　Ⅱ.①企…　Ⅲ.①煤矿企业-安全生产-生产管理　Ⅳ.①F407.216.2

中国版本图书馆 CIP 数据核字(2015)第 008333 号

中国劳动社会保障出版社出版发行

（北京市惠新东街 1 号　邮政编码：100029）

*

三河市华骏印务包装有限公司印刷装订　新华书店经销

787 毫米×1092 毫米　16 开本　18.5 印张　368 千字

2015 年 1 月第 1 版　　2015 年 1 月第 1 次印刷

定价：55.00 元

读者服务部电话：(010) 64929211/64921644/84643933

发行部电话：(010) 64961894

出版社网址：http://www.class.com.cn

编委会

主　　编： 张力娜

编写人员： 于　静　马　林　方志强　方金良　王　颖
王昕景　王建民　王断兵　刘佩清　刘军喜
刘立兴　刘红旗　石忠明　杜文利　杜晓琳
闫长洪　冯海英　张力娜　张伟东　张利琴
张万福　张　平　陈国恩　陈　建　吴　诚
吴　淳　吴克军　耿友兵　赵　卫　赵一宙
金永文　黄增汉　黄莉新　唐　玮　李　涛
袁　晖　袁东旭　魏英萍

内容提要

在企业生产中，需要紧紧围绕保证安全生产这个大局，加强对一线生产班组、一线生产作业人员的教育培训，不断提高各类人员的安全素质和操作技能。在企业安全生产教育培训中，对一线生产班组、一线生产作业人员的教育培训，还是以企业自主培训为主。这就需要充分发挥班组的作用，调动员工主动接受教育的积极性。只有在班组和员工有积极性的情况下，安全生产教育培训才能取得比较好的效果。

本书分为七章，主要介绍煤矿企业生产特点与事故危险、煤矿企业安全知识与安全要求、煤矿企业员工安全操作要求、煤矿企业安全质量标准化建设、煤矿企业事故隐患排查与治理、煤矿企业常见事故分析与预防措施、煤矿企业保证安全生产预防事故做法。这些内容与煤矿生产班组、广大员工的生产作业紧密相连，是一线生产班组、一线生产作业人员必须掌握的知识。

本书内容丰富，层次清楚，叙述深入浅出，既适合于班组职工和基层管理人员的学习和培训，也适合于安全生产管理人员的日常教育，可以作为培训教材使用。

前　言

安全生产教育培训是企业安全管理的一项重要工作，其目的是提高企业员工的安全意识，增强员工的安全操作技能，提高企业以及班组的安全管理水平，最大限度地减少人身伤害事故。安全生产教育培训真正体现了“以人为本”的安全管理思想，是搞好企业安全管理的有效方法。

2011 年 11 月 16 日，国家安全监管总局在《关于印发安全生产教育培训“十二五”规划的通知》（安监总培训〔2011〕175 号）中指出：各企业要把安全生产教育培训作为推动安全发展的重要基础性工作摆在突出位置，深入学习宣传《规划》，加强对《规划》实施的组织领导和统筹协调，充分调动各有关方面的积极性，形成推动安全生产教育培训工作的整体合力。

随着我国加快转变经济发展方式和产业结构优化升级，一些行业（领域）机械化、自动化水平不断提升，安全生产不断出现新情况、新问题，迫切需要进一步加大安全生产教育培训的力度，不断提高各类人员安全管理水平和实际操作技能。在《安全生产教育培训“十二五”规划》中，国家安全监管总局要求各企业要以预防和减少各类伤亡事故和职业危害、坚决遏制重特大事故为目的，以贯彻落实安全生产相关法律法规为主线，以提高从业人员特别是农民工安全意识和自我保护能力为重点，加大力度，采取措施，推动安全生产教育培训取得新的进展和成效。在安全生产教育培训工作中，要坚持先培训后上岗、持证上岗，严格对新上岗人员进行强制性岗前安全培训，未经培训或培训不合格的，一律不得上岗作业。

企业安全生产教育培训工作还需要坚持反复抓的原则，这一原则是由安全知识自身具有的与时俱进性和适用的偶然性所决定的。在企业，员工的生产作业方式不断发生变化，这就使安全知识必然随之更新变化。然而，人们在生产作业过程中所学到的安全知识较少，已掌握的安全知识随着时间的推移也会跟不上发展。不进行反复的教育培训，不进行相应的技能训练，就会产生知识与操作上的落后，引起事故的发生。所以，在安全生产教育培训上不能有一劳永逸的思想，必须坚持反复抓，坚持不懈、持之以恒，通过持续不断的教育培训，不断强化员工的安全知识，提高安全操作技能。

《企业员工安全操作与事故防范丛书》涉及煤矿企业、冶金企业、建筑企业、化工企业、机械企业、道路运输企业，这六个行业的特点是就业人数比较多，生产危险性比较大，而且人员流动性也比较大，特别需要加强安全生产教育培训。

丛书对企业生产特点、企业安全管理、员工安全操作要求、安全生产标准化（安全质量标准化）、事故隐患排查治理、常见事故分析与预防措施、企业与班组安全管理新做法等内容，都有比较详细的介绍。

在企业的生产作业过程中，是否发生事故，能否保证安全，很重要的一个因素是人，人是起决定性作用的关键因素。企业各项安全管理规章制度、各种安全操作规程，都需要由人来贯彻执行，企业的安全生产也需要由人来实现。因此，加强人员的安全生产教育培训，实际上就是保障企业的安全。安全生产教育培训做好了，企业的安全就更有保障，企业的发展也将更加顺利，前景也将更加光明灿烂。

《企业员工安全操作与事故防范丛书》编委会

2014 年 10 月

目 录

第一章　煤矿企业生产特点与事故危险

煤矿大体分为两类：一类是露天煤矿，另一类是井工煤矿。井工煤矿就是地下煤矿，下井作业就是地下作业。我国煤矿大多属于地下开采的井工煤矿，井工煤矿的煤炭产量约占总产量的97%。在井工煤矿生产过程中，采掘工作面的事故比较集中，因此采掘工作面的危险性最大。据统计，在国有煤矿特大事故中，采掘工作面约占77%，在重特大瓦斯事故中，掘进工作面占43%，采煤工作面占25%。此外，煤矿的主要事故类型为顶板、瓦斯和运输事故，这三类事故占事故总起数的80%和死亡总人数的80%，是煤矿生产过程中需要重点预防的事故类型。

第一节　煤矿地质基本知识

煤是重要能源，在工业生产中需要燃煤发电提供动力，同时，煤也是冶金、化学工业的重要原料。我国是一个缺气少油，但是煤炭资源丰富的国家。近年来，在我国总的能源消费结构中，煤炭约占2/3，其余为石油、天然气及电力。

一、煤的形成与埋藏特点

1. 煤形成的两个阶段

煤是古生植物遗体沉积在沼泽环境后，在高温、高压条件下再经过一系列物理变化和化学变化而生成的。

煤的形成可以分为两个阶段：

（1）泥炭化阶段。成煤的地质时代，生长着茂密的植物，它们死亡后，遗体到达地表较低的湖泊沼泽环境中沉积。在厌氧细菌的分解活动下逐渐形成泥炭。泥炭形成以后，如果地壳上升，泥炭暴露在地表则会风化，不能形成煤。只有在泥炭形成以后，地壳下沉，在泥炭上部又沉积其他物质，将泥炭覆盖，再经高温、高压后才能形成煤炭。

（2）成煤阶段。如果地壳继续发生沉降，泥炭层很快被其他沉积物所掩盖。随着地壳的进一步沉降，泥炭层下降到地下较深的地方，它上面覆盖的沉积物越来越厚。压力和地温不断增加，原来疏松、多水的泥炭受到紧压、脱水、胶结、聚合，体积大大缩小，变成了最初的煤——褐煤。褐煤形成后，如果地壳继续沉降，则在温度更高、压力更大的条件下，褐煤内的成分将进一步变化，最终形成各种不同种类的煤。它们依次为：褐煤→长焰煤→不黏煤→弱黏煤→气煤→肥煤→焦煤→瘦煤→贫煤→无烟煤。

在整个地质年代中，全球范围内有三个大的成煤时期：一是古生代的石炭纪和二叠纪，成煤植物主要是孢子植物，主要煤种为烟煤和无烟煤；二是中生代的侏罗纪和白垩纪，成煤植物主要是裸子植物，主要煤种为褐煤和烟煤；三是新生代的第三纪，成煤植物主要是被子植物，主要煤种为褐煤，其次为泥炭，也有部分年轻烟煤。

2. 我国煤炭埋藏特点

我国煤炭埋藏有着自身的特点，与世界其他主要产煤国家比较而言，我国煤层埋藏较深。同时，由于沉积环境和成煤条件等多种地质因素的影响，我国多以薄—中厚煤层为主，巨厚煤层很少。因此，可以作为露天开采的储量比较少。

我国第二次全国煤田预测结果显示：埋深小于 600 m 的预测煤炭资源量，占全国煤炭预测资源总量的 26.8%，埋深在 600～1 000 m 的占 20%，埋深在 1 000～1 500 m 的占 25.1%，埋深在 1 500～2 000 m 的占 28.1%。据对全国煤炭保有储量的粗略统计，煤层埋深小于 300 m 的约占 30%，埋深在 300～600 m 的约占 40%，埋深在 600～1 000 m 的约占 30%。一般来说，京广铁路以西的煤田，煤层埋藏较浅，不少地方可以采用平硐或斜井开采，其中晋北、陕北、内蒙古、新疆和云南的少数煤田的部分地段，还可以进行露天开采；京广铁路以东的煤田，煤层埋藏较深，特别是鲁西、苏北、皖北、豫东、冀南等地区，煤层多赋存在大平原之上，埋深多在 200～400 m，有的甚至达到 600 m 以上，建井困难，而且多需特殊凿井。

据统计，我国适宜露天开采的矿区（或煤田）主要有 13 个，已划归露天开采和可以划归露天开采储量共计为 412.43 亿吨，仅占全国煤炭保有储量的 4.1%。而且北方晚石炭世的煤层，煤类多为中等变质程度的炼焦用煤，但因煤层厚度小，基本上只适宜井工开采，仅个别煤田有少量储量可以划归露天开采，如山西平朔矿区、河保偏煤田和内蒙古准格尔矿区。早、中侏罗世，早白垩世和第三纪的煤层，煤类多为低变质烟煤和褐煤，但厚度较大，在成煤条件适宜的地带，常形成厚至巨厚煤层，可以划归露天开采，如陕北神府，内蒙古西部东胜，内蒙古中部胜利，内蒙古东部伊敏、霍林河、宝日希勒、元宝山，以及新疆，云南小龙潭、昭通等矿区（或煤田）。因此，在我国可以划归露天开采储量中，煤化程度普遍较低，最高为气煤，最多是褐煤。

煤炭进行露天开采效率高、成本低、生产安全、经济效益好，适于露天开采的储量，应该充分利用，加大开发规模。然而，我国露天采煤发展缓慢，到新中国成立 40 多年时，产量比重一直在 10%以下，多数年份在 5%以下，近年来也只占 3%～4%。而世界上开采条件好的国家，露天开采比重在 50%以上；开采条件差的国家，也都超过了 10%。相比之下，我国露天开采比重太低。究其原因，由于我国露天开采储量中，褐煤所占比重很大，它不但水分高、发热量低，而且有些褐煤矿区煤层结构还比较复杂，原煤含矸率较高，加上多数矿区（或煤田）交通不便，运输困难，造成露天开采困难。因此，今后在规划煤炭生产建设时，必须从这一特点出发，鼓励煤矿办电厂，变运煤为输电。在建设露天煤矿的同时，同步建设坑口电站，实行就地转化、煤电联营。这样，不仅可以加快露天采煤的发展，而且可以减轻运输压力，促进煤矿企业优化产业结构，提高经济效益和环境效益。

二、煤层埋藏特征与开采

煤层埋藏特征包括煤层的厚度、结构、倾角及稳定性等，这些特征与采煤方法有直接的关系。

1. 煤层的结构

根据煤层中有无较稳定的矸石夹层，可将煤层分为简单结构煤层和复杂结构煤层两类。简单结构煤层是指煤层在当初形成时，沼泽中植物遗体的沉积基本上是连续性的，没有呈层状出现的稳定的矸石层，但可能夹有较少的矿物质或结核。复杂结构煤层是指在成煤过程中，泥炭沉积曾为间歇性，在泥炭沉积后又沉积了泥沙，再后来又沉积了泥炭，而沉积的泥沙则形成夹矸。复杂结构煤层中常含有较稳定的夹石层（也称夹矸层），少则一层，多则几层。煤层中夹矸的厚度和数量不一，夹矸的层数越多、厚度越大，对采煤工作和煤的质量影响就越大。

2. 煤层的厚度

煤炭在生成时厚薄不一，它直接影响到采煤方法的选择。根据开采技术特点，煤层按厚度分为以下三类：

薄煤层：$<$1.3 m。

中厚煤层：1.3～3.5 m。

厚煤层：$>$3.5 m。

在生产工作中，习惯上将厚度在 6 m 以上的煤层称为特厚煤层。

3. 煤层的倾角

煤层的倾角是指煤层相对水平面的夹角。倾角对采煤方法和设备的选择有很大影响。根据倾角大小，可将煤层分为以下四类：

近水平煤层：$<$8°。

缓倾斜煤层：8°～25°。

倾斜煤层：25°～45°。

急倾斜煤层：$>$45°。

4. 煤层的稳定性

煤炭在形成过程中，受自然条件因素的影响，煤层的厚度都是变化的，有时厚有时薄，甚至消失。根据厚度变化情况，可将煤层分为以下四类：

（1）稳定煤层。这类煤层在整个矿井开采范围内厚度均大于最小可采厚度，而且厚度的变化有一定的规律性。

（2）较稳定煤层。在矿井开采范围内绝大多数煤层基本可采，只有局部煤层不可采。

（3）不稳定煤层。这样的煤层厚度变化很大，有薄有厚，甚至消失，经常出现不可采区域。

（4）极不稳定煤层。煤层常呈鸡窝状，断断续续分布，在井田范围内仅局部可采。

第二节　煤矿企业生产特点

煤炭工业是我国国民经济的基础产业，对于国民经济的发展具有重要的作用。我国是世界上煤炭产量最多的国家，2012 年煤炭产量达到 36.6 亿吨。近年来，在国家高度重视下，通过深化煤矿安全整治和贯彻执行“先抽后采、监测监控、以风定产”的十二字方针，各煤矿企业提高对安全生产的认识，加大安全投入，强化安全管理，随着煤矿安全生产技术水平和管理水平的提高，大量国有煤矿企业以及民营煤矿企业，在煤炭产量大幅增长的情况下，不断降低事故发生率，实现了安全生产状况的总体稳定。

一、煤矿开采生产的特点

我国煤炭开采历史悠久，距今已有几千年的历史。由于我国煤矿主要以矿井方式进行开采，开采必须从地面向地下开掘一系列井巷，其生产过程是地下作业，自然条件比较复杂，开采的主要特点是需要进行矿井通风，主要存在着瓦斯、煤尘、顶板、火、水五大灾害。

1. 生产和建设循环往复，需要协调发展

为了把深埋在地下的煤炭开采出来，并转移到地面为工农业生产所利用，首先必须建设相应的煤矿（矿井或露天矿）以及必要的附属生产设施，经过验收，达到煤矿设计标准和要求后，才能移交转入生产。新移交的煤矿，由于设备运转、生产环节以及开采地质条件等还不适应、不熟悉，一般情况下，原煤产量达不到设计生产能力，必须有一个达产期。这期间往往发生亏损。逐步熟悉后，生产走向正常，加上好的管理和机制，不少煤矿的原煤产量将陆续超过设计生产能力，这是煤矿的稳定高产期。但是，由于在井下作业，煤矿生产受到多种难以克服的开采技术条件的制约，即使煤层条件很好，一个煤矿的开采范围也是有一定限度的，更何况还有许多煤矿的资源是有限的。因此，当该范围内的煤炭资源逐步接近开采完毕时，这个煤矿便进入衰老期，生产能力开始下降，直到最后报废。这时，不仅需要及时建设新的煤矿来接替，才能保持原来的生产能力，进行新的生产活动，而且由于接近尾声，开采深度增加，开采条件恶化，产量下降，成本上升，往往又要发生亏损。

煤矿的建设和生产是前后有序、不断循环的，无论是维持简单再生产，还是扩大再生产，都要进行连续的建设工作，这是煤矿生产与其他工业生产不同的显著特点之一。因此，要求煤矿的领导者必须按照煤炭生产的规律，正确部署生产和建设，才能保证煤炭产量和生产能力的协调发展。同时，还要依靠科技进步，强化生产管理，努力缩短达产期，保持较长的稳产高产期，顺利度过衰老期，这是每一个煤矿都要认真研究追求的目标。

2. 采掘并重，掘进先行

随着地下煤炭的采出，采煤生产工作面不断向前推进，煤矿生产的场地也在不断变换。为了持续生产，一边开采煤炭，一边必须同时开拓巷道，准备新的生产场所，为下一步开采做好采前准备工作。在一定时间内，必须开拓出相应数量的工作面和采区，以保证满足当时计划产量的需要。在一个生产水平采完之前，又要有计划地提前延深新的生产水平，以满足生产接替，保证生产能力的持续稳定。这种为持续生产做准备的掘进工人人数较多，掘进工程量很大，而且还要移装数量很多的机器设备。

在煤矿生产过程中，这种采掘并重、掘进先行的工作方法，也是煤矿生产的特点之一。如果采掘失调，衔接不好，就会出现减产甚至停产。因此，保持正常的采掘关系，保证工作面、采区、水平的正常接替，是煤矿生产的重要内容。

3. 劳动条件艰苦，事故多，伤亡大，职业病严重

煤矿工人在矿井下生产，终年不见阳光，连必需的新鲜空气也要靠地面输入。在煤炭生产过程中，还要随时随地与水、火、瓦斯、粉尘和顶板冒落、坠罐、跑车等多种灾害事故做斗争。因此，煤矿生产是劳动强度最大、劳动条件最艰苦的工作之一。在党和国家的亲切关怀下，近 10 年来，煤矿安全有了明显好转。但是，由于主客观方面存在的种种原因，煤矿事故多、伤亡大、职业病严重的状况尚未实现根本好转。

二、煤矿井下作业环境与矿工特点

1. 煤矿井下作业环境特点

我国煤矿大多属于地下开采的井工煤矿，井工煤矿危险性较高，这主要与井下作业的特殊性有关。煤矿井下作业工作场所潮湿、阴暗而且狭窄，地质条件、开采技术复杂，生产环节较多，受水、火、瓦斯、煤尘、顶板等多种自然灾害的威胁，不安全因素多。并且由于煤层赋存不稳定，地质构造复杂多样，伴随产生各种各样的地质灾害。例如，具有煤尘爆炸危险的矿井，高瓦斯和煤与瓦斯突出矿井，自然发火危险矿井，具有水害危险的矿井，某些矿井还有冲击地压、岩爆、矿震和高温危害。

煤矿井下的作业环境十分艰苦，具体表现为劳动强度大，一般矿井采掘工纯工作 8 h，在井下就需 10 h 左右；没有阳光照射；上下、前后、左右无时无刻不受到安全威胁，还有矿尘、煤尘、炮烟等存在；呼吸新鲜空气需要通风解决；由于地热作用、人体和机电设备散热、水分蒸发等，使得矿井采掘面的温度、湿度、空气质量等气候条件远不如地面。

在煤矿生产中，井下作业危险系数也较高。首先是生产工艺复杂，采煤、掘进、机电、运输、通风、排水等，任何一个工种、任何一道工序、任何一个系统和环节发生问题都可能酿成事故。其次是瓦斯、煤尘爆炸，水、火灾害和大冒顶事故破坏性很大，严重的可导致矿毁人亡。最后是机电操作、运输环节、施工材料等也时常发生事故或产生职业危害，如机械设备运转过程中产生的噪声（以局部通风机和风动凿岩机等产生的噪声尤为突出）、施工中所用材料（例如水泥和锚固剂）对人的腐蚀和毒害以及井下的泥水环境等，每时每刻都对人产生伤害。

此外，我国小煤矿所占比例很大，绝大多数小煤矿基础装备简陋，生产系统不完善，管理落后，采用原始落后的采煤方法，还存在不具备安全生产基本条件的现象。目前，我国正在加大对不合格小煤矿的关闭工作。小煤矿数量虽然在逐年减少，安全生产也趋于好转，但在安全生产基础管理方面仍存在诸多问题，生产安全事故多发的状况依然未得到有效遏制。小煤矿的产量近几年仅占全国煤炭总产量的1/3左右，但是事故起数和死亡人数却占总量的2/3以上。

我国国有重点煤矿机械化程度虽然已达到72%，但国有地方煤矿和乡镇煤矿机械化程度很低，造成我国煤矿整体装备水平与国外煤矿有很大差距。煤矿防灾系统的性能、状况也远不能满足安全生产的需要。

2. 煤矿农民工的特点

最近几年，农村劳动力大量转移，进入矿山、建筑等高风险、重体力劳动行业和领域。全国550万名煤矿职工中，农民工约占半数，主要在井下一线工作。小煤矿从业人员几乎全部为农民工。

据统计，在农民工中，文盲与半文盲占7%，小学文化为29%，高中以上仅占13%。因此，农民工的安全理念、操作技能、抵御各种灾害的能力直接影响煤矿企业的安全、效益和发展。而且由于许多农民工是农闲进城打工，属于刚放下锄头即下井作业的粗放劳动型，从事某项工作具有很大的随机性和流动性，不能全面掌握某项工作的专业知识，即使参加企业利用业余时间为农民工举办的安全、技术培训，也是似懂非懂，不知所云，技术水平很难提高，为其作业安全和人身安全埋下了隐患。正是因为技术水平不高，对技术操作不够掌握，许多事故的发生，往往是由于农民工自身的“三违”（即违章指挥、违章操作、违反劳动纪律）原因造成的。所以，一旦发生事故，农民工常常既是事故的受害者，又是事故的肇事者。

由于煤矿井下作业环境的复杂性和特殊性，为了防止职业危害，保护职工的身体健康，需要采取有效的措施进行劳动保护，最大限度地消除劳动过程中危及人身安全和健康的不良条件，防止伤亡事故和职业病，保障煤矿职工身体的安全和健康。

第三节 煤矿井下容易发生的事故伤害

我国煤矿绝大多数是井工矿井，地质条件复杂，灾害类型多，分布面广，在世界各主要产煤国家中开采条件最差、灾害最严重。在这种情况下，煤矿生产具有很大的危险性，属于典型的危险性作业。煤矿井下职工在进行生产作业活动过程中，容易遭受顶板、瓦斯、机电、运输、爆破、火灾、水害及其他事故造成的人身伤害，还容易发生职业病，并导致身体残疾或死亡等意外事故。因此，煤矿企业需要坚持“安全第一、预防为主、综合治理”的方针，强化安全基础管理，建立长效机制，加强对员工的宣传教育和培训，加强安全文化建设，实现煤矿安全生产状况进一步好转。

一、煤矿瓦斯特点与事故预防

矿井瓦斯是伴随煤炭生成的一种气体，在煤炭开采时，这些瓦斯会源源不断地向采掘空间涌出，如果不能及时发现、及时处置，就有可能引发火灾爆炸以及人员中毒窒息事故。

1. 瓦斯的性质及特点

瓦斯是矿井中主要由煤层气构成的以甲烷为主的有害气体，是在煤的生成和煤的变质过程中伴生的气体。在成煤的过程中生成的瓦斯，是古代植物在堆积成煤的初期，纤维素和有机质经厌氧菌的作用分解而成的。另外，在高温、高压的环境中，在成煤的同时，由于物理和化学作用，继续生成瓦斯。

矿井瓦斯具有这样一些特点：

（1）瓦斯是一种无色、无味、无臭的气体，但有时可以闻到类似苹果的香味，这是由于芳香烃与瓦斯同时涌出的缘故。由于瓦斯无色、无味，因而通过人体感官很难判断空气中是否有瓦斯存在，所以检测瓦斯时必须要使用专门的检测仪器。

（2）瓦斯对空气的相对密度是0.554，在标准状态下瓦斯的密度为0.716 kg/m^3，所以瓦斯常积聚在巷道的上部及高顶处。

（3）瓦斯难溶于水。如果煤层中有较大的含水裂隙或流动的地下水通过时，经过漫长的地质年代，就能从煤层中带走大量瓦斯，降低煤层中的瓦斯含量。

（4）瓦斯的扩散能力很强。生产中如果有瓦斯从某一地点向外涌出，则能很快在巷道中扩散。又由于瓦斯分子直径很小，瓦斯的渗透能力又很强，因此即使是已封闭的采空区内的瓦斯仍能不断地渗透到矿内空气中。

（5）瓦斯虽然无毒，但不能供人呼吸，当空气中的瓦斯浓度较高时会相对降低空气中的氧含量，从而造成人的窒息。同时，矿井瓦斯中含有的乙烷和丙烷具有轻微的麻醉性，在矿井通风不良或不通风的煤巷中，往往积存大量的瓦斯，人如果进入这些地点，能很快造成昏迷、窒息甚至死亡。

（6）瓦斯具有燃烧性和爆炸性。当瓦斯与空气混合达到一定浓度后遇火能燃烧或爆炸。

（7）瓦斯引燃有延迟性。因瓦斯的热容量较大，当瓦斯与高温火源接触时并不会立刻发生燃烧，而是要经过一定的时间才能发生燃烧，这种现象叫作瓦斯点燃的延迟性，间隔的这段时间称瓦斯爆炸感应期。感应期的长短与瓦斯浓度、火源温度和火源性质等有关。

2. 瓦斯在煤层中的赋存状态

煤层中之所以能保存有瓦斯，与煤的结构、煤的孔隙特征、煤层中的游离瓦斯量等有密切关系。煤是一种复杂的孔隙性介质，有着十分发达的、各种不同直径的孔隙和裂隙，形成了庞大的自由空间和孔隙表面。因此，煤炭在成煤过程中生成的瓦斯，能以游离状态和吸附状态存在于这些孔隙和裂隙中。

（1）游离状态的瓦斯。游离状态也称自由状态，这种状态的瓦斯以自由流动的形式存在于煤体或围岩的裂隙和孔隙中。

（2）吸附状态的瓦斯。吸附状态又称结合状态。吸附状态按其结合形式的不同，又可分为吸着和吸收两种状态。吸着状态，是在孔隙表面的固体分子引力作用下，气体分子被紧密地吸附于孔隙表面上，形成很薄的吸附层。吸收状态，则是气体分子已进入煤分子团的内部，它与气体溶解于液体中的现象十分相似。

应指出的是，这两种状态的瓦斯是处在不断变化的动平衡之中的，在一定的客观条件下又具有相对稳定性。当温度、压力等外界条件发生变化时，其相对稳定性就会遭到破坏。如当压力升高、温度降低时，部分游离状态的瓦斯会转化为吸附状态，这种现象叫作吸附；反之，如果压力降低、温度升高时，又会有部分吸附状态的瓦斯转化为游离状态，这种现象叫作解吸。

在煤层内，吸附的瓦斯量占煤层瓦斯含量的80％～90％。但是在断层、孔洞和砂岩内，主要为游离瓦斯。如果瓦斯的压力较高，采掘工作接近这些地点时，瓦斯在压力的作用下就会突然大量涌出，造成事故。

3. 矿井瓦斯涌出的两种形式

瓦斯从煤层或围岩中涌出有普通涌出和特殊涌出两种形式。

（1）普通涌出。普通涌出是瓦斯通过煤体和岩体的微细裂隙从其表面上均匀而缓慢地涌出来，一般观察不到。但在湿润的煤壁上，有时可以听到微弱的“咝咝”声，尤其是有水的时候，会冒出气泡。普通涌出是矿井瓦斯涌出的一种主要涌出形式，特点是范围大、时间长、涌出量均匀、涌出速度缓慢。

（2）特殊涌出。特殊涌出包括瓦斯喷出和瓦斯突出。瓦斯喷出是指大量瓦斯在压力状态下，从煤岩裂缝中突然喷出。瓦斯突出是在极短的时间（几秒到几分钟）内，采掘工作面的煤、岩壁突然遭到破坏，并且从煤、岩层内以极快的速度向采掘空间内喷出煤（岩）和瓦斯，使煤（岩）体内形成某种特殊形状的孔洞。

4. 矿井瓦斯涌出量

矿井瓦斯涌出量是指矿井在正常生产过程中涌入巷道的瓦斯量。这种瓦斯涌出量不包括特殊涌出的瓦斯量。矿井瓦斯涌出量和矿井瓦斯涌出形式是确定矿井瓦斯等级、决定瓦斯管理制度、计算矿井风量和矿井设计等的依据。

矿井瓦斯涌出量的大小受各种因素影响，特别是和生产过程有密切的关系。在煤层赋存条件相同情况下，生产规模大和产量高的矿井，瓦斯涌出量就大。

瓦斯涌出量的大小，决定于自然因素和开采技术因素的综合影响。如煤、岩的瓦斯含量，煤的物理化学特性，开采规模，开采顺序，落煤方式，通风系统，地面大气压的变化，汛压和风量的变化等。

为加强矿井瓦斯管理，我国煤矿按照矿井相对瓦斯涌出量和绝对瓦斯涌出量的大小以及瓦斯的涌出形式，将矿井瓦斯等级划分为低瓦斯矿井、高瓦斯矿井和煤（岩）与瓦斯（二氧化碳）突出矿井。

5. 瓦斯燃烧与爆炸

瓦斯燃烧有两种情况。一是瓦斯与空气混合后，瓦斯体积分数在5%以下时遇火发生燃烧。这种燃烧现象，是瓦斯围绕火源周围进行，发出淡蓝色的火焰，但没有足够的热量向外传播火焰，使全部混合气体中的瓦斯燃烧。二是瓦斯体积分数在16%以上时，遇火也能燃烧，但此时由于氧含量不足，形成一种不完全燃烧。当有新鲜空气供给时，瓦斯和空气的混合气体与新鲜空气在接触面上遇火燃烧。

瓦斯爆炸是瓦斯燃烧的特殊反应形式，即在极短的时间内，使参与反应的大量瓦斯全部或大部分被氧化，造成热量积聚，在爆源附近形成高温、高压，然后急剧向外扩散，产生巨大的冲击波和声响。

（1）瓦斯爆炸的必要条件。瓦斯爆炸必须同时具备三个条件：一是空气中的瓦斯体积分数达到5%～16%，二是引爆火源温度在650～750℃以上，三是空气中的氧含量大于12%。这三个条件必须同时具备才能发生瓦斯爆炸。但是，由于煤矿井下其他可燃可爆气体的存在，以及爆炸性煤尘的混入等，都会影响瓦斯爆炸的浓度范围，一般情况下会使瓦斯爆炸的下限浓度降低，上限浓度上升。这也说明了为什么有的矿井尽管瓦斯体积分数低于5%，但仍然会发生瓦斯爆炸。

（2）瓦斯爆炸的危害性。瓦斯爆炸的危害性主要表现在以下几个方面：一是瓦斯爆炸会产生高温。因井下巷道呈半封闭状态，因此瓦斯爆炸产生的高温可达1 850℃以上。瓦斯爆炸产生的高温虽然持续时间很短，但足以使井下人员发生严重烧伤甚至死亡，同时高温还会引起矿井火灾。二是瓦斯爆炸会形成很高的大气压力。由于爆炸使气体的温度骤然升高，从而使气体膨胀引起气体压力的突然增大而产生高压，远远超过人体所能承受压力的极限，造成人员伤亡。三是瓦斯爆炸会产生很强的冲击波。爆炸时产生的高温高压，促使爆源附近的气体和爆炸火焰以极高的速度（每秒几百米至数千米）向外冲击而形成冲击波。

冲击波的破坏性很大，有时会造成矿毁人亡。四是瓦斯爆炸会产生大量的有毒有害气体。瓦斯爆炸后产生的大量有毒有害气体中，对人体危害最大的是一氧化碳。空气中一氧化碳浓度达到0.4%时，人很快就会中毒死亡。

（3）煤矿瓦斯爆炸事故的一般规律。根据国内外煤矿发生的瓦斯爆炸统计资料，煤矿瓦斯爆炸事故具有这样一些规律：一是井下的一切高温热源都可以引起瓦斯燃烧或爆炸，但主要火源是井下放炮火焰和机电火花。二是煤矿任何地点都有发生瓦斯爆炸的可能性，但绝大部分瓦斯爆炸事故发生在采掘工作面。三是采煤工作面容易发生瓦斯爆炸的地点主要是工作面的上隅角。四是采煤工作面另一容易发生爆炸事故的地点是采煤机工作时的切割机构附近。五是掘进工作面较易发生瓦斯爆炸的原因大多是由于通风不良而造成了瓦斯积聚。当瓦斯浓度达到爆炸浓度时，遇火即会发生爆炸。六是大多数瓦斯爆炸是人为因素造成的，与生产工艺水平关系不大。

6. 预防瓦斯爆炸事故的措施

瓦斯事故重在预防。为了有效地预防瓦斯爆炸事故的发生，在日常生产中应做好以下工作：

（1）防止瓦斯积聚。防止瓦斯积聚应重点做好通风工作。加强通风是防止瓦斯积聚的重要手段，为此，生产中要做好以下通风管理工作：矿井必须有完整的独立通风系统。采区进、回巷必须贯穿整个采区，严禁一段为进风巷、一段为回风巷。采掘工作面应实行独立通风。开采有瓦斯喷出或有煤（岩）与瓦斯（二氧化碳）突出危险的煤层时，严禁任何两个工作面之间串联通风。有煤（岩）与瓦斯（二氧化碳）突出危险的采煤工作面不得采用下行通风。临时停工的地点，不得停风；否则必须切断电源，设置栅栏，禁止人员入内。严禁在停风或瓦斯超限的区域内作业。

（2）及时处理局部积存的瓦斯。井下容易积存瓦斯的地点主要有采掘工作面的上隅角、冒顶空洞、低风速巷道的上顶、停风的盲巷、采空区边界处以及截槽等。处理局部积存的瓦斯，是矿井日常瓦斯管理工作的重要内容。瓦斯处理措施就是采取有效手段提高瓦斯积聚地点的风速，增大风量以稀释和排除瓦斯。

（3）加强瓦斯检查。做好瓦斯检查工作，是及时了解瓦斯涌出情况、及早发现局部瓦斯积聚的唯一手段。因此，瓦斯检查工作只能加强，不能松懈。瓦斯检查时应做到：瓦斯检查员必须按规定的巡回检查路线进行检查，并按《煤矿安全规程》规定，低瓦斯矿井每班至少检查两次，高瓦斯矿井每班至少检查三次，严禁空班漏检和假检。安装瓦斯监控系统的矿井，要发挥其连续监控的作用，现场人员要正确使用和维护好瓦斯传感器。当采掘工作面及其他作业地点风流中的瓦斯体积分数达到1%时，必须停止用电钻打眼。爆破地点20 m以内风流中瓦斯浓度达到1%时，严禁爆破。采区回风巷、采掘工作面回风巷风流中瓦斯浓度超过1%时，必须停止工作，撤除人员，采取措施，进行处理。

（4）杜绝引爆火源的产生。火是引起瓦斯爆炸的罪魁祸首，杜绝引爆火源，是防止瓦斯爆炸的根本性措施。因此，井下生产的各个环节，都要做好防范工作，切不可麻痹大意、违章操作，更不可存有侥幸心理。要牢固树立安全第一思想，提高安全生产意识。井下引起瓦斯爆炸的火源主要有井下使用电、气焊，电流短路产生的电弧，电气火花，井下爆破火焰，井下吸烟，撞击火花和摩擦生热等。要珍爱自己和他人的生命，就要防止这些火源的产生。

（5）发生瓦斯爆炸时现场人员的行动原则。理论和经验都表明，当井下发生瓦斯爆炸时，一般会伴有强大的爆炸声和连续的空气震动等现象，即所谓的瓦斯爆炸预兆。现场人员遇到这种情况，一定不要惊慌失措，乱喊乱跑，应立即采取以下方法避险：一是发现瓦斯爆炸事故预兆后，应背朝声响和气浪传来的方向迅速卧倒；二是立即屏住呼吸，用湿毛巾捂住口鼻，防止吸入有毒气体和高温气体；三是待爆炸波过后，要迅速戴好自救器，尽快脱离灾区进入新鲜风流中；四是若无法逃离灾区时，应立即选择安全地点躲避，实施避灾，等待救援。待援时应不时地发出呼救信号，以提示救护人员注意，争取尽快脱险。

7. 煤（岩）与瓦斯（或二氧化碳）突出

我国还有许多煤矿存在煤（岩）与瓦斯（二氧化碳）突出的危险。时至今日，人们还无法完全弄清发生煤（岩）与瓦斯（二氧化碳）突出的原因。但通过长期的生产实践，基本掌握了一些突出的机理，特别是对发生煤与瓦斯突出的规律和预兆有了较高的认识，这对预防煤与瓦斯突出事故的发生，防止和减少事故造成的损失，都起到了重大作用。

煤（岩）与瓦斯（二氧化碳）突出，是指在地应力和瓦斯的共同作用下，在极短的时间内破碎的煤（岩）和瓦斯（二氧化碳）由煤体内突然喷出到采掘空间的现象，它是一种复杂的动力现象。煤（岩）与瓦斯（二氧化碳）突出是严重威胁煤矿安全生产的主要灾害之一，不仅会破坏井巷，破坏通风系统，而且会造成井下人员的窒息和瓦斯爆炸事故。因此，对此灾害必须予以高度重视。

（1）煤（岩）与瓦斯（二氧化碳）突出的一般规律。煤（岩）与瓦斯（二氧化碳）突出存在这样一些规律：一是突出多发生在一定的采掘深度以后。二是突出多发生在地质构造附近。三是突出多发生在集中压力区。四是突出的次数和强度随煤层厚度特别是软分层厚度的增加而增加。同时，煤层倾角越大，突出的危险性也越大。五是突出与煤层中的瓦斯含量和压力没有固定的关系。六是大多数突出发生在落煤工序时，放炮震动更容易引起突出。

（2）突出前的一般预兆。煤（岩）与瓦斯（二氧化碳）突出前一般会发生有声预兆和无声预兆。有声预兆包括煤体和支架的压力增大、煤壁移动加剧、煤壁向外鼓出、掉渣、煤块迸出、破裂声、煤炮声、闷雷声。无声预兆包括煤质变得干燥，光泽暗淡，层理紊乱；瓦斯涌出量增大或忽大忽小；煤尘增多；气温降低；打钻时出现顶钻或夹钻等。上述预兆在突出事故发生前并不是都会显现的，有时可能出现其中一种、两种或多种。生产中遇到这些现象时，切不可冒险作业，要立即停止工作，以防事故的发生。

（3）预防煤（岩）与瓦斯（二氧化碳）突出事故的措施。我国煤矿在长期的生产实践中，特别是在防治煤（岩）与瓦斯（二氧化碳）突出事故方面，取得了很多好的经验，如“四位一体防突措施”就是其中一项。“四位一体防突措施”是指：突出危险性预测，防治突出措施，防治突出措施的效果检验，安全防护措施。具体含义是：对有突出危险性的矿井，采前进行突出危险性预测，当预测有突出危险时，制定并采取防突出措施，对措施的效果进行检验，检验确定措施有效后，可采取安全防范措施进行采掘作业。若预测无突出危险时，可直接采取安全防护措施进行采掘作业。

二、矿井火灾类型与事故预防

俗话说水火无情，火灾不仅能造成重大财产损失，同时也会造成重大人员伤亡，尤其是矿井火灾，更为可怕。这是因为煤矿井下为封闭空间，矿井火灾中产生的有毒有害气体会随风流扩散，使灾害范围扩大，又由于井下空间狭窄，给灭火带来极大困难。因此，矿井火灾是煤矿重大灾害之一，矿工必须对矿井火灾高度重视，做好预防工作并掌握井下灭火方法。

1. 矿井火灾的类型

按照发火原因的不同，矿井火灾可以分为内因火灾和外因火灾。

（1）内因火灾。由于煤炭自燃引起的火灾称为内因火灾。

煤炭之所以能发生自燃，是因为煤炭具有吸收氧气的能力。当煤炭被破碎后或煤层本身裂隙发育时，煤体表面积大大增加。在此情况下，空气中的氧会与之发生氧化反应并生成一定的热量。如果氧化生成的热量不能及时散出，它就会加速煤炭的氧化，氧化又将有大量的热量生成。这样恶性循环下去，一旦煤体温度达到其燃烧点，煤炭就会发生自燃。内因火灾的特点是，一般发火地点比较隐蔽，不易发现，灭火困难。

从以往经验看，煤炭自燃经常发生在有大量遗煤而未及时封闭或封闭不严的采空区内，以及废弃的联络巷和停采线处；巷道两侧和遗留在采空区内受压破坏的煤柱；巷道内堆积的浮煤或煤巷的冒顶、垮帮等处。煤炭在自燃前往往会出现一些发火征兆，如巷道中出现雾气或巷道壁及支架上出现水珠，巷道中闻到煤油味、汽油味、松节油味或焦油味；发火地点流出的水以及周围空气的温度较平常高，人接近发火地点时有头痛、闷热、精神疲乏、裸露皮肤微痛等感觉。在生产中如果遇到这些现象，要及时向有关部门报告。

为防止煤矿发生自燃火灾，对自然发火严重的矿井，一般要求矿井主要运输大巷和总回风巷应尽量布置在岩层中，如果一定要布置在有发火危险的煤层内时，则必须采取砌碹或锚喷，然后用不燃性材料充填密实等措施。同时，开采有自然发火的煤层时，采煤工作面必须采用后退式开采顺序，并对采空区、突出和冒落孔洞等空隙处，采取预防性灌浆或全部充填，也可采用喷洒阻燃剂、注阻化泥浆、注凝胶剂、注惰性气体以及均压防火等措施。

（2）外因火灾。由外来火源引起的火灾称为外因火灾。

造成外因火灾的主要原因：一是由明火引起矿井火灾，如井下吸烟、井下使用电（气）焊、井下使用电炉和大灯泡取暖等引起易燃物着火；二是由电气故障引起矿井火灾，如电流短路产生的弧光、电火花、电缆放炮、设备过载运行导致设备发热等引起火灾；三是井下违章爆破引起矿井火灾，如使用变质炸药，井下放糊炮、放明炮和明火放炮，以及井下爆破不使用水炮泥、炮眼封泥量不足等都会引起火灾；四是瓦斯煤尘爆炸产生的高温引起矿井火灾；五是撞击火花、摩擦生热等引起矿井火灾。

外因火灾的特点是发生突然，来势凶猛，且发生的时间与地点往往出乎人们的意料。由于人们没有思想准备，所以发生外因火灾时会造成人们因惊慌失措而酿成恶性事故。

外因火灾事故人为因素较多，因此矿工要牢固树立“安全第一、预防为主”的思想，严格遵守《煤矿安全规程》的规定，并做到：矿工严禁携带烟草及点火用具下井。井下严禁使用电炉和大灯泡取暖。井下进行电、气焊和喷灯焊接等工作时，必须采取严格的安全防范措施，切不可麻痹大意。井下爆破时，必须严格执行有关安全爆破的各项规定，不要使用变质炸药，更不能放糊炮和放明炮，严禁采用明火或动力电源爆破。加强机电设备管理，杜绝电气设备失爆，避免电火花和电流短路现象发生。各种设备运转要良好，严禁带病运行，避免因摩擦生热而引起火灾的发生。

2. 矿井火灾的危害

矿井火灾除与一般地面火灾危害相同以外，还具有以下特点：

（1）火灾能产生大量的有毒有害气体，造成人员中毒。据国内外资料统计，在矿井火灾事故中95%以上的遇难人员是死于有毒气体中毒。那么，矿井火灾中都会产生哪些有毒有害气体呢？经检测得知，煤炭燃烧会产生一氧化碳、二氧化碳、二氧化硫、烟尘等。另外，井下坑木、橡胶类物品、聚氯乙烯制品等燃烧时，不仅会产生一氧化碳气体，而且同时会产生醇类、醛类以及其他一些复杂的有机化合物等有毒有害气体，这些气体会随风流在井下扩散，有时会波及很大的范围甚至全矿井，从而造成大量人员中毒伤亡。

（2）火灾会形成火风压，使灾害范围扩大。火风压是指发生在矿井垂直巷道或倾斜巷道内的火灾或高温火烟流经这些巷道时，由于巷道中的空气温度升高，密度减小，从而形成的一种附加的自然风压。火风压的产生，不仅会使矿井通风发生紊乱，严重时还会导致风流发生逆转，使井下本未发生火灾的区域也受到火烟的侵袭，造成大量人员气体中毒，扩大灾情。因此，当井下人员接到火灾警报时，应果断采取行动，立即沿避灾路线撤退，千万不要犹豫不决。

（3）火灾易引起瓦斯、煤尘的爆炸。火灾引起瓦斯、煤尘爆炸的原因，一是火灾为瓦斯、煤尘爆炸提供了引爆火源；二是由于火灾的作用，一些燃烧物在干馏的作用下，会释放出一些可燃可爆气体，增加了爆炸的危险性。所以，矿井火灾与瓦斯煤尘爆炸，互为作用，互为转化。

3. 矿井发生火灾时的行动原则

井下发生火灾时，因为矿井空间的限制，井下人员难以躲避，设备难以搬移，因而造成的人员伤亡和国家财产、资源损失较一般地面火灾更为严重。而且矿井火灾发生时，会在井下巷道中生成大量的一氧化碳等有毒有害气体，难以冲淡和排除，容易导致大量井下人员中毒、窒息甚至死亡。

面对突然发生的火灾事故，很重要的一点是不要惊慌失措，贻误时机，应视火灾的性质、地点以及灾区通风和瓦斯情况，在确保人身安全的情况下，立即采取一切可能的方法进行灭火，控制火势，否则有可能因现场人员的行动迟缓或惊慌失措而酿成大祸。在积极投入灭火的同时，要迅速报告矿调度室，调度室在接到井下火灾报告后，会立即按照事故应急预案，下达行动命令。现场人员接到命令后，要果断行动。若火灾很大，现场人员已无力灭火，或接到撤退命令时，灾区人员要有组织有秩序地组织撤退并迅速戴好自救器，撤退要沿着规定的避灾路线进行。如果撤退途中烟雾很大无法辨清方向，撤退人员可手挟巷帮或管线逆风流方向撤退，也可手挟轨道匍匐撤退。

4. 井下常用灭火方法及灭火时的注意事项

井下不同于地面，因井下空间狭窄，又属爆炸性环境，所以灭火方法的选择也非常重要。区分电气设备着火、炸药着火以及其他物体着火，灭火方法的选择也应有所不同。

（1）用水灭火及注意事项。水有很大的吸热能力，可降低火区温度，起到冷却作用，加之强力的水流直接喷射火源，可阻止物体燃烧和火势蔓延，从而达到灭火的目的。但在井下用水灭火，有其局限性，所以用水灭火时应注意以下问题：

1）用水灭火时，水量要充足。水量不足，不仅难以灭火，而且还有可能因贻误时机，使火灾得以迅速发展，酿成更大的火灾。

2）用水灭火时，必须要保证风路畅通，以使高温烟气和水蒸气顺利排出，避免高温烟气和水蒸气返回伤人，甚至引起水煤气的爆炸。

3）用水灭火时，要检查周围的瓦斯浓度。当瓦斯浓度达到或超过2%时，严禁用水灭火。

4）用水灭火时，要从火源外围灭起，逐渐逼近火源中心，切不可将水直接喷向火源中心。这是因为水在高温的作用下，会发生分解而产生氢气和氧气，甚至产生水煤气，这不仅不利于灭火，而且增加了爆炸的危险性。

5）灭火时，灭火人员要站在火源的进风侧，不要站在回风侧，以防烟气伤人和炽热的煤岩壁因水的冷却发生巷道塌冒而伤人等。

6）电气设备着火时，在电源未切断前，切不可用水灭电气火灾。这是因为水能导电易造成灭火人员的触电。所以，电气设备着火时，应首先切断电源，在电源未切断前，只准用不导电的灭火工具灭火。还需要注意的是，当油料着火时禁止用水灭火。

（2）沙土灭火及注意事项。沙土灭火方法常用于电气设备着火和油料着火，但要切记，当煤矿炸药发生燃烧时，不能用沙土埋压。这是因为煤矿炸药为正氧平衡，炸药燃烧时，其本身就能产生氧气，不需外界空气中的氧气助燃。如果用沙土进行埋压，燃烧中产生的气体无法扩散而形成压力，到一定程度时很可能发生爆炸。

（3）干粉灭火器灭火。干粉灭火器是以 N_2 或 CO_2 为动力，将干粉喷射到燃烧物上。干粉在高温的作用下受热分解，放出不燃性气体稀释火区内的氧，同时干粉在高温作用下熔化、胶结，形成覆盖层，阻止火与可燃物的接触。干粉灭火器一般适用于火灾发生的初始阶段。使用时，要一手握住喷嘴胶管，另一手打开灭火器的阀门，将干粉喷射到燃烧物上。使用干粉灭火器时应特别注意堵塞现象，所以在使用时应首先将灭火器上下颠倒数次，使药粉松动。上下颠倒时注意要握紧喷射胶管，防止喷嘴摆动打伤人。

（4）隔绝灭火。当井下发生火灾又难以扑灭时，为了及时控制火势，防止火灾扩大，同时也为了防止火灾烟气的蔓延，要及时将火区封闭起来，即隔绝灭火。

三、矿井水灾发生原因与事故预防

矿井水灾是指矿井在建设和生产过程中，地面水和地下水通过各种通道涌入矿井，当矿井涌水超过正常排水能力时，就造成矿井水灾。矿井水灾（通常称为透水），是煤矿常见的主要灾害之一。一旦发生透水，不但影响矿井正常生产，而且有时会造成人员伤亡，淹没矿井和采区，危害十分严重。所以做好矿井防水工作，是保证矿井安全生产的重要内容之一。近几年来，我国煤矿突水事故有增无减，严重威胁着广大矿工的生命安全。如 2005 年 8 月 7 日广东省梅州兴宁市大兴煤矿发生重大突水事故，造成 123 人遇难。这一事故无情地告诉我们，矿井防治水同防治瓦斯爆炸一样重要，必须引起人们的高度重视。

1. 造成矿井水灾的主要水源

造成矿井水灾的主要水源主要分为地表水和地下水。矿井附近有江河、湖泊、池塘、水库、沟渠等积水，以及季节性雨水时，当水位暴涨，超过矿井井口标高而涌入井下，或由裂隙、断层以及塌陷区渗入井下造成水灾。

（1）地表水。位于井田之上，对煤炭开采构成影响和威胁的水体称为地表水。造成地表水突水事故的主要原因，一是地表裂隙发育，地表水沿裂隙进入井下；二是井筒位置选择不当，距地表水体较近或将井筒建在地势较低处，当洪水泛滥时，超过井筒标高，地表水沿井筒往井下溃入；三是明知井田之上有地表水，但在井下开采煤炭时，不留设防水煤柱或防水煤柱厚度不够或防水煤柱被破坏，导致地表水直接向井下溃入。

（2）地下含水层。煤系地层中有很多含水的岩层，有的水是在岩层的孔隙中赋存，有的水是在岩层裂隙中赋存，更为严重的是，有的矿井还受岩溶洞水的威胁。这些水除水量丰富以外，往往还具有很大的压力，生产中一旦接露到或通过其他构造接露到岩溶水，就会造成重大突水事故。

（3）老空水。老空即采空区。煤炭采过后形成采空区被封闭后，如果上覆岩层有含水区域，水流入采空区时，采空区就像地下水库一样赋存着水，当开采到附近的煤层，特别是开采下一区段的煤层时，如果不采取探放水等防范措施，一旦接露到它，采空区内的水就会迅猛地突入开采区域，造成事故。另外，废旧巷道有时也有积水存在，接露时同样会发生突水事故。

（4）断层导水。断层是煤矿生产中常见的一种地质构造，它不仅对煤矿生产产生影响，同时还是一个良好的导水通道，特别是落差较大的断层，其导水的可能性更大，甚至会把岩溶水引入矿井，造成矿井重大突水事故。

（5）岩溶陷落柱水。有的矿井煤系地层中还有岩溶陷落柱存在。陷落柱是岩溶溶洞冒落后形成的一种类似柱状体的地质构造。陷落柱内不仅含有破碎煤矸，往往还积存有大量的水且具有较高的压力，生产中遇到陷落柱时若不采取防范措施，就会酿成严重后果。

2. 造成矿井水害的原因

矿井发生水灾事故的原因归纳起来主要有三个方面：一是自然因素，二是技术原因，三是人的行为。

（1）自然因素。我国大多数煤矿水文地质条件极为复杂，可预见的与不可预见的水文地质构造较多。特别是我国石炭纪地质年代生成的煤田，其煤系地层的底部是奥陶纪充水石灰岩，它厚度大（800 m 左右）、含水丰富、压力高，一旦发生突水，势必造成恶性事故。另外，我国煤炭开采历史悠久，煤田中古窑、小井星罗棋布，且又无史料记载，现代勘查难以掌握其准确位置，煤矿生产中一旦接露它们，很可能造成事故。

（2）技术原因。我国煤矿开采的历史虽然很久，但真正的发展还是新中国成立后，特别是改革开放后，我国煤矿得到了迅速发展。时至今日，无论是煤炭产量，还是煤炭数量均居世界第一。经过多年的发展，我国煤矿生产技术有了很大进步，国有煤矿近 80%实现了机械化，同时煤矿防灾抗灾能力也逐渐增强。但是，我国煤矿整体技术水平并不高，甚至还很低。特别是一些乡镇煤矿目前仍在使用原始落后的开采方法生产，不仅生产落后，安全也无保障。在矿井防治水上无技术可言，甚至连基本的防治手段都不具备，不懂什么叫超前预防，只会“兵来将挡，水来土掩”，遇到复杂情况则更难以应对。

（3）人的行为。人的行为是导致矿井发生水害的重要原因之一。这些错误行为包括：人们对水灾的认识程度不够；业务人员技术水平不高；经营者只顾眼前利益，乱采乱掘，忽视安全，防治水投资不足；从业人员以及管理人员不懂水害规律，不知透水预兆，有的即便发现了透水预兆，但存有侥幸心理，冒险作业，等等。

3. 矿井透水预兆

透水预兆就是矿井在发生透水前常常出现的一些特征，它是我国广大矿工实践经验的总结，对预防矿井透水事故的发生，减少人员伤亡具有重大作用。常见的透水预兆有挂红，挂汗，煤壁发潮变暗，空气变冷、发生雾气，水叫声，顶板来压、淋水加大，底板鼓起或产生裂隙，水色发浑有臭味。这些预兆的具体含义如下：

（1）挂红：含铁物质丰富的地下水，尤其是老空水，因其里面常常有丢弃的铁梁、铁柱等，经水浸泡后使水中产生暗红色的水锈，透水前这种水往往通过煤岩裂隙流出，水锈沉积在缝壁上呈现红色。

（2）挂汗：水在压力的作用下，沿煤岩裂隙和孔隙渗透到煤岩壁表面形成水珠。

（3）煤壁发潮变暗：采掘工作面接近积水区域时，煤壁发潮，光泽暗淡。

（4）空气变冷，发生雾气：工作面接近积水区域时，由于地下水的作用，煤体将会发凉，工作面空气温度降低，而且越接近工作面越觉得寒冷。

（5）水叫声：当地下水有压力时，水沿煤岩缝隙喷出时，发出的空气震动声。

（6）顶板来压，淋水加大：煤层上覆岩层如有含水层且距煤层较近时，透水前煤层顶板压力明显增加，并伴有淋水加大等现象。

（7）底板鼓起或产生裂隙：当煤层底板较薄或松软且距含水层较近时，发生透水前，在水压力的作用下，煤层底板有时会出现底鼓或产生裂隙甚至出现喷水等现象。

（8）水色发浑，有臭味：矿井透溶洞水和冲积层水时，因溶洞水无补充水源而呈现灰色；矿井透冲积层水时往往掺杂黄泥而呈现黄色。又因为溶洞水、老空水属死水，里面会含有许多浮游物，在地下水的长期浸泡下会产生硫化氢气体，透水时，硫化氢气体随之流动而嗅到臭鸡蛋味。

4. 井下发生透水事故时的行动原则

现场人员发现突水预兆或接到警报后，千万不能惊慌，要立即采取应急措施，将出水情况及时报告矿调度室。与此同时，在班组长或老工人的带领下，就地取材，加固工作面，并设法堵水，防止事故的进一步扩大。如果情况紧急，现场无力救灾时，要有组织地沿避灾路线撤出，迅速撤退到上部水平或地面。若所有出口已被封堵无法撤出时，要选择地势较高、顶板稳定的地点实行避灾。避灾时应保持镇静，避免体力过度消耗，并不时地发出求救信号以待救援。

5. 矿井水灾防治措施

煤矿发展到今天，矿井水灾的防治措施已经日趋成熟，关键问题是如何掌握和运用。防治措施应包括两个方面：一是地面，二是井下。

（1）地面防治水措施

1）严格按《煤矿安全规程》规定，合理确定井筒及工业广场位置。井口和工业广场内的建筑物的高程必须高于当地历年最高洪水位。

2）井田之上若有地表水体，井下开采时应留设足够的防水煤柱。如无足够的隔水层时，井田范围内的地表水体应采取疏干、河流改道等措施。

3）如地形复杂、河沟较多且小河流又流经岩溶发育的石灰岩层时，应铺设石灰岩地段的防漏河床，以减少渗漏。

4）矿井受河流、山洪和滑坡等威胁时，必须采取修筑堤坝、泄洪渠和防止滑坡等措施。

5）每年雨季前必须对防治水工作进行全面检查。

6）严禁将矸石、炉灰、垃圾等杂物堆放在山洪、河流可能冲刷到的地段。

（2）井下防治水。井下防治水是矿井防治水工作的重中之重，井下水害事故占矿井水害事故较大比例。因此，为防止和减少井下灾害事故，应做好以下工作：

1）必须做好水害分析和预报，了解和掌握井下水害规律，坚持有疑必探、先探后掘的探放水原则。

2）采掘工作面接近可能积水的井巷、老空区和小煤矿，接近水文地质复杂的区域，如含水层、导水断层、溶洞和陷落柱以及接近其他可能出水地区时，必须确定探水线进行探水，确认无突水危险后方可作业。切不可麻痹大意，更不能心存侥幸，冒险作业。

3）严禁开采和破坏各种防隔水煤柱，如断层煤柱、井田边界煤柱、地表积水区防水煤柱、冲积层防水煤（岩）柱等。

4）采掘工作面或其他地点发现透水预兆时，必须立即停止作业，采取措施，及时报告矿调度室，并发出警报，撤出受水威胁地点的所有人员。

5）为防止灾害范围扩大，水文地质条件复杂或有突水淹井危险的矿井，在井底车场周围必须设置防水闸门。在其他有突水危险的地区，只有在其附近设置防水闸门后，方可掘进。

四、煤矿顶板事故原因与事故预防

顶板事故是煤矿生产中最常见的一种事故，它不仅发生率高，而且危害性也大。按照冒落范围的大小，冒顶一般分为局部冒顶和大面积冒顶。

1. 局部冒顶事故的特点与预防措施

局部冒顶是指当煤层顶板破碎、节理发育时，工作面不进行及时支护或支护质量不合格而引起小范围的顶板冒落。有时在采掘工作遇到地质变化时，该区域由于受地质构造的影响也会发生局部冒顶。因此，当采掘工作遇到地质构造时要制定并落实好防范措施。

（1）容易发生局部冒顶的地点及原因。煤矿开采过程中容易发生局部冒顶的地点及原因主要有：

1）煤壁附近易发生局部冒顶。其原因有以下四个：一是当煤层顶板裂隙发育，落煤后又不及时进行支护，顶板就有可能在无任何预兆的情况下突然冒落，造成局部冒顶事故的发生；二是如果靠近煤壁处的支护支撑力不够，就会导致机道上方顶板过分变形和破裂，从而引起局部冒顶；三是爆破时，如果炮眼布置不当或装药量过大崩倒支架，使顶板失去支护造成局部冒顶；四是老顶来压时使煤壁附近的直接顶板破碎，导致煤壁发生片帮，从而扩大了无支护空间引起局部冒顶。

2）工作面两端易发生局部冒顶。采用刮板运输机运输的工作面，在工作面两端经常移动机头机尾，需要摘除此处的支柱，摘除支柱时易造成直接顶下沉，从而导致破碎顶板或孤立岩块冒落。另外，工作面上下出口因巷道支护一般初撑力很小，这样就易使顶板下沉、松动甚至破碎，特别是当直接顶由薄弱软岩层组成时，更容易发生冒顶。还有，工作面上下出口因受支撑压力的影响，很容易造成顶板破碎，甚至由于支撑压力的影响还会造成巷道支架的损坏，使支架失效而引起冒顶。

3）工作面放顶线处易发生局部冒顶。因工作面放顶线处的支柱受力不均，当人工回撤受力较大的支柱时，有时会造成顶板垮落。

4）地质破坏带处易发生局部冒顶。地质破坏带处的顶板，由于受地质构造影响往往比较破碎，开采时遇到这些地方，破碎顶板就较易发生冒顶。

（2）发生局部冒顶事故的预兆。局部冒顶虽然范围较小，但占冒顶死亡事故的比例却很大，人们常称为是“零打碎敲”，容易被忽视。因此，必须注意局部冒顶事故的预兆，及时采取措施，预防局部冒顶事故的发生，或控制在最小范围不让其扩大。局部冒顶事故的预兆包括：

1）顶板岩石有裂口或产生新的裂口，同时裂隙增多，顶板矸石稍有震动就会掉落下来，敲帮问顶时发出不正常的声音。

2）顶板裂隙内卡有活矸石，并有掉渣、掉矸现象，掉大块岩石前往往先掉小石块。

3）煤层与顶板接触面上的矸石不断脱落。

4）顶梁在支柱上滚偏，顶梁有响声，煤壁的伞檐突然脱落。

5）采空区支架回收不净，由临时支柱支撑顶板，不垮落，当垮落时有推倒支柱发生冒顶的危险。

6）顶板有淋水且淋水不断加大。

（3）局部冒顶的预防措施。局部冒顶的预防措施主要有：

1）正确选择支架。选择支架形式时，应考虑顶板岩性，要使支架形式与顶板岩性相适应，这是避免局部冒顶事故发生的重要措施之一。如坚硬的顶板可采用点柱或带帽点柱，而破碎顶板采用连锁棚、套棚，并在梁上插入背板甚至笆片。同时，无论选择何种支架，支架的支撑力都要满足顶板压力的需要。

2）破煤后要及时支护。破煤后煤壁处悬露面积增大，为防止冒顶，一定要采取超前挂顶梁或打临时支柱等措施进行及时支护，严禁空顶作业。

3）加强支护。在工作面上下出口、机头机尾等易冒顶处，要采取特种支架进行支护，如架设抬棚、打密集支柱和打木垛等。

4）防止放炮崩倒支架。采掘工作面爆破时，要正确布置炮眼深度和角度，装药量要合理，爆破前要检查支架支护质量，发现问题及时处理。严禁将支柱架设在浮煤或浮矸上。

5）工作面要及时回柱放顶，当控顶距离超过作业规程规定时禁止采煤。回柱放顶必须严格按照《煤矿操作规程》和《煤矿作业规程》规定进行。回柱时要认真观察周围顶板变化，发现异常情况及时处理。放顶区域内的支架要回清撤净，严禁采空区内遗留没有回撤的支架。回柱后若采空区顶板坚硬不冒落，当超过规定悬顶距离时，必须采取人工强制放顶措施。

6）及时修复或更换折梁断柱。当煤层上覆顶板压力较大时，一旦超过支架的抗压强度，支架就会发生变形、失效甚至折损等现象。此时，如果不及时修复或更换，极有可能发生局部冒顶。因此，生产中若出现此种情况，必须引起高度重视，切不可麻痹大意，更不可有“凑合”心理，必须采取措施进行处理。

2. 大面积冒顶事故的特点与预防措施

随着矿井回采工作面的不断推进，采场控顶面积逐步加大，当厚度不大的直接顶逐渐塌落，而坚硬的老顶大面积悬露时，就在工作面顶板岩层形成一个自然压力拱，煤壁受压发生变化，造成工作面压力集中。此时，如果支架总支撑力抵不住顶板的压力，就会出现大面积冒顶。

（1）大面积冒顶的主要形式。根据冒顶形式的不同，大面积冒顶通常分为压垮型冒顶、推垮型冒顶和漏垮型冒顶。

1）压垮型冒顶。压垮型冒顶一般是由于坚硬直接顶或老顶来压时，压断、压弯工作阻力小、可缩量不足的支架，使其失去支撑能力，或在顶板压力的作用下，将支柱压入煤层底板中，使支架失去支撑力而造成的大面积冒顶。实践表明，压垮型冒顶一般多在老顶来压时发生。

2）推垮型冒顶。推垮型冒顶一般是由于直接顶或老顶大面积运动造成的。这是因为开采时如果由于某种原因已造成直接顶在煤壁附近发生断裂，使顶板失去稳定性，则顶板在下滑力的作用下就有可能沿某一方向滑动，从而将工作面支架推倒而造成大面积冒顶。

3）漏垮型冒顶。漏垮型冒顶多是因为破碎顶板沿支护薄弱地点发生漏冒而导致顶板漏空发生离层。当顶板来压时，由于压力大、冲击力强，而将支架压垮或推倒，造成大面积冒顶。

（2）工作面易发生大面积冒顶的地点。工作面易发生大面积冒顶的地点主要有：

1）开切眼附近。因该区域上部硬岩层老顶两边受煤柱支撑不易下沉，而老顶下部的软岩层直接顶较易下沉，使得直接顶与老顶容易发生离层，当老顶来压时就会发生大面积冒顶。

2）地质破坏带处。在地质破坏带处，煤层直接顶易发生折断，折断的顶板形成大块岩体并下滑，而导致大面积冒顶。

3）旧巷附近。旧巷顶板因受采动影响已经破坏，采掘工作接近此处时，破断的顶板就会冒落下沉，造成冒顶。

4）煤层倾角大的地段。煤层倾角大，其顶板在下滑力的作用下倾斜滑落造成冒顶。

5）工作面遇有复合顶板时。复合顶板即由软硬岩层组成的顶板，通常是一软一硬。因复合顶板容易造成软硬岩层离层，所以易发生大面积冒顶。

(3) 发生大面积冒顶事故的预兆。发生大面积冒顶事故是有预兆的，对此需要格外加以注意。

1) 大冒顶出现之前，顶板连续发出断裂声响。这是由于直接顶和老顶发生离层，或顶板切断时发出的声响，大则像闷雷声，即所谓的“板炮”，这是老顶和上方岩层产生离层或断裂的声响。顶板岩层破碎掉渣并由少到多、由稀变密，顶板裂缝增加或裂缝加大，产生下沉现象。

2) 冒顶前压力的增大，造成煤壁受压后煤质变软、片帮增多，电钻打眼和采煤机割煤时均能感觉到省力。

3) 使用木支架时，支架大量折断。使用金属支柱时，活柱快速下沉，连续发生咯咯的声响，支柱发颤，把耳朵贴在柱体上，可微微听到支柱受压的响声，容易出现“飞楔”现象，即顶梁柱被弹出或挤压。

4) 含有沼气的煤层，工作面沼气含量增大，有淋水的顶板，淋水增加。

(4) 对大面积冒顶事故的预防措施。大面积冒顶事故发生之前，往往会出现顶板离层现象，因此坚持敲帮问顶制度，掌握敲帮问顶技巧和方法，是预防此类事故的关键。

1) 回采工作面要适当加大支护密度。回采工作面要适当加大支护密度以加强工作面的总支撑力，其目的是减少顶板下沉量和顶板的台阶下沉，下沉量小，顶板就比较完整，可减少或消除冒顶事故。但支架过多，其架设和回收工作量大，工作面空间狭小，工作也不便。总支撑力多大合理，要根据实际情况而定，计算出来后，值应取得略高一些。

2) 掌握顶板周期来压规律。在工作中要探索顶板初次来压和周期来压规律，如果支架总支撑力只能适应当时顶板压力，则当有周期来压时就会出现危险，在来压前要加强支护，增加支架。

3) 加快工作面推进速度。工作面推进速度越慢，顶板下沉量就越大。顶板不完整，木支架折损就多。使用金属支架时压力也大，工作面的总支撑力就相对减少，这就容易推进工作面，而加快工作面推进速度时，可相对增大总支撑力。

4) 保证支架的规格和质量。冒顶与支架的规格、质量有直接关系，在具体工作中要解决支架“顶不紧”“抗不住”，起不到支撑作用的问题，使用的支架必须符合安全生产中的工艺条件的质量要求。摩擦式金属支柱也要合乎质量要求，其支撑力一般为 30 t 左右，使用过程中应有专人负责检查，质量不合格的金属支柱要及时更换。

(5) 发生冒顶事故时现场人员的应急措施。在生产作业现场，一旦发生冒顶事故，现场人员要沉着冷静，不要过度惊慌，并及时采取以下应急措施：

1) 当工作面发现冒顶预兆，现场人员又不能采取有效措施避免顶板冒落时，应迅速离开危险区域，撤退到安全地点。

2) 如果冒顶发生比较突然，现场人员来不及撤离现场，此时，现场人员要尽最大可能地靠煤帮贴身站立，或到木垛处躲避。因为这些地点较其他地点安全，这是经验总结。

3）若冒顶被埋压后，遇险矿工不要过于紧张，可采用喊叫、敲打物体等方法发出呼救。但在如果有可能发生连续冒顶情况时，只能呼救，不能敲打物体，应防止由于震动而引发新的冒顶。

4）遇险矿工要积极配合抢救人员的抢救工作，不要采取剧烈挣扎的方法挣脱。因为剧烈挣扎会使周围的煤矸、物料失去暂时的平衡，导致更加压实或新的冒落，增加抢救的难度和危险。

5）若抢救其他遇险矿工时，禁止用锹、镐等工具攉煤，特别是当遇险矿工被大块岩石压住时，注意不要采取掀滚、用锤敲打大块岩石等方法。正确的方法是采用液压起重器或千斤顶等工具，把大块岩石顶起，将人救出，以免造成对遇险人员的更大伤害。

6）抢救被埋压人员时，要认真观察周围顶板情况，以保证抢救者的安全，避免二次事故的发生。抢救时要加固冒落地点和矿工躲避地点的支架，以防止冒顶事故扩大。

五、煤矿爆破事故原因与事故预防

井下爆破是我国煤矿，特别是我国中小煤矿目前普遍采用的一种生产工艺，它不仅广泛用于采煤工作面，而且也是巷道掘进的主要手段。为此，爆破作业的好坏不仅关系到煤矿生产能否顺利进行，也关系到煤矿的安全。每年我国煤矿因爆破引发的生产安全事故持续不断，如爆破崩人，跑烟熏人，爆破引起瓦斯、煤尘爆炸事故，爆破引起矿井火灾等。

1. 井下爆破工艺及要求

井下爆破工艺主要包括打眼、装药、封孔、连线、爆破等工序。由此可见，井下爆破是一个较为复杂的过程，工序多、时间长、要求高，也易发生事故。所以，它的每一道工序都必须严格按照规定和要求进行操作，来不得半点马虎。

（1）打眼。打眼就是利用煤电钻或风锤在煤、岩层中钻眼，以便装入炸药和起爆药。打眼对爆破工作影响很大，它不仅会影响爆破效果，同时对安全生产也至关重要，因此必须予以高度重视。打眼时必须按照爆破说明书的要求将炮眼逐个打准、打好，无论是炮眼深度还是炮眼角度都要符合要求。

（2）装药。炮眼打好后，第二步就是装药。装药前必须用掏勺等工具先将炮眼内的煤、岩粉清除干净，以免影响爆破效果甚至引发事故。装药时，聚能穴方向要一致，用木或竹质炮棍轻轻将药卷推入炮眼中，药卷间要密接，但严禁用炮棍直接捣固药卷。

（3）封孔。炸药爆炸之所以有很强的爆炸力，主要是炸药爆炸时会产生大量的气体，从而形成很高的压力而起到破坏性作用。同时，由于炸药爆炸还会产生高温火焰和有毒有害气体，所以封孔时要使用水炮泥。水炮泥外剩余部分用黏土炮泥填满封实，炮眼封孔一定要严密。严禁使用煤粉等易燃材料代替炮泥，严禁使用垫药和盖药。

（4）连线。连线是一项技术要求高、责任心要求强的工作，必须由专职爆破工进行操作。既要连实，更要连对，防止出现漏连、错连和虚连等现象。连线完毕后还要进行导通试验，导通试验必须使用导通表或爆破电桥，不准使用摇表和万能表，更不准用发炮机打火的方式进行导通试验。

（5）爆破。爆破是这些工序中最后也是最关键的一道工序，无论是现场负责人、放炮工还是现场工人都必须认真对待，严格遵守有关安全爆破的各项规定。

2. 井下进行爆破时的安全注意事项

在井下进行爆破作业时，需要注意以下安全事项：

（1）井下爆破必须由专职爆破工担任，并持有爆破合格证，无论何时、何种情况下，其他任何人都不准代替爆破工进行爆破。

（2）爆破是一项技术性较高、危险性较大的作业，所以爆破工作必须编制爆破作业图表，其内容必须注明爆破条件、炮眼布置图表（爆破说明书）以及预期爆破效果等。爆破工必须依照爆破说明书的规定进行爆破作业。

（3）井下爆破必须使用煤矿许用炸药和煤矿许用电雷管。煤矿许用炸药的选用应符合《煤矿安全规程》的规定，即低瓦斯矿井的煤层采掘工作面、半煤岩掘进工作面必须使用安全等级不低于二级的煤矿许用炸药；高瓦斯矿井、低瓦斯矿井的高瓦斯区域必须使用安全等级不低于三级的煤矿许用炸药。有煤（岩）与瓦斯突出危险的工作面，必须使用安全等级不低于三级的煤矿许用含水炸药。严禁使用黑火药和冻结或半冻结的硝化甘油类炸药。同一工作面内不得使用两种不同种类的炸药。

（4）无论是携带还是运输炸药，爆破工都严禁和其他人员同车、同罐上下井；炸药和电雷管的存放要分开，严禁混装；炸药、雷管保管要严密，严禁乱扔乱放，要建立严格的爆炸材料领退制度。

（5）爆破作业必须坚持“一炮三检”，即在装药前、放炮前、放炮后要检查放炮地点20 m以内风流中的瓦斯浓度。当瓦斯浓度达到1%时，严禁装药爆破，严禁瓦斯超限作业。

（6）爆破前，应先将工作面内的机器、设备、工具等清理遮挡好，防止因爆破造成设备损坏。此外，当在爆破地点20 m以内，有矿车、未清除的煤、矸或其他物体堵塞巷道严重时，也要严禁装药爆破。

（7）炮眼内若发现有异状、温度骤高骤低、显著瓦斯涌出、煤岩松散或透老空等情况时，要意识到这可能就是事故发生前的前兆，此时要立即停止装药爆破，并及时上报，切不可冒险作业。

（8）井下爆破不得使用过期或严重变质的爆炸材料，否则是很危险的。同时，不同厂家生产的或不同品种的电雷管也不能掺混使用，以免发生事故。

（9）爆破必须使用水炮泥。水炮泥不仅能起到熄火降温的作用，而且能大大降低爆破中所产生的矿尘，稀释炮烟中的有毒有害气体。因此，爆破时要坚持使用水炮泥，水炮泥外剩余部分再用黏土炮泥填满封实。无封泥、封泥不足或不实的炮眼严禁爆破。井下严禁放明炮、糊炮和明火放炮。

(10) 采掘工作面放炮前，还要做好防尘和支架加固工作。因此，爆破前在放炮地点20 m内要洒水灭尘，以防炸药爆炸时因冲击波造成矿尘飞扬而引起事故。为防止爆破崩倒支架造成冒顶，爆破前要对爆破地点附近的支架进行加固。

(11) 爆破前，班组长必须认真清点人数，核对无误后，再将人员撤到安全地点，放炮安全距离必须符合《煤矿安全规程》规定，即采煤工作面爆破安全距离不小于30 m；煤层掘进工作面直线段不小于75 m，有一直角弯时不小于50 m；岩巷掘进直线段不小于150 m，有直角弯时不小于100 m。同时，班组长还要亲自布置警戒，在通往爆破地点的各个路口都要有专人把守，以防他人误入而引起爆破崩人事故。

(12) 爆破工得到班组长的爆破命令后，不要急于爆破，必须发出爆破警号，警号发出后至少再等5 s，确无问题后方可起爆。

(13) 爆破后，待工作面的炮烟被吹散，应先由爆破工、瓦斯检查员和班组长巡视爆破地点，检查工作面通风、瓦斯、煤尘、顶板、支架、拒爆、残爆等情况，发现问题要及时处理。确认安全后，其他工人方可进入工作面工作。

(14) 若爆破出现拒爆时，处理工作必须在班组长的领导下进行，严禁用镐刨、用手拽。正确的处理方法是：如因连线不实产生的拒爆，可重新连线爆破。除此之外，必须在距拒爆炮眼0.3 m以外处，重新打一平行眼装药爆破，爆破后爆破工必须详细检查炸落的煤、矸，收集未爆的电雷管并上缴。特别应注意的是，在处理拒爆工作完毕前，严禁在该地点进行与处理拒爆无关的工作。同时，处理拒爆工作应在当班完成，如当班确实不能完成时，当班爆破工必须在现场向下一班爆破工交代清楚，以免发生事故。

(15) 为防止炮烟熏人，爆破后，现场人员不要顶烟进入工作面，否则很容易造成炮烟中毒。这是因为炮烟中含有大量的有毒有害气体，其主要成分是二氧化氮，人吸入后很容易造成中毒。因此，顶烟进入工作面是非常危险的，爆破后一定要等炮烟吹净后再进入工作面工作，以确保人身安全。

上述规定和要求是我国广大煤矿职工在长期的生产实践中总结出来的经验教训。煤矿本身就具有较多的危险因素，井下爆破更增加了它的危险性。搞好安全爆破是关系煤矿安全的一件大事，任何麻痹大意和违章操作都有可能酿成重大事故。因此，井下爆破必须做到安全爆破。

六、煤尘灾害事故原因与事故预防

煤尘是指在采煤过程中巷道中飞扬着的煤粉。细微颗粒的煤炭粉尘，是矿山五大自然灾害之一（五大自然灾害是指瓦斯、煤尘、水、火、顶板）。煤尘不仅污染空气，影响矿工身体健康，可引发矿工的煤肺病，而且在空气中达到一定浓度时，遇火会引起爆炸造成灾害。因此，煤尘危害十分巨大，不可轻视。

1. 煤尘的产生及危害

煤尘是在煤矿生产过程中所产生的各种细散状的固体颗粒。这些煤尘悬浮于空气中的矿尘称为浮尘，沉落下来的矿尘称为落尘。

煤矿生产的多数作业都会不同程度地产生矿尘。如井下爆破、采掘机械截割煤、煤炭提升运输、装载、回柱放顶等生产的各个环节，都会产生大量的矿尘。这其中采掘工作面产尘量最高，可占井下产尘量的70％～80％；其次是运输系统的各转载点。所以，在煤矿生产过程中，要注意做好这些重点部位的防尘工作。

2. 煤尘的主要危害

煤尘对生产作业和人员的危害，主要体现在以下两个方面：

（1）矿尘易使矿工患尘肺病。尘肺病主要是以肺部纤维化组织增生为主要特征的肺部病变。根据国家卫生计生委、人力资源社会保障部、国家安全监管总局、全国总工会于2013年12月23日联合印发的《职业病分类和目录》规定，尘肺病具体分为13种，其中与煤矿有关的有两种，分别为硅肺和煤工尘肺。硅肺病主要是因吸入过多岩尘导致的，而煤工尘肺则是因吸入过量煤尘而患的一种疾病。尘肺病是煤矿职业病中最严重、患病人数最多的一种疾病，一旦患病很难治愈。在我国煤矿中每年因尘肺病造成的死亡人数十分惊人。尽管如此，但由于尘肺病发病比较缓慢，病程又长，所以在煤矿生产建设中往往不被人们所重视。由此可见，做好防尘工作是预防尘肺病的关键所在。

（2）煤尘爆炸。块状的煤炭只能燃烧，是不会发生爆炸的。为什么当煤炭被粉碎形成煤尘后它就会爆炸呢？这是因为当煤炭被粉碎形成煤尘后其表面积大大增加，极易被氧化。煤尘在氧气的氧化作用下，会迅速释放出大量的可燃可爆气体，当这些气体达到一定浓度时，遇到火源就会发生燃烧或爆炸，特别是当空气中有瓦斯存在时，更容易引起煤尘爆炸。

3. 煤尘爆炸的必要条件与特点

（1）煤尘爆炸的必要条件

1）煤尘本身具有爆炸倾向性。

2）悬浮在空气中的煤尘浓度一般为45～2 000 g/m^3。

3）有引起煤尘爆炸的火源，通常为610～1 050℃以上。

此外，空气中的氧气浓度对煤尘爆炸有很大影响。当空气中的氧气浓度较高时，点燃煤尘所需的温度降低；反之，温度则较高。当空气中的氧气浓度低于18％时，单独的煤尘不会发生爆炸。

应该指出的是，上述煤尘爆炸条件是通过实验获得的，而煤矿井下与实验条件不同，煤矿井下属爆炸性环境，井下空气中含有许多爆炸性气体，如瓦斯等。这些气体的存在会降低煤尘爆炸的下限浓度，而且瓦斯浓度越高，煤尘爆炸的下限浓度越低。由此可见，在做好矿尘防治的同时，瓦斯防治更为重要。

(2) 煤尘爆炸的特点

1) 煤尘能在没有瓦斯存在的情况下发生爆炸。

2) 煤尘能使小规模的瓦斯爆炸变成大爆炸。

3) 煤尘和瓦斯同时存在时，会相互增加爆炸的危险性，降低各自的爆炸下限浓度。

4) 煤尘爆炸会产生大量有毒气体一氧化碳，从而造成大量人员伤亡。

(3) 煤尘爆炸的危害性。煤尘爆炸同瓦斯爆炸一样，会产生高温气体和火焰，产生大量的有毒有害气体，产生高压、冲击波等。

4. 预防矿尘灾害的措施

预防矿尘灾害的措施主要有：

(1) 认真做好防尘、降尘工作。防尘、降尘是煤矿防治矿尘灾害的一项根本性措施，不仅能大大改善井下的作业环境，防止和减少尘肺病的发生，同时也是预防煤尘爆炸的关键所在。

做好矿井防尘和降尘工作，需要注意以下几点：

1) 做好矿井防尘工作，基础设施建设是关键。煤矿在生产建设中，要按照“三同时”的要求，建立完善的防尘供水系统，以保证煤矿的安全生产。

2) 为减少矿尘的产生，杜绝尘源是关键。为此，在煤矿生产中易产尘工艺和地点都要采取必要的防尘、降尘措施。

3) 井下爆破时必须坚持湿式打眼，使用水炮泥，爆破前、后冲洗煤壁，爆破时喷雾降尘，出煤时洒水等措施，以减少煤尘飞扬。

4) 使用采煤机、掘进机作业的采掘工作面，是矿尘产生的主要来源之一，因此采煤机、掘进机作业时必须使用内、外喷雾装置，否则不得生产。

5) 装岩要喷雾洒水，避免粉尘飞扬，以降低浮沉。

6) 在做好减尘、降尘工作的同时，清扫或冲洗沉积煤尘也是非常重要的。沉积煤尘往往是造成煤尘爆炸的罪魁祸首。这是因为井下爆破和瓦斯爆炸所产生的冲击波会将沉积煤尘吹起，使之很快达到爆炸浓度。这时如果有火源存在，就会引起煤尘爆炸。

7) 搞好矿井通风，合理调整风速，也是减少和降低悬浮煤尘的有效措施之一。实践证明，当将巷道风速调整为 2 m/s 左右时，矿井空气中的浮尘浓度会大大降低。

8) 煤层注水是减少采掘过程矿尘产生的一项有效措施，特别是机械化程度较高的矿井，采用预先煤层注水的减尘效果更佳。所以，有条件的矿井应优先选用这种方法。预先煤层注水是指在煤炭开采前，预先在煤层中打若干钻孔，通过钻孔注入高压水，使其渗入煤体内部，增加煤的水分，从而减少煤层开采过程中的产尘量。

(2) 做好个体防护。为了最大限度地减少矿尘对矿工身体的危害，矿工自身防护也是防尘工作中不可缺少的一个重要手段。个体防护，主要是指矿工在生产中所佩戴的劳动保护用具，包括防尘口罩、防尘帽、防尘呼吸器、防尘面罩等。矿工要按照有关规定和要求正确佩戴和使用。

（3）设置隔爆设施，防止火灾的扩大与蔓延。煤尘爆炸的另一个特点是能够发生连续爆炸。这是因为爆炸产生的冲击波能将巷道中的沉积煤尘吹起，从而使巷道中的煤尘浓度重新达到爆炸范围。这时，落后于冲击波传播速度的火焰到达时，就能再次发生爆炸。所以，有煤尘爆炸危险的矿井，必须采取隔爆设施。隔爆设施的主要作用就是当井下某一地点发生瓦斯或煤尘爆炸时，为使爆炸过程不向外传播，引起其他地点连锁爆炸而采用的一种措施。目前，我国煤矿使用的隔爆设施主要有岩粉棚和水棚等。隔爆设施的设置一般是在矿井的两翼、相邻的采区间、相邻的煤层间用岩粉棚或水棚隔开。

此外，为防止煤尘爆炸，除了要坚持做好上述防尘、降尘工作以外，还要杜绝引起煤尘爆炸的火源。如严禁入井人员携带烟草及点火用具下井，严禁穿化纤衣服；加强机电设备管理，防止漏电及电火花的产生；加强明火管理；搞好井下安全爆破等。

第二章　煤矿企业安全知识与安全要求

我国不仅煤炭资源丰富，而且煤炭产量高，是世界上煤炭产量最多的国家，2012年煤炭产量达到36.6亿吨。在煤矿企业生产过程中，需要加强安全管理，严格遵守《煤矿安全规程》有关规定，强化人员安全意识，通过教育培训使作业人员了解矿井开采、运输提升系统、运输系统和供电系统的一般知识，掌握入井人员乘坐罐笼、平巷人车和斜井人车的安全注意事项，理解井下电气设备的使用、搬迁及检修维护的具体要求，从而避免矿井提升、运输过程中的人身伤害事故，并确保井下安全用电。

第一节　采煤方法知识与安全注意事项

煤矿企业的采煤方法包括采煤系统和回采工艺两方面内容。采煤系统是指采区巷道的布置方式，掘进和回采工作的顺序安排以及采区的通风、运输系统；回采工艺是指人们根据煤层赋存条件在采煤工作面运用某种技术装备进行落煤、装煤、运煤、支护及采空区处理等工作，以及这些工作如何配合的生产方式。不同的采煤系统和回采工艺相配合，就形成了不同的采煤方法。

一、井田开拓相关知识与要求

由于煤矿开采的对象是赋存于地下的煤层，受地质条件和生产技术条件的限制和影响，一个矿井（一套生产系统）所能开采的煤层范围往往是有限的，难以开采整个煤田。因此，一般将一个煤田划归若干个煤矿进行开采。划归一个煤矿开采的范围称为井田，在一个井田上进行开采的煤矿一般叫作矿井。在一个井田范围内，主要巷道的总体布置及相关参数的确定叫作井田开拓。

根据进入煤层的井硐形式不同，煤矿的井田开拓可以分为立井开拓、斜井开拓、平硐开拓和综合开拓四种方式。

1. 立井开拓方式

立井开拓是利用一对垂直巷道由地面进入井下，并通过一系列巷道进入煤层的开拓方式。立井开拓是我国广泛采用的开拓方式，它的优点是对矿井水文地质条件有广泛的适应性。在立井施工中不受表土、煤层埋深、井田尺寸和地质构造的限制。特别是对于煤层埋藏较深、冲积层较厚、需要冻结法凿井的地质条件，立井开拓更为优越。

2. 斜井开拓方式

斜井开拓是利用倾斜巷道由地面进入井下，再开掘系列巷道进入煤层的开拓方式。斜井开拓在我国应用很广，按斜井与井田的划分方式配合不同，可分为片盘斜井和集中斜井两种。斜井开拓的优点是井筒掘进比立井掘进施工简单，掘进速度快，矿井提升设备简单。另外，在主斜井中安装大功率带式输送机后，提升运输能力很大。缺点是如果煤层埋藏很深或井田内表土冲积层很厚时，斜井的长度会很大，井筒掘进穿过冲积层时比较困难。适应条件是煤层埋藏较浅、水文地质条件简单。

3. 平硐开拓方式

平硐开拓是利用水平巷道进入煤层的开拓方式。平硐开拓是一种最简单的开拓方式。在山岭丘陵地带，如果煤层高于地面外部水平标高，且有足够的储量时，大都首选平硐开拓。采用平硐开拓时，一般只开一条主平硐来担任矿井的运输、进风、排水、管线架设及行人任务。而矿井的回风则是依靠井田上部的回风井。有时，当条件允许而又不增加过多工程量时，可以另开一条回风平硐。平硐开拓时，按平硐与煤层的走向关系，又可将平硐开拓分为走向平硐、垂直平硐和阶梯平硐。采用平硐开拓时，平硐标高以上必须有足够储量的煤可以建井，有能满足布置平硐口和工业广场的地形条件，有修筑公路、铁路、实现外界联系的条件。

4. 综合开拓方式

综合开拓是采用不同的井筒形式开拓整个井田。综合开拓方式可以根据主副井筒形式不同，分为斜井—立井开拓、平硐—立井开拓、平硐—斜井开拓等多种。

二、巷道掘进相关知识与要求

要达到从地面通达煤体的目的，采用一定的破岩方法，形成掘进空间，再及时对这个空间进行支护，这一系列工作称为巷道掘进。掘进作业危险性较大，应按技术标准设计坑口、配备安全设施、进行有效的尘毒监测、强化安全管理、制定严格的安全规章制度等措施。在巷道掘进中，需要特别注意安全，包括井巷通风、防尘、地压支护、巷道防火、爆破作业安全、电气设备安全等。

在巷道掘进中，破碎岩石是一道主要的工序。我国的机械化掘进按照机械化程度不同可分为普通机械化掘进和综合机械化掘进。普通机械化掘进是采用钻眼爆破法破碎岩石，综合机械化掘进是采用掘进机破碎岩石。

1. 钻眼爆破法掘进

钻眼爆破法掘进是利用钻眼爆破的方式将岩石破碎下来的掘进方法。

（1）钻眼放炮掘进。为了爆破岩石，必须在岩石中钻出炮眼。要根据岩石的硬度决定钻眼机具。一般在煤层中用煤电钻打眼，在岩层中可采用岩石电钻、凿岩机、凿岩台车、液压钻车和钻装机等机械。为了保证钻眼工作顺利进行，在钻眼前，首先要对作业场所进行安全检查，敲帮问顶，防止发生顶板事故。然后对钻具进行检查，要检查煤电钻及岩石电钻的防爆性能，不能失爆，还要检查电缆是否破皮漏电。风动及液压钻具要检查风路、油路及水路是否完好。要坚持湿式凿岩，杜绝打干眼。钻眼时，钻具前面不能站人。不能套残眼，要防止意外爆炸事故。打眼过程中要密切观察钻孔中的排粉情况，如发现炮眼出水、空洞、冒烟等意外现象时，要立即停止打眼，但不能拔出钻杆。对于倾斜巷道向上方打眼，如果巷道倾角大于25°时，打眼人员后方要设挡板，防止人员滑倒受伤。工作面打眼时不允许装药，以防意外爆炸。掘进工作面炮眼打完后，就可以装药放炮。

（2）装岩。掘进工作面炮烟排除后，才能进入工作面。首先对放炮后的顶板及支架进行安全检查，敲帮问顶、处理活石后，才能开始装岩工作。钻眼爆破法掘进工作面一般都使用机械装岩。装岩机械有耙斗装岩机、铲斗装岩机和装煤机等。

2. 综合机械化掘进

掘进机破岩是在掘进工作面采用综掘机掘进，实现了破岩、装岩及运输的机械化。综掘机有煤巷掘进机和岩巷掘进机两类。目前，煤巷掘进机在我国各大矿区广泛应用。

为了综掘机的安全运行，防止事故发生，综掘机司机必须经专门培训、考试合格后持证上岗。在工作中，必须严格执行《煤矿安全规程》和《煤矿操作规程》。无证人员不能开动综掘机。开动综掘机前，必须发出警报。只有在铲板前方和截割臂附近无人时，方可开动综掘机。当综掘机发出启动信号后人员要远离综掘机，绝不能在综掘机前方停留，防止事故发生。综掘机作业时，应使用内、外喷雾装置，其压力必须符合《煤矿安全规程》相关要求。综掘机停止工作和检修以及交班时，必须将截割头落地，并断开综掘机上的电源开关和磁力启动器的隔离开关。检修综掘机时，严禁其他人在截割臂和转载桥下停留或工作。

三、巷道支护相关知识与要求

巷道开掘以后，必须及时进行支护以控制顶板。巷道的支护形式主要有砌碹支护、棚式支护、锚杆支护。锚杆支护是我国井下巷道支护的发展方向，是我国煤矿采用得最多的支护形式。其优点是支护成本低廉、效果良好、速度快，加之和锚杆配套的支护方式的应用更加表现出极大的优越性。目前在我国煤矿井下使用的锚杆有木锚杆、竹锚杆、钢丝绳锚杆、金属管缝式锚杆、钢筋锚杆、玻璃钢锚杆、锚索等。

锚杆支护的配套形式有锚喷支护、锚网支护、锚网喷支护、锚梁支护、锚索支护、锚杆钢带支护等。这些配套形式的应用更加拓宽了锚杆支护的使用范围。

1. 巷道支护安全规定

掘进工作面严禁空顶作业，靠近工作面 10 m 内的支护，在爆破前必须加固。爆破崩倒、崩坏的支架必须先修复，之后才能进入工作面作业。修复支架时必须先检查顶、帮，并由外向里逐架进行。

（1）在松软的煤、岩层或流沙地层中或地质破碎带掘进巷道时，必须采取前探支护或其他措施。

（2）支架间应设牢固的撑木或拉杆。可缩性金属支架应用金属支拉杆，并用机械或力矩扳手拧紧卡缆。支架与顶帮之间的空隙必须塞紧、背实。巷道砌碹时，碹体与顶帮之间必须用不燃物充满填实；巷道冒顶的空顶部分，可用支护材料接顶，但在碹拱上部必须充填不燃物垫层，其厚度不得小于0.5 m。

（3）更换巷道支护时，在拆除原有支护前，应先加固邻近支护。拆除原有支护后，必须及时除掉顶帮活动岩石和架设永久支护，必要时还应采取临时支护措施。在倾斜巷道中，必须有防止矸石、物料滚落和支架歪倒的安全措施。

2. 采用锚杆、锚喷等支护形式时应遵守的规定

采用锚杆、锚喷等支护形式时，应遵守下列规定：

（1）锚杆、锚喷等支护的端头与掘进工作面的距离，锚杆的形式、规格、安装角度，混凝土标号、喷体厚度，挂网所采用金属网的规格以及围岩涌水的处理等，必须符合施工组织设计或作业规程中的规定。

（2）采用钻爆法掘进的岩石巷道，必须采用光面爆破。

（3）打锚杆眼前，必须首先敲帮问顶，将活石处理掉，在确保安全的条件下方可作业。

（4）使用锚固剂固定锚杆时，应将孔壁冲洗干净，砂浆锚杆必须灌满填实。

（5）软岩使用锚杆支护时，必须全长锚固。

（6）采用人工上料喷射机喷射混凝土、砂浆时，必须采用潮料，并使用除尘机对上料口、余气口除尘。喷射前，必须冲洗岩帮。喷射后应有养护措施。

（7）锚杆必须用机械或力矩扳手拧紧，确保锚杆的托板紧贴巷壁。

四、采区巷道布置相关知识与要求

采区巷道布置是用地下开采法采煤时，将开采水平沿走向划分为若干采区，作为矿井生产的基本单元。在采区范围内开掘一系列巷道，建立完整的采掘、运输、通风、供电和排水等生产系统，以保证正常生产。选择单层布置还是联合布置，主要取决于煤层间距，具体数值根据各矿区的地质和技术条件确定。

1. 采区单层布置

采区单层布置是在开采薄及中厚煤层时，将每个煤层单独开采，在煤层或底板岩石内布置一个完整的生产系统。在采区内通常开掘两条上山：一是输送机上山，用于运煤、行人、回风；二是轨道上山，用于运料、下放矸石、进风。必要时，另开一条运人和通风上山。从上山向两侧开掘区段平巷，在区段平巷末端开掘切割眼，形成回采工作面（参见

“回采工艺相关知识与要求”)。采出的煤经区段运输平巷及输送机上山，运至采区煤仓装车外运。新鲜空气由运输大巷经轨道上山和区段巷道进入工作面，回风由采区回风巷流出。

2. 采区联合布置

20 世纪 60 年代以来，随着机械化水平的提高，为减少巷道工程量和实行集中生产，在开采近距离煤层群时，采用联合布置或分组联合布置方式，将几个煤层划为一组，在最下面的煤层或底板岩石中布置共用的上山和平巷，一般开三条上山，各煤层和底板巷道用石门和溜煤眼相联系，建立一个统一的生产系统。

采区联合布置减少了大巷的数目和巷道工程量，充分发挥运输设备的能力，节省设备和管线器材，提高生产能力。在我国煤矿中已广泛采用。

3. 近水平煤层盘区巷道布置

近水平煤层的采区通常称盘区。盘区巷道布置的方式是：将井田划分为若干双翼布置的盘区，盘区走向长度 1 200～2 000 m，倾斜长度 2 000～3 000 m。例如，某矿的可采煤层为 M1 和 M2，其倾角为 4°～6°。在煤层内开掘运输大巷，自运输大巷开掘盘区回风上山和盘区材料上山；在盘区中央从运输大巷开掘盘区石门，从盘区石门开掘溜煤眼和进风行人斜巷。从盘区回风上山开掘盘区回风巷道。在盘区内采用后退式长壁工作面，一般长 100～150 m。工作面采下的煤经溜煤眼，在盘区石门内装车，经运输大巷外运。这种准备方式简化了运输系统，提高了运输能力，改善了上山运输和巷道维护条件，有利于实行均衡生产；但石门开掘工程量大、费用高、工期长，一般只在煤层多、储量大的大型矿井中使用。

五、回采工艺相关知识与要求

在回采工作面内，为采出煤炭所进行的落煤、装煤、运煤、工作面支护和采空区处理等工序叫作回采；按一定顺序回采，并在空间和时间上合理安排、有机配合，称为煤回采工艺。

20 世纪 50 年代初，我国在煤矿大力推广壁式采煤法，并采用了输送机，从而使回采工艺改进很大。回采工艺大体上经历了以炮采、机采、综采为主要标志的三个发展阶段。

1. 炮采

炮采是打眼放炮落煤方式的简称。回采工艺过程是打眼放炮、人工或机械法装煤和刮板输送机运煤。工作面推进后用人工移设输送机，也称人工移溜，用木柱、棚子或金属支架支护工作面，回柱放顶或回柱充填等。炮采的设备和技术简单，对复杂的地质条件很能适应，目前在我国仍占总产量的 60%。但炮采劳动强度大，人工装煤和移设输送机费工费时，工作面月产量仅 1 万吨左右，工作面效率每工约 4 t。

2. 机采

机采是指落煤、装煤和运煤等回采工序实现普通机械化，简称机采或普采。20 世纪 50 年代我国采用深截式联合采煤机采煤。这种机械的结构复杂，需要专门机道，割煤后顶板悬露的面积大。60年代初期，我国开始推广浅截式机组采煤，工作面的装备有浅截式采煤机、滚筒采煤机（或刨煤机）、可弯曲刮板输送机、金属摩擦支柱或单体液压支柱与铰接顶梁组成的悬臂支架。这种回采工艺过程主要是机械采煤、液压千斤顶移设输送机、人工支护（使割煤后悬露出的顶板能及时得到支撑）和回柱放顶或回柱充填。机采使工作面回采工艺简化，劳动强度减轻；工作面单产和工效比炮采提高了1倍。目前，我国机采产量已达总产量的20%以上。

3. 综采

综采是综合机械化采煤的简称。回采工作面的落煤、装煤、运煤、支护和顶板管理等基本工序全部实现机械化。我国在20世纪70年代初开始推广这种方法。在综采工作面内的设备包括滚筒采煤机或刨煤机、可弯曲刮板输送机、自移式液压支架以及其他一些附属设备。在运输巷道内装设有转载机和可伸缩带式输送机；在回风巷道内装设单轨吊车或双轨平板车，供输送材料和设备等使用。

4. 回采安全注意事项

（1）采煤工作面的伞檐不得超过作业规程的规定，不得任意丢失顶煤和底煤。工作面的浮煤应清理干净。支架、输送机和充填垛都应保持直线。

（2）台阶采煤工作面必须设置安全脚手板、护身板和溜煤板，倒台阶采煤工作面还必须在台阶的底脚加设保护台板。阶檐的宽度、台阶面长度和下部超前小眼的个数，必须在作业规程中规定。

（3）采煤工作面严禁使用折损的坑木、损坏的金属顶梁、失效的摩擦式金属支柱和失效的单体液压支柱。在同一采煤工作面中，不得使用不同类型和不同性能的支柱。在地质条件复杂的采煤工作面中必须使用不同类型的支柱时，必须制定安全措施。

（4）采煤工作面必须按作业规程的规定及时支护，严禁空顶作业。所有支架必须架设牢固，并有防倒柱措施。严禁在浮煤或浮矸上架设支架。对于软岩条件下初撑力确实达不到要求的，在制定措施、满足安全的条件下，必须经企业技术负责人审批。严禁在控顶区域内提前摘柱。碰倒或损坏、失效的支柱，必须立即恢复或更换。移动输送机机头、机尾需要拆除附近的支架时，必须先架好临时支架。

（5）采煤工作面遇顶底板松软或破碎、过断层、过老空、过煤柱或冒顶区以及托伪顶开采时，必须制定安全措施。

（6）开工前，班组长必须对工作面安全情况进行全面检查，确认无危险后，才能允许人员进入工作面。

（7）采煤工作面必须及时回柱放顶或充填，控顶距离超过作业规程规定时，禁止采煤。用垮落法控制顶板，回柱后顶板不垮落、悬顶距离超过作业规程的规定时，必须停止采煤，采取人工强制放顶或其他措施进行处理。

（8）用垮落法控制顶板时，回柱放顶的方法和安全措施，放顶与爆破、机械落煤等工序平行作业的安全距离，放顶区内支架、木柱、木垛的回收方法，必须在作业规程中明确规定。

(9) 采煤工作面初次放顶及收尾时，必须制定安全措施。放顶人员必须站在支架完整，无崩绳、崩柱、甩钩、断绳抽人等危险的安全地点工作。回柱放顶前，必须对放顶的安全工作进行全面检查，清理好退路。回柱放顶时，必须指定有经验的人员观察顶板。

(10) 采煤工作面采用密集支柱切顶时，两段密集支柱之间必须留有宽 0.5 m 以上的出口，出口间的距离和新密集支柱超前的距离必须符合作业规程中的规定。采煤工作面采用无密集支柱切顶时，必须有防止工作面冒顶和矸石窜出伤人的措施。

(11) 采用人工假顶分层垮落法开采的采煤工作面，人工假顶必须铺设好，搭接严密；采用金属网或矿用塑料网假顶时，必须把网连接好。确认垮落的顶板岩石能够胶结形成再生顶板时，可不铺设人工假顶。

(12) 采用分层垮落法开采时，必须向采空区注水或注浆。

(13) 采用综合机械化采煤时，工作面煤壁、刮板输送机和支架都必须保持直线。支架间的煤、矸必须清理干净。倾角大于 15°时，液压支架必须采取防倒、防滑措施。倾角大于 25°时，必须有防止煤（矸）窜出刮板、输送机伤人的措施。液压支柱必须接顶。顶板破碎时必须超前支护。在处理液压支柱上方冒顶时，必须制定安全措施。

采煤机采煤时必须及时移架。采煤与移架之间的悬顶距离，应根据顶板的具体情况在作业规程中明确规定；超过规定距离或发生冒顶、片帮时，必须停止采煤。

严格控制采高，严禁采高大于支柱的最大支护高度。当煤层变薄时，采高不得小于支柱的最小支护高度。当采高超过 3 m 或片帮严重时，液压支柱必须有护帮板，防止片帮伤人。

工作面两端必须使用端头支架或增设其他形式的支护。工作面转载机安有破碎机时，必须有安全防护装置。处理倒架、歪架、压架以及更换支架和拆修顶梁、支柱、座箱等大型部件时，必须有安全措施。

工作面爆破时，必须有保护液压支架和其他设备的安全措施。

(14) 采用放顶煤采煤法开采时，如果大块煤（矸）卡住放煤口时，严禁爆破处理；有瓦斯或煤尘爆炸危险时，严禁挑顶煤爆破作业。

第二节　矿山提升知识与安全注意事项

矿山提升系统，一般指矿山井筒提升系统（也包括地面矸石山提升系统），它是矿山的地面与井下之间、井下各水平之间的连接通道，负责提升煤炭、矸石，升降人员、设备和物料。矿山提升系统一方面是矿山生产能力的决定因素之一，另一方面还涉及所有入井人员的生命安全，因此在矿山生产中具有极其重要的作用。矿山提升系统与通风系统、压风系统和排水系统共同构成矿山四大固定设备。

一、矿山提升系统及设备相关知识

矿山提升系统主要由井筒及井筒装备、提升机、电动机及电气系统、安全保护装置、提升信号系统、提升钢丝绳、提升容器、井架、天轮、装卸载附属设备等组成。根据不同的标准，矿山提升系统可以有多种分类方法。根据提升井筒方式的不同，可分为立井提升系统和斜井提升系统；根据提升任务的不同，可分为主井提升系统和副井提升系统；根据提升容器的不同，可分为罐笼提升系统、箕斗提升系统、串车（包括斜井人车）提升系统和吊桶提升系统。

1. 立井提升系统

立井提升系统是指提升井筒中心线与水平面相垂直的提升系统，在大、中型煤矿中普遍应用。根据提升任务的不同，立井提升系统又可以分为专门提升煤炭的主井提升系统和提升矸石、升降人员、设备或物料的副井提升系统。

（1）主井（箕斗）提升系统。正常情况下，提升机处于停车位置时，两个箕斗一个在上井口，一个在下井口。井底煤仓的煤炭通过装载设备装入位于下井口的箕斗内，同时上井口的箕斗进入卸载曲轨并把箕斗内的煤炭卸入上井口煤仓。上下两个箕斗分别与两根提升钢丝绳连接，两根钢丝绳绕过井架上的天轮后，以相反的方向缠绕于提升机的滚筒上。当提升机运转时，钢丝绳带动两个箕斗在井筒中做上下运动，完成煤炭的提升工作。

（2）副井（罐笼）提升系统。正常情况下，提升机处于停车位置时，两个罐笼一个在上井口，一个在下井口。上、下井口的罐笼全部完成装卸矿车或人员进出后，提升机在电动机的作用下，带动提升钢丝绳及罐笼在井筒中做上下运动，以完成矿车或人员的升降工作。

（3）箕斗提升系统与罐笼提升系统的比较。箕斗提升系统与罐笼提升系统的提升容器不同，装、卸载设备也不同，一般箕斗提升系统采用自动装、卸载设备，生产效率高，易于实现自动化提升，但是只能用于提升煤炭；而罐笼提升系统则通过人工或机械装卸矿车，生产效率低，参与人员多，不易于实现自动化提升，因此立井罐笼提升系统大多用于辅助提升，如提升矸石，升降人员、设备或物料等。在一些小型煤矿，立井罐笼提升也作为主井提升煤炭。

2. 斜井提升系统

斜井提升系统用于井筒中心线与水平面夹角小于90°的矿井。所使用的提升设备，主要包括斜井箕斗提升系统、斜井串车及人车提升系统和斜井钢丝绳架空乘人系统。

（1）斜井箕斗提升系统。斜井箕斗提升系统与立井箕斗提升系统类似，只是立井箕斗是沿着井筒内的罐道运行，而斜井箕斗是沿着斜巷内铺设的轨道运行，所以斜井箕斗与轨道的接触部位安装有轮对。

（2）斜井串车及人车提升系统。斜井串车及人车提升系统与立井罐笼提升系统类似，只是提升容器不再使用罐笼，而是直接把若干个矿车或人车连在一起，第一辆矿车或人车与提升钢丝绳相连，在提升机及提升钢丝绳的带动下，串车或人车在斜巷内铺设的轨道上运行，以完成斜巷内物料和人员的升降工作。

（3）斜井钢丝绳架空乘人系统。斜井钢丝绳架空乘人系统也称斜井猴车运人系统，只能用来运送人员。该系统是在斜巷的上、下坡口分别安设主导轮和导向轮，然后用一根封闭的牵引钢丝绳（上面安装有吊杆和供人员乘坐的蹬座）绕过主导轮和导向轮，在主导轮的作用下，依靠牵引钢丝绳与主导轮之间的摩擦力带动牵引钢丝绳在斜巷内做上下往复运动，以完成升降人员的任务。其优点是提升设备小，电耗低，牵引钢丝绳做连续运动，人员上、下蹬座时牵引钢丝绳不需要停止运行。

二、矿山提升安全注意事项

煤矿的自然灾害因素很多，生产作业的危险性比较大，安全问题比较突出，因此必须加强安全管理，实现安全生产，保证矿井和职工的人身安全与健康。

1. 乘坐立井罐笼安全注意事项

乘坐立井罐笼过程中，必须遵守下列有关规定：

（1）所有准备乘坐罐笼的人员一律在指定的井口一侧（一般是进车侧）排队等候，严禁上顶罐（从井口的另一侧上罐）。

（2）罐笼到达正常停车位置并发出停车信号后，必须由信号把钩工打开井口安全门和罐门或罐帘，罐内人员先从指定的井口一侧（一般是出车侧）下罐，然后准备乘罐的人员再从指定的井口另一侧（一般是进车侧）按顺序上罐。上罐完毕后，由信号把钩工关闭罐门或罐帘及安全门。严禁罐内或罐外任何其他人开、闭安全门、罐门或罐帘，严禁任何人不按顺序上、下罐。

（3）除专职信号把钩工及信号维修和管理人员外，任何其他人不得进入信号硐室。因为信号硐室内的信号系统与提升机控制回路相闭锁，只有在井口专职信号工发出开车信号后，提升机才能启动。人员进入信号硐室内误发信号可能会引发重大提升事故。

（4）所有乘坐罐笼的人员必须服从井口信号把钩工的统一指挥。达到规定的乘罐人数后，信号把钩工有权制止任何其他人再上罐。

（5）携带火工用品的炮工不得在井口与其他人员一起排队等候或一起上罐，以防火工用品一旦爆炸引起其他人员的伤亡。

（6）所有乘罐人员的肢体和所携带的物品不得超出罐外。

（7）一般在井口的进车侧和出车侧之间设有副巷作为人行通道，人员需从一侧到另一侧时必须走人行通道，严禁直接从井底穿越。

2. 乘坐斜井人车安全注意事项

（1）使用斜井人车运送人员时必须遵守下列规定：

1）斜井人车必须有顶盖，车辆上必须装有可靠的防坠器。当提升钢丝绳断绳时，防坠器能自动发生作用，也能人工操纵。

2）斜井使用人车运送人员时，人车上必须有跟车人，且跟车人必须坐在设有手动防坠器把手或制动器把手的位置上。

3）斜井人车必须设置使跟车人在运行途中任何地点都能向司机发送紧急停车信号的装置。

4）每班运送人员前，必须检查人车的连接装置、保险链和防坠器，并必须先放一次空车。

5）斜井人车提升的各车场应设有信号硐室和候车硐室，候车硐室应具有足够的空间。

（2）乘坐斜井人车的人员必须遵守下列规定：

1）所有准备乘坐人车的人员一律在候车硐室内排队等候。

2）斜井人车停稳并发出停车信号后，车上人员先下车，准备乘车的人员在信号把钩工的指挥下按顺序上车。当上车人员达到规定的人数时，把钩工有权制止任何其他人再上车。

3）除专职信号把钩工及信号维修和管理人员外，任何其他人不得进入信号硐室。

4）所有乘车人员的肢体和所携带的物品不得超出车外。

3. 乘坐斜井钢丝绳架空乘人装置安全注意事项

乘坐斜井钢丝绳架空乘人装置的人员必须遵守下列规定：

（1）准备乘坐的人员在指定地点排队等候。不得在斜井钢丝绳架空乘人装置启动前先坐到蹬座上等候开车。

（2）乘坐人员不许携带过长或过重的物体。

（3）按顺序依次在斜井钢丝绳架空乘人装置运行中蹬上蹬座，乘坐人员要坐稳，不得引起吊杆摆动，不得手扶牵引钢丝绳或触及邻近的任何物体。

（4）严禁同时运送携带爆炸物品的人员。

第三节　矿山运输知识与安全注意事项

矿山运输是将地下采出的煤炭、废石或矸石等由采掘工作面运往地面转载站、洗选煤厂或将人员、材料、设备及其他物料运入、运出的各种运输作业。矿山运输的特点是运量大、品种多、巷道狭窄、运距长短不一、线路复杂、可见距离短，因而作业复杂、维护检修困难、安全要求高。

一、矿山运输设备相关知识

矿山运输按运输设备划分为有轨运输（如矿井机车运输、钢丝绳运输）和无轨运输（如矿用输送机运输、水力运输和架空索道运输）。矿石地下运输是指回采工作面到出矿天井或采区矿仓之间的运输，矿石在阶段运输巷道装车并组成列车，由电机车牵引送到出矿天井或由输送机运输。矿石提升是指由井底车场至井口间的运输，用卷扬机、钢丝绳和提升容器（如箕斗、罐笼、串车等）、皮带运输机或自卸汽车，沿竖井、斜井或斜坡道将矿石运到井口（地表）。矿石地面运输，采用电机车、架空索道、铁路火车或汽车将矿石运往选矿厂或用户，废石送往废石场。

1. 轨道运输

轨道运输是地下开采矿山主要的运输方式，在露天矿场的运输中占有重要的地位。轨道运输的主要设备有轨道、矿车、牵引设备和辅助机械设备等。矿车按用途分为运货矿车、人车和专用矿车（如炸药车、水车）。运输的矿车主要有固定车厢式、翻斗式、侧卸式、平板车和底卸式等。牵引设备，在斜巷（斜坡）主要是用绞车（卷扬机）通过钢丝绳牵引（提升）车辆，在平巷和坡度很小的坡道主要是机车。辅助机械设备主要有翻车机、推车机、爬车机、阻车器等。

2. 机车运输

机车运输是用机车牵引一列矿车在轨道上运行。它是水平巷道长距离运输的主要方式，在露天矿场用得也很多。矿用机车按使用动力不同，分为电机车和内燃机车两种。绝大多数矿山使用的是电机车。矿山井下使用的内燃机车，排放的废气必须经过净化处理，符合排放标准。

电机车能否安全运行，它的制动性能好坏将起着重要的作用。电机车的制动分机械制动和电气制动两种。在正常行驶的情况下，应使用机械制动闸制动；在紧急情况下，机械和电气制动要同时使用，以保证能安全地制动。制动装置要有足够的制动力，以保证列车在运行时制动距离能符合安全规程的规定，即运送人员时不超过 20 m，运送物料时不超过 40 m。

电机车司机的安全操作是电机车安全运行的关键，司机要由责任心强、身体健康、经过培训考试合格的人员担任。电机车司机不得擅离工作岗位。开车前，必须发出开车信号。开车时，要集中精力，谨慎操作。司机离开座位时，必须切断电动机电源，将控制手把取下，保管好，扳紧车闸，但不要关闭车灯。电机车在正常运行时，必须在列车的前端牵引，只有在调车和处理事故时才可以顶车。司机在行车时，必须随时注意线路前方有无障碍物、行人或其他危险情况，不得将头或身体探出车外。列车通过风门区域时，要发出声光信号，接近风门、巷道口、弯道、道岔、坡度较大或噪声大等区域以及前方有车辆或视线有障碍时，必须减低速度和发出报警信号。司机发现有异常情况或信号时，应立即停车检查，待故障排除后，方可继续行车。

3. 公路运输

公路运输是露天矿场采用较多的运输方式。为确保公路运输的安全，应做到以下几点：

（1）道路要符合设计要求，经常养护，保证车辆运行顺利。

（2）机动车辆驾驶员必须经过培训考试，取得驾驶证，严禁无证驾驶。

（3）车辆要按有关规定进行维修保养，保持安全性能。

（4）自卸汽车严禁运载易燃、易爆物品。

（5）车辆在采矿场道路上宜采用中速行驶，在急弯、陡坡、危险地段应限速行驶，并具体规定各地段的车速，设置路标。

（6）雾天和烟尘较大影响视线时，应开亮车前黄灯靠右减速行驶，前后车间距离不小于 30 m。

（7）冰雪和多雨季节，道路较滑时，应有防滑措施，要减速行驶，前后车间的安全距离不得小于 40 m。

（8）卸矿平台要有足够的调车宽度。卸矿点必须有可靠的挡车设施，其高度应不小于轮胎直径的 2/5。挡车设施须经技术检验合格后，方准使用。

二、矿山运输安全注意事项

1. 运送人员的安全要求

《煤矿安全规程》规定，长度超过 1.5 km 的主要运输平巷，上下班时应采用机械运送人员。乘车人员主要存在着触电、因乘车位置不当或所乘车辆掉道、翻车引起的挤压、碰撞以及在乘车场被车辆撞击等危险因素。因此，所有乘车人员必须遵守下列规定：

（1）人员只能乘坐专门运送人员的带有顶盖，从侧面上、下车的人车。《煤矿安全规程》规定，严禁使用固定车厢式矿车、翻转车厢式矿车、底卸式矿车、材料车和平板车等运送人员。

（2）人员上、下车地点应有照明。采用架空线电机车运送人员时，架空线必须安设分段开关或自动停送电开关，乘车人员必须听从司机或乘务人员的指挥，在切断该区段架空线电源后方可上、下车。一般情况下，车辆进入车场，切断该区段架空线电源后应有声音或灯光显示。乘车人员必须在确定已经收到停电信号后方可上、下车。严禁车辆刚进入车场，尚未切断该区段架空线电源时上、下车。

（3）人员乘车后，必须在开车前关上车门或挂上防护链。人体及所携带的工具和其他物品严禁露出车外。

（4）严禁超员乘坐人车。

（5）严禁在机车上或任何两车厢之间搭乘人车。

（6）车辆行驶中和尚未停稳时，严禁上、下车和在车厢内站立。

(7) 车辆掉道时，必须立即向司机发出停车信号。

(8) 运送人员时，严禁同时运送有爆炸性的、易燃性的、腐蚀性的物品或附挂物料车。

2. 乘坐人员的主要危险因素

乘坐人员的主要危险因素包括：上、下输送带时人员跌倒；乘坐输送带时人员从输送带上坠落，如输送带运行速度过快、乘坐姿势不当、人体触及固定物体或输送带运行中发生断带事故等；乘坐人员经过给煤机前不能及时从输送带上下来而卷入给煤机的出料口与输送带之间；乘坐人员经过机头卸载位置前不能及时从输送带上下来而坠入卸载煤仓；乘坐人员到达机尾前不能及时从输送带上下来而卷入机尾滚筒与输送带之间；乘坐人员被从输送带上滚落的矸石、煤块砸伤；乘坐人员的肢体被卷入托滚与输送带之间或被卷入托绳轮与输送带之间等。

3. 巷道内人员行走的安全事项

巷道内人员行走时，需要注意以下安全事项：

(1) 井底车场及机车运输平巷。井下光线不足，道路不平，有时还有过往的车辆或使用架线机车，因此存在触电、被车辆撞击或挤压、跌倒、顶板或巷帮塌落导致的物体打击等方面的有害因素。在井底车场范围内，人员只能靠行走到达某一地点；从井底车场往里到巷道的各个石门口，可以采用机车运送人员，也可以靠人员自己行走。人员行走时，应注意以下安全问题：

1) 在只铺设单列轨道的巷道内，人员应站在轨道至巷帮距离较大的一侧行走；在铺设两列轨道的巷道内，人员应站在两列轨道的中间行走。

2) 行走途中，必须时刻注意自己的前方和后方有无车辆通过。当一个方向有车辆驶来时，人员要立即停住，面向行驶的车辆，站在较宽敞的一侧（单道时）或站在另一列轨道的道心（双道时）。当两列机车分别从前、后两股轨道上向自己驶来时，应立即停住，并分别向两列机车发出紧急停车信号。停车信号一般是用矿灯向机车车头方向左右连续晃动。车辆停止后，可站在其中一股轨道的道心，向另一列机车发出开车信号（上下连续晃动三次），这列机车开走后，再站在这股轨道的道心向另一列机车发出开车信号。

3) 在安装有架线的巷道内行走时，人员及所携带的物品严禁碰触架线，以防止发生触电事故。

4) 为保证机车的正常运行，行走人员严禁扳动道嘴、道岔等轨道设施。

(2) 其他运输巷道。包括安装有带式输送机的主要运输巷道和所有采区运输系统的运输巷道。有害因素除包括井底车场及机车运输平巷中所提到的之外，还包括人员肢体被带式输送机或刮板输送机绞伤或刮伤、人员坠入溜煤眼等。因此，在这些地方行走时，必须注意以下安全问题：

1) 在安设带式输送机或刮板输送机的巷道内，人员必须站在输送带或刮板距巷帮比较宽敞的一侧行走，而且不论输送机是否运转，人员都严禁站在输送机的输送带或刮板上。

当输送机运转时，除过桥外，任何人不得跨越；任何人的肢体和所携带物品不得触及输送机的运转部位。

2）除取得带式输送机或刮板输送机操作证的专职司机外，其他任何人不得擅自操作输送机及其电气设备。

3）使用小绞车牵引矿车时，小绞车必须由取得小绞车操作证的专职司机操作，其他现场人员严禁站在车辆行进前方的轨道道心或钢丝绳断裂后可能甩到的地方。

4）人员严禁进入专门运送煤炭的溜煤眼。

第四节　井下用电知识与安全注意事项

煤矿供电必须连续，不能中断。煤矿一旦中断供电，不仅造成全矿停产，而且由于主排水泵、主通风机、瓦斯抽放泵、主提升机等机电设备停运，将危及井下工作人员甚至全矿井的安全。因此，为了保证矿井安全生产，煤矿要求供电必须可靠。同时，由于煤矿井下特殊的环境条件，使供电线路和电气设备易受损坏，可能造成人身触电和电火花引起的火灾和瓦斯、煤尘爆炸等严重事故。因此，煤矿井下供电必须采取安全技术措施，严格遵守《煤矿安全规程》有关规定，确保供电安全。

一、井下供电安全知识与安全注意事项

1. 煤矿企业供电的基本要求

由于煤矿井下特殊的生产条件，为了保证矿工的生命安全和矿山的正常生产，要求供电安全、可靠、经济和技术合理。

（1）供电安全。煤矿井下有水、火、瓦斯、煤尘、顶板五大自然灾害存在，自然条件恶劣，生产环境复杂，容易发生触电、爆炸等恶性事故，因此必须采取防爆、防触电、防潮、各种电气保护等一系列措施，严格遵守《煤矿安全规程》的规定，确保煤矿供电安全。

（2）供电可靠。煤矿供电中断时，不仅影响产量，而且会因为停电而停止通风、停止排水，从而引发爆炸、淹没矿井等各类重大事故的发生，危及人民群众生命财产的安全，有时甚至毁掉整个矿井。因此要求煤矿供电，特别是井下供电必须绝对可靠，在任何情况下都必须保证提供一部分的电能，确保矿工及矿井的安全。

（3）供电经济。由于煤矿电气设备耗电量很大，如果设计不合理或选型不合理，会造成大量电能的浪费。因此，在保证安全、提高供电质量的前提下，力求供电线路简单，操作方便，合理设计和选用电气设备，保证供电的经济性。

（4）供电技术合理。技术合理性也称供电质量好，是指供电的电压、频率要达到一定的技术标准。

2. 煤矿井下供电电压等级

为了保证煤矿井下供电安全，《煤矿安全规程》对井下供电的电压等级进行了具体的规定。根据《煤矿安全规程》，井下各级配电电压和各种电气设备的额定电压等级，应符合下列要求：

（1）高压不超过 10 000 V。

（2）低压不超过 1 140 V。

（3）照明、信号、电话和手持式电气设备的供电额定电压不超过 127 V。

（4）远距离控制线路的额定电压不超过 36 V。

（5）采区电气设备使用 3 300 V 电压供电时，必须制定专门的安全措施。

3. 《煤矿安全规程》对井下供电的要求

（1）对井下各水平中央变配电所、主排水泵房和下山开采的采区排水泵房供电的线路，不得少于两回路。当任一回路停止供电时，其余回路应担负全部负荷。两回路电源应来自各自的变压器和母线段，线路上不应分接任何负荷。

（2）井下低压配电系统同时存在两种或两种以上电压时，低压电气设备上应明显地标出其电压额定值。

（3）电气设备不应超过额定值运行。

（4）井下中央变电所的高压馈电线上，必须装设有选择性的单相接地保护装置；供移动变电站的高压馈电线上，必须装设有选择性的动作于跳闸的单相接地保护装置。

（5）直接向井下供电的高压馈电线上，严禁装设自动重合闸。

（6）井上、下必须装设防雷电装置，并遵守下列规定：①经由地面架空线路引入井下的供电线路和电机车架线，必须在入井处装设防雷电装置；②由地面直接入井的轨道及露天架空引入（出）的管路，必须在井口附近将金属体进行不少于两处的良好的集中接地。

4. 安全用电作业制度

（1）工作票制度。凡井下高压电气设备的检修都要使用工作票。依据中华人民共和国水利电力部颁发的《电工安全作业规程》的规定，工作票分为第一种工作票、第二种工作票以及口头或电话命令三种。井下高压电气设备的检修采用第一种工作票。

（2）工作许可制度。对地面变电站电源进线及与进线有关的电气设备进行操作检修时，必须得到主管部门调度的批准。对地面和井下高压电气设备操作检修时，必须经矿生产调度的许可方可进行。

许可开始的命令，必须通知到工作负责人，其方式可采用当面通知、电话传达、派人传递等。

（3）工作监护制度

1）完成工作许可手续后，工作负责人应向工作人员交代现场安全措施、带电部位和其他注意事项，工作负责人必须始终在工作现场对工作人员的安全认真监护，及时纠正不安全动作。

2）工作票签发人和工作负责人，对有触电危险的、施工复杂容易发生事故的工作，应增设专人监护。专职监护人不得兼做其他任何工作。

3）倒闸操作和井下电气设备的检修，必须由两人执行，其中一人监护，另一人操作。由对操作现场和设备比较熟悉、级别较高的人做监护人；特别重要和复杂的倒闸操作，由熟练的值班员操作，由值班班长或值班负责人监护；在进行高压试验时，应由两人执行，一人操作，另一人监护。专职监护人员不得兼做其他工作。

（4）停送电制度。严格执行停送电制度，中间不得换人，在无人值班的变电所，停电后应设专人看守。严禁约时停、送电，严禁约定信号停、送电。

（5）验电、放电、接地、挂牌制度

1）验电前，应先检查周围的瓦斯浓度，当瓦斯浓度低于1%时，用与电源电压相适应的验电笔验电。

2）当验明确实停电后，用短路接地线先接地，然后将被检修的设备、导线三相短路。

3）工作前，应将电气设备的闭锁装置锁好，并挂上“禁止合闸，有人工作”的警示牌。

（6）工作防止送电的措施

1）高压防爆配电装置停电后，必须把开关拉出，使插销脱离电源。拔出插销后，电源侧要用专用的挡板挡住，以防触电和误推入开关。

2）可能从两侧送电的设备，必须可靠地断开各方电源，拔出插销或拉开刀闸。

3）低压防爆开关在开盖进行检修时，严禁解除闭锁、不关盖进行送电试验或进行其他带电检修工作。

（7）井下用电十不准制度

1）不准带电检修、搬迁电气设备、电线、电缆。

2）不准甩掉无压释放器、过电流保护装置。

3）不准甩掉漏电继电器、煤电钻综合保护装置和局部通风机风电、瓦斯电闭锁装置。

4）不准明火操作，明火打点，明火放炮。

5）不准用铜丝、铝丝、铁丝等代替熔丝。

6）停风、停电的采掘工作面，未检查瓦斯，不准送电。

7）有故障的线路不准强行送电。

8）电气设备的保护装置失灵后，不准送电。

9）失爆的设备和电器，不准使用。

10）不准在井下拆卸和敲打矿灯。

二、井下供电系统漏电原因分析

井下供电系统发生漏电的原因，大致有以下几个方面：

1. 电缆或电气设备本身的原因

（1）敷设在井下巷道内的电缆，由于井下环境潮湿，且运行多年，其绝缘老化或潮气入侵，引起绝缘电阻下降，使正常运行时系统对地的绝缘阻抗偏低或发生漏电。在这种供电系统中，还会因偶然的过电压冲击，使绝缘水平较低处发生击穿，产生集中性漏电。

（2）开关设备长期使用，接线板潮湿可能造成漏电；其内部元件（主要是控制变压器、接触器、继电器、线圈等）或导线，因某种原因使绝缘恶化、导线头碰壳也会造成漏电；自动馈电开关中的过流继电器，当调整螺杆拧得过低时，也会因相对放电而造成漏电。

2. 因施工安装不当引起漏电

（1）电缆施工接线错误，如误将相线与地线相接，通电后就会发生漏电；橡套电缆接头违反施工工艺要求，如不用电缆线盒的连接和明接头等，这些接法都破坏了橡套的绝缘，在井下潮气的侵蚀下易发生漏电。此外，这些接法的机械强度都较低，容易被拉断而造成漏电。

（2）电缆与设备连接时，由于芯线接头不牢固，封堵不严、压板不紧，运行或移动时造成接头脱落或接头松动，使相线与金属外壳直接搭接而漏电，或者是因接头发热过度使绝缘损坏而漏电。

（3）橡套电缆悬挂方法违反规定，采用铁丝或铜丝悬挂，时间一长，就可能发生漏电。

（4）开关或其他电气设备的内部接线错误，或接线头松脱碰壳，当合闸通电时便发生漏电。

3. 因管理不当引起漏电

（1）由于管理不当，电缆被埋压或脱落浸泡于水沟中。电缆被埋压后其热量不易散发，时间一久将使绝缘老化而漏电；电缆浸泡于水中，由于受井下水的酸性侵蚀及渗透作用，也会使绝缘因受潮而漏电。

（2）电气设备长期过负荷运行造成绝缘老化损坏而漏电。

（3）电动机因长期被煤石堵塞风道，造成通风不良而发热使绝缘老化受损而漏电。

（4）对已受潮或遭水淹的电气设备，未经严格的干燥处理和对地绝缘电阻、耐压试验，又投入运行，极有可能发生漏电或其他电气故障。

4. 因维修操作不当引起漏电

（1）工人工作时劳动工具（锹、镐、钎等）易将电缆割伤或碰伤，造成漏电。此外在机械移动时，由于司机人员照顾不周，使供电电缆受到拉、挤、压、绞等作用，也可能造成漏电。

（2）冷、热补的橡套和浇灌的电缆接头，由于芯线连接不牢固、绝缘胶浇灌不均匀以及硫化热补或冷补质量低劣，故在运行期间芯线接头容易发热，使油和绝缘胶往外渗漏，严重时就会产生漏电。

（3）开关设备检修后，残留在开关内的线头、金属碎片等未能清理干净，或将小零件与电工工具等遗留在开关内，如果这些东西碰到相线，送电后就会发生漏电。

（4）修理电气设备时，由于停送电操作失误、带电操作或施工不慎，可能造成人身接触及一相漏电。

（5）开关分、合闸时，由于灭弧机构有故障，造成电弧熄灭困难、电弧接触外壳而漏电。此外，当发生漏电而切断总电源后，为查找漏电支路而分别强行送电也是造成重复漏电的原因。

5. 因意外事故引起漏电

（1）井下电缆常因顶板失落、矿车出轨、支柱倾倒等意外机械事故造成损伤而导致漏电。

（2）井下电缆因短路故障造成局部对地绝缘损坏，当处理短路故障后未经对地绝缘电阻测试而恢复送电时，就会发生漏电。

（3）大气过电压沿下井电缆侵入，击穿其对地绝缘而发生漏电。

三、井下低压电网发生漏电的危害

煤矿井下低压电网大部分在采区，环境条件恶劣，又是工作人员和生产机械比较集中的地方，电网如果发生漏电，将导致以下危险：

1. 人身触电的危害

当电气设备因绝缘损坏而使外壳带电，而工作人员又接触此外壳时，就会导致人身触电事故。此时，入地电流的一部分将要从人体流过，当数值大到一定程度就会造成工作人员的伤亡。工作人员触及刺破橡套电缆外护套而暴露在空气中的芯线是一种更加严重的人身触电，此时，入地电流绝大部分流经人体，对工作人员的危险性更大。

2. 引起瓦斯及煤尘爆炸的危害

我国大部分煤矿有瓦斯以及煤尘爆炸的危险，当井下空气中瓦斯（甲烷）及煤尘达到爆炸浓度且有能量达到 0.28 mJ 的点火源时，就会发生沼气及煤尘爆炸。井下的点火源绝大部分是电火花，而漏电所产生的电火花则占有相当大的比例，当电网发生单相接地或设备发生单相碰壳时，在接地点会产生电火花，若此电火花具有足够的能量，就可能点燃沼气和煤尘。

3. 使电雷管无准备引爆的危害

漏电电流在其通过的路径上会产生电位差，漏电电流的数值越大，所产生的电位差就越大，如果电雷管两端引线不慎与漏电回路上具有一定电位差的两点相接，就可能发生电雷管无准备爆炸的事故。

4. 烧损电气设备引起火灾的危害

长期存在的漏电电流，尤其是两相经过渡电阻接地的漏电电流，在通过设备绝缘损坏处时将散发出大量的热，使绝缘进一步损坏，甚至使可燃性材料（如非阻燃性橡套电缆）着火燃烧。

5. 引起短路事故的危害

据统计，约有30%的单相接地故障发展为短路，从而造成更大的电气故障，对矿井安全造成严重威胁。漏电故障发展为短路的原因是很简单的，长期存在的漏电电流及电火花使漏电处的绝缘进一步损坏，最后危及相间绝缘而造成短路。

四、预防井下漏电、触电的措施

1. 预防电气事故发生的措施

由于煤矿井下环境的特殊性，发生漏电与人身触电的概率远比一般地面工业高，因此必须采取有效措施，预防这类电气事故的发生。结合煤矿井下的具体情况，可采取以下措施。

（1）加强井下电气设备的管理和维护，定期对电气设备进行检查和试验，性能指标达不到要求的，应立即更换。

（2）将带电导体、电气元件和电缆接头等，都封闭在坚固的外壳内。在电气设备的外壳与盖子间设置可靠的机械闭锁装置，以保证未合上外盖前不能接通电源，或者在接通后便不能打开外盖。这一措施可以有效地防止因带电检修而造成的触电事故。

（3）加强手持式电动工具把手的绝缘。这类把手在正常时本来是不带电的，但当带电部分的绝缘损坏时，把手便有可能带电而引起触电事故，所以必须在把手上再加一层绝缘套，以形成双重保护。

（4）对人身接触机会较多的电气设备，采用较低的额定电压。例如，手持式电钻、照明设备及信号装置的额定电压不得超过127 V，井下各种电气控制回路的额定电压限制在12～42 V以内。

（5）井下配电变压器的中性点禁止直接接地，以减小漏电或触电电流。井下若采用中性点直接接地的供电系统，则发生漏电或人身触电的情况就有所不同，此时，漏电或触电电流入地后直接经过接地极回到变压器的中性点。由于接地极的电阻很小（数欧），使得电源相电压几乎全部加在漏电过渡电阻或人体电阻上，危险性极大。

2. 井下安全用电管理规定

井下安全用电管理规定主要有：

（1）井下电气工作，必须认真执行《煤矿安全规程》中关于电气安全作业的有关规程，禁止带电作业和非电工人员从事电气作业。

（2）井下供电要有供电报告，由矿审批，要使供电方案、设备、电缆的选择等安全措施在安全上可靠，在技术上合理。

（3）机电科设井下电气管理组，各井区配齐防爆检查员，具体负责井下电气安全管理工作。

（4）井下供电系统要认真执行区域负责制，使每台设备、每条电缆和每个小型电器落实到具体人负责。井区要有检修和事故记录，机电科井下电气管理组每月检查一次。

（5）各井区还要有明确小型防爆电器（打拉点开关、各种接线盒、电铃、电话、按钮等）管理员，具体负责小型防爆电器的管理和使用。失爆的小型电器，不准在井下使用。

（6）井下电缆要建立图牌板管理，每条电缆要有表明规格长度的标志，要按规定悬挂，不准带电盘圈，不准出现不合理接头。

（7）防爆设备入井前必须经防爆电气设备检查员检查合格，失爆性的设备不准入井，非防爆设备必须经批准，否则不准入井。

（8）移动设备的负荷线设好以后，要经司机、打眼工与机电人员共同检查验收，使用和管理由司机、打眼工负责。

（9）井下低压电缆线路上必须装设漏电检测装置，煤电钻必须设综合保护装置。

（10）配电系统的继电保护装置，要根据供电报告整定，并随负荷变化及时调整，调整数值必须经技术人员计算。整定装置要每季度进行一次试验。

（11）井下接地保护系统，必须完整合格。井下的所有机电设备，任何时候都不准脱离接地系统。每年春季要对接地系统进行一次检查试验。

（12）井下绞车，必须使用安全火花信号，其外壳符合防爆要求，操作线都要使用电缆。

（13）局扇设断相保护，局扇与掘进工作面的供电系统必须设风电闭锁，并坚持投用。

（14）采煤机、掘进机、溜子和井下绞车的操作都要使用防爆按钮，不准使用拉式开关。井下严禁明火操作。

（15）电气设备、电缆和油的绝缘状态，必须按规程规定定期进行油测定和试验，发现问题限期处理。井区机电负责人要经常掌握设备的负荷情况，对超负荷运转的设备要提出解决办法，禁止超负荷运行。

（16）发现事故隐患，要落实责任，限期处理。发生事故后，要及时组织追查分析，弄清原因，从管理上、技术上及时采取措施，防止同类事故的发生。损坏电气设备和电缆要追究责任。

（17）机电硐室的建筑符合规程规定，硐室的设计、施工方案和移交生产使用，都要经过机电部门的审查和验收，不符合规定、存在安全隐患的不准送电，并追究责任。

3. 井下电气管理组的职责和工作内容

井下电气管理组的职责和主要工作内容包括：

（1）定期检查井下电气安全工作。

（2）负责井下电气安全保护装置的正确使用和管理。

（3）掌握井下电气安全调整工作的速度。

（4）参加电气事故的追查、分析、上报。

（5）负责呈报有关井下电气工作的报表。

4. 防爆电气设备检查员的职责

防爆电气设备检查员的职责包括以下内容：

（1）负责检查修出厂的防爆电气设备的防爆性能。

（2）负责检查井下防爆电气设备的防爆性能。

（3）经常深入井下检查防爆电气设备的小型防爆电器的性能，发现失爆时，应停止使用。

第五节　矿井通风知识与安全注意事项

煤矿井下空气稀薄，氧含量低，不适宜人的生存，同时在煤矿生产过程中，还会有许多有毒有害气体产生，这些气体不仅会使井下空气中的氧气含量降低，而且易造成人的窒息和中毒。因此，为了保证井下安全生产，就需要采取通风措施，源源不断地为井下输送新鲜空气。矿井通风的目的，一方面是为井下人员提供新鲜空气，为井下创造良好的气候条件；另一方面是稀释和排除井下有毒有害气体和矿尘，提高矿井的抗灾害能力。对于煤矿生产作业人员，需要了解矿井通风的特点，掌握矿井通风方法，熟悉矿井通风设施及作用，懂得煤矿生产对通风的要求和注意事项；通过学习和实践，掌握防治矿井瓦斯事故的手段和方法，从而减少瓦斯事故的发生。

一、煤矿井下空气特点与要求

1. 煤矿井下空气的组成

地面新鲜空气进入煤矿井下后，由于受到井下各种自然因素和生产过程的影响，其成分和质量都会发生一些变化，如氧气含量降低、有毒有害气体浓度增高等。煤矿井下空气中除含有大气中所含有的氧气、氮气和二氧化碳外，还有甲烷、一氧化碳、二氧化氮、硫化氢、二氧化硫、氢气、氨气等气体的存在。这些气体不但无助于人的呼吸，反而会对人产生伤害。同时，它们中的大多数还具有爆炸性，使井下充满爆炸危险。

由于矿井空气质量的好坏对人的身体健康乃至矿井安全都有着重要的影响，所以我国《煤矿安全规程》对矿井空气中的主要气体的浓度都做出了明确的规定，同时要求井下采掘工作面进风流中的氧气体积分数不得低于20%，二氧化碳体积分数不得超过0.5%。

2. 矿井空气中常见的有毒有害气体及最高允许浓度

煤矿井下空气中有毒有害气体种类较多，但常见的主要有一氧化碳（CO）、硫化氢（H_2S）、二氧化氮（NO_2）、二氧化硫（SO_2）等。

（1）一氧化碳（CO）。一氧化碳是一种无色、无味、无臭的有毒气体，能与空气均匀地混合。当空气中含有0.4%的一氧化碳时，人吸入后就有中毒的危险。因此，《煤矿安全规程》规定，煤矿井下一氧化碳的最高允许体积分数不得超过0.002 4%。矿井空气中的一氧化碳主要来自于井下爆破、矿井发生火灾以及矿井发生瓦斯、煤尘爆炸等方面。

（2）硫化氢（H_2S）。硫化氢属于剧毒气体，具有强烈的刺激作用，人吸入后能使人患鼻炎、气管炎以及肺水肿等疾病。井下空气中的硫化氢达到一定浓度时，人就有中毒死亡的危险。因此，《煤矿安全规程》规定，煤矿井下硫化氢的最高允许体积分数不得超过0.000 66%。矿井空气中硫化氢的主要来源是有机物的腐烂、含硫矿物的水解、从老空区和旧巷积水中放出。我国有些矿区煤层中也有硫化氢涌出。

（3）二氧化氮（NO_2）。二氧化氮是一种褐红色的剧毒气体，有强烈的刺激气味，对眼睛、呼吸道黏膜和肺部组织有强烈的刺激及腐蚀作用，严重时可引起肺水肿。二氧化氮中毒有潜伏期，它是井下炮烟中毒的主要原因。因此，《煤矿安全规程》规定，煤矿井下二氧化氮的最高允许体积分数不得超过0.000 25%。井下空气中二氧化氮气体的主要来源是井下爆破。

（4）二氧化硫（SO_2）。二氧化硫是一种剧毒气体，它无色、有强烈的硫黄气味及酸味，对眼睛及呼吸系统黏膜有强烈的刺激作用，可引起喉炎和肺水肿。当空气中二氧化硫体积分数达到0.05%时，短时间内人即有生命危险。因此，《煤矿安全规程》规定，煤矿井下二氧化硫的最高允许体积分数不得超过0.000 5%。井下空气中二氧化硫的来源主要是含硫矿物的氧化和燃烧、在含硫矿物中爆破以及从含硫矿层中涌出等。

3. 矿井气候及影响

矿井气候是指矿井空气的温度、湿度和风速的状况。矿井气候条件的好坏对井下作业人员的身体健康和劳动安全有着较大影响，因此《煤矿安全规程》规定，井下采掘工作面的最高温度不得超过26℃，机电硐室的最高温度不得超过30℃，采掘工作面最低风速不得小于0.25 m/s，最高风速不得大于4 m/s等。

二、矿井通风相关知识与要求

1. 矿井的通风方式与方法

《煤矿安全规程》规定，每一矿井必须建有独立的进风井筒和独立的回风井筒，严禁独眼井开采。因此，通风方式就是指进风井筒和回风井筒在井田内布置的相对位置。按进、回风井在井田内的相对位置不同，通风方式可分为中央式、对角式、区域式及混合式。

通风方法是指矿井主要通风机的工作方式，可分为压入式、抽出式和压抽混合式。

(1) 压入式通风。矿井采用压入式通风时，主要通风机须安装在进风井口。由于通风机是往井下压风，所以矿井内的空气压力一般高于同标高的地面大气压力。这种通风方法也称为正压通风。

(2) 抽出式通风。抽出式通风即把主要通风机安装在回风井口。采用抽出式通风时，由于通风机是从井下往外抽风，所以矿井内的空气压力低于同标高的地面大气压力，处于负压状态。这种通风方法也称为负压通风。

(3) 压抽混合式通风。压抽混合式通风是上述两种方法的混合运用。

2. 矿井的通风网络

矿井的通风网络，简单来讲就是风流在井巷中的流动路线。因此，按照井巷的基本连接形式分为串联通风、并联通风和角联通风三种。

(1) 串联通风及其特点。串联通风又称一条龙通风，就是两个或两个以上的风路首尾相接地进行通风，中间没有分支风路。这种通风方式缺点较多，如风路总风阻较大，因而造成通风困难，同时，采用串联通风时，前段巷道的污风要进入后段巷道，使后段巷道不能获得新鲜风流。特别是当串联风路中如某一地点发生事故时，容易波及整个风路，使得灾害范围扩大。所以，串联通风的安全性很差。又由于这种通风网路对各工作地点的风量不能进行调节，所以不能有效地利用风量。《煤矿安全规程》对井下串联通风做了特别规定和限制。

(2) 并联通风及其特点。并联通风又称分区通风，就是两个或两个以上的风路各有其独立的进、回风路，而其中间没有交叉相通的巷道。并联通风与串联通风相比，通风阻力小，通风容易，所用通风费用较低。尤其是并联网路中各个分支风路都有独立的新鲜风流，这对人的健康和井下安全都十分有利。同时，假若在并联风路中即便有一分支风路发生事故，这时也易于隔绝和控制，不致影响到其他风路，其安全性好。此外，由于并联通风有利于风流的控制和风量的调节，使得容易做到按需分配风量。因此，《煤矿安全规程》为此做出规定，每一矿井都应建立独立的通风系统，实行分区通风。

(3) 角联通风及其特点。角联通风就是在并联的两条巷道之间，用一条或数条巷道将其连通。由于角联巷道是布置在两条并联的巷道之间，所以角联风路中的风流方向是不稳定的，有时巷道内还会出现微风甚至无风，这样就容易造成瓦斯积聚、氧含量低等，因而易发生事故。在煤矿通风系统中，要尽量避免出现这种通风网路。

3. 矿井通风设施的种类与作用

通常把为了引导、隔断和控制风流而修筑的通风构筑物称作通风设施。矿井通风设施的种类主要有风门、风桥、风硐、风窗、挡风墙等。

通风设施的作用主要是：

(1) 隔断进、回风风流，防止风流短路。

(2) 引导风流沿着需要的方向和路线流动，对风流方向进行控制。

（3）按需风地点的需风量进行配风，不让全部风流通过，只允许部分风流通过。

（4）当井下发生灾害时实现反风，以防止灾害范围扩大。

（5）防止采空区或旧巷内的有毒有害气体向井下空间内逸出和扩散。

（6）防止向采空区和旧巷内漏风。

4. 通风设施的设置要求

（1）矿井进、回风井之间和主要进、回风巷之间的每个联络巷中应建筑永久性挡风墙。

（2）需要使用的联络巷，为防止行人及反风时风流短路，按要求必须建筑不少于两道的正向和反向的永久性风门。

（3）与采空区连通的所有巷道，必须建筑永久性挡风墙。

（4）行人、行车巷道，采区之间联络巷，采区进、回风巷的联络巷，一般根据通风设施服务时间的长短及作用，建永久性或临时性挡风墙或风门。

（5）为避免风流短路，水平交叉的进、回风巷一般设有风桥，以便将进风流与回风流隔开。

5. 巷道掘进通风方法与安全要求

《煤矿安全规程》规定，所有掘进巷道都必须采用局部通风机通风或矿井全风压通风，禁止采用扩散通风。因此，巷道掘进通风的方法，按照通风动力形式的不同，分为局部通风机通风、矿井全风压通风和引射器通风。其中局部通风机通风最为常用。

掘进通风的安全要求如下：

（1）局部通风机必须由指定人员负责管理，保证正常运转。

（2）压入式局部通风机和启动装置，必须安装在进风巷道中，距掘进巷道回风口不得小于 10 m；全风压供给该处的风量必须大于局部通风机的吸入风量。

（3）必须采用抗静电、阻燃风筒。风筒口到掘进工作面的距离必须符合规定值，煤巷掘进一般不大于 5 m。

（4）低瓦斯矿井掘进工作面的局部通风机，可采用装有选择性漏电保护装置的供电线路供电，或与采煤工作面分开供电。

（5）瓦斯喷出区域、高瓦斯矿井、煤（岩）与瓦斯（一氧化碳）突出矿井中，掘进工作面的局部通风机应采用“三专”（专用变压器、专用开关、专用线路）供电。

（6）严禁使用三台以上的局部通风机同时向一个掘进工作面供风，也不得使用一台局部通风机同时向两个作业的掘进工作面供风。

（7）使用局部通风机通风的掘进工作面，不得停风；因检修停电等原因停风时，必须撤除人员，切断电源。

（8）恢复停风巷道的通风前，必须检查瓦斯。只有在局部通风机及其开关附近 10 m 以内风流中的瓦斯浓度都不超过 0.5%时，方可人工开启局部通风机。

第三章　煤矿企业员工安全操作要求

企业需要大量能够安全操作并且遵章守纪的优秀员工，优秀员工不仅是企业安全生产的基础和保障，也是企业最为宝贵的财富。对于企业来讲，培养出大批能安全操作、遵章守纪的优秀员工并不是一件容易的事情，不仅需要制定相应的制度，实施积极的鼓励政策，还需要采取切实有效的措施，运用符合本企业实际的有效方法。有的企业采取以学习促技术，开展岗位练兵活动，着力培养操作技能优异的专家型员工，并且给予奖励，从而取得了很好的效果。

第一节　煤矿职工入井须知

在煤矿企业工作主要是从事井下作业，其地质条件复杂多变，经常受到瓦斯、水、火、煤尘、顶板等灾害的威胁。在全国煤矿企业中，煤矿依然是发生事故和伤亡人数最多的行业之一，安全生产形势依然严峻。对于煤矿生产作业人员，每天所要面对的，是一个不断变化存在危险的作业环境，为了适应煤矿作业环境，保障安全生产，必须了解入井前有关安全常识，熟悉煤矿井下必需的安全设施和井下安全标志，从而保障自身和他人的安全，保障生产作业的安全。

一、入井前有关规定

1. 班前准备须知

煤矿是高危作业，煤矿矿工在入井前要吃好、睡好、休息好，要保证入井时精神饱满、神志清醒、精力充沛。特别需要注意以下事项：

（1）严禁班前饮酒。井下工作环境比较复杂，要求作业人员的注意力高度集中。如果上班前喝酒，由于酒中乙醇的作用，会导致神志不清、精力不集中，使人精神昏沉、反应迟钝，在井下行走、乘车、作业时极易出错，或者引起情绪冲动，盲目蛮干，这是事故的潜在隐患。因此，入井人员入井前严禁喝酒。

（2）明火和静电可能导致瓦斯爆炸及火灾，因此，井下生产作业人员严禁穿化纤衣服和携带香烟及点火物品下井，以免引起矿井火灾和瓦斯、煤尘爆炸事故。

（3）矿工在入井前要穿好工作服、胶鞋，脖子上围上毛巾。工作服和鞋袜要穿着整齐利落，袖口扎紧，以防被转动的机器设备绞缠发生意外。胶鞋不可破漏，以免煤渣或水进入鞋内，同时胶鞋可以防止人体触电。毛巾的作用：一是可以用来擦汗；二是可以避免煤渣掉进衣服里；三是发生爆炸或火灾事故时，若无自救器，可用毛巾蘸水捂住口鼻逃生。如果工作地点有淋水或者采用湿式打眼和洒水防尘，还应穿上雨衣。

（4）入井前要佩戴安全帽、矿灯，携带自救器，配备不齐或设备不完好不能入井工作；安全帽是矿工安全的首要保证，矿灯是矿工的“眼睛”，自救器是万一发生事故时矿工的救命器。

（5）携带锋利工具时，要套好护套，防止伤人；通过班前会可了解工作地点的安全生产情况，明确安全注意事项，掌握防范措施，保证作业安全，因此要按时参加班前会。

常言道，妻贤夫祸少，夫健全家福。家庭是社会的细胞，和谐、关爱的家庭是保证矿工“高高兴兴上班去，平平安安回家来”的重要条件，是保障安全生产的重要基础。许多煤矿企业十分重视矿工家庭亲人的特殊作用，要求广大女工、家属们吹好枕边风，当好后勤兵，积极为矿工创造一个良好的生活环境，并根据矿工家属的特点，给矿工、家属们制定了“五不准、五保证”安全家规，即不准矿工班前饮酒，保证矿工吃好；不准矿工赌博，保证矿工精力充沛；不准给矿工增加家务负担，保证矿工休息好；不准家庭闹矛盾，保证矿工情绪好；不准支持矿工违章作业，保证家庭安全警钟长鸣。把安全触角延伸到每家每户，延伸到矿工的床头餐桌，让安全警钟在家庭中长鸣，从而促进了安全生产。

2. 佩戴与携带物品须知

（1）入井人员必须戴安全帽，随身携带自救器和矿灯，严禁携带烟草和点火物品。这一规定是入井人员必须了解的最起码的常识，也是国内外煤矿通过生产中许多血的教训总结出来的一条重要经验，国内外一些重大恶性事故充分证明了这一规定的必要性。由于井下吸烟而引起的瓦斯爆炸事故，造成的伤亡人数占井下伤亡人数的30%左右。因此，严禁携带烟草和点火物品入井，是保证矿井和人身安全的必要措施。

（2）严禁穿化纤衣服。化纤衣服是指用合成纤维纺织而成的衣料制品。由于化纤衣料绝缘电阻大，当它和人体或衣料之间发生摩擦时，可能产生静电，其放电能量可达0.4 mJ。而静电点燃 8.5%的瓦斯空气混合物只需 0.32 mJ，点燃 20%的氢气空气混合物只需0.013 mJ。因此，如果穿化纤衣服下井，遇到工作地点瓦斯浓度超限或在井下充电硐室内工作，很可能引起瓦斯、氢气的燃烧和爆炸。另外，化纤衣服易燃，万一发生火灾，还会使穿化纤衣服的人员立即被灼伤皮肤，甚至导致死亡。因此，《煤矿安全规程》专门规定，严禁穿化纤衣服入井。

（3）入井检身和人员清点制度。《煤矿安全规程》规定：“煤矿企业必须建立入井检身制度和出入井人员清点制度。”实行这两种制度的目的是，对入井人员应该做到的基本要求的督促和检查，以便当井下发生意外事故时，矿工能及时得到救援。

3. 坚持班前会制度

作为煤矿安全管理的第一道防线，班前会是强化职工安全思想教育、预防事故发生的有效阵地。

班前会的内容主要有：

(1) 传达煤矿当天工作安全指示、详细安排本班工作及落实本班各工种的岗位确认及应知应会，进行作业前的危险辨识；总结上一班工作，明确本班安全重点。

(2) 严格班前岗位确认和排查不放心人员，对于不安全人员制止下井作业。

(3) 认真填写班前安全宣传教育记录，严格落实“联对”互保责任状。

(4) 严格落实规程措施在班前的贯彻。检查落实上岗人员身带的保证书，并时时刻刻牢记在心里，杜绝违章操作行为。

许多煤矿把职工班前会作为班组文化建设的主阵地，以“班前会规范月”为抓手，进行了班前会程序、内容、形式、考核“四个规范”，努力提高班前安全教育质量。

“四个规范”主要有：

一是规范程序。班前会按照班前点名及薄弱人物的排查、工作安排及职工安全教育、唱《新矿之歌》、集体安全宣誓、列队出发五个程序进行，结合当班生产条件变化的实际，做到班前教育有计划、有阶段、有重点、有针对性。

二是规范内容。把 30 min 的班前会作为职工接受安全教育的“第二课堂”，组织职工进行安全学习。将安全每日一题带到班前会上学习，由值班员在班前会上进行讲解，有针对性地做好职工安全思想教育，增强职工的安全意识。在此基础上，做好“三交一清”，即交当天主要工作内容，交作业环境中存在的危险，交对作业环境中存在的危险应采取的预防措施；清楚每位职工的思想状态，排查安全薄弱人物。

三是规范形式。按照班前会“四个规范”的要求，进一步规范班前会形式，形成更具针对性、时效性、符合现场安全生产实际、形式更加新颖的班前会教育“七个一”形式，即“一确认、一排查、一案例、一布置、一互动、一提醒、一提问”。班前会上，由值班员班前点名，班长在班前会上对职工各方面状态进行确认；重点排查班组职工是否有人饮酒、是否休息好、有无思想波动、有无身体不适等状况；将典型事故案例做成图文课件播放，并详细讲解事故原因、防范措施，使职工在案例中接受安全教育；由值班人员传达上级有关文件、通知、会议精神，通报上一班生产任务完成情况和存在的问题，详细布置本班生产任务和特殊工种的岗位要求，分析完成任务的有利条件和不利因素；把“岗位描述”工作法与班前会结合起来，在班前会上要求每一个岗位都必须有一名职工讲出自己岗位的安全注意事项，值班员根据当班生产任务和现场实际，针对每个环节、每道工序、每个岗位应注意的安全事项、危险隐患、岗位标准等逐项逐条讲清讲透，并提问“手指口述”、岗位描述有关知识，真正使“两述”入脑入心。

四是规范考核。加强班前会考核力度，建立班前会考评机制，奖优罚劣，让本班组职工当“评判员”，每月组织一次班前会质量评比，评比情况在单位进行公布，并落实奖罚。

二、井下安全设施与安全标志

为了防止煤矿各种灾害事故的发生和阻止事故的扩大蔓延，保障安全生产，在煤矿井下需要设置一些必需的安全设施；为了通过视觉进行安全警示，煤矿井下还必须设置各种安全标志。每个矿工都应当自觉地爱惜它、维护它，不可随意损坏。

1. 井下安全设施

井下安全设施有以下几种：

（1）运输安全设施。例如防止竖井罐笼坠罐的罐卡、防止斜井跑车的挡车器、倾斜巷道中防止跑车及防止“突发”事故的躲避硐等。

（2）防水安全设施。如井底水泵房的防水闸及防水门。

（3）防火安全设施。如井底车场的防火门、进风大巷的消防材料库、机电硐室的消防砂箱及灭火器和防火墙等。

（4）防爆安全设施。如井下机电硐室的防爆门、井下爆破材料库两个出口能自动关闭的抗冲击波活门和抗冲击波密闭门等。

（5）防尘及隔爆安全设施。如隔爆水棚、水袋（槽）、岩粉棚等。

2. 井下安全标志

为了在视觉上进行安全警示，井下设置了多种安全标志。按照使用功能，安全标志可以分为五类，即禁止标志，警告标志，指令标志，路标、铭牌、提示标志，指导标志。

（1）禁止标志。禁止标志是禁止或制止人们某种行为的标志。有“禁带烟火”“严禁酒后入井（坑）”“禁止明火作业”等16种标志。

（2）警告标志。警告标志是警告人们可能发生危险的标志。有“注意安全”“当心瓦斯”“当心冒顶”等16种标志。

（3）指令标志。指令标志是指示人们必须遵守某种规定的标志。有“必须戴矿工帽”“必须携带矿灯”“必须携带自救器”等九种标志。

（4）路标、铭牌、提示标志。路标、铭牌、提示标志是告诉人们目标、方向、地点的标志。有“安全出口”“电话”“躲避硐”等12种标志。

（5）指导标志。指导标志是提高人们思想意识的标志。有“安全生产指导标志”和“劳动卫生指导标志”两种标志。

此外，为了突出某种标志所表达的意义，可以在其上另加文字说明或方向指示，即所谓的“补充标志”。“补充标志”只能与被补充的标志同时使用。

第二节　采煤各工种安全操作规程

安全操作规程是根据企业的生产性质、机器设备的特点和技术要求，结合具体情况及实际经验制定出的安全操作守则。安全操作规程具有保证安全生产的作用，操作者必须遵守。安全操作规程也是企业建立安全制度的基本文件，是进行安全教育的重要内容和处理伤亡事故的重要依据。安全操作规程通常分四个部分，即总则、工作前的安全规则、工作时的安全规则、工作结束后的安全规则。在煤矿井下从事生产作业，主要是一些繁重、单调、重复的劳动，加上矿工的文化程度、安全意识、自身素质各不相同，每个人的操作都有一定的自由性，所以容易出现违反安全操作规程的情况，以至于形成习惯性违章，从而引发事故。

一、采煤班（组）长操作规程

班（组）长是一班（组）之长，虽然属于兵头将尾，但是担负着领导和管理全班组的任务。班（组）长的主要任务是：负责具体任务的分解和实施，确保生产计划顺利完成；坚持“安全第一”的原则，保证安全文明生产，监督班组员工按照操作规程操作，防止工伤和重大事故发生；负责对班组员工进行定期培训，组织本班组员工开展工艺管理活动，正确指导班组员工的操作，严格执行操作规程，严肃工艺纪律，坚持“质量第一”原则；通过激励创新提高班组员工积极性，优化作业方法，提高班组员工技能，加大工艺改进力度等方法，不断提高生产效率，降低生产成本；负责监督班组员工对设备的正常使用、清理、检查、保养工作，提前发现异常及时解决问题，保证生产顺利进行。同时，班组长还要关心其班组内的员工，加强与班组员工的沟通，及时了解班组员工的心理波动，解决本班组员工在实际工作中所遇到的困难等。

1. 上岗条件

第 1 条　采煤班组长必须具有三年以上采煤工作经历，熟悉采煤工艺流程，掌握采煤作业规程的相关规定，具有指挥和处理隐患的能力，经过专业技术培训和考试，持有合格证方准上岗操作。

2. 安全规定

第 2 条　按时参加班前会，认真接受工作任务，仔细布置当班工作。

第 3 条　准时到达作业地点，现场交接班，沿途发现有支护失效或片帮冒顶处，限时解决。

第 4 条　向交班班（组）长主动了解上一班工作任务完成情况、工程质量情况及隐患和问题处理情况，并将情况记入交接本。

第 5 条　认真进行现场检查。检查工作面通风、瓦斯、防突、防尘设施、支护质量、乳化泵压力、自救系统、备用支架量等。

第 6 条　检查验收后，存在的工程质量不合标准和隐患要报告区队和现场跟班队干部及矿安监员，并在作业前首先落实处理。

第 7 条　将检查情况汇报到队和调度室，履行交接班手续。

3. 操作前准备

第 8 条　进入采面前，先由瓦检工、值班班长或带班班长及一名或两名有经验的员工一起到工作面进行全面检查。检查的重点项目有：

（1）工作面通风瓦斯情况。

（2）顶板完好状况：有无浮岩、伞檐、裂缝、顶板离层及工作面的支护情况等。

（3）检查各种电气设备是否完好：刮板输送机、胶带输送机固定是否牢固，安全保护装置是否齐全、灵敏可靠，信号是否能正常使用，牵引链、胶带是否有超限磨损；瓦斯探头位置是否符合要求；综合防尘水管是否到位。

第 9 条　全体作业人员对各自位置的安全情况再进行一次检查，特别是临时支护是否合格，使用设备是否灵敏可靠，风、水、电供给是否正常，自己工作位置是否还有安全隐患。对存在的问题和隐患进行处理，及时消除后方可生产。

4. 正常操作

第 10 条　作业：

（1）看作业规程、看责任制、看设备和设施、看作业场所、查隐患、查事故、查征兆。

（2）严格按照“三图一书”作业，质量标准坚持“三直一平两畅通，一净两超前支护”的原则。

（3）对现场的顶板与防尘、支架、通风、瓦斯管理等设施进行全面监督检查，及时制止“三违”行为。对出现重大隐患的，要立即停工、撤人、汇报、采取措施处理。

（4）按照作业规程预测或校检、打眼、装药、爆破、临时支护、攉煤、支护、回柱。

5. 特殊情况处理

第 11 条　凡是工作面地质条件发生变化时，如遇断层、无炭柱、过空巷、淋水加大、工作面坡度变化大时，严格按照作业规程及其补充措施落实处理。

第 12 条　工作区域发生重大瓦斯、煤尘、水、火、顶板等灾害时，要协同跟班队领导及时撤出所有作业人员。

第 13 条　有下列情况之一时，必须通知有关人员停止作业：

（1）作业场所存在隐患，没有采取措施或措施不当，不能防止事故发生时；

（2）没有安全设施或安全设施不齐全、不完好，随时都可能发生事故时；

（3）作业人员出现不安全行为，又暂时没有某种装置防止该行为引发事故时。

二、液压支架工操作规程

在采煤工作面的煤炭生产过程中，为了防止顶板冒落，维持一定的工作空间，保证矿工安全和各项作业正常进行，必须对顶板进行支护。而液压支架是以高压液体作为动力，由液压元件与金属构件组成的支护和控制顶板的设备，它能实现支撑、切顶、移架和推移输送机等一整套工序。实践表明，液压支架具有支护性能好、强度高、移架速度快、安全可靠等优点。液压支架与可弯曲输送机和采煤机组成综合机械化采煤设备，它的应用对增加采煤工作面产量、提高劳动生产率、降低成本、减轻工人的劳动强度和保证安全生产是不可缺少的有效措施。因此，液压支架是技术上先进、经济上合理、安全上可靠，实现采煤综合机械化和自动化不可缺少的主要设备。液压支架工也是采掘作业的重要工种。

1. 上岗条件

第 1 条　支架工必须熟悉支架性能及构造原理，液压控制系统、作业规程和工作面顶板控制方式，能够按完好标准维护保养液压支架，经过专业技术培训和考试，持有合格证方准上岗操作。

2. 安全规定

第 2 条　支架的零部件、管路系统及其辅助设备，必须符合原设计要求，不得任意拆卸。

第 3 条　支架维护工要认真执行检修制度，保证支架液压系统完好，对损坏部件要及时检修更换，支架出现漏液、窜液时要及时处理，不得带病使用。

第 4 条　所有管路要悬挂整齐，不准压、埋、挤、拆。

第 5 条　工作面所有支架都要达到完好标准，否则支架工有权拒绝操作。

第 6 条　在工作面发现损坏的零部件、液压胶管要及时更换，换下的旧的要及时回收，对解决不了的问题向班长汇报，不准带“病”运转，保证支架经常处于完好状态。

第 7 条　要检查顶板情况，发现顶板破碎或有冒顶现象，要备足防冒顶材料，处理好后再移架，防止移架中冒顶过大造成歪架、咬架和倒架等现象。

3. 操作准备

第 8 条　清理好架间、架前和架箱里的浮煤、浮矸和其他杂物，否则不准进行移架。

第 9 条　移架时要向四周人员发出移架信号，移架的下方和前方不得有与移架无关的其他人员。

第 10 条　有违章指挥的行为，支架工有权拒绝执行。

第 11 条　及时正确地移架。在采煤机割煤后，距采煤机滚筒 3～5 m 时应及时移架支护顶板；在特殊情况下，如机道前严重片帮、顶板暴露面积大、顶板出现破碎现象，应超前移架，支护顶板。

4. 正常操作

第 12 条　在移架时，应注意收好影响支架前行的千斤顶。一般情况下，降架时在顶梁与顶板之间保持 10～20 cm 为宜，不宜降得太多；当顶板破碎压力大时，要采用带压移架，平移速度快，移架中顶板冒落处，要及时刹顶，使支架与顶板牢固接触，保证升起后达到要求的初撑力，移架后升架顺序分别是升柱，伸出侧护板，用护帮板支护暴露顶板，升好支架。移架操作顺序为：收片帮梁→两相邻支架推移千斤操作手把打在推溜位置→要移支架推移千斤操作手操作打到移架位置并依次降前后立柱→支架到位后及时将移架手把打到零位→将两相邻支架移架手把打到零位→前后立柱升→支架全部移完→拉后部溜子。

第 13 条　移架过程中，要利用侧护千斤顶对支架进行微调整，支架与运输机保持垂直，支架中心距保持在规定范围之内，移架步距保持在 60 cm，拉线移架使支架整齐成一条直线，支架顶梁与煤壁间的空顶距离符合作业规程规定，以防采煤机割顶梁。

第 14 条　支架升起后一定做到接顶严实，不得歪斜，操作完成后各手把恢复到零位，严禁手把处于工作位置。

第 15 条　需要铺顶网时，严防移架撕破网，移架后将网挑起，以防采煤机割网。

第 16 条　移架前为使支架移够步距，移架千斤顶处的煤矸一定要处理干净，防止因挤住千斤顶而使千斤顶收不到位，影响移架步距或致使千斤顶弯曲，挤坏液压管路影响移架。

第 17 条　当前梁压力大、煤层底软、架子前倾时，为避免移架时底座下陷，所用单体或支柱将前梁支撑好抬脚前移，但必须注意单体或支柱滑倒伤人。

第 18 条　在综采工作面内放炮时，需制定安全防护技术措施，经矿总工批准。放炮措施除执行放炮规定外，还要求对支架管路、操纵阀及柱体表面镀层等部件，采取严格保护措施。

第 19 条　过断层时，应按措施规定控制采高，防止架间出现台阶。

第 20 条　支架移不动或升不起时，找出原因，排除故障后移架，不要随意更换管路或增大泵站压力，以免损坏设备。

第 21 条　支架工必须站在架座上，面朝推移方向，手握操作把，眼看前方进行操作，不准后退式操作，不准站在推溜千斤顶处，以防挤碰伤脚。

第 22 条　严格按安全技术措施操作液压系统，拆卸时，必须先停泵泄压，人员离开，不准对着人，以防液压打人。

5. 收尾工作

第 23 条　支架走完后，支架整齐形成一条直线。

第 24 条　移架完成后支架阀组的操作把手必须恢复到零位。

第 25 条　下班将支架上的浮煤清理干净。

第 26 条　将当班支架爆的管子及存在隐患（不能马上处理）汇报区队，做好交接班工作。

三、乳化泵站司机操作规程

乳化泵是一种通过转子、定子的精密组合，在高速旋转中产生强大剪切力以实现混合、粉碎、乳化目的的设备，是实现采煤自动化的重要设备。乳化泵的动力来自电能，依靠电力的支持，将电能转化为高速旋转的动力，高速旋转产生的强大剪切力将采掘面的煤矿进行粉碎、乳化，并且通过传输装置从乳化泵的底部排出来。泵体主要是由泵腔外部和泵腔内部组成，泵腔外部主要采用的材质是不锈钢，这样的材质耐磨，不易生锈。泵腔内部的结构同样是由不锈钢材质组成，而且比外部更具有耐腐蚀性、耐磨性。

乳化泵站司机是当班乳化泵站安全生产正常运转的直接责任者，负责本班次乳化泵站的安全生产工作。乳化泵站司机必须熟悉乳化泵的性能及构造原理，掌握乳化泵的一般维护保养和故障处理技能，保证乳化泵站的正常运转。乳化泵站司机需要依法经过培训、考试合格，取得安全资格后，方可持证上岗。

1. 上岗条件

第 1 条　乳化液泵站司机必须熟悉乳化液泵站性能及构造原理和液压控制系统，具备保养、处理故障的基本技能，经过专业技术培训和考试，持有合格证方准上岗操作。

2. 安全规定

第 2 条　乳化液泵站司机如发现乳化液泵和乳化液箱处于非水平稳固状态、乳化液箱位置高出泵体不足 100 mm 时，应立即汇报、调整、处理。

第 3 条　开关、电动机、按钮、接线盒等电气设备无法避开淋水时，必须妥善遮盖。

第 4 条　电动机及开关地点 20 m 以内风流中瓦斯浓度达到 1.5%时，必须停止运转、切断电源、撤出人员，并进行处理。

第 5 条　应坚持使用自动配液装置，必须保证乳化液浓度始终符合规定要求（单体液压支柱 2%～3%，液压支架 3%～5%），保证配液用水清洁，符合规定。

第 6 条　必须保证乳化液泵的输出压力，为单体液压支柱供液的应不小于 18 MPa，为综采液压支架供液的应不小于 30 MPa，并且不得超过 31.5 MPa。

第 7 条　检修泵站必须停泵；修理、更换主要供液管路时必须关闭主管路截止阀，不得在井下拆检各种液压控制元件，严禁带压更换液压件。

第 8 条　严禁擅自打开卸载阀、安全阀、蓄能器等部位的铅封和调整部位的动作压力（修理时除外）；在正常情况下，严禁关闭泵站的回液截止阀。

第 9 条　供液管路要吊挂整齐，保证供液、回液畅通。

第 10 条　操作时如发现有异响异味、温度（泵、液）超过规定、压力表指示压力不正常，乳化液浓度、液面高度不符合规定，控制阀失效、失控，过滤器损坏或被堵不能过滤及供液管路破裂、脱开时，应立即停泵。

第 11 条　开泵前必须发出开泵信号。停泵时，必须发出停泵信号，切断电源，断开隔离开关。无论是开泵还是停泵的工作期间，泵站司机均不得脱离岗位。

3. 操作准备

第 12 条　乳化泵泵工接班后，把控制开关手把扳到切断位置并锁好，按以下要求进行检查：

（1）泵站及其附近巷道安全情况及有无淋水；

（2）泵站的各种设备清洁卫生情况；

（3）泵及油箱各部件是否齐全完整坚固；

（4）泵站至工作面的管路接头连接是否连接牢靠、有无漏液；

（5）各截止阀的手柄是否灵活可靠，吸液阀、手动卸载阀及工作面回液阀是否在开启位置，各控制阀是否正常并处于正确位置，向工作面供液的截止阀是否在关闭位置，各种压力表是否齐全、完整、动作灵敏。

第 13 条　乳化液有无析油、析皂、沉淀、变色、变味等现象；检查乳化液配比浓度是否符合规定（3%～5%），液面是否在液箱的 2/3 高度位置以上。用手盘动电动机、联轴节和泵头是否转动灵活。

4. 正常操作

第 14 条　检查完毕无问题后，拧松泵吸液腔的放气堵头，待把吸液腔内的空气放尽并出液后拧紧，打开手动卸载阀，合上控制开关，启动电动机，检查泵的旋转方向是否与其外壳标记方向一致。如不一致，立即停机处理，待一切无误后方可开机。

第 15 条　启动电动机，慢慢关闭手动卸载阀，使泵压逐渐升到额定值，然后按以下要求进行检查，发现问题，及时处理，否则不准工作。

（1）泵运转是否平稳，声音是否正常；

（2）管路系统有无渗漏现象，胶管有无破损，是否存在挤扭压的地方；

（3）各部件运转声音有无异常；

（4）各部件温度是否正常，乳化液温度不超过 30℃，泵体温度不超过 60℃；

（5）柱塞腔液压是否合适，应以柱塞表面带出的油膜形成少量点滴状为合格，否则调节丝母；

（6）随时注意观察压力变化情况和安全阀、卸载阀的工作情况；

（7）过滤器是否损坏或很脏而失效；

（8）控制按钮、信号、通信装置是否灵敏可靠。

5. 操作注意事项

第 16 条　接到工作面用液开机信号后，要向工作面发出开泵的信号，得到回应后，启动电动机，慢慢打开向工作面供液管路上截止阀，开始向工作面供液，信号不清不准开泵。

第 17 条　运转过程中应注意：各种仪表显示情况；机器声音是否正常；机器温度是否超限；乳化液箱中的液位是否保持在规定范围内；柱塞是否润滑，密封是否良好；乳化液箱盖是否平整严实；乳化液箱内乳化油液面是否有污物。发现问题，应及时与工作面联系，停泵处理。

第 18 条　修理、更换主要供液管路时应停泵，关闭主管路截止阀，不准带压修理或更换各种液压元件，否则容易造成人员伤害。

第 19 条　不得随意关闭泵站的回液截止阀。

第 20 条　正常情况下，不经回采工作面人员许可不得停泵，如工作中泵站停止运转后，要打开手动卸载阀，并对泵站进行一次全面检查。

第 21 条　移动泵站后，保证管路畅通，油管接头与电路等完整，放置整齐。

第 22 条　观察顶板好坏，防止砸坏泵站设施，观察泵站上方是否采取防淋水措施，避免水污染油质。

第 23 条　泵站需加油时，应采用同一牌号、同一厂家生产的乳化油配制乳化液，要专桶专用，使用自动配液器配液。

6. 收尾工作

第 24 条　接到班长收工命令和停泵信号后立即停泵，并把各控制阀恢复到非工作位置；清擦开关、电动机、泵体和乳化液箱上的粉尘；向接班司机交清情况，并填写运转和交班记录。

四、采煤机司机操作规程

采煤机是实现煤矿生产机械化和现代化的重要设备之一。机械化采煤可以减轻体力劳动强度、提高安全性，达到高产量、高效率、低消耗的目的。采煤机分为锯削式采煤机、刨削式采煤机、钻削式采煤机、冲击式采煤机四种。不论哪种采煤机，都是一个集机械、电气和液压于一体的大型复杂系统，在煤矿井下的恶劣工作环境中，如果出现故障将会导致整个采煤工作的中断，造成巨大的经济损失。随着煤炭工业的发展，采煤机的功能越来越多，其自身的结构、组成愈加复杂，因此需要精心操作，加强对采煤机的操作与维护、检查和故障排除等工作。

采煤机司机是当班采煤机安全生产正常运转的直接责任者，负责本班次采煤机的安全生产工作。采煤机司机必须熟悉采煤机的性能及构造原理，掌握采煤机的一般维护保养和故障处理技能，保证采煤机的正常运转。采煤机司机需要依法经过培训、考试合格，取得安全资格后，方可持证上岗。

1. 上岗条件

第 1 条　采煤机司机必须熟悉采煤机的性能及结构原理和操作规程，善于维护和保养采煤机，懂得回采基本知识，必须经过专业技术培训，考试合格后，方可持证上岗。

2. 安全规定

第 2 条　采煤机司机要与工作面刮板输送机司机、移刮板输送机工、液压支架操作工等密切合作，按顺序开机、停机。

第3条　启动采煤机前，必须巡视采煤机周围，确认对人员无危险和机器转动范围内无障碍物后，方可接通电源。改变采煤机牵引方向时，必须先停止牵引。

第4条　严禁强行截割硬岩和带载启动、带病运转，按完好标准维护保养采煤机。

第5条　采煤机割煤时，必须开启喷雾装置和喷雾降尘。

第6条　采煤机因故障暂停时，必须断开隔离开关和离合器。采煤机停止工作、司机离开采煤机或检修时，还必须切断电源，断开其磁力启动器的隔离开关。

第7条　拆卸、安装挡煤板和补换截齿时，必须停止采煤机，摘开滚筒离合器、闭锁工作面刮板输送机。

第8条　工作面倾角在15°以上时，采煤机的防滑措施要安全可靠。

第9条　严禁用采煤机牵引、顶推、拖吊其他设备、物件，否则必须制定安全技术措施。

3. 操作准备

第10条　采煤机开机前应检查各部零件是否齐全，螺栓是否紧固，截齿是否齐全、锋利、牢固，滑靴是否平稳，滑靴与滑道接触是否正常。

第11条　检查各操纵阀、控制阀按钮和旋转把手等是否灵活可靠。

第12条　检查各部油位是否达到规定要求，有无渗漏现象，电缆及拖移装置和水管有无被挤卡扭断现象和破损现象，喷雾水的压力必须达到0.2 MPa以上，流量必须满足采煤机作业的要求。

第13条　检查信号装置是否灵敏可靠。

第14条　检查灭尘设施的效果是否可行。

第15条　打开手摇油泵盖子，穿上手摇泵螺栓，连续摇手摇泵，查看补油压力表的压力指示，确认正常后取下螺栓盖好盖子，方可进行下一步操作。

第16条　对刮板输送机和工作面有关情况要全面了解，在安全无误情况下，方可试机。

4. 正常操作

第17条　在采煤机无故障、无障碍物、人员都在安全位置上时，才允许对采煤机试运转，采煤机启动时应先送水后送电，停机时，先停电后停水。

第18条　采煤机的启动操作程序：

（1）打开采煤机的停止闭锁按钮。

（2）打开洒水阀门喷雾。

（3）合上隔离开关手把。

（4）发出开动采煤机的信号，检查并确定机器转动范围内无人员及障碍物。

（5）采煤机电动机空转，检查采煤机液筒旋转方向，监听各部声音和压力表指示。正常后，停止电动机，当电动机停转前的瞬间合上截割部齿轮离合器。

(6) 发出开动运输机信号。

(7) 刮板输送机启动，空转 2 min，正常后，发出启动采煤机信号，按启动按钮，启动采煤机。

(8) 用调高手把将滚筒调到适当高度。

(9) 转动调速手把使采煤机牵引割煤。

第 19 条　采煤机经试转确认一切正常后，发出输送机开机信号，待输送机开动运行后方可开始牵引割煤。

第 20 条　采煤机开始牵引割煤时，牵引速度从零逐渐增高，不得立即打到最高牵引速度。在运转中，随时注意采煤机负荷情况以及输送机过负荷情况，相应调整牵引速度，防止采煤机和刮板机过负荷运行，并尽量使出煤量均匀。

第 21 条　严格按作业规程的规定掌握好采高，但采高的上限要小于支架最大支撑高度，下限要大于支架最小支撑高度，顶底板要割平，避免出现台阶，要随时注意支架情况，防止割支架。

第 22 条　采煤机正常工作中司机要随时注意采煤机下方的输送机，如有大块煤矸或长木料等杂物要立即停止输送机，防止杂物进入采煤机底托架内。

第 23 条　采煤机工作过程中，要随时观察采煤机各部分运转情况、各部分温度、仪表指示、各部分声音是否正常，截齿是否缺少，电缆拖移装置拖动是否顺利，冷却水量、水压是否正常，严禁无水开机等。

第 24 条　采煤机运行中，要注意采煤机本身或输送机及周围环境条件有无异常现象。如有，应立即停止采煤机和输送机进行检查和处理，否则不得继续工作；如发现重大隐患或故障，要尽快向跟班领导汇报。

第 25 条　采煤机正常运行中，严禁扳动离合器手把、隔离开关手把，避免齿轮和机件受到损坏，齿轮离合器的离合操作必须在停机时进行。

第 26 条　采煤机在超载时或牵引部超载时，应分析原因，必要时使滚筒脱离咬合，开机退出缺口进行检查，不得在重载下割煤，采煤机不得带病运转。

第 27 条　举起的摇臂不宜长时间工作，应每 0.5 h 放下 2～3 min 后再继续工作。

第 28 条　非紧急情况下不得使用紧急停机开关停机。

第 29 条　采煤机的停止：

(1) 停机时要先把速度降到零，然后少许反向牵引，将滚筒内碎煤排尽；

(2) 按下采煤机停止按钮，使采煤机停止运转后，关闭水阀停止喷水，然后把所有操作手把恢复“零”位；

(3) 下班或检修时，采煤机应停在安全可靠处，并将滚筒落至底板，必须将输送机闭锁；

（4）采煤机停止割煤，下班时，司机要按启动前的检查内容对采煤机进行检查，并清理采煤机上浮矸，保持采煤机整洁。

第 30 条　遇到如下情况，使用采煤机停止按钮停机：

（1）负荷过大；

（2）发出异响；

（3）电缆水管卡住或出槽。

遇到如下情况使用紧急停按钮停机：

（1）回采工作面刮板机溜槽内有大块煤、矸或木料将要顶住采煤机；

（2）机器拖移的电缆、水管出槽，被输送机挂住；

（3）采煤机停止按钮失灵；

（4）其他意外事故。

5. 收尾工作

第 31 条　向接班司机详细交代本班采煤机运行状况、出现的故障、存在的问题。按规定填写采煤机工作日志。

五、转载机、破碎机司机操作规程

转载机全称顺槽用刮板转载机，是安装在矿井工作面下出口的区段运输平巷内的桥式刮板输送机。转载机主要用于高产、高效综合机械化工作面顺槽转载输送煤炭，可与工作面刮板输送机、破碎机及皮带机配套使用，使用时将转载机的小车搭接在皮带机的导轨上，并能沿其做整体运动，从而使转载机随工作面输送机的推移步距做整体调整，煤炭由工作面输送机经桥式转载机转载到可伸缩皮带机上运走。

矿业碎石机主要是将煤炭粉碎，以便于运输。根据破碎的原理，常用破碎机械有颚式破碎机、反击式破碎机、立式冲击式破碎机、液压圆锥破碎机、环锤式破碎机、锤式破碎机、辊式破碎机、复合式破碎机、圆锥式破碎机、双级破碎机、旋回式破碎机、移动式破碎机等。

转载机、破碎机司机是当班转载机安全生产正常运转的直接责任者，负责本班次煤的转载运输过程的安全生产工作。转载机、破碎机司机必须熟悉煤矿三大规程的相关规定，熟悉转载机、破碎机的性能及构造原理，掌握转载机、破碎机的一般维护保养和故障处理技能，保证转载机、破碎机的正常运转。转载机、破碎机司机需要依法经过培训、考试合格，取得安全资格后，方可持证上岗。

1. 上岗条件

第 1 条　转载机、破碎机司机必须熟悉设备的性能及结构原理和顶板支护的基本知识，善于维护和保养转载机、破碎机，会处理故障，必须经过专业技术培训后，方可上岗。

2. 安全规定

第 2 条　转载机、破碎机司机必须与工作面刮板输送机司机、运输巷带式输送机司机密切配合，按顺序开机、停机。

第 3 条　开机前必须发出信号，确定对人员无危险时，点动三次后方可启动。

第 4 条　破碎机安全保护网等安全装置损坏或失效时，严禁开机。工作过程中要经常检查，发现有损坏等情况必须立即停机处理。

第 5 条　转载机机尾保护等安全装置失效时，必须立即停机。

第 6 条　有大块煤、矸在破碎机的进料口堆积外溢时，应立即停止工作面刮板输送机运转。若大块煤、矸不能进入破碎机或有金属物件时，必须停机处理。

第 7 条　检修、处理破碎机、转载机故障时必须切断电源，闭锁控制开关，挂上停电牌。

第 8 条　转载机联轴节的易熔塞或易炸片损坏后，必须立即更换，严禁用木头或其他材料代替。

3. 操作准备

第 9 条　准备：

（1）工具：扳手、钳子、螺丝刀、小锤、铁锹等；

（2）必要的备品配件：各种短接链、链环、螺栓、螺母、破碎机的保险销子等；

（3）润滑油、透平油。

第 10 条　检查与处理：

（1）电动机、减速器、液压联轴节、机头、机尾等各部分的连接件必须齐全、完好、紧固。减速器、液压联轴节应无渗油、漏油，油量要适当。

（2）信号必须灵敏可靠，没有信号不准开机。喷雾洒水装置要保证完好。

（3）电源电缆、操作线必须吊挂整齐，无受挤压现象。

（4）机头附近的煤、矸石、杂物及电动机、减速器上的煤尘必须清扫干净。

（5）工作面刮板输送机机头与转载机机尾的搭接要合适。

（6）刮板链松紧要适中，刮板及螺丝必须齐全紧固。

（7）转载机行走小车必须平稳可靠。

（8）转载机桥身部分以及倾斜段的侧板和底托板的固定螺栓必须紧固。

（9）转载机在无载情况下开机时，各部件的运转应无异常声音，刮板、链条、连接环应无扭挠、扭麻花、弯曲变形。

（10）破碎机的安全保护网及保护装置，要保证不变形不失效、安全可靠。

（11）转载机、破碎机处的巷道支护必须完好、牢固。

4. 正常操作

第 11 条　合上电磁启动器手把，发出开机信号，确定人员离开机械运转部位后，先点动两次，再启动试运转，正常后对转载机、破碎机进行联合试运转。

第 12 条　对试运转中发现的问题要及时处理，处理时要先发出停机信号，将控制开关的手把扳到断电位置锁定，然后挂上停电牌。

第 13 条　发出开机信号，待接到开机信号后，打开喷雾装置，然后点动两次，再正式启动运转。

第 14 条　运行中要随时注意机械和电动机有无震动，声音和温度是否正常；转载机的链条松紧是否一致（在满负荷情况下，链条松紧量不允许超过两个链环长度），有无卡链、跳链等现象。发现问题要立即发出信号停机处理。

第 15 条　结束工作面前将机头、机尾和机身两侧的煤、矸清理干净，待工作面采煤机停止割煤、推移完工作面刮板输送机和刮板输送机、破碎机、转载机内的煤全部拉完后，将电磁启动器开关手把恢复到停电位置，锁紧闭锁螺钉，关闭喷雾阀门。

5. 特殊操作

第 16 条　移动转载机前要清理好机尾、机身两侧及过桥下的浮煤、浮矸，保护好电缆、水管、油管并将其吊挂整齐，要检查巷道支护并确保安全的情况下移动转载机。

第 17 条　移动转载机时要保持行走小车与带式输送机机尾架接触良好，不跑偏，移设后搭接良好，转载机机头、机尾保持平、直、稳，千斤顶活塞杆及时收回。

6. 收尾工作

第 18 条　清扫各机械、电气设备上的粉尘。

第 19 条　在现场向接班司机详细交代本班设备运转情况、出现的故障、存在的问题。按规定填写转载机、破碎机工作日志。

六、单体支护工操作规程

单体支护工（采煤工）是煤矿生产作业的重要人员，需要学习和掌握煤矿生产技术、采煤工作面顶板控制及顶板事故防治、爆破安全技术、矿井通风与灾害防治、自救、互救与现场急救、采煤工作面矿山压力及其显现规律等。还必须熟悉工作面顶板特征、顶板管理方式及单体支柱的性能、结构原理、使用和维护方法。在作业前的准备中，要检查工作面支架顶梁前的控顶距离是否符合作业规范规定，对不符合规定处要及时进行整改。在支护操作中，要时刻观察顶板、煤帮等周围的安全情况，要注意预防冒顶事故，在处理片帮或冒顶时，禁止动片帮区域范围内的其他液压支架等支护设备，防止支架误动作，同时在处理片帮或冒顶时，必须将采煤机和刮板输送机停电闭锁。

1. 上岗条件

第 1 条　单体支护工应熟悉采煤工作面顶底板特征、作业规程规定的顶板控制方式、支护形式和支护参数，掌握支柱与顶梁的特性和使用方法，经过培训、考试合格后，方可上岗操作。

2. 安全规定

第 2 条　进行支护前，必须在已有完好支护的保护下，用长把工具敲帮问顶，摘除悬矸危岩和松动的煤帮。

第 3 条　随时观察工作面动态，发现异常现象（如巨大的震顶声、大量支柱卸荷或钻底严重、顶板来压显现强烈或出现台阶下沉现象等），必须立即发出警报，撤离所有人员，待顶板稳定后，由班（组）长按规定处理。

第 4 条　按作业规程的规定进行铺、联网。联网时不得出现空联。

第 5 条　顶梁前的余网量不得小于 0.3 m。

第 6 条　支护时，严禁使用失效和损坏的支柱、顶梁和柱鞋。

第 7 条　顶梁与顶板应紧密接触。若顶板不平或局部冒顶时，必须用木料背实。

第 8 条　不准将支柱架设在浮煤（矸）上，坚硬底板要刨柱窝、见麻面；底板松软时，支柱必须穿柱鞋。

第 9 条　支柱必须支设牢固、迎山有力；严禁在支柱上打重楔，严禁给支柱带双柱帽。

第 10 条　必须根据支护高度的变化，选用相应高度的支柱。选用 1.0 m 以上单体液压支柱时，支设最大高度应小于支柱设计最大高度 0.1 m，最小高度应大于支柱设计最小高度 0.2 m，选用其他支柱时，严禁超高支设。

第 11 条　工作面内不得使用不同类型和不同性能的支柱。特殊情况下需使用时，必须经矿上研究确定并制定安全措施。

第 12 条　不准站在输送机上或跨着输送机进行支护。

第 13 条　调整顶梁、架设支柱时，其下方周围 5 m 内不得有人。

第 14 条　临时支柱的位置应不妨碍架设基本支柱；基本支柱架设好前，不准回撤临时支柱。

第 15 条　平行作业的距离必须符合规定。支柱与回柱间的距离不得小于 15 m，支柱与推移输送机的距离不得大于 15 m，其他符合作业规程的规定。当支护工序与其他工序发生脱节时，支护工有权要求暂停或减缓其他工序，优先进行支护。

第 16 条　在采煤工作面架设单体液压支柱时，要掌握好注液用力与时间，保证柱径为 100 mm 的支柱的初撑力不小于 90 kN、柱径为 80 mm 的支柱的初撑力不小于 60 kN。

3. 操作准备

第 17 条　备齐注液枪、卸荷手把、液压升柱器、支柱定位卡具、锹、镐、锤、斧子、锯等工具，并检查工具是否完好、牢固可靠。

第 18 条　检查液压管路是否完好。

第 19 条　检查工作地点的顶板、煤帮和支护是否符合质量要求，发现问题及时处理。

4. 正常操作

单体液压支柱支护操作：

第 20 条　架设带帽点柱程序

单体液压支柱：量好排、柱距→清理柱位→竖立支柱→用注液枪清洗注液阀煤粉→将注液枪卡套卡紧注液阀→给支柱带帽→供液升柱。

第 21 条　架设挂梁支柱程序

单体液压支柱：挂梁（使用顶网的先挂网）→插调角楔→背顶→打紧调角楔→清理和定柱位→竖立支柱→清洗注液阀煤粉→供液升柱。

第 22 条　操作时应符合下列规定：

（1）挂网时将网展开拉直，按作业规程规定要求进行连接。

（2）挂梁支柱时，每组不少于两人，一人站在支架完整处两手抓住铰接顶梁将其插入已安设好的顶梁两耳中，另一人站在人行道，插上顶梁圆销并用锤将圆销打到位。

（3）插调角楔时，先将顶梁托起，然后从下向上将调角楔插入，使梁与顶板间留有一定的间隙（0.1～0.15 m 或按作业规程规定）。

（4）竖立支柱前，要按作业规程规定确定柱位，清扫柱位浮煤，刨柱窝、麻面、放置柱鞋，对号回出临时密集支柱。

（5）支柱时，人员要站在支柱地点上方操作。架设单体液压支柱时，一人扶柱，将手把体和注液阀调整到规定位置，另一人用注液枪清洗注液阀嘴，然后将注液枪卡套卡紧注液阀，开动手把均匀供液升柱，使柱爪卡住梁牙或柱帽，并供液使支柱达到规定初撑力为止。

（6）升柱后要及时拴好防倒绳。

（7）单体液压支柱架设工作结束后，必须对新架设的支柱进行二次注液。

第 23 条　应按作业规程规定及时铺网、挂梁、支设临时支柱和贴帮柱。

第 24 条　顶板破碎、煤壁片帮严重时，应掏梁窝挂梁，提前支护顶板。提前支护方式按作业规程规定操作。

5. 特殊操作

第 25 条　密集支柱和丛柱的规格、数量、排柱距必须符合作业规程规定。两段密集支柱之间必须留有宽度不小于 0.5 m 的安全出口，出口间的距离符合作业规程规定。

第 26 条　抬棚的架设必须符合作业规程规定，并保证与基本支架接实，架设时超前于放顶的距离不得小于作业规程规定。

第 27 条　戗柱的位置、数量和架设方式必须符合作业规程的要求。

6. 收尾工作

第 28 条　将剩余的顶梁，背顶材料，失效和损坏的柱、梁等各种工具分别运送到指定地点。

七、爆破工操作规程

爆破工主要负责爆破作业，属于特种作业人员。爆破作业危险性大，因此必须持证上岗，在班组长的指挥下，严格执行作业规程规定的爆破作业图表和操作规程，按时按质量完成爆破作业任务。还需要严格执行爆破材料管理制度，认真负责领取计划内所用爆破材料，做到不丢失，不浪费，不转交他人，不擅自销毁或挪作他用，剩余的爆破材料要及时交回炸药库，办好清退手续。在爆破作业时，要自联、自检、自救，严禁多人操作，爆破器把手或钥匙要随时携带，妥善保管，不放炮或连线时，严禁将把手或钥匙插入爆破器上或交与他人，母线要摘掉并扭结。要严格执行先检查后工作制度，认真装配引药，不要装垫药和盖药，装药前除净炮眼内的煤岩粉，根据施工现场情况掌握好装药量，炮眼要装水炮泥，炮泥要充满填实，不用的炮眼或线眼要用炮泥填实，保证爆破的效果和安全。

1. 上岗条件

第 1 条　爆破工必须依法经过专门技术培训，考试合格、获得特种作业人员资格证书后，方可持证上岗。爆破工必须是专职的。

第 2 条　爆破工必须熟悉爆破器材的性能和《煤矿安全规程》中有关条文的规定。

2. 安全规定

第 3 条　向班组长接受任务后，确定当班使用炸药、雷管数量，填写领取单。严禁携带不合格的瓦斯检定器下井使用。

第 4 条　领取并检查防爆放炮器：

（1）将放炮器钥匙扭到充电位置，氖灯要发亮；

（2）禁止用短路的方法检查放炮器；

（3）放炮器完好，电池有电。

第 5 条　领取放炮母线：

（1）必须使用橡胶铜芯或聚氯乙烯钢芯双线电缆；

（2）放炮母线接头除锈、扭结并用绝缘带包好。

第 6 条　领取掏勺、木扦或竹扦、木或竹质炮棍，炮棍的直径应略大于药卷直径。

第 7 条　领取炸药：

（1）持有区（队）长、技术人员签字盖章或经主管部门批准的火药领取单到爆破材料发放站领取当班用的炸药；

（2）只准领取作业规程规定的煤矿安全炸药，严禁领取和使用非煤矿安全炸药、黑火药、冻结或半冻结的硝化甘油类炸药、含水超过 0.5%的铵梯炸药及硬化到不能用手揉松的硝酸铵类炸药。

第 8 条　领取电雷管：

（1）只准领取瞬发电雷管或毫秒延期电雷管，毫秒雷管最后一段的延期时间不得超过

130 ms；

（2）当面点清电雷管数量；

（3）严禁领用延期性电雷管、非电导爆管。

3. 操作准备

第 9 条　运送爆破材料应遵守下列规定：

（1）电雷管必须由放炮员亲自携带运送。

（2）放炮员和安全员携带的炸药数量不准超过局、矿规定的限量。

（3）爆破材料必须装在坚实的非金属容器内。电雷管和炸药应分装在不同的容器内或分装在同一容器的具有牢固隔板的间隔内并加锁。严禁将火药装在衣袋内。

（4）携带爆破材料上下井时，在每层罐笼内搭乘的携带爆破材料的人员，不得超过四人，其他人员不得同罐笼上下。

（5）携带爆破材料的人员乘坐车辆时，不得与其他人同乘一列车，并要乘坐靠尾部的车辆，每车不超过两人。

（6）携带爆破材料人员不得在交接班、人员上下井时间内沿井筒上下。

（7）领到爆破材料后，应直接送到工作地点，严禁中途逗留。

（8）严禁用刮板输送机、胶带输送机运送爆破材料。

第 10 条　爆破材料的存放：

（1）爆破材料在工作面临时存放时，必须放置在放炮警戒线之外的顶板完好、支架完整、无电气设施、不潮湿的安全地点。

（2）火药箱内只准存放炸药和电雷管，严禁将瓦斯检定器、放炮器存放箱内。炸药和雷管必须分点存放，不许混放。

（3）不准任何人在存放炮药箱的地点休息，更不准坐在炮药箱上。

（4）防爆型放炮器要悬挂在干燥地点。

4. 操作顺序

第 11 条　爆破工必须按下列顺序进行操作：装配引药→检查瓦斯→装药→封泥→检查瓦斯→敷设爆破母线→警戒→爆破→爆破后检查瓦斯、支护→处理拒爆、残爆。

5. 正常操作

第 12 条　装配引药：

（1）只准由放炮员装配引药，不得由其他人代替。

（2）必须在顶板完好、支架完整、避开电气设备和导电体的巷道内装配引药。

（3）严禁坐在炮药箱上装配引药。

（4）从成束雷管中抽出单个电雷管时，应将成束的电雷管脚线顺好，拉住前端脚线将电雷管抽出，不得手拉脚线硬拽管体或手拉管体硬拽脚线，一个引药只准装一个雷管。

（5）装配引药，应先将炸药卷顶部揉软，用木扦或竹扦在药卷的顶端中心垂直扎好略大于电雷管直径的孔，然后将电雷管插入孔眼，将脚线在药卷上拴一个扣，剩余的脚线全部缠在药卷上，同时将脚线末端扭结，严禁将电雷管从药卷侧面硬插入药卷中或捆在药卷上。

（6）装配引药时，必须防止电雷管受震动或冲击，防止折断脚线及损坏其绝缘层。

（7）装配引药的数量应根据眼数而定，并且用多少装配多少。装好的引药要立刻整齐摆放在容器内，点清数量，不得遗失，不准随地乱放。

第 13 条　装药前，放炮员要与班组长及瓦斯检查员对工作面及炮眼进行全面检查，对所检查出的问题，应及时处理。

在有下列情况之一时，不准进行装药：

（1）装药地点 20 m 以内风流中，瓦斯浓度达到 1%时；

（2）工作面风量不足或风向不稳定；

（3）装药地点 20 m 以内煤尘堆集飞扬；

（4）装药地点有片帮冒顶的危险；

（5）有伞檐、炮道不符合规定，煤壁局部突出 0.3 m 以上；

（6）炮眼内有异状，有压力水、瓦斯突增、炮眼塌陷出现裂缝、温度骤高骤低等；

（7）有眼深小于 0.6 m 的炮眼或不符合规程规定的眼深、位置、方向等；

（8）炮眼内煤粉未清除干净；

（9）基本支护与特种支护不齐全，支护有损坏未处理；

（10）发现瞎炮未处理。

第 14 条　装药：

（1）用掏勺将炮眼内的煤粉清理干净。

（2）用炮棍将药卷轻轻地推入眼底，用力要均匀，不得强力冲击，但要使药卷间密实接触。

（3）正向爆破的引药最后装，装引药时其聚能穴朝向眼底，要一手推引药，一手松直脚线，但不要过紧，不得损伤脚线。

（4）填炮泥时要一手拉脚线，一手填炮泥，要慢慢用力轻捣压实。眼孔填够炮泥后，要将脚线扭结，并盘放在眼口，不得拖在炮眼外边。

（5）炮眼封泥应采用水炮泥。装填水炮泥时应先紧靠药卷填上 0.03 ～0.04 m 的炮泥，然后装水炮泥，外端再填以炮泥。注意不要用力过猛和压得太紧，以防捣破水炮泥，不得使用漏水的水炮泥。

（6）封泥应用不燃性的沙、黏土，禁止使用块状材料或可燃性材料。

第 15 条　炮眼深度和封泥量的规定：

（1）炮眼深度小于 0.6 m 时，不准装药放炮；

（2）炮眼深度为 0.6 ～1 m 时，封泥长度不得小于炮眼深度的 1/2；

(3) 炮眼长度超过 1 m 时，封泥长度不得小于 0.5 m。

第 16 条　要按照作业规程规定的一次装药分段放炮或分段装药分段放炮的方式进行装药作业。

第 17 条　设警戒：

(1) 连线前，班组长必须亲自布置专人在警戒线和可能进入放炮地点的所有通路上担任警戒，放炮员须为警戒人员之一；

(2) 警戒线必须设在顶板、支架完好的地点，并要设置警戒牌、栏杆或拉绳等标志；

(3) 放炮时，所有人员都应在警戒线之外；

(4) 工作面若与其他采掘面贯通，在相距 15 m 时，必须在贯通处设警戒，直至贯通。贯通处两头都要在放炮前检查瓦斯；

(5) 警戒的安全距离应符合局、矿的规定。

第 18 条　检查及处理。在连线和放炮前，放炮员要和班组长、瓦斯检查员对放炮的地点进行第二次检查，对查出的问题应及时处理。

在有下列情况之一时，不准进行连线放炮：

(1) 放炮地点 20 m 以内风流中瓦斯体积分数达到 1%时；

(2) 存在连线问题未处理或处理后又出现时；

(3) 没有按照规定设好警戒；

(4) 放炮母线不足 50 m；

(5) 应该掩盖维护好的设施未进行掩盖和维护；

(6) 没按规定用水炮泥或封泥长度不足；

(7) 分段放炮时，崩倒的棚子未扶起。

第 19 条　连线：

(1) 要按照作业规程规定的放炮顺序和连线方法连线放炮。

(2) 严格执行谁连线谁放炮，即放炮母线联电雷管脚线及检查线路和通电都必须由放炮员本人操作。

(3) 工作面布置的单排眼、双排眼、三花眼或五星眼的连线都采用大串联法，最后剩下的两条脚线在未和母线连接前要扭结成短路；母线未和脚线连接前，两端必须扭结成短路。

(4) 母线与脚线连接后，再沿路检查母线。放炮员应最后退出放炮地点。

第 20 条　放炮：

(1) 母线与电雷管脚线连接后，放炮员即吹第一次口哨并大声叫喊“要放炮啦”；

(2) 放炮员沿路检查路线，第二次吹口哨并大声叫喊“快放炮啦”；

(3) 到达放炮的警戒地点后，将母线连接在放炮器的接线端并拧紧，这时第三次吹口哨并大声叫喊“放炮啦”，等待 30 s 后，用钥匙将开关转到充电位置，待氖灯闪亮稳定，将开关钥匙转到原来放电位置起爆；

(4) 炮响后，首先取下放炮器钥匙，然后将母线从放炮器上摘下并打结短路。

第 21 条　炮后检查：

(1) 放炮员会同班组长、瓦斯检查员进行放炮后的检查工作；

(2) 通电后若没有爆炸，用瞬发电雷管时至少 5 min、用毫秒延期电雷管时至少 15 min 后，放炮员方可沿线路检查不爆的原因；

(3) 在确属由连线不良造成不爆时，可以重新连线放炮；

(4) 若确属瞎炮，应按照规定办法处理。

6. 特殊操作

第 22 条　处理瞎炮时，必须遵守下列规定：

(1) 在距瞎炮至少 0.3 m 处另打同瞎炮眼平行的新炮眼，重新装药放炮。

(2) 严禁用镐刨或从炮眼中取出原放置的引药或从引药中拉出电雷管；严禁将炮眼残底（无论有无残余炸药）继续加深；严禁用打眼的方法往外掏药；严禁用压风吹这些炮眼。

(3) 处理瞎炮的炮眼爆炸后，放炮员必须详细检查炸落的煤、矸，收集未爆的电雷管。

(4) 在瞎炮处理完毕以前，严禁在该地点进行同处理瞎炮无关的工作。

7. 收尾工作

第 23 条　装药的炮眼必须当班放炮完毕。若遇特殊情况无法当班放完时，必须在现场向下班放炮员交清情况。

第 24 条　在本班放完炮、吹散炮烟并经班组长同意后，放炮员须吹长哨并大声叫喊“放完炮啦”，方可撤警戒和让其他人员进入工作面作业。

第 25 条　收拾整理好工具，存放在规定地点或亲自携带收藏。

第 26 条　清点剩余电雷管、炸药，填写消耗单并须经班组长签字。当班要办好爆破材料退还手续，不准私藏电雷管及炸药。

第 27 条　向下班放炮员交班，介绍当班工作情况。

第 28 条　升井后要将瓦斯检定器或瓦斯检定灯交回矿灯房。

八、工作面破碎工操作规程

工作面破碎工主要负责矿石破碎设备正常运转，并且使所负责设备达到各项指标技术要求。破碎工要按照本岗位安全规程、技术操作规程的要求，完成破碎岗位的工艺操作，要遵守设备巡回检查制度，按时检查设备各部位运转及润滑情况，发现问题及时处理；要保证完成设备的正常处理能力和破碎产品粒度指标；要保证本岗位设备的正常运转并做到文明生产，将矿石中带入的木块、杂铁、杂物等捡出并送到指定地点；要严格遵守本岗位安全操作规程，杜绝重大设备事故和重伤以上人身事故发生。

1. 上岗条件

第 1 条　工作面破碎工应熟悉采煤工作面顶底板特征、作业规程规定，经过培训、考试合格后，方可上岗操作。

2. 接班准备、检查

第 2 条　查皮带底带是否有大块煤或大块石头。

第 3 条　检查转载溜两边是否有大块煤或石头挡道。

第 4 条　检查破碎工具（如榔头、十字镐等）的完好情况。

第 5 条　检查工作地点的顶板情况。

3. 操作程序

第 6 条　转载溜上有大块煤或大块石头时，必须先停转载溜，把大块煤矸搬出转载溜后进行破碎，严禁在启动的溜子上直接砸大块。

第 7 条　如有大块煤或大块石头磨皮带，应先停皮带将块煤或大块石头搬出后方可开机，并将块煤或大块石头破碎后，清理到皮带上。

第 8 条　从工作面拉出的木板、铁丝网等杂物要捡出并码放整齐，在拾起木板时应从木板的后方拾起，以防木板顶人。

第 9 条　破碎大块煤或大块石头处有电缆时，应先把电缆挂起到不易接触的地点，防止大块煤或大块石头挂到电缆和人员、碰到或砸到电缆。

第 10 条　转载溜机头处有大块煤或大块石头卡住时，应立即停机，必须先破碎后方可开转载溜。

第 11 条　破碎大块煤时，严禁其他人员站在附近，其他人员必须撤到破碎作业人员身后。

第 12 条　发现较大煤块时用破碎工具，无法破碎时，可用打眼放炮的方法处理，但在处理过程中，要严格遵守放炮的有关规定和要求。

第 13 条　破碎大块煤需两人或多人合作时，必须步调一致，服从当班领导的指挥。

4. 收尾工作

第 14 条　下班后必须将工作面所有的大块煤处理干净。

第 15 条　如工作面大块煤未处理干净，必须与下一班做好交接班工作。

第 16 条　存在安全隐患及需要注意安全的地方，必须向下一班交代清楚。

九、清煤工操作规程

在采掘工作面，清煤工负责综采机械的清煤工作，作用十分重要。清煤工进入接班地点后，要主动向上班清煤人员了解机械设备工作情况和遗留问题，并要注意检查设备情况；在清煤作业时，单人作业一般采用追机作业方式；两人以上作业时，采用分段作业方式，任务重时也可用追机作业方式。清煤人员作业位置，应处于支架前立柱与工作面刮板输送机挡煤板之间，面朝采煤机前进的方向，并同其保持不小于 5 m 的距离，同时距运输机推移弯曲段在 5～15 m 之间。严禁在采煤机前进方向前方清煤，并应注意煤墙片帮和顶板维护情况。清煤时将铲起底板上的浮煤装入运输机内，并要求将支架底座与运输机挡煤板之间的浮煤全部清理干净，底板残留煤不得超过规定。综采工作面清煤工的操作要领包括：清煤工作进行时，分段作业挺合适；清煤站在立柱前，尾随机组不抢先；距离 5～15 m，逆向清煤不安全。

1. 上岗条件

第 1 条　清煤工必须掌握作业规程中与清煤相关的各项规定以及支护工、爆破工等相关工种的基本知识，经过培训、考试合格后，方可上岗操作。

2. 安全规定

第 2 条　整理好清煤工具，对清煤场所从外往里逐一检查安全情况，如检查巷道片帮冒顶、支护等。发现隐患，自身能处理的马上处理好，不能处理的立即向班组长或跟班干部汇报，组织协调处理好，在无隐患下进行清煤，以防发生顶板砸人等事故。

第 3 条　在清煤时，撤出人员，行人不清煤，清煤不行人，不准在清煤处同时进行其他工作，以免伤人。

第 4 条　清溜子机头、机尾、皮带处的浮煤时，停机后进行。并与溜子和皮带司机联系好，清煤工打信号开停，不准其他人打信号，以防设备伤人。

第 5 条　浮煤清干净，清到实底，并且平整、整洁，符合安全质量标准化标准，不影响行人和设备正常运行，消除设备事故和人员摔、扭伤。

第 6 条　清理出的杂物、物料，及时搬运到指定的地点码放整齐，或装车运走，轻拿轻放，防止影响行人或砸人。

第 7 条　在清理巷道浮煤前，要先认真敲帮问顶和处理好空帮空顶。不准在端头支护不完好、放煤支架处清煤，以防煤矸、支护掉落伤人。

第 8 条　清出的火工品及时交当班本区域的爆破员处理。

3. 收尾工作

第 9 条　清煤结束后，经班组长或跟班干部验收，并经允许方可离岗。

十、回收工操作规程

回收工的主要工作是对采煤工作面不用的设备、物料进行回收，这是一项劳动强度、危险性均较大的工作。回收工在回收尾巷、采面、报废的巷道时，必须先进行瓦斯检查和通风，各类气体不超限后方可进行，以防发生瓦斯事故。回收前必须从外往里检查支护、空帮空顶情况，加固支护和处理好空帮空顶，以防在回收过程中发生顶板事故。回收工作中要认真贯彻执行安全技术措施，预防各类事故的发生。

1. **上岗条件**

第 1 条　回收工必须掌握作业规程中与回收相关的各项规定以及支护工等相关工种的基本知识，经过培训、考试合格后，方可上岗操作。

2. **安全规定**

第 2 条　对采煤工作面超规定尾巷棚子、设备和采完的工作面支护、设备及报废巷道的支护、不用的设备、物料进行回收，认真贯彻执行经审批的各类回收安全技术措施。

第 3 条　回收尾巷、采面、报废的巷道时，必须先进行瓦斯检查和通风，各类气体不超限后方可进行，以防发生瓦斯事故。

第 4 条　回收前必须从外往里检查支护、空帮空顶情况，加固支护和处理好空帮空顶，以防在回收过程中发生顶板事故。

第 5 条　要备齐回收工具和检修好所有设备，否则不准回收，以防违章作业，造成事故。

第 6 条　回收前清理干净巷道内杂物、浮煤、浮矸，保证退路畅通，以防碰手碰脚工伤发生。

第 7 条　回收时必须从里往外进行，便于撤退避险。

3. **操作程序**

第 8 条　巷道溜子回收（部分溜子回收）按下列顺序进行：

（1）停电，闭锁电源，在电源处悬挂“有人作业，勿送电”的警示牌，以免误送电，造成人员伤亡事故；

（2）在回收处选择拆槽点，用导链拉松刮板链并解开，导链必须挂在加固好的棚梁上，以防倒架伤人；

（3）取掉溜槽连接销，用撬杆撬松，撬开溜槽，手抓紧撬杆，手脚离开被拆溜槽，其他人员离开，一节一节回拆溜槽，以防伤人；

（4）用绞车或链子拉出机尾安好，打上压柱，拉出机尾时人员撤出，以防伤人；

（5）拆卸下来的溜槽和刮板链及时运到石门指定地点码放好。

第 9 条　整台溜子回收，按下述顺序进行：

（1）必须切断电源，甩掉供电电缆；

（2）先拆掉机头部分，后拆溜槽和机尾，要一节一节回收，拆溜槽按上述方法操作；

（3）拆下的溜子物件及时全部运到石门指定地点码放好。

第 10 条　巷道棚子回收按下述顺序进行：

（1）必须使用回柱绞车回棚，固定好绞车，后部打好立柱（向里倾斜）固定好稳绳，打好压柱和戗柱，做好钢丝绳套环，指定专人开绞车；

（2）检查联系信号，要灵敏可靠；

（3）套好要回收的棚腿，一次一根，不准多根，以防过载顶倒后面的棚子或拉断钢丝绳及拉翻绞车；

（4）人员撤至安全地点，绞车工也要离绞车 5 m 外开动，以防绞车拉翻和钢丝绳拉断伤人；

（5）绑套棚子人员出来，专人打信号，按信号开停绞车，信号不清不准开动绞车，以防误操作，发生事故；

（6）棚腿拉出后，及时停机，进入解绳，搬运回收出的物料和第二次绑套棚腿，要先敲帮问顶，消除悬煤悬矸后进行，不准进入回收后的地方取物料，要用长把工具拉出，以防片帮冒顶伤人。

第 11 条　有小眼的巷道回收，必须先加盖好和封堵好小眼口，后进行回收作业，以防坠眼事故和掉落煤矸伤人。

第 12 条　在小眼内回收台木、过木、梯子时，必须两人进行，不准一人进行，必须先维护好安全出口，消除上部的煤矸，以防掉落伤人。从下往上进行，系牢保险绳子（一端系牢身上，另一端系牢在上部梯子上），台木、过木往下放；下部两节梯子往下放，其余往上拉。

第 13 条　综采面（轻放面）回收，按下列顺序进行：

（1）先回收后溜子和顺墙溜子，按回溜规程操作；

（2）回采煤机，把采煤机解体，用导链吊装车，加固吊装处的支护，导链吊挂牢固；

（3）回前溜按回溜规程操作。

第 14 条　综采面液压支架回收，按下列顺序进行：

（1）在运输巷端头尾部架木垛，加强支护，木垛要接顶严密，不能挤压液压支架。

（2）加固好支架拉出路线巷道的支护，特别是出口支护更要加固，巷道小眼口加盖牢固，以防片帮冒顶伤人和坠眼。

（3）稳固好绞车，安设信号，做到绞车牢固，信号灵敏可靠。

（4）按规定的顺序，一架一架回收。

（5）拆除回收支架的总进液管路，在拆除前必须停泵泄压放液，人员离开，不准对着自己和他人，不泄压不准拆除，以防高压液打人。

（6）用单体和长托梁将回收支架上方钢梁支护安装好导向轮后进行降架，每次只准降一个支架。降架时，人员撤离到安全地点，降架人远离本架操作，在得到指令信号后降架，降到立柱最低位置，以防冒顶。

（7）拉架进通道并掉头，直把架拉到指定地点，最后拉到解体处。拉架时，由绞车司机操作，听清信号，按绞车工操作规程操作，一人监护，人员撤离到安全地点，以防钢丝绳断打人。拉架过程中，监护人注意观察支架运行，发现异常，立即打信号停开绞车，进行处理，以防支架碰坏巷道支护，造成冒顶。

（8）支架解体硐室支护、起吊梁牢固可靠，以防垮落伤人。起吊解体和装车时，人员撤离，不准在吊物下方站人，以防重物脱落伤人。要互相协调配合解体搬运，非操作者要站在安全地点观察，以防物件、工具、碎屑碰撞伤人和打伤人。

第 15 条　工作面支护回收：

（1）在支架拉出后，及时用单体和圆木支护，采用迈步式支撑顶板，保证支护质量，防止回棚时冒顶。

（2）“见三回一”，即拉出三个支架回收一个支架上的钢梁、支护单体、坑木，从里往外逐架回，用绞车回收，绑好回收物料，撤出人员到安全地点，开动绞车拉出，同时指派专人在安全地点监护观察，发现异常立即停止绞车进行处理。回收棚子时，不准同时降架拉架，以防顶板、钢丝绳打人等事故。

（3）回出的单体、钢梁、圆木及时搬运到指定地点按规定放整齐，以防影响行人的安全。

第 16 条　滑梁工作面回收。按“回工作面溜子→回滑梁支架→回端头→回十字梁→回运输巷溜子→回两巷棚子”的顺序进行。

回溜按回溜操作规程操作。悬移支架回收按以下程序进行：

（1）从轨道巷口向运输巷人工回收；

（2）铺好网，网搭牢固，保证铺网质量；

（3）先取掉梁与单体腿的连接钢丝绳和梁间连接滑块；

（4）泄压降架，先外端后里端，放倒梁，然后拨出单体，及时搬运梁和单体到指定地点放好，必须一架一架泄压降架回收；

（5）回一架及时用单体和半圆木打一排顶柱支护，以防冒顶；

（6）回三架支架后及时回收一排顶柱，回单体时用半圆木支护，在安全的前提下，半圆木能回收的尽量回收，不能回收的不回收，以防冒顶伤人；

（7）端头回收按照从里往外，逐根进行，泄压降梁，取下一根端头梁，拨单体后，及时用半圆木支护，并把回下的钢梁和单体搬运到指定地点放好；

（8）十字梁回收顺序：先对支护单体泄压拨出后取掉十字梁连接销，十字梁逐个回收，及时把回收的十字梁和单体运到指定地点放好；

（9）两巷棚子回收采用绞车回，按回棚操作规程操作。

第 17 条　不用设备、物料的回收，对大型设备、物料要先在现场解体，搬运装车时，互相配合，轻拿轻放，不准超高超宽装车，用紧固器紧固牢，或用 12 号铁丝绑牢，木楔打紧，防止物件窜动伤人和给提运过程中带来不安全因素。

第 18 条　回收作业时必须戴手套操作，以防伤手。

4. 收尾工作

第 19 条　回收作业完后，整理好设备和工具，放在指定地点。

十一、回采巷道维修工操作规程

回采巷道维修人员在作业前，认真听取班组长布置任务，弄清维修巷道的地点、范围、用途、质量要求、安全措施。认真执行维修巷道的操作规程和安全措施，坚持由外向里逐架维修，维修后的断面应满足行人、通风、运输及设备的要求，质量达到原设计标准。维修正在使用的巷道，应按照要求及时把维修时掉落的煤矸废料清理干净，不得影响使用。巷道维修人员还必须熟悉顶板控制及支护方法，具有掘进和回采的支护、回柱操作技能，严格按作业规程及补充措施的有关规定施工，保证工程质量。

1. 上岗条件

第 1 条　回采巷道维修人员必须熟悉顶板控制及支护方法，具有掘进和回采的支护、回柱操作技能，经过培训、考试合格后，方可上岗操作。

2. 安全规定

第 2 条　严格按作业规程及补充措施的有关规定施工，保证工程质量。

第 3 条　维修巷道每组最少两人操作，严禁单人作业。

第 4 条　工作面上、下顺槽 20 m 范围内必须加强支护，所有支柱柱头必须拴好，防止倒柱伤人。

第 5 条　在有两个安全出口的同一条巷道内，最多只允许两组人员相向进行维修巷道工作，两组之间的距离不得小于 15 m。

第 6 条　凡巷道支架发生弯曲、腐朽、错口、折断、破裂等现象都必须及时更换。

第 7 条　维修时，要随时注意顶板，防止顶板落石伤人，必要时应打好临时支护，维修地点遇大冒顶时，必须按措施要求立即进行处理和抢修。

第 8 条　架设临时支架要牢固可靠，严禁一梁一柱。

第 9 条　回撤棚腿和梁以及松动顶帮时，人员应站在支架完整牢固处。

第 10 条　从原棚梁下打临时点柱开始，到新支架架设好之前，严禁人员通过。

第 11 条　在刮板输送机道工作时，必须首先与刮板输送机司机取得联系，并停止刮板输送机运转。

第 12 条　进行挑顶工作，事先必须按规定加固前后三架棚子。拆除棚子时，必须先支后回，补一架拆一架，严禁空顶作业。

第 13 条　更换棚腿时，必须在所换棚腿侧的梁下打上支柱，支护好顶梁后再换棚腿。

第 14 条　更换棚梁时，必须在棚梁的一侧架设临时支架，并用材料将棚腿背好。

第 15 条　架设和拆除支架时，在一架未完工之前，不得中止工作。

第 16 条　严禁使用顺槽刮板输送机拉撤棚子或柱子。使用回柱绞车时必须严格执行回柱绞车的有关规定。

第 17 条　严禁使用损坏、失效、变形、腐朽的支护材料。

第 18 条　巷道内的各种材料和杂物收工前都要清理干净，按指定地点存放或运走，不得乱堆放，以免影响通风、行人、运输和安全。

第 19 条　对维修地点的风管、水管、电缆、液压管路和防尘、通风设施、电气设备等都要妥善保护，掩盖严密。

3. 操作准备

第 20 条　备齐所需的各种材料，掩盖或移设好工作地点的管线和设备。

第 21 条　详细检查维修地点周围安全情况，清理好安全退路。发现折梁、断柱、片帮、冒顶等威胁人身安全的情况时，必须妥善处理。

第 22 条　维修工作与其他工种工作交叉互相影响时，必须与班（组）长及有关人员取得联系，妥善处理。

4. 正常操作

第 23 条　在预回撤棚子的外侧架设好临时支架，支护好顶帮。

第 24 条　在原棚梁下打上临时支柱，松动原棚子的顶和帮，撤两帮棚腿，扩帮至规定宽度，回撤原棚梁。

第 25 条　按作业规程的布置方式及时架设新的支护棚子，并背好顶帮。

第 26 条　将回撤棚子及时运出工作地点，按指定地点码放整齐，清理工作地点，确认安全后方可继续回撤下一架棚子。

第 27 条　卧底或挑顶需要爆破时，按有关爆破的规定执行。

第 28 条　工作面超前支护的方式按作业规程规定执行。

第 29 条　使用单体液压支柱架设超前支护时，应一梁三柱并留有宽 0.7 m 以上的人行道。

第 30 条　上棚梁时人员必须口号一致，手要扶在侧面，不得扶在梁的上面，头部要在安全一侧。

第 31 条　煤壁处以里巷道的维护按作业规程规定执行。不采用沿空留巷时，其回撤不得滞后切顶线，并应及时架设一排关门支柱。

5. 特殊操作

第 32 条　处理冒顶时，必须严格按照作业规程和补充措施的要求操作。

第 33 条　处理巷道局部冒顶，但还未冒严，压力已相对稳定时，一般采用以下方法：

（1）事先准备好棚子的梁、腿、背顶材料，其材质、规格及棚距要符合作业规程或补充措施规定。

（2）加固冒顶处两侧支护，在紧靠塌冒处附近的支架棚梁上打上点柱，必要时把靠近塌冒处的支架用长钢梁联成牢固的一体。

（3）清理出巷道两帮塌冒物，清理到架设一架棚子的空间时再挖腿窝，其深度应不超过邻近腿窝深度。

（4）立棚腿、上梁，动作要迅速、准确，并立即刹顶背帮，然后清理巷道中间的塌冒物。

（5）按上述方法逐架架设。如塌冒处支架上方留有空洞，则需用木料与顶板接实。

（6）塌冒区支架上方空洞要由有丰富经验的老工人处理。若需木垛接顶，必须选用

1.2 m以上的长把工具把上方、两帮活炭打下，必要时在棚梁上打上临时点柱，确认安全后，再用板梁、道木或圆木在棚梁上码成井字形垛与顶接实，刹好周帮。

(7) 从维修开始到完工，除操作者要精神集中按工艺要求操作外，还必须设一专人观察顶帮动静，发现问题立即处理，情况严重时要立即将人员撤到安全地点，待压力稳定后再恢复工作。

(8) 要经常检查瓦斯含量，确保空气质量符合规定要求。

第34条　处理局部巷道已冒严，压力已相对稳定时，一般采用以下方法：

(1) 加强通风，风量要适当，确保有害气体控制在允许范围内。

(2) 塌冒处两侧支护加固方法同上。

(3) 将直径12 cm左右的半圆木小头削尖，在最靠近塌冒处加固的棚子处打扦子，扦子插入1 m为好，扦子密度视需要而定，然后清理巷道两帮塌冒物，到能架设一架棚子空间时挖腿窝，中间的塌冒物尽量不动，腿窝一旦挖好立即立上棚腿接着上梁。如遇大块，扦子插不进去，可用钢钎凿碎，凿不碎时也可将大块适当下放，找出缝隙插入，把上部的塌冒物托住或固定住，尽量不让顶帮塌冒物往下冒，把维修工程量减少到最低限度。

第35条　处理局部巷道已冒严，压力不稳定且还在塌冒时，一般采用以下方法：

(1) 按上述方法，确保塌冒处两侧安全，使危险区控制在最小范围内；

(2) 待压力稳定，听不到冒落声后再按前述方法操作。

6. 收尾工作

第36条　工作完毕后，把施工地点的煤、矸清理干净，各种物料存放或外运到指定地点，各种管线吊挂整齐，设备按完好标准要求移设好。

第37条　向区（队）值班人员和接班人员详细汇报，并交清工作地点的顶板、支架等情况。

第三节　掘进各工种操作规程

煤矿井下开采必须进行巷道掘进，也就是说，采煤以掘进为前提，掘进又服务于采煤。掘进的地位和作用是：采掘并举，掘进先行，以掘保采，以采促掘。掘进主要有两种方式：一种是炮掘，即打眼→装药→放炮→清理，这是最为传统的采煤方法，基本适用于各种条件，特别是采掘机械不适合作业地方。现在煤矿一般很少采用炮掘方法，炮掘主要用于一些比较坚硬的岩石巷道。另一种是综掘，利用综掘机像采煤一样破碎煤岩，然后运输出去，现在煤巷掘进一般都采用这种方法，还有在部分岩性较软的岩巷也采用综掘方法。不论是炮掘还是综掘，都存在着很大的危险性，因此，作业人员要遵守安全操作规程，时时保持警惕，保证人员安全。

一、掘进班（组）长操作规程

煤矿班组长是煤矿安全生产最基层的组织者和管理者，是现场安全管理的第一责任人，是煤矿安全生产法律法规、规程、标准和相关规章制度及先进适用安全技术贯彻落实的践行者，是沟通区队与职工的桥梁和纽带，是班组安全生产的示范带头人，在企业班组安全生产活动中处于核心地位。掘进班组作业危险性比较大，各种意外情况经常发生，因此掘进班组长必须勇挑重担，切实负起责任，严格遵守操作规程，不能麻痹大意。

1. 上岗条件

第 1 条　掘进班组长必须具有三年以上采煤工作经历，熟悉掘进工艺流程，掌握掘进作业规程的相关规定，具有指挥和处理隐患的能力，经过专业技术培训和考试，持有合格证方准上岗操作。

2. 安全规定

第 2 条　按时参加班前会，认真接受工作任务，仔细布置当班工作。

第 3 条　准时到达作业地点，现场交接班，沿途发现有支护失效或片帮冒顶处，限时解决。

第 4 条　向交班班组长主动了解上一班工作任务完成情况和工程质量情况及隐患和问题处理情况，并将情况记入交接本。

第 5 条　认真进行现场检查。检查掘进或开拓工作面临时支护、局部通风、防尘设施、巷道中线、永久支护质量情况等。

第 6 条　检查验收后，存在的工程质量不合标准和隐患要报告区队和现场跟班队干部及矿安监员，并在作业前首先落实处理。

3. 操作前准备

第 7 条　进行掘面前，先由瓦检工、值班班长或带班班长及一名或两名有经验的员工一起到工作面进行全面检查。检查的重点项目有：

（1）工作面通风瓦斯情况。

（2）顶板完好状况：有无浮岩、伞檐、裂缝、顶板离层及工作面支护情况等。

（3）检查各种电气设备：小绞车固定是否牢固，安全保护装置是否齐全、灵敏可靠，信号是否能正常使用，钢丝绳是否有超限磨损；风筒末端距离工作面碛头是否符合要求；瓦斯探头的位置是否符合要求；综合防尘水管是否到工作面碛头。

第 8 条　全体作业人员对各自位置的安全情况再进行一次检查，特别是临时支护是否合格，使用设备是否灵敏可靠，风、水、电供给是否正常，工作位置是否还有安全隐患。对存在的问题和隐患进行处理，及时消除，然后方可生产。

4. 操作程序

第 9 条　看作业规程、看责任制、看设备和设施、看作业场所，查隐患、查事故、查征兆。

第 10 条　严格按照“三图一书”作业，坚持“先探后掘、有掘必探、探三进一”的原则。

第 11 条　对现场的顶板与防尘、支架、通风、瓦斯管理等设施进行全面监督检查，及时制止“三违”行为。出现重大隐患时立即停工、撤人、汇报。

第 12 条　按照作业规程打眼、装药、爆破、装岩。

5. 特殊情况处理

第 13 条　凡是工作面地质条件发生变化，如遇断层、无炭柱、过空巷、淋水加大、工作面坡度变化大时，严格按照作业规程及其补充措施落实处理。

第 14 条　工作区域发生重大瓦斯、煤尘、水、火等灾害时，要协同跟班队领导及时撤出所有作业人员。

第 15 条　有下列情况之一时，必须通知有关人员停止作业：

（1）作业场所存在隐患，没有采取措施或措施不当，不能防止事故发生时；

（2）没有安全设施或安全设施不齐全、不完好，随时都可能发生事故时；

（3）作业人员出现不安全行为，又暂时没有某种装置防止该种行为引发事故时。

二、掘进机司机操作规程

掘进机是用于开凿平直地下巷道的机器，分为开敞式掘进机和护盾式掘进机。掘进机主要由行走机构、工作机构、装运机构和转载机构组成。随着行走机构向前推进，工作机构中的切割头不断破碎岩石，并将碎岩运走。掘进机司机是掘进机操作的第一责任者，对掘进机的安全运行负责，掘进机司机应熟悉并掌握煤矿三大规程中的相关规定和要求，根据地质条件的变化合理割岩（煤）。熟悉掘进机的性能、构造、动作原理和操作规程，善于维修保养和故障处理，保证机身卫生清洁，懂得综掘的基本知识。必须经过培训、考试合格，取得操作资格证后，方可持证上岗。

1. 上岗条件

第 1 条　司机必须熟悉机器的结构、性能、动作原理，能熟练、准确地操作机器，并懂得一般性维护保养和故障处理知识。

2. 安全规定

第 2 条　必须坚持使用掘进机上所有的安全闭锁和保护装置，不得擅自改动或甩掉不用，不能随意调整液压系统、雾化系统各部的压力。

第 3 条　掘进机必须装有只准以专用工具开、闭的电气控制开关，专用工具必须由专职司机保管。司机离开操作台时，必须断开掘进机上的电源开关。

第 4 条　在掘进机非操作侧，必须装有能紧急停止运转的按钮。

第 5 条　掘进机必须装有前照明灯和尾灯。

第 6 条　开动掘进机前，必须发出警报。只有在铲板前方和截割臂附近无人时，方可开动掘进机。

第 7 条　掘进机作业时，应使用内、外喷雾装置，内喷雾装置的使用水压不得小于 3 MPa，外喷雾装置的使用水压不得小于 1.5 MPa；如果内喷雾装置的使用水压小于 3 MPa 或无内喷雾装置，则必须使用外喷雾装置和除尘器。

第 8 条　掘进机停止工作和交班时，必须将掘进机切割头落地，并断开掘进机上的电源开关和磁力启动器的隔离开关。

第 9 条　检修掘进机时，严禁其他人员在截割臂和转载桥下方停留或作业。

第 10 条　各种电气设备控制开关的操作手柄、按钮、指示仪表等要妥善保护，防止损坏、丢失。

第 11 条　机器必须配备正副两名司机，正司机负责操作，副司机负责监护。司机必须精神集中，不得擅自离开工作岗位，不得委托无证人员操作。

第 12 条　司机必须严格执行现场交接班制度，填写交接班日志，对机器运转情况和存在问题要向接班司机交代清楚。

第 13 条　切割头变速时，应首先切断截割电动机电源，当转速几乎为零时方可操作变速器手柄进行变速。严禁在高速运转时变速。

第 14 条　司机工作时精神要集中，开机要平稳，看好方向线，并听从工作面人员指挥。前进时将铲板落下，后退时将铲板抬起。发现有冒顶预兆或危及人员安全时，应立即停车，切断电源。

3. 操作准备

第 15 条　接班后，司机应配合班长认真检查工作面围岩和支护、通风、瓦斯及掘井机周围情况，保证工作区域安全、整洁和无障碍物。

第 16 条　开机前，对机器必须进行以下检查：

（1）各操纵手把和按钮应齐全、灵活、可靠。

（2）机械、电气、液压系统，安全保护装置应正常可靠，零部件应完整无缺，各部连接螺钉应齐全、坚固。

（3）电气系统各连接装置的电缆卡子应齐全牢固，电缆吊挂整齐，无破损、挤压。

（4）液压管路、雾化系统管路的管接头应无破损、泄漏，防护装置应齐全可靠。将所用延长的电缆、水管沿工作面准备好，悬吊整齐，拖拉在掘进机后方的电缆和水管长度不得超过 10 m。

（5）减速器液压油箱的油位、油量应适当，无渗漏现象，并按技术要求给机器注油、润滑。

（6）转载胶带机应确保完好，托辊齐全。

（7）切割头截齿、齿座应完好，发现有掉齿或严重磨损不能使用时，必须断开掘进机电气控制回路开关，打开隔离开关，切断掘进机供电电源，并在顺槽开关箱上挂停电牌后再进行更换。

(8) 装载爬爪、链轮要完好。刮板链垂度应合适，无断裂丢销现象，刮板齐全无损，应拧紧防松螺帽，防止刮板松动。转载机的脐带和接口无破裂，胶带松紧程度适当。

(9) 履带、履带板、销轮、链轮保持完好，按规定调整好履带的松紧度。

(10) 水雾化（喷雾）装置系统。冷却装置、照明应良好。水质、水压、流量应符合规定，喷水管路、喷嘴应畅通。

第 17 条　经检查确认机器正常并在作业人员撤至安全地点后，方能合上电源总开关，按操作程序进行空载试运转，禁止带负荷启动。

4. 正常操作

第 18 条　开机前必须发出报警信号，合上隔离开关，按机器技术操作规定顺序启动。一般启动顺序是：液压泵→胶带转载机→刮板输送机（装载机）→截割部。

第 19 条　按作业规程要求进行切割工作，根据不同性质的煤岩，确定最佳的切割方式。

第 20 条　岩石易破碎的，应在巷道断面顶部开始掘进；断面为半煤岩的，应在煤岩结合处的煤层开始掘进。司机要按正确的截割循环方式操作，并注意下列事项：

(1) 掘进半煤岩巷道时，应先截割煤，后截割岩石，即按先软后硬的程序；

(2) 一般情况下，应从工作面下部开始截割，首先切底掏槽；

(3) 切割必须考虑煤岩的层理，切割头应沿层理方向移动，不应横断层理；

(4) 切割全煤，应先四面刷帮，再破碎中间部分；

(5) 对于硬煤，采取自上而下的截割程序；

(6) 对较破碎的顶板，应采取留顶煤或截割断面周围的方法。

第 21 条　截割注意事项：

(1) 岩石硬度大于掘进机切割能力时，应停止使用掘进机，改采取其他措施。

(2) 根据煤岩的软硬程度掌握好机器推进速度，避免发生截割电动机过载和压刮板输送机等现象，切割时应放下铲板。如果落煤量大而造成过载时，司机必须立即停车，将掘进机退出进行处理。严禁点动开车处理，以免烧毁电动机或损坏液压马达。

(3) 切割头必须在旋转状况下，才能截割煤岩。切割头不许带负荷启动，推进速度不宜太大，禁止超负荷运转。

(4) 切割头在最低工作位置时，禁止将铲板抬起。截割部与铲板间距不得小于 300 mm，严禁切割头与铲板相碰。截割煤岩时应防止截齿触网、触棚。

(5) 司机应经常注意清底及清理机体两侧的浮煤（岩），扫底时应一刀压一刀，以免出现硬坎，防止履带前进时越垫越高。

(6) 煤岩块度超过机器龙门的宽度和高度时，必须先行破碎后方可装运。

（7）当油缸行至终止位置时，应立即放开手柄，避免溢流阀长时溢流，造成系统发热。

（8）掘进机向前掏槽时，不得使截割臂处于左、右极限位置。

（9）装载机、转载机及后配套运输设备不准超负荷运转。

（10）注意机械各部、减速器和电动机声响以及压力变化情况，压力表的指示出现问题时应立即停机检查。

（11）风量不足、除尘设施不齐不准作业。

（12）截割电动机长期工作后，不要立即停冷却水，应等电动机冷却数分钟后再关闭水路。

（13）发现危急情况，必须用紧急停止开关切断电源，待查明事故原因、排除故障后方可继续开机。

5. 收尾工作

第 22 条　按规定操作顺序停机后，应将掘进机退到安全地点，并将装载铲板放在底板上，切割头缩回，截割臂放于底板上，关闭水门，吊挂好电缆和水管。

第 23 条　清除机器上的煤块和粉尘，不许有浮煤留在铲板上。

第 24 条　在淋水大的工作面，应将机器垫高，确保电动机不被淹没。在角度大的上、下山工作面停机时应采取防滑措施。

第 25 条　将所有操作阀、按钮置于零位，放开离合器，切断电源，关好供水开关。

第 26 条　全面检查掘进机各部件及各种安全保护装置，有问题时应记录在册。

三、架棚支护工操作规程

架棚支护工是巷道掘进的重要作业人员，必须掌握作业规程中规定的巷道断面、支护形式、支护原理和支护技术参数；熟悉作业规程，熟悉现场支护材料规格及质量要求，熟悉并掌握煤矿三大规程中的相关规定，并依法经过培训，考试合格后方可上岗。在作业中，架棚支护工必须服从管理人员的指挥和安排，严格按照要求施工，并且在施工前排查责任范围内安全隐患，敲帮问顶，预防事故的发生。

1. 上岗条件

第 1 条　架棚支护工必须认真学习作业规程，掌握规定的支护形式、支护技术参数、质量标准要求等。

2. 安全规定

第 2 条　施工中不得使用下列支护材料及支架：

（1）不符合作业规程规定的支护材料；

（2）腐朽、劈裂、折断、过度弯曲的坑木；

（3）露筋、折断、缺损的混凝土棚；

（4）严重锈蚀或变形的金属支架。

第 3 条　施工时，必须按照作业规程规定采用前探梁支护或其他临时支护形式，严禁空顶作业。支护材料、结构形式、质量应符合作业规程规定。

第 4 条　支护过程中，必须对工作地点的电缆、风筒、风管、水管及机电设备妥善加以保护，不得损坏。

第 5 条　严禁将棚腿架设在浮煤、浮矸上。

第 6 条　放炮崩倒、崩坏的支架应及时修复或更换。修复支架前，应先处理掉危石、活矸，做好临时支护；扶棚或更换支架，应从外向里逐架依次进行。

第 7 条　在倾斜巷道内架棚，必须有一定的迎山角，迎山角值应符合作业规程的规定。支架必须迎山有力，严禁支架退山。

第 8 条　架棚巷道支架之间必须安设牢固的拉杆或撑木。工作面 10 m 内应敷设防倒器或采取其他防止放炮崩倒支架的措施。

第 9 条　对工程质量必须坚持班检和抽检制度，隐蔽工程要填写“隐蔽工程记录”单。

第 10 条　在压力大的巷道架设对棚时，对棚应一次施工，不准采用补棚的方法，以免对棚高低不平，受力不均。

第 11 条　巷道支护调试超过 2 m，或在倾角大于 30°的上山进行支护施工时，应有脚手架或搭设工作平台。

第 12 条　架棚后应对以下项目进行检查，不合格时应进行处理：

（1）梁和柱腿接口处是否严密吻合；

（2）混凝土支架是否按要求放置木垫板；

（3）梁、腿接口处及棚腿两端至中线的距离；

（4）腰线至棚梁及轨面的距离；

（5）支架有无歪扭迈步、前倾后仰现象；

（6）支架帮、顶是否按规定背紧、背牢。

第 13 条　背帮背顶材料要紧贴围岩，不得松动或空帮空顶。顶部和两帮的背板应与巷道中线或腰线平行，其数量和位置应符合作业规程规定。梁腿接口处的两肩必须加楔打紧，背板两头必须超过梁（柱）中心。

第 14 条　底板是软岩（煤）时，要采取防止柱腿钻底的措施。在柱腿下加垫块时，垫块的规格、材质必须符合作业规程要求。

第 15 条　采用人工上梁时，必须手托棚梁，稳抬稳放，不要将手伸入柱梁接口处；采用机械上梁时，棚梁在机具上应放置平稳，操作人员不得站在吊升梁的下方作业。

第 16 条　架设梯形金属棚时应遵守下列规定：

（1）严禁混用不同规格、型号的金属支架，棚腿无钢板底座的不得使用；

（2）严格按中、腰线施工，要做到高矮一致、两帮整齐；

（3）柱腿要靠紧梁上的挡块，不准打砸梁上焊接的扁钢或矿工钢挡块；

（4）梁、腿接口处不吻合时，应调整梁腿倾斜度和方向，严禁在缝口处打入木楔；

（5）按作业规程规定背帮背顶，并用木楔刹紧，前后棚之间必须上紧拉钩和打上撑木；

（6）固定好前探梁及防倒器。

第 17 条　在井下加工梯形木棚时，用量具准确度量棚梁和柱腿的尺寸，应遵守下列规定：

（1）柱腿用料时，要将料的粗端在上，超长的坑木只准截去细端；

（2）按作业规程中规定的接口方式和规格量画好勒口线，柱口和梁口的深度不得大于料径的 1/4；

（3）用弯料时，必须保证料的弓背朝向巷道顶帮。

第 18 条　在井下加工梯形木棚时，锯砍棚料时应注意下列事项：

（1）锯砍棚料时，应将木料放平稳，不许发生滚动；

（2）砍料时，要注意附近人员和行人的安全，斧头和斧把不能碰在障碍物上；

（3）砍料人不得将脚伸到砍料处近旁；

（4）及时清除粘连在斧头上的木屑，注意木料上的木节、钉子，避免砍滑伤人；

（5）锯砍料的地点，应避开风、水管路和电缆。

第 19 条　架设混凝土棚时必须遵守下列规定：

（1）混凝土支架接口处，要垫经防腐处理木板或可塑性材料。

（2）找正支架时，不准用大锤直接敲打支架；必须敲打时，应垫上木块等可塑性材料，保护支架不被损坏。

（3）混凝土支架巷道一般应采用预制水泥板背顶帮，梁柱不准直接与顶、帮接触。

（4）在煤层和软岩巷道中，混凝土支架紧跟工作面时，必须采取防炮崩的加固措施，确保不崩倒、崩坏混凝土支架。

第 20 条　架设拱形棚应遵守下列规定：

（1）拱梁两端与柱腿搭接吻合后，可先在两侧各上一只卡缆，然后背紧帮、顶，再用中、腰线检查支架支护质量，合格后即可将卡缆上齐。卡缆拧紧扭矩不得小于 150 N·m。

（2）U 形钢搭接处严禁使用单卡缆。其搭接长度、卡缆中心距均要符合作业规程规定，误差不得超过 10%。

第 21 条　架设无腿拱形支架时，应先根据设计要求打好生根梁孔，再设生根梁桩，并浇注混凝土稳固，7 天后才可上梁。

3. 操作准备

第 22 条　施工前，要备齐支护材料和施工工具以及用于临时支护的前探梁和处理早冒顶的应急材料。

第 23 条　检查支架质量，严禁混用不同规格、不同型号的金属支架，不得使用中间焊接的棚头，棚头与棚腿之间必须有防错位装置。

第 24 条　支护前和支护过程中，要经过敲帮问顶，用长柄工具及时处理危岩、活石。

第 25 条　支护前，应按中、腰线检查巷道毛断面的规格质量，处理好不合格的部位。

第 26 条　上、下山架棚时，必须先停止车辆运行。架棚地点下方不得有人行走或逗留，上山架棚地点下方设好挡矸卡子。

第 27 条　施工前，要掩护好风、水、电等管线设施；施工设备要安放到规定地点。

4. 操作顺序

第 28 条　架棚支护应按下列顺序操作：

（1）备齐工具和支护材料；

（2）排除隐患；

（3）移前探梁、架棚梁、接顶；

（4）将中、腰线延长至棚架位置；

（5）挖腿窝；

（6）立棚腿；

（7）背顶背帮；

（8）使好撑木、拉杆、联棚器等稳固装置；

（9）检查架棚质量，清理现场。

5. 正常操作

第 29 条　梯形棚架设：

（1）安全检查，排除安全隐患：一是放炮前加固工作面 10 m 之内的支架；二是放炮后由外向里逐棚检查、整修。

（2）做好临时支护。主要包括：一是使用铰接式前探梁时，铰接梁要与棚距相匹配，放炮后在工作面最前一架棚头上安好吊梁，使用好铰接梁插上水平销，并上好需要架设的棚头，调整好中、腰线和扭矩，并背实顶板，棚梁前方空顶区用方木背实，铰接顶梁不少于 10 架，交替前使用，并做好每梁必铰；二是使用吊梁式前探梁时，放炮后将前探梁移至工作面固定牢固，上好需要架设的棚头，调整好中、腰线，并背实顶板，棚梁前方空顶区用方木背实。

（3）挖腿窝：先量取棚距，按中线和下宽定腿窝位置，按腰线确定其浓度，控制好顶帮后，再把腿窝挖至设计浓度。挖腿窝时，须由专人监护。

（4）立棚腿：竖上棚腿，调整好扎角，并稳固好棚腿。

（5）合棚梁：前探梁上的棚头与棚腿合口，先合一头后，再合另一头。禁止人员在下方逗留或通过。

（6）合口后将支架找正，压肩初步固定。

（7）检查支架的架设的质量，符合质量标准的，再背顶背帮，楔紧打牢，并按设计位置使好撑木、拉杆、联棚器等稳固装置。

第 30 条 可缩支架的架设：

(1) 执行梯形棚架设的 1～4 款规定。

(2) 立棚腿：可缩支架的棚腿，可直接载入腿窝，未安装好的，在现场按设计搭接长度进行搭接，安上卡缆，拧紧螺母，立入腿窝，扶正，临时固定。

(3) 上棚梁：一是临时支护时在前探梁上安放拱形梁；二是接头搭接后，将支架找正，安上撑杆或拉杆。

(4) 全面检查支架架设质量，适当调整搭接长度，符合质量标准要求的，用专用扳手逐个拧紧螺母并达到设计规定的扭矩值。

(5) 背顶背帮，楔紧打牢。拱形可缩支架由两侧对称穿背至留出间隙。

第 31 条 在顶板完整、压力不大的梯形棚支护巷道架设抬棚时，应按下列顺序施工：

(1) 在老棚梁下先打好临时点柱，点柱的位置不得有碍抬棚的架设。

(2) 摘掉原支架的柱腿，根据中、腰线找好抬棚柱窝的位置，并挖至设计深度。

(3) 按架设梯形棚的要求立棚腿、上抬棚梁。

(4) 将原支架依次换成插梁，最靠边的两根插梁应插在抬棚梁、腿接口处。更换插梁不得从中间向两翼进行。

(5) 背好顶、帮，打进木楔。

(6) 上好抬棚卡子。

(7) 采取可靠措施，使抬棚腿生根。

第 32 条 在顶板不完整、压力大的梯形棚支护巷道架设抬棚时，应按下列顺序施工：

(1) 将原支架逐棚换成插梁，在插梁下打好托棚。所有不插梁都应保持在同一水平上。

(2) 架设主抬棚，抬住已替好的插梁。

(3) 撤除托棚。

(4) 逐架拆除原支架并调整插梁，背实顶帮。

(5) 架设辅助抬棚。

(6) 上好抬棚卡子。

(7) 采取可靠措施，使抬棚腿生根。

四、锚杆支护工操作规程

锚杆支护工是保证巷道掘进安全的重要人员，必须熟悉锚杆支护原理、锚杆结构及主要技术参数；熟练掌握作业规程中规定的巷道断面、支护形式和支护技术参数和质量标准等；并熟悉使用作业工具及作业工具的维修、保养；能够熟练使用支护工具，熟悉锚杆机的性能、结构、工作原理和使用方法，打眼工具在打眼过程中出现故障时应立即排除，不允许带故障运转，并对打眼机具的维修养护和正规使用负责；依法经过培训、取得上岗资格证。在作业中，要严格执行敲帮问顶制度，摘除危岩悬矸，严禁空顶作业，保证自身和他人的安全。

1. 上岗条件

第 1 条　锚杆支护工必须掌握作业规程中规定的巷道断面、支护形式和支护技术参数和质量标准等；熟练使用作业工具，并能进行检查和保养。

2. 安全规定

第 2 条　在支护前和支护过程中要敲帮问顶，及时摘除危岩悬矸。

(1) 应由两名有经验的人员担任这项工作，一人敲帮问顶，另一人观察顶板和退路。敲帮问顶人员应站在安全地点，观察人应站在找顶人的侧后面，并保证退路畅通。

(2) 敲帮问顶应从有完好支护的地点开始，由外向里，先顶部后两帮依次进行，敲帮问顶范围内严禁其他人员进入。

(3) 用长把工具敲帮问顶时，应防止煤矸顺杆而下伤人。

(4) 顶帮遇到大块断裂煤矸或煤矸离层时，应首先设置临时支护，保证安全后，再顺着裂隙、层理敲帮问顶，不得强挖硬刨。

第 3 条　严禁空顶作业，临时支护要紧跟工作面，其支护形式、规格、使用方法必须在作业规程中规定。放炮前最大空顶距不大于锚杆排距，放炮后最大空顶距不大于锚杆排距加上循环进度。

第 4 条　煤巷两帮打锚杆前用手镐刷至硬煤，并保持煤帮平整。

第 5 条　严禁使用不符合规定的支护材料：

(1) 不符合作业规程规定的锚杆和配套材料及严重锈蚀、变形、弯曲、径缩的锚杆杆体；

(2) 过期失效、凝结的锚固剂；

(3) 网格偏大、强度偏低、变形严重的金属网。

第 6 条　锚杆眼的直径、间距、排距、深度、方向（与岩面的夹角）等，必须符合作业规程规定。

(1) 使用全螺纹钢等强锚杆，锚孔深度应保证锚杆外露长度为 30～50 mm；

(2) 巷帮使用管缝式锚杆时，锚杆眼深度与锚杆长度相同；

(3) 对角度不符合要求的锚杆眼，严禁安装锚杆。

第 7 条　安装锚杆时，必须使托盘（或托梁、钢带）紧贴岩面，未接触部分必须楔紧垫实，不得松动。

第 8 条　锚杆支护巷道必须配备锚杆检测工具，锚杆安装后，对每根锚杆进行预紧力检测，不合格的锚杆要立即上紧；对锚杆锚固力进行抽查，不合格的锚杆必须重新补打。

第 9 条　当工作面遇断层、构造时，必须补充专门措施，加强支护。

第 10 条　要随打眼随安装锚杆。

第 11 条　锚杆的安装顺序。应从顶部向两侧进行，两帮锚杆先安装上部、后安装下部。铺设、连接金属网时，铺设顺序、搭接及连接长度要符合作业规程的规定。铺网时要把网张紧。

第 12 条　锚杆必须按规定进行拉力试验。煤巷必须进行顶板离层监测，并用记录牌板显示。

第 13 条　巷道支护高度超过 2.5 m，或在倾角较大的上下山进行支护施工时，应有工作台。

3. 操作准备

第 14 条　操作前必须做好以下准备工作：

（1）备齐锚杆、网、钢带等支护材料和施工机具；

（2）检查施工所需风、水、电；

（3）检查锚杆、锚固剂等支护材料是否合格；

（4）按中、腰线检查巷道荒断面的规格、质量，处理好不合格的部位。

4. 操作顺序

第 15 条　锚杆支护工必须按以下顺序进行操作：

（1）敲帮问顶，处理危岩悬矸；

（2）进行临时支护；

（3）打锚杆眼；

（4）安装锚杆、网、钢带（梁）；

（5）检查、整改支护质量，清理施工现场。

5. 正常操作

第 16 条　敲帮问顶，处理危岩悬矸。

第 17 条　按照作业规程规定及时进行临时支护。

第 18 条　打锚杆眼：

（1）敲帮问顶，检查工作面围岩和临时支护情况。

（2）确定眼位，做出标志。

（3）在钎杆上做好眼深标记。

（4）用风钻、煤电钻或锚杆钻机打眼，要遵守相关规定要求：使用风钻打眼时，按掘进钻眼工操作规程第 29～34 条执行；使用煤电钻、风煤钻打眼时，按掘进钻眼工操作规程第 35～39 条执行；使用锚杆机打眼时，按锚索支护工操作规程第 19 条执行。

（5）打锚杆眼时，应从外向里进行；同排锚杆先打顶眼，后打帮眼。断面小的巷道打锚杆眼时要使用长短套钎。

第 19 条　锚杆（网、钢带等）安装：

（1）清理锚杆眼；

（2）检查钻孔质量，不合格的必须处理或补打；

(3) 按所使用锚杆的正规操作程序及时打锚杆，压好锚盘、托板并用专用工具上紧，预紧力符合要求。

第 20 条　树脂锚杆安装：

(1) 清锚杆眼。

(2) 检查锚杆眼深度，其深度应保证锚杆外露丝长度为 30～50 mm。锚杆眼的超深部分应填入炮泥或锚固剂；未达到规定深度的锚杆眼，应补钻至规定深度。

(3) 检查树脂药卷，破裂、失效的药卷不准使用。

(4) 将树脂药卷按照安装顺序轻轻送入眼底，用锚杆顶住药卷，利用快速搅拌器开始搅拌，直到感觉负载时，停止锚杆旋转。树脂完全凝固后，开动快速搅拌器，带动螺母拧断剪力销，上紧螺母。在树脂药卷没有固化前，严禁移动或晃动锚杆体。

(5) 全螺纹钢等强锚杆要采用左旋搅拌方式。

(6) 套上托盘，上紧螺母。

第 21 条　水泥锚杆安装：

(1) 清锚杆眼。

(2) 检查锚杆眼深度和直径是否合格。

(3) 安装锚杆前，先装上托盘。

(4) 使用风钻安装，将冲击锤一端装入锚杆尾部，另一端装入风钻钎尾套，开动风钻，开始推力；在推进锚杆过程中，要始终保持锚孔和锚杆呈直线，直到托盘贴紧岩面为止。

(5) 打紧倒楔。

第 22 条　水力膨胀锚杆的安装：

(1) 检查注液器内密封圈是否良好，若有异常立即替换；

(2) 将钻孔周围围岩找平；

(3) 将锚杆插入注液器内后，转动一个角度使之机械闭锁；

(4) 用安装棒将锚杆送入钻孔中，使下端托盘紧贴岩面；

(5) 操纵水泵阀门，使锚杆充满膨胀，直至调压阀自动卸压；

(6) 锚杆锚固后，关闭操纵阀门，撤下安装棒。

6. 收尾工作

第 23 条　支护完毕后，检查所有锚杆的预紧力，不合格的及时上紧。

五、锚喷支护工操作规程

锚喷支护工是保证巷道掘进安全的重要人员，要学习熟练掌握作业规程中规定的巷道断面、支护形式和支护技术参数和质量标准等；熟悉使用作业工具及作业工具的维修、保养。要积极做好锚喷支护前后的准备工作，在支护前和支护过程中，要经常认真地敲帮问顶，摘除危岩悬矸；严禁空顶作业，临时支护要紧跟迎头，施工要在临时支护的有效掩护下进行。锚喷支护工依法经过培训，考试合格后，持证上岗。在作业中，要搞好与其他工种的安全配合协作，互创有利条件，发现问题及时处理。责任范围内的安全隐患要及时上报。

1. 上岗条件

第1条　锚喷支护工必须掌握作业规程中规定的巷道断面、支护形式和支护技术参数和质量标准等；熟练使用作业工具，并能进行检查和保养。

第2条　喷浆机司机要掌握喷浆机和拌料机的樊笼、性能原理，并懂得一般性的故障处理及维修、保养方面的常识，熟练掌握喷浆技术。

2. 安全规定

第3条　在进行支护前和支护过程中，要敲帮问顶，及时摘除危岩悬矸，严禁空顶作业，遵守井下作业安全规定要求。

第4条　不得使用凝结、失效的水泥及速凝剂，以及含泥量超过规定的沙子和石子。

第5条　支护过程中必须对支护地点的电缆、风水管线、风筒及机电设备进行保护。

第6条　喷射混凝土前，必须对锚杆、金属网质量进行检查，确保达到规程要求。

第7条　巷道过断层、破碎带及过老空等特殊地段时，必须加强临时支护，并派专人负责观察顶板。

第8条　喷浆机运转时，严禁手或工具进入喷浆机内。

第9条　喷射混凝土注意事项：

（1）一次喷射混凝土厚度达不到设计要求时，应分次喷射，但复喷间隔时间不得超过2 h，否则应用高压水冲洗受喷面。

（2）遇有超挖或裂缝低凹处，应先喷补平整，然后再正常喷射。

（3）严禁将喷头对准人员。

（4）喷射过程中，如发生堵塞、停风或停电等故障，应立即关闭水门，将喷头向下放置，以防水流入输料管内；处理堵管时，采用高敲击法疏通料管，喷枪口前方及其附近严禁有人。

（5）在喷射过程中，喷浆机压力表突然上升或下降、摆动异常时，应立即停机检查。

（6）喷浆时严格执行除尘及降尘措施，喷射人员要佩戴防尘口罩、乳胶手套和眼镜。

（7）喷射工作结束后，喷层在7天以内，每班洒水一次，7天以后，每天洒水一次，持续养护28天。

第10条　喷射混凝土的骨料应在地面拌匀。

第11条　金属网联网扣距、联网铁丝规格符合作业规程规定。

第12条　定期进行混凝土强度检测，对不合格的地段必须进行补强支护。

3. 操作准备

第13条　锚喷支护前必须做好以下准备工作：

(1) 备齐锚杆、网、钢带等支护材料和施工机具；

(2) 检查施工所需风、水、电；

(3) 执行掘进钻眼工操作规程第22～27条的规定；

(4) 检查锚杆、锚固剂、水泥等支护材料是否合格；

(5) 检查临时支护，清理浮煤矸，平整施工场地；

(6) 按中、腰线检查巷道荒断面的规格、质量，处理好不合格的部位；

(7) 根据中、腰线确定锚杆眼的眼位，做出明确标记。

第14条　喷浆前的准备工作：

(1) 检查风水管、电缆是否完好，有无漏风、漏水、漏电现象。

(2) 检查喷浆机是否完好，并送电空载试运转，紧固好摩擦板，防止漏风。

(3) 检查锚杆安装和金属网铺设是否符合设计要求。

(4) 输料管路要平直，不得有急弯，接头必须严紧，不得漏风。严禁将非抗静电的塑料管做输料管使用。

(5) 喷浆前，按中、腰线检查巷道断面尺寸，清基、挖地槽，并安设喷厚标志。

(6) 有明显涌水点时，打孔埋设导管导水。

4. 操作顺序

第15条　锚（网）喷支护操作顺序：

(1) 备齐施工机具、材料；

(2) 安全质量检查，处理危岩悬矸；

(3) 初喷；

(4) 打锚杆眼；

(5) 安装锚杆、压网、联网；

(6) 复喷；

(7) 检查、整改支护质量，清理施工现场。

5. 正常操作

第16条　爆破后处理工作面危岩悬矸立即进行初喷等临时支护。过断层破碎带时，应使用金属前探梁作临时支护。

第17条　打锚杆眼执行锚杆支护工操作规程第21条的规定。

第18条　安装锚杆分别执行锚杆支护工操作规程第22～26条的规定。

第19条　喷射混凝土配、拌料的要求：

(1) 利用筛子、斗检查粗、细骨料配比是否符合要求；

(2) 检查骨料含水率是否合格；

(3) 按设计配比把水泥和骨料送入拌料机，上料要均匀；

(4) 检查拌好的潮料含水率，要求能用手握成团，松开手似散非散，吹无烟；

(5) 必须按作业规程规定的掺入量在喷射机上料口均匀加入速凝剂。

第 20 条　喷射混凝土的操作要求：

(1) 开风，调整水量、风量，保持风压不得低于 0.4 MPa；

(2) 喷射手操作喷头，自上而下冲洗岩面；

(3) 送电，开喷浆机、拌料机，上料喷浆；

(4) 根据上料情况再次调整风、水量，保证喷面无干斑、无流淌；

(5) 喷射手分段按自下而上、先墙后拱的顺序进行喷射；

(6) 喷射时喷头尽可能垂直受喷面，夹角不得小于 70°；

(7) 喷头距受喷面保持 0.6～1 m；

(8) 喷射时，喷头运行轨迹应呈螺旋形，按直径 200～300 mm、一圆压半圆的方法均匀缓慢移动；

(9) 应配两人，一人持喷头喷射，另一人辅助照明并负责联络，观察顶帮安全和喷射质量。

第 21 条　喷射混凝土停机的操作要求。喷浆结束时，按先停料、后停水、再停电、最后关风的顺序操作。

6. 收尾工作

第 22 条　喷射工作结束后，卸开喷头，清理水环和喷射机内部的灰浆或材料，盘好风水管。

第 23 条　清理、收集回弹物，并将当班拌料用净或用作浇筑水沟的骨料。

第 24 条　喷射混凝土 2 h 后开始洒水养护，28 天后取芯检测强度。

第 25 条　每班喷完浆后，将控制开关手把置于零位，并闭锁，拆开喷浆机清理内外卫生，做好交接班准备工作。

六、锚索支护工操作规程

锚索支护工是保证巷道掘进安全的重要人员，锚索支护工必须认真学习《煤矿作业规程》，熟练掌握《煤矿作业规程》中规定的巷道断面、支护形式、支护技术参数和质量标准等；熟练使用作业工具，并能进行检查和保养；熟悉锚索支护原理、锚索结构及主要技术参数；熟悉作业地点环境，能够熟练使用支护工具，熟悉锚杆机性能、结构和工作原理，能排除一般故障，并做好使用前后的检查和保养工作。锚索支护工必须经过专门技术培训，考试合格后，方可上岗。

1. 上岗条件

第 1 条　锚索支护工必须掌握作业规程中规定的巷道断面、支护形式和支护技术参数和质量标准等；熟练使用作业工具，并能进行检查和保养。

2. 安全规定

第 2 条　锚索支护工要熟悉锚索支护原理、锚索结构及主要技术参数；熟悉作业地点环境，能够熟练使用支护工具，熟悉锚杆机性能、结构和工作原理，能够排除一般故障，并做好使用前后检查和保养。

第 3 条　锚索支护材料要符合施工措施的规定。

第 4 条　采用树脂锚固时，最小锚固长度要大于或等于 1.5 m。

第 5 条　单根锚索设计锚固力应大于 200 kN。

第 6 条　检查施工地点支护状况，严防片帮、冒顶伤人。在有架空线巷道内作业时，要先停电。

第 7 条　打锚索眼时，要注意观察钻进情况，有异常时，必须迅速闪开，防止断钎伤人，钻机 5 m 以内不得有其他人员。

第 8 条　锚索张拉预紧力应控制在 80～100 kN，锚索安装 48 h 后，如发现预紧力下降，必须及时补拉。张拉时如发现锚固不合格，必须补打合格的锚索。

第 9 条　服务年限 10 年以上锚索需注浆防锈。采用 425 号普通硅酸盐水泥，注纯水泥浆，水灰比为 0.45～0.5。注浆压力为 0.5～1 MPa。如钻孔漏浆，需反复注浆，每次注浆间隔约 6 h，也可隔天注浆。

第 10 条　巷道支护高度超过 3 m，或在倾角较大的上、下山进行支护施工时，必须有脚手架或搭设工作平台。

第 11 条　钢绞线旋向应与搅拌工具旋转方向相反。

3. 操作准备

第 12 条　施工前，要备齐钢绞线、锚固剂、托盘、锚具等支护材料和锚杆打眼机、套钎、锚索专用驱动头、张拉油缸、高压油泵、液压剪、注浆泵等专用机具以及常用工具。

第 13 条　准备好施工所需风、水、电。

第 14 条　锚杆钻机打眼前进行以下检查：

(1) 检查所有操作控制开关，所有开关都应处在“关闭”位置；

(2) 检查油雾器工作状态，确保油雾器充满良好的润滑油；

(3) 清洁风水软管，检查其长度及与锚杆机连接情况；

(4) 检查锚杆机是否完好；

(5) 检查是否漏水，及时更换水密封；

(6) 安装钻杆前检查钻头是否锋利，检查钻杆中孔是否畅通，严禁使用弯曲钻杆打眼。

第 15 条　张拉锚索前，检查张拉油缸、油泵各油路接头是否松动。

4. 操作顺序

第 16 条　锚索支护工必须按以下顺序进行操作：

(1) 备齐机具及有关材料；

（2）检查并处理工作地点的隐患；

（3）检查施工所需风、水、电；

（4）打锚索钻孔及注浆孔；

（5）组装锚索；

（6）安装、锚固锚索；

（7）张拉锚索；

（8）注水泥浆；

（9）清理现场。

5. 正常操作

第17条　打锚索眼：

（1）敲帮问顶，检查施工地点围岩和支护情况。

（2）根据锚孔设计位置要求，确定眼位并做出标志。

（3）检查和准备好锚杆钻机、钻具、电缆及风水管路。

（4）必须采取湿式打眼。

（5）竖起钻机把初始钻杆插到钻杆接头内，观察围岩，定好眼位，使锚杆机和钻杆处于正确位置。钻机开眼时，要扶稳钻机，先升腿，使钻头顶住岩面，确保开眼位置正确。

（6）开钻时操作者站立在操作臂长度以外，分腿站立保持平衡。先开水，后开风。开始钻眼时，用低转速，随着钻孔深度的增大，调整到合适转速，直到初始锚孔钻进到位。需要注意：在软岩条件下，锚杆机用高转速钻进，要调整支腿推力，防止糊眼。在硬岩条件下，锚杆机用低转速钻进，要缓慢增加支腿推力。

（7）退钻机，接钻杆，完成最终钻孔。

（8）锚索眼必须与巷道面垂直，眼深误差为±50 mm，偏差为±150 mm。

（9）锚索打眼完后，先关水，再停风。

（10）按要求打注浆孔。

第18条　组装锚索。按设计长度截取钢绞线，用钢刷除去钢绞线表面浮锈，锚索不注浆时在自由段涂防锈油脂。

第19条　安装、锚固锚索：

（1）检查锚索眼及注浆孔质量，不合格的及时处理。

（2）把锚索末端套上专用驱动头、拧上导向管并卡牢。

（3）将树脂药卷用钢绞线送入锚索孔底，使用两块以上树脂药卷时，按超快、快、中速顺序自上而下排列。

（4）用锚杆打眼机进行搅拌，将专用驱动头尾部六方插入锚杆机上，一人扶住机头，另一人操作锚杆机；边推进边搅拌，前半程用慢速后半程用快速，旋转约40 s。

（5）停止搅拌，但继续保持锚杆机的推力约1 min后，缩下锚杆机。

第 20 条　树脂锚固剂凝固 1 h 后进行张拉和顶紧上托盘工作。

(1) 卸下专用驱动头和导向管，装上托盘、锚具，并将其托至紧贴顶板的位置，把张拉油缸套在锚索上，使张拉油缸和锚索同轴，挂好安全链，人员撤开，张拉油缸前不得有人。

(2) 开泵进行张拉并注意观察压力表读数，分级张拉，分级方式为：0→30 kN→60 kN→130 kN。达到设计预紧力或油缸行程结束时，迅速换向回程。

(3) 卸下张拉油缸，用液压剪截下锚索外露部分。

第 21 条　锚索注浆防锈。从注浆孔用排气注浆法把锚孔剩余段一次灌注。

七、人力运料工操作规程

人力运料工是运送材料的工种，主要负责运送采掘工作面需要的各种材料到指定的地点，并保持料场整洁、道路畅通。运料工要了解采掘工作面常用材料的品种、规格与性能；了解运输线路中各处信号及标志；了解矿车、材料车的性能与技术特征；了解吊装设备工具的结构与绳扣的正确使用方法，具有普通起重工的基础知识，了解重物的吊装工艺；了解不同棚架下装载、卸载物料时的悬吊方法；了解不同车型的装载界线；了解装车、卸料、码垛的质量标准；了解装运材料的性能和用途。具有检修排障能力，对运输中发生的故障能及时排除。

1. 上岗条件

第 1 条　运料工要熟悉巷道的坡度、道岔、拐弯、沿途设施及矿车至两帮的安全间隙，以便在发车、推车、拐弯、速度控制、发车警号、停车时做到心中有数。

2. 安全规定

第 2 条　装卸和运送物料时必须按作业规程要求的物料规格、品种、数量进行。

第 3 条　在架线巷道装卸、运送物料时，必须注意人员或物料不要碰触架空线或采取相应安全措施。

第 4 条　在平巷装卸时，必须先用木楔将矿车稳住。

第 5 条　在斜巷装卸时，不准摘绳；在斜巷卸料时，必须待车停稳后在料车下方安设防止物料下滑的设施，否则不准卸料。

第 6 条　运料时，注意不要刮碰支架和电气设备及管、线。

第 7 条　在有运输机的巷道内搬运材料时，要和司机联系好，人行道安全间隙不符合要求或跨越运输机时，必须停机搬运。

第 8 条　推料车过风门时，必须开一关一，不得同时打开，也不准用车撞门。

第 9 条　斜巷运料时，人员要躲开物料下方，避免物料滑落伤人。

第 10 条　小立眼运料时，必须捆紧拴牢，眼内不准行人，下口设好警戒，严禁往下自溜物料。

第 11 条　装运超高、超宽、超长、超重物料时，必须使用专用车辆并制定专门措施。

3. 操作准备

第 12 条　选好搬运路线，清除障碍，选择合理的搬运方法，安排搬运人员并分工明确。

4. 操作顺序

第 13 条　按以下顺序进行操作：

(1) 检查熟悉推车路线；

(2) 检查车辆状况；

(3) 装料；

(4) 推车；

(5) 卸料。

5. 正常操作

第 14 条　两人以上装卸时，必须互叫互应，行动一致，要先起一头或先放一头，做到轻放，不准盲目乱扔，以防物料弹落伤人或砸坏设备。

第 15 条　同车内的物料长短应一致，否则必须长料在下、短料在上。长短料插穿时应按运行方向前低后高，并必须用绳索或铁丝捆绑牢固。

第 16 条　卸料前先清理环境，防止卸料砸坏电气设备及管、线，以及砸飞他物伤人。

第 17 条　堆放物料时，要按品种、规格分类码放整齐平稳，料堆要下宽上窄，并保证行人行车宽度和通风断面。

第四章　煤矿企业安全质量标准化建设

开展安全质量标准化工作的目的是，为了在企业建立自我约束、持续改进的安全生产长效机制，提高企业本质安全水平，使企业的人、机、环境和谐统一。近年来，国家安全生产监督管理总局和有关部门先后在煤矿、非煤矿山等领域，修订完善了开展安全生产标准化工作的标准、规范、评分办法等一系列指导性文件，指导企业开展安全生产标准化建设的考评工作，从而使安全生产标准化建设不断规范化。在煤矿企业广泛开展安全生产标准化企业创建活动，推动岗位达标、专业达标和企业达标，规范企业安全生产管理，能够尽快使煤矿企业形成比较健全的安全生产标准规范体系，形成比较稳定的安全生产管理长效机制，从而预防事故的发生，保障职工的安全和健康。

第一节　煤矿企业安全质量标准化建设相关规定

开展煤矿安全质量标准化创建活动，是近年来国家安全生产监督管理总局、国家煤矿安全监察局在全国部署的一项重点工作。安全质量标准化是在继承以往质量标准化工作的基础上，不断创新、逐步发展起来的一套行之有效的安全质量管理体系和方法，它贯穿于矿井“采、掘、机、运、通”等生产活动的全过程，突出地体现了安全生产基层、基础工作的重要地位，体现了全员、全过程、全方位的安全管理。开展煤矿安全质量标准化建设工作，是加强煤矿企业安全生产工作的一项带有基础性、长期性的工作，也是强化企业安全生产主体责任的重要举措，更是提高企业安全素质、建立企业安全生产长效机制的根本途径。

一、《关于深入开展煤矿安全质量标准化工作的通知》相关要点

2008年11月11日，国家安全生产监督管理总局、国家煤矿安全监察局下发《关于深入开展煤矿安全质量标准化工作的通知》（安监总煤行〔2008〕198号，以下简称《通知》）。《通知》分为六个部分，对充分认识深入开展煤矿安全质量标准化工作的重要意义；制定规划，分类指导，努力提升煤矿安全质量标准化水平；狠抓关键环节，强化考核，实现全面动态达标等问题做出了明确说明和要求。《通知》主要内容包括：

1. 充分认识深入开展煤矿安全质量标准化工作的重要意义

安全质量标准化工作是煤矿企业的基础工程、生命工程和效益工程。煤矿安全质量标准化，是构建煤矿安全生产长效机制的重要措施，是我国煤炭行业借鉴国内外先进的安全质量管理理念、方法和技术，经过多年实践探索，逐步发展完善形成的一套完整的安全质量管理体系和方法；要求煤矿各生产系统和环节达到安全质量标准，始终处于安全生产的良好状态，突出了安全生产的重要地位，强调了安全生产工作的规范化、标准化。开展安全质量标准化工作，是强化煤矿安全基础管理的重要手段，是实现煤炭工业安全发展、可持续发展的需要。各单位和各煤矿企业要进一步提高认识，增强深入开展煤矿安全质量标准化工作的责任感、使命感和紧迫感，切实树立安全发展的理念，按照不断发展进步的要求，深入组织开展安全质量标准化矿井达标建设，强化措施、狠抓落实，扎实推进、夯实基础，促进全国煤矿安全生产形势持续稳定好转。

2. 制定规划，分类指导，努力提升煤矿安全质量标准化水平

各级煤矿安全质量标准化工作主管部门要根据国家煤矿安全监察局颁布的煤矿安全质量标准化标准，结合本地区和煤矿企业的实际情况，制订年度工作计划，统筹安排、分步实施，稳步推进、逐级达标。到2010年，全国大型煤矿安全质量标准化达标率要达到95%以上，中型煤矿达到85%以上，小型煤矿达到50%以上。同时，按照法律法规、规程、标准的规定，以及国家有关部门加强煤矿安全基础管理的“两个指导意见”、煤矿瓦斯综合治理“十六字工作体系”和加强煤矿水害防治、顶板管理、防灭火、煤尘防治、机电运输安全管理、火工品安全管理、边坡管理等工作的要求，加强分类指导，促使煤矿全面提升安全保障能力。大中型煤矿要在抓好安全质量标准化工作的基础上，积极推行以风险预控为核心的安全管理体系，夯实煤矿安全基础；小煤矿要把安全质量标准化作为实现管理强矿的一项重要基础工作来抓，坚决淘汰国家明令禁止使用的设备、材料、工艺和落后的支护方式，推行壁式开采、机械化开采和井巷锚喷支护等先进适用技术。

3. 狠抓关键环节，强化考核，实现全面动态达标

各煤矿企业要从解决制约煤矿安全生产的主要矛盾、关键环节入手，把安全质量标准化工作落到实处。要明确分管负责人和分管业务部门，配备足够的专业技术人员，健全完善有关规章制度，明确岗位职责；要按规定提取使用安全费用，保证安全投入到位，改善煤矿安全基础条件；要进一步落实煤矿负责人下井跟班带班制度，严格现场管理，有效杜绝“三违”现象；要加强技术管理，科学合理组织生产，坚决防止“三超”；要依靠科技进步，努力提高采掘机械化程度和矿井装备水平；要加强全员安全教育培训工作，企业主要负责人、安全管理人员和特种作业人员要依法强制参加培训，尤其要严格执行煤矿职工岗前培训有关规定。各级煤矿安全质量标准化主管部门和各煤矿企业要坚持定期检查和随机抽查相结合，严格考核，使煤矿各生产系统和环节始终处于安全生产的良好状态，实现安全质量标准化由点、线、面达标向全过程、全方位动态达标的提升。

4. 选树典型，以点带面，建立完善激励机制

各地要通过典型引路、政策引导，提高煤矿深入开展安全质量标准化工作的积极性和主动性，切实树立以质量保安全的意识；要注重培育先进典型，选树一批安全质量标准化"示范县"和"示范煤矿"，并及时总结交流推广先进经验；对达到一级安全质量标准的煤矿，鼓励企业内部对在工作中做出突出贡献的有关人员实施奖励。要建立煤矿安全质量标准化月度自查、集团公司（矿务局）季度检查验收制度，实行安全质量目标管理，推行安全质量结构工资制，建立安全质量标准化工作长效机制。

《通知》还要求，开展安全质量标准化建设活动时凡发现煤矿存在重大事故隐患的，要实行"一票否决"。通过开展安全质量标准化工作，有效解决煤矿企业安全生产基础建设的突出问题。

二、《关于深入持久开展煤矿安全质量标准化工作的指导意见》相关要点

2009 年 6 月 12 日，国家安全生产监督管理总局、国家煤矿安全监察局下发《关于深入持久开展煤矿安全质量标准化工作的指导意见》（安监总煤行〔2009〕117 号）。该指导意见分为六个部分，对充分认识新时期开展煤矿安全质量标准化工作的重要性、指导思想和工作目标、标准制定、考核评级、工作要求、主要措施等事项进行了说明，并提出要求。

1. 充分认识新时期开展煤矿安全质量标准化工作的重要性

安全质量标准化是加强煤矿安全基层基础管理工作的有效措施。安全质量标准化是在继承以往质量标准化工作基础上不断创新、逐步发展完善形成的一套行之有效的安全质量管理体系和方法，深入持久地组织开展煤矿安全质量标准化建设是提升煤矿安全生产保障能力建设的有效措施，突出体现了安全生产基层、基础工作的重要地位，体现了全员、全过程、全方位安全管理和以人为本、科学发展的核心理念。近年来，各地区、各煤矿企业结合实际开展煤矿安全质量标准化工作，强化安全基础，提升安全保障能力，为促进全国煤矿安全生产状况稳定好转做出了贡献。各地区、各煤矿企业要进一步提高认识，增强责任感和使命感，加快完善与新要求、新任务相适应的煤矿安全质量标准化工作体系，精心组织，强力推进，把煤矿安全质量标准化工作深入持久地开展下去，为促进煤矿安全生产状况的持续稳定好转、进而实现根本好转奠定基础。

2. 指导思想和工作目标

（1）指导思想。以科学发展观为统领，坚持安全发展、以人为本，坚持"安全第一、预防为主、综合治理"的安全生产方针，进一步强化责任意识，加强全员、全过程、全方位的安全管理；通过深入持久地开展安全质量标准化，强化过程控制，切实加强基层、基础工作；逐步建立煤矿企业自我约束、持续改进的安全生产长效机制，从根本上促进煤矿安全状况持续稳定好转。

（2）工作目标。到 2012 年年底，全国煤矿安全质量标准化达标率达到以下目标：大型

煤矿（≥120万吨/年）95%以上；中型煤矿（30万～120万吨/年）80%以上；小型煤矿（≤30万吨/年）60%以上。

3. 标准制定

（1）标准适用范围。依法取得各种必备证照的生产矿井。新建、改扩建、技术改造、资源整合矿井竣工验收时必须达到安全质量标准化煤矿标准。

（2）标准主要内容。煤矿安全质量标准化标准包括必备条件和专业项目的基本要求等内容。

1）必备条件。依法取得“六证”（采矿许可证、煤矿安全生产许可证、煤炭生产许可证、矿长资格证、矿长安全资格证、营业执照）且合法有效的生产矿井；考核年度内实现安全考核目标，其中一级煤矿安全质量标准化矿井考核年度内未发生死亡事故；采掘关系正常；按规定建立健全瓦斯抽采系统，做到抽采平衡；监测监控系统可靠有效；按规定建立防治水、防灭火、防尘系统；未使用国家明令淘汰的采煤工艺和支护方式；无超层越界开采等违法违规行为。

2）专业项目。必须包括采煤、掘进、机电、运输、通风、地测防治水、安全管理等专业项目。小型煤矿还必须增加地面设施专业项目。标准中应确定各专业项目的必备条件和考核内容。安全管理专业项目主要包括机构设置、人员配备、安全规章制度、安全费用提取及使用、隐患排查治理、应急预案、安全培训、调度通讯等专项内容；地面设施专业项目主要是指“两堂一舍”（即职工食堂、职工澡堂和职工宿舍）及矿容矿貌。

（3）标准制定。各产煤省（区、市）和新疆生产建设兵团负有煤矿安全质量标准化工作职责的部门（以下统称省级标准化工作部门），按照标准制定的依据、范围、内容，结合本地实际，组织制定本地区煤矿安全质量标准化标准，并报国家煤矿安全监察局备案。中央企业煤矿按照属地管理的原则，执行所在省（区、市）的标准。露天煤矿标准由相关省（区、市）参照有关规定制定。

国家安全生产监督管理总局、国家煤矿安全监察局将适时组织制定并发布国家级安全质量标准化煤矿考核办法。

4. 考核评级

（1）等级设定。安全质量标准化煤矿分为国家级、一级、二级、三级共四个等级。国家级安全质量标准化煤矿由国家煤矿安全监察局负责评定，一级、二级、三级安全质量标准化煤矿由各省级标准化工作部门负责评定。省级标准化工作部门可采用综合评分的办法确定一级、二级、三级的最低得分；各专业项目应分别设定一级、二级、三级考评分数，根据各专业项目的重要程度合理确定在综合评分中的权重。

（2）考评方式。安全质量标准化煤矿实行分级检查考评，可采取定期考评与动态抽检相结合的办法进行。各省级标准化工作部门每半年组织一次抽检，市（地）每季度组织一次抽检，集团公司（矿务局）每季度普查一次，矿每月进行一次全面检查。各等级抽检比例由各省级标准化工作部门确定。地方各级政府有关部门和煤矿企业要将安全质量标准化作为日常监督检查的重要内容，每次检查的资料、记录要及时存档，作为年终评级考核的依据。

（3）考核定级。安全质量标准化煤矿按年度进行考核评级，按照企业申请、分级考评、检查认定的原则进行。具体的考核定级程序、权限和时间要求由各省级标准化工作部门负责制定并组织考核定级。中央企业所属煤矿的考核定级，按照属地管理的原则，一并纳入所在省（区、市、兵团）考核定级范围。

对中央企业的煤矿组织安全质量标准化考核定级时应会同煤矿上一级公司进行。

（4）公布表彰。各省级标准化工作部门对考核认定的安全质量标准化煤矿要发布公告，公告期满没有异议的予以公布表彰。各省级标准化工作部门每年1月底前将上年考核认定的结果抄送省级煤矿安全监察机构，涉及中央企业煤矿的还应抄送有关中央企业总部。一级安全质量标准化煤矿名单报国家煤矿安全监察局。

在工作中，要求：统筹规划，完善标准；因地制宜，突出重点；分类指导，逐矿达标；加大投入，鼓励创新；注重实际，务求实效。标准化建设是一项长期持久的工作，要注重实际，把工作的重点放在现场，充分发挥区队、班组在安全质量标准化建设中的主导作用；要注重过程控制，坚决防止重考评、轻建设，重结果、轻过程，务求取得实效；坚决防止走形式、走过场，做表面文章。

在主要措施中，要求：加强组织领导，狠抓责任落实；建立和完善工作体系；突出重点难点，狠抓关键环节；坚持“四个结合”，做到相互促进；建立激励约束机制；选树典型，加大宣传力度。

三、《国家级安全质量标准化煤矿考核办法（试行）》相关要点

2009年8月8日，国家安全生产监督管理总局、国家煤矿安全监察局研究制定了《国家级安全质量标准化煤矿考核办法（试行）》（安监总煤行〔2009〕150号，以下简称《办法》），自2009年9月1日起试行。制定《办法》的目的是，为了加快推进煤矿安全质量标准化工作深入开展，强化煤矿安全基层基础管理，全面落实科学发展观，贯彻“安全第一、预防为主、综合治理”的安全生产方针，夯实煤矿安全生产基础，进一步推进煤矿安全质量标准化工作深入开展，提升安全保障水平，促进煤矿安全生产状况持续稳定好转。

1.《办法》适用范围

《办法》适用于依法取得“六证”（采矿许可证、煤矿安全生产许可证、煤炭生产许可证、矿长资格证、矿长安全资格证、营业执照）且在有效期内的生产煤矿（井工煤矿和露天煤矿）。

2. 申报条件

申报国家级安全质量标准化煤矿必须具备以下条件：

（1）符合国家煤炭产业政策规定的区域煤矿生产规模。

（2）连续两年被评为一级安全质量标准化煤矿。

（3）连续两年未发生原煤生产死亡和重大涉险事故。

（4）采掘机械化程度分别达到：井工煤矿采煤机械化程度，薄煤层不低于45%，中厚煤层、厚煤层不低于95%；掘进装载机械化程度不低于90%。露天煤矿采剥机械化程度100%。

（5）生产布局合理，接续正常。开拓、准备、回采三个煤量可采期符合国家有关规定；采区和工作面开采顺序、采煤方法符合《煤矿安全规程》规定；井工煤矿采区和采煤工作面回采率、露天煤矿采出率符合国家规定。

（6）调度通讯、生产管理实现计算机网络化管理；矿井装备安全监控系统符合《煤矿安全监控系统及检测仪器使用管理规范》（AQ 1029—2007）规定。

（7）建立健全劳动定员管理制度，矿井作业人员管理系统符合《煤矿井下作业人员管理系统使用与管理规范》（AQ 1048—2007）规定。

（8）安全培训机构、人员、经费满足安全教育培训和提升职工专业素质需要，做到培训制度化；全员教育培训率100%；主要负责人、安全生产管理人员、特种作业人员持证上岗率100%。

（9）井工煤矿按规定建立瓦斯抽采系统，抽采效果达到《煤矿瓦斯抽采基本指标》（AQ 1026—2006）规定；计划回采煤量未超过瓦斯抽采达标煤量。

（10）未使用国家明令禁止的采煤工艺、支护方式和设备、材料；设备完好率达到95%及以上；无电气设备失爆。

（11）严格按照核定（或设计）生产能力均衡生产。全年产量未超过核定生产能力。

（12）安全费用提取、使用和管理符合《煤炭生产安全费用提取和使用管理办法》（财建〔2004〕119号）和《关于调整煤炭生产安全费用提取标准加强煤炭生产安全费用使用管理与监督的通知》（财建〔2005〕168号）规定。风险抵押金的存储和使用符合《煤矿企业安全生产风险抵押金管理暂行办法》（财建〔2005〕918号）规定。

（13）建立健全隐患排查和治理制度，能按照《安全生产事故隐患排查治理暂行规定》（国家安全监管总局令第16号）进行隐患排查和治理；治理重大隐患的资金和人力投入有保障，能按规定和时限要求完成治理。

3. 考核相关规定

（1）每年组织一次国家级安全质量标准化煤矿考核。

（2）符合国家级安全质量标准化条件的煤矿，按行政隶属关系，分别向市（地、州、盟）负有煤矿安全质量标准化工作职责的部门（以下简称市级标准化工作部门）或集团公司申报；有关部门和集团公司按照本办法规定进行审核，审核合格后，报省（区、市及新疆生产建设兵团）负有煤矿安全质量标准化工作职责的部门（以下简称省级标准化工作部门）。

（3）各省级标准化工作部门接到申报材料后，按本办法规定采取书面和现场抽查的方式进行审核，审核合格的，征求相关省级煤矿安全监察机构意见后，于每年2月15日前将上一年度初审结果以正式文件（附申报表和相关材料）报国家煤矿安全监察局。中央企业所属煤矿的申报，按照属地管理原则，一并纳入所在省（区、市）范围。省级标准化工作部门对中央企业所属煤矿组织国家级安全质量标准化现场抽查审核时，应会同该煤矿的上一级公司共同进行。

（4）国家煤矿安全监察局组织专家，采取书面审查与现场抽查相结合的方式，对各省级标准化工作部门上报的国家级安全质量标准化煤矿进行审核。

（5）通过审核的煤矿，在国家安全生产监督管理总局、国家煤矿安全监察局网站予以公示，广泛征求意见。公示时间15天，公示期满无异议的，国家安全生产监督管理总局、国家煤矿安全监察局予以命名表彰。

（6）考核验收过程中发现存在重大安全生产隐患，以及审核、公示期间，申报煤矿发生死亡事故的，取消申报资格。

（7）申报煤矿及其上级管理单位必须如实申报，如发现弄虚作假，除取消该矿当年申报资格外，3年内不得再次申报。

（8）对国家级安全质量标准化煤矿，有关省级标准化工作部门、集团公司应给予适当奖励或相应的政策优惠。

（9）各省级标准化工作部门可依据本办法，结合辖区实际情况，制定实施细则。

四、《煤矿安全质量标准化考核评级办法（试行）》相关要点

2013年1月17日，国家煤矿安全监察局下发《关于印发〈煤矿安全质量标准化考核评级办法（试行）〉和〈煤矿安全质量标准化基本要求及评分方法（试行）〉的通知》（煤安监行管〔2013〕1号）。该通知指出：为强化煤矿安全生产基础建设，进一步推进煤矿安全生产形势持续稳定好转，国家煤矿安全监察局会同中国煤炭工业协会，制定了《煤矿安全质量标准化考核评级办法（试行）》（以下简称《办法》）和《煤矿安全质量标准化基本要求及评分方法（试行）》（以下简称《评分方法》）。各地煤矿安全质量标准化主管部门要根据《办法》和《评分方法》的规定，制定具体实施细则和切实可行的工作方案，积极组织开展煤矿安全质量标准化工作。《办法》和《评分方法》自2013年5月1日起试行，各地煤矿安全质量标准化主管部门要积极宣贯，认真组织学习、培训，指导和督促本地区煤矿企业及时按照新标准开展达标创建工作。

《煤矿安全质量标准化考核评级办法（试行）》分为14条，制定本办法的目的是，根据

《安全生产法》、《国务院关于进一步加强企业安全生产工作的通知》（国发〔2010〕23 号）和《国务院安委会关于深入开展企业安全生产标准化建设的指导意见》（安委〔2011〕4 号）等法律法规、规定，深入开展全国煤矿安全质量标准化工作。

《煤矿安全质量标准化考核评级办法（试行）》主要内容如下：

1.《办法》适用于全国所有合法的生产煤矿，新建、技改（包括重组整合）煤矿参照执行。

2. 考核评级标准执行《煤矿安全质量标准化基本要求及评分方法（试行）》。

3. 申报安全质量标准化煤矿的基本条件：

（1）证照齐全有效；

（2）实现安全生产目标：考核年度内达到安全生产目标要求；

（3）隐患排查治理：按照《安全生产事故隐患排查治理暂行规定》（国家安全监管总局令第 16 号）建立安全生产隐患排查治理体系；

（4）采掘关系正常：开拓煤量、准备煤量、回采煤量、抽采煤量符合有关规定，回采率达到要求；

（5）自查考核奖惩：煤矿企业制定并执行安全质量标准化考核评比及奖惩制度；

（6）按要求建立煤矿瓦斯综合治理工作体系。

4. 安全质量标准化煤矿分为三个等级。

一级：煤矿安全质量标准化考核评分 90 分及以上，且年度内无死亡事故。井工煤矿通风、地测防治水、采煤、掘进、机电、运输的单项考核评分均不低于 90 分，其他专业均不低于 80 分；露天煤矿穿孔、爆破、采装、运输、排土、机电、边坡的考核评分均不低于 90 分，其他专业均不低于 80 分。

二级：煤矿安全质量标准化考核评分 80 分及以上，且百万吨死亡率低于全国及所在省（直辖市、自治区）上年度平均水平，露天煤矿年度内无死亡事故。井工煤矿通风、地测防治水、采煤、掘进、机电、运输的单项考核评分均不低于 80 分，其他专业均不低于 70 分；露天煤矿穿孔、爆破、采装、运输、排土、机电、边坡的考核评分均不低于 80 分，其他专业均不低于 70 分。

三级：煤矿安全质量标准化考核评分 70 分及以上，且百万吨死亡率低于所在省（直辖市、自治区）上年度平均水平。井工煤矿通风、地测防治水、采煤、掘进、机电、运输的单项考核评分均不低于 70 分，其他专业均不低于 60 分；露天煤矿穿孔、爆破、采装、运输、排土、机电、边坡的考核评分均不低于 70 分，其他专业均不低于 60 分。

5. 考核检查过程中发现申报煤矿有《煤矿安全质量标准化基本要求及评分方法（试行）》总则所列的重大安全生产隐患和行为时，应当立即责令其停产整改，待隐患排除后，重新申报。

6. 鼓励煤矿企业采用《煤矿安全风险预控管理体系规范》（AQ/T 1093—2011）开展

安全质量标准化创建工作，其指标与《煤矿安全质量标准化基本要求及评分方法（试行）》对标确认，报国家煤矿安全监察局备案后可引用，但考核评级工作须按照《办法》执行。

7. 煤矿安全质量标准化等级按年度分级考核。一级安全质量标准化煤矿的考核工作由国家煤矿安全监察局负责，具体的评审工作委托中国煤炭工业协会承担；二级、三级的考核工作由省级主管部门负责。

8. 煤矿安全质量标准化考评，按照企业申报、现场考核、等级认定、公示发布、颁发证书的程序进行。

9. 安全质量标准化煤矿的检查考核。

（1）安全质量标准化煤矿的检查考核采取动态检查。全国煤炭行业每年进行一次，省（直辖市、自治区）每半年抽查一次，矿每月进行一次全面自查。

（2）对被取消和未取得安全质量标准化等级的煤矿，须责令其停产整改；对逾期未整改或整改未达标的，提请地方政府依法予以关闭。

10. 企业应加大安全质量标准化投入，制定安全质量标准化等级提升计划，不断改善煤矿安全生产条件。

11. 各级地方政府和煤矿企业应实行安全质量标准化激励政策，对被评为一级、二级安全质量标准化的煤矿给予鼓励。

12. 省级煤矿安全质量标准化主管部门可根据本办法和工作实际，制定实施细则并上报备案。

13.《办法》自 2013 年 5 月 1 日起实施，《煤矿安全质量标准化标准及考核评级办法（试行）》（2004 年）同时废止。

第二节　煤矿安全质量标准化基本要求

《煤矿安全质量标准化基本要求及评分方法（试行）》（以下简称《方法》）分为 13 个部分，即第 1 部分总则、第 2 部分通风、第 3 部分地测防治水、第 4 部分采煤、第 5 部分掘进、第 6 部分机电、第 7 部分运输、第 8 部分安全管理、第 9 部分职业卫生、第 10 部分应急救援、第 11 部分调度、第 12 部分地面设施、第 13 部分露天煤矿。在各个部分中，分别详细规定了基本要求及评分方法。

一、第 1 部分：总则中的基本条件与基本要求

1. 安全质量标准化煤矿基本条件

（1）依法开采，证照齐全有效。

（2）参与安全质量标准化考核评分的煤矿不应存在以下情况：①生产矿井没有两个能

行人的通达地面的安全出口，采煤工作面没有两个畅通的安全出口（一个通到回风巷道，另一个通到进风巷道）；②超能力、超强度或者超定员组织生产；③使用明令禁止使用或者淘汰的设备、工艺；④存在超层越界开采等现象；⑤煤矿井下安全避险“六大系统”（监测监控系统、人员定位系统、紧急避险系统、压风自救系统、供水施救系统和通信联络系统）未按规定建设，未达到“系统可靠、设施完善、管理到位、运转有效”的要求；⑥开拓煤量、准备煤量、回采煤量未达到规定要求；⑦存在危及安全生产的重大安全隐患。

2. 安全质量标准化煤矿基本要求

（1）原则。贯彻“安全第一、预防为主、综合治理”的安全生产方针，运用先进的技术方法，完善标准化考核体系，推进安全质量标准化建设，强化安全基础管理，保障从业人员安全健康，实现煤矿安全高效生产。

（2）建立和保持。通过科学管理、健全制度、规范行为、优化设计、控制质量、提高技术装备水平、加强培训与监督等方面的持续改进与完善，达到安全质量标准化的基本要求，建立安全生产长效机制。

（3）目标与计划。制定安全质量标准化中长期规划和年度计划，分解到相关部门并严格执行和考核。

（4）组织机构与职责。设立安全质量标准化管理机构，配备相应的管理人员；主要负责人全面负责安全质量标准化工作，各级单位、部门和人员的安全质量标准化工作职责明确。

（5）安全质量标准化投入。建立安全质量标准化投入保障制度，完善和改进安全生产条件。

（6）法律法规执行及制度完善。及时识别和获取适用的法律法规、标准规范，并传达给相关部门和从业人员，结合法定要求及时修订和完善本单位的规章制度，定期进行执行情况检查，不断提高制度执行力。

（7）技术保障。健全技术管理体系，完善工作制度，开展技术创新；作业规程、操作规程及安全技术措施符合要求；各种规程审批手续完备，贯彻、考核和签字记录齐全。

（8）生产现场管理和过程控制。严格执行《煤矿安全规程》、作业规程和操作规程；加强各生产环节的过程控制，生产布局合理，接续正常；定期开展安全质量标准化达标自检工作，并记录齐全；对于高危作业实施作业许可、监护管理，并安排专人进行现场监督管理。

（9）设备设施。建立健全设备设施综合管理制度，运用信息化手段，加强设备设施管理；安全生产设施与建设项目主体工程同时设计、同时施工、同时投入生产和使用。

（10）工程质量。各项工程应制定质量标准和要求，按照设计、施工组织设计、作业规程及安全技术措施进行施工，有相应的质量保证措施，定期进行工程质量检查验收。

（11）作业环境。作业场所空气质量、温度、噪声、辐射及照明等符合相关规定；物料分类摆放整齐，环境整洁；各类图牌板齐全，安设合理；管线吊挂整齐；按照 GB 2894—2008 及企业规定设置标志。

（12）隐患排查和风险预控。建立隐患排查制度，制定隐患治理方案，开展风险预控工作，采取信息化手段对隐患分级、分类建立档案，限期整改，闭环管理。

（13）变化管理。针对煤矿生产过程中出现的变化，建立预防机制及应急反应机制。通过预防机制尽量减少突发性的变化；通过应急反应机制，按预案对突发性的变化采取相应的措施。

（14）教育培训。建立完善全员培训制度，明确教育培训机构，制订培训计划，保证资金投入，对培训效果进行评估；从业人员按要求进行教育培训后持证上岗。

3. 煤矿安全质量标准化体系

（1）井工煤矿。井工煤矿安全质量标准化体系包括以下几个部分：

1）通风。考核内容执行《方法》第 2 部分“通风”的规定。

2）地测防治水。考核内容执行《方法》第 3 部分“地测防治水”的规定。

3）采煤。考核内容执行《方法》第 4 部分“采煤”的规定。

4）掘进。考核内容执行《方法》第 5 部分“掘进”的规定。

5）机电。考核内容执行《方法》第 6 部分“机电”的规定。

6）运输。考核内容执行《方法》第 7 部分“运输”的规定。

7）安全管理。考核内容执行《方法》第 8 部分“安全管理”的规定。

8）职业卫生。考核内容执行《方法》第 9 部分“职业卫生”的规定。

9）应急救援。考核内容执行《方法》第 10 部分“应急救援”的规定。

10）调度。考核内容执行《方法》第 11 部分“调度”的规定。

11）地面设施。考核内容执行《方法》第 12 部分“地面设施”的规定。

（2）露天煤矿。露天煤矿安全质量标准化体系包括以下几个部分：

1）穿孔、爆破、采装、运输、排土、机电、边坡、疏干排水。考核内容执行《方法》第 13 部分“露天煤矿”的规定。

2）安全管理。考核内容执行《方法》第 8 部分“安全管理”的规定。

3）职业卫生。考核内容执行《方法》第 9 部分“职业卫生”的规定。

4）应急救援。考核内容执行《方法》第 10 部分“应急救援”的规定。

5）调度。考核内容执行《方法》第 11 部分“调度”的规定。

6）地面设施。考核内容执行《方法》第 12 部分“地面设施”的规定。

4. 煤矿安全质量标准化评分方法

（1）井工煤矿安全质量标准化评分方法

1）井工煤矿安全质量标准化考核满分为 100 分，采用各部分得分乘以权重计算，各部分的权重见表 4—1。

表 4—1　　井工煤矿安全质量标准化评分表

序号	名称	标准分值	权重（a_i）	考核得分（M_i）	加权得分
1	通风	100	0.18		
2	地测防治水	100	0.12	(1)	
3	采煤	100	0.10	(2)	
4	掘进	100	0.10	(3)	
5	机电	100	0.10	(4)	
6	运输	100	0.09	(5)	
7	安全管理	100	0.08	(6)	
8	职业卫生	100	0.08	(7)	
9	应急救援	100	0.06	(8)	
10	调度	100	0.05	(9)	
11	地面设施	100	0.04	(10)	
井工煤矿安全质量标准化考核得分（M）					

2）按照井工煤矿安全质量标准化体系包含的各部分评分表进行打分。

3）各部分考核得分与该部分权重之积的和即为井工煤矿安全质量标准化考核得分，计算公式如下：

$$M=\sum_{i=1}^{11}(a_iM_i)$$

式中　M——井工煤矿安全质量标准化考核得分；

M_i——通风、地测防治水、采煤、掘进、机电、运输、安全管理、职业卫生、应急救援、调度、地面设施 11 个部分的安全质量标准化考核得分；

a_i——通风、地测防治水、采煤、掘进、机电、运输、安全管理、职业卫生、应急救援、调度、地面设施 11 个部分的权重。

（2）露天煤矿安全质量标准化评分方法

1）露天煤矿安全质量标准化考核满分为 100 分，采用各项得分乘以权重计算，各部分的权重见表 4—2。

2）按照露天煤矿安全质量标准化体系包含的各部分评分表进行打分。

3）各部分考核得分与该部分权重之积的和即为露天煤矿安全质量标准化考核得分，计算公式如下：

$$N=\sum_{i=1}^{13}(b_iN_i)$$

式中　N——露天煤矿安全质量标准化考核得分；

N_i——穿孔、爆破、采装、运输、排土、机电、边坡、疏干排水、安全管理、职业卫生、应急救援、调度、地面设施 13 个部分的安全质量标准化考核得分；

b_i——穿孔、爆破、采装、运输、排土、机电、边坡、疏干排水、安全管理、职业卫生、应急救援、调度、地面设施13个部分的权重。

（3）在考核评分中，视生产工艺，如缺项，可将该部分的加权分值，平均折算到其他部分中去，折算方法如下：

$$A=\frac{100}{100-C}\times B$$

式中 A——实得分数；

B——加权得分数；

C——缺项加权分数。

表4—2　　露天煤矿安全质量标准化评分表

序号	名称	标准分值	权重（b_i）	考核得分（N_i）	加权得分
1	穿孔	100	0.06		
2	爆破	100	0.12		
3	采装	100	0.12		
4	运输	100	0.14		
5	排土	100	0.10		
6	机电	100	0.10		
7	边坡	100	0.06		
8	疏干排水	100	0.06		
9	安全管理	100	0.06		
10	职业卫生	100	0.06		
11	应急救援	100	0.04		
12	调度	100	0.05		
13	地面设施	100	0.03		
露天煤矿安全质量标准化考核得分（N）					

二、第2部分：通风基本条件与基本要求

1. 基本条件

生产矿井不应存在以下情况：①瓦斯超限作业；②煤（岩）与瓦斯（二氧化碳）突出（以下简称突出）矿井，未依照规定实施防突出措施；③矿井未建立安全监控系统，或者安全监控系统不能正常运行；④未按照规定建立瓦斯抽采系统，或瓦斯抽采不达标；⑤通风系统不完善、不可靠；⑥自然发火严重，未采取有效措施。

2. 基本要求

（1）通风系统。通风系统应符合以下要求：①采用机械通风，安装两套同等能力的主要通风机，实现双回路供电；②按规定进行通风能力核定；③矿井内各地点风速符合《煤

矿安全规程》的规定。

（2）局部通风。局部通风应符合以下要求：①局部通风机的安装、使用符合《煤矿安全规程》的规定；②使用抗静电、抗阻燃标准风筒，风筒吊挂平、直、稳，风筒末端到工作面的距离和出风口的风量符合作业规程的规定。

（3）通风设施。通风设施应符合以下要求：①风门、密闭、风桥等通风设施位置合理；②帮、顶、底掏槽深度符合要求，墙面平整；③通风设施前后 5 m 范围内支护完好，无杂物、积水和淤泥等。

（4）瓦斯防治。瓦斯防治应符合以下要求：①设立防治瓦斯领导机构，配备满足工作需要的瓦斯防治专业队伍；②按规定进行矿井瓦斯等级和二氧化碳涌出量鉴定工作；③采掘工作面及其他地点的瓦斯浓度符合《煤矿安全规程》的规定；④按规定测定煤层的瓦斯赋存参数，并绘制瓦斯地质图；⑤瓦斯检查工持证上岗，井下瓦斯检查地点、瓦斯检查次数及瓦斯检查工交接班等符合相关规定。

（5）突出防治。突出防治应符合以下要求：①进行突出危险性鉴定，有规范的专项设计；②突出矿井应按照《防治煤与瓦斯突出规定》设立防突工作领导小组，配备满足防突工作需要的专业防突队伍和装备；③区域预测结果、区域防突措施应经企业技术负责人审批并严格执行，预抽煤层瓦斯区域防突措施效果检验结果经矿技术负责人和主要负责人审批；④采掘工作面落实区域及局部综合防突措施；⑤防突装备、仪器、仪表的管理、检定符合相关要求。

（6）瓦斯抽采。瓦斯抽采应符合以下要求：①按规定建立地面永久瓦斯抽采系统、井下临时抽采系统；②抽采瓦斯安全设施、参数监测符合相关规定；③瓦斯抽采矿井建立专门的瓦斯抽采队伍；④瓦斯抽采工作符合《煤矿瓦斯抽采达标暂行规定》的相关要求。

（7）安全监控。安全监控应符合以下要求：①建立安全监控管理机构，配足各类专业人员；②安全监控系统应满足《煤矿安全监控系统通用技术要求》《煤矿安全监控系统及检测仪器使用规范》和《煤矿安全规程》等的要求；③各类安全监控设备、仪器仪表应按规定进行调校、检定或试验。

（8）防灭火。防灭火应符合以下要求：①建立防灭火管理机构，配备专业人员，建立管理制度；②按规定建立防灭火系统，设置井上、下消防材料库；③按规定建立监测系统，开展火灾的预测预报工作，制定防治自然发火的专门措施。

（9）防治粉尘。防治粉尘应符合以下要求：①建立综合防尘管理制度，配足防尘专业技术人员；②按规定制定综合防尘措施，建立防尘供水系统，完善综合防尘设施；③按《煤矿安全规程》和《煤矿井下粉尘综合防治技术规范》的规定测定粉尘浓度、游离二氧化硅含量及分散度等；④测尘仪器、仪表齐全，并定期进行校正、检定。

（10）井下爆破。井下爆破应符合以下要求：①爆炸材料的储存、运输和爆炸材料库应符合《煤矿安全规程》的规定；②建立和执行电雷管编号制度、爆炸材料防止丢失及销毁制度、爆炸材料领退制度、“一炮三检”和“三人连锁”爆破等制度；③矿井配有足够的爆破专业人员，且持证上岗；④按规定编制爆破说明书，并按其进行爆破作业；⑤特殊情况下的爆破作业执行相关规定。

（11）管理制度。管理制度应符合以下要求：①按规定建立通风管理机构，配足专职人员，建立相应的工作责任制；②每月至少组织1次通风隐患排查，至少召开1次通风工作例会；③各类人员按规定参加培训、持证上岗；④通风措施按相关要求进行审批，并严格落实。

三、第3部分：地测防治水基本条件与基本要求

1. 基本条件

生产矿井不应存在以下情况：

（1）有冲击地压危险，未采取措施；

（2）有严重水患，未采取措施。

2. 基本要求

（1）机构设置。机构设置应符合以下要求：①水文地质条件复杂或极复杂的矿井设立专门的防治水机构；②冲击地压矿井设立专门的防治冲击地压（以下简称防冲）机构；③水文地质条件复杂或极复杂、煤与瓦斯突出、冲击地压等矿井应设地测部门、地测副总工程师，有分管负责人；④地测防治水部门配备矿井地质、水文地质、瓦斯地质（煤与瓦斯突出矿井）、矿井储量管理、矿井测量、井下钻探、物探、制图绘图等方面满足工作需要的专业技术人员。

（2）煤矿地质。煤矿地质应符合以下要求：①在不同生产阶段，按期完成报告修编、提交、审批及采后总结等基础工作；②成果资料、原始记录、地质图样等基础资料齐全，内容规范；③地质预报内容完整，档案管理规范。

（3）煤矿测量。煤矿测量应符合以下要求：①建立健全测量控制系统，测量工作执行通知单制度，贯通精度、中腰线标定符合要求，原始记录齐全规范；②基本矿图种类、内容、填绘、存档符合《煤矿测量规程》规定；③沉陷治理手段合理，台账资料齐全；④储量计算图样、台账、统计管理符合《生产矿井储量管理规程（试行）》规定。

（4）煤矿防治水。煤矿防治水应符合以下要求：①井上、下和不同观测内容的专用原始记录及防治水基础台账、数据管理规范，水文地质图样、水害预报内容齐全，符合要求；②建立健全防排水系统，防治水工程设计方案、施工措施、工程质量符合规定；③水文地质条件复杂或极复杂的矿井应建立水文动态观测系统和水害监测预警系统，对构成威胁的水害进行检测、诊断和预控，并制定相应的安全技术措施。

（5）防治冲击地压。防治冲击地压应符合以下要求：①进行冲击倾向性鉴定，冲击危险采区、工作面有规范的防冲专项设计，防冲措施科学有效；②建立健全合理有效的监测系统。

四、第 4 部分：采煤基本要求

1. 基础管理

基础管理应符合以下要求：①有支护质量、顶板动态监测制度及地质和水文地质分析、预报制度，技术管理体系健全；②作业规程和措施针对性、可操作性强，审批手续完备，贯彻、考核和签字记录齐全，作业规程每两个月至少组织 1 次复审并有复审意见；③有支护材料管理台账。

2. 岗位规范

岗位规范应符合以下要求：①应进行岗位人员培训，其能力符合相应岗位要求；②操作规范，无违章指挥、无违章作业、无违反劳动纪律的行为；③管理人员、技术人员应掌握专业技术，作业人员熟知本岗位作业规程和安全技术措施；④作业前进行隐患排查，并实行闭合管理。

3. 质量与安全

质量与安全应符合以下要求：①工作面的支护形式、支护参数符合要求；②工作面出口畅通，回风巷和运输巷断面满足通风、运输、行人、设备安装、检修的需要；③设备完好，保护齐全，使用规范；④乳化液泵站压力和乳化液浓度符合要求，并有现场检测手段；⑤工作面通信、监测监控设备运行正常；⑥有完善的安全防护设施和安全措施。

4. 机电设备

机电设备应符合以下要求：①采煤机、输送机、转载机、破碎机、支架（支柱）等选型有科学依据；②设备能力匹配，系统无制约因素；③无国家明令淘汰、禁止使用的危及生产安全的设备。

5. 文明生产

文明生产应符合以下要求：①作业场所卫生整洁，照明符合规定；②工具、材料等放置整齐，管线吊挂规范，图牌板内容准确、清晰；③作业范围内支护完好，无失修巷道。

五、第 5 部分：掘进基本条件与基本要求

1. 基本条件

生产矿井不应存在以下情况：

（1）开拓煤量、准备煤量、回采煤量不满足规定要求；

（2）使用明令禁止使用或者淘汰的设备、工艺。

2. 基本要求

（1）生产组织。生产组织应符合以下要求：①按采煤工作面相对集中、效能最大的生产布局进行组织，实行集约生产；②科学进行劳动组织；③采掘关系合理；④掘进工作面的生产运输系统简单、合理。

(2) 设备配置。设备配置应符合以下要求：①无国家明令淘汰、禁止使用的危及生产安全的设备；②运输系统设备配置合理，不应有制约因素，材料应采用机械运输；③具备条件的应使用综合机械化掘进。

(3) 技术保障。技术保障应符合以下要求：①技术管理体系健全，有矿压观测、分析、预报制度；②按规定设置机构和人员，配齐仪器仪表；③作业规程和安全技术措施针对性、可操作性强，审批手续完备，贯彻、考核和签字记录齐全，作业规程每两个月至少组织一次复审并有复审意见；④作业场所应有规范的施工图牌板；⑤在支护、生产组织等方面应开展技术创新。

(4) 岗位规范。岗位规范应符合以下要求：①应进行岗位人员培训，其能力符合相应岗位要求；②操作规范，无违章指挥、无违章作业、无违反劳动纪律的行为；③管理人员、技术人员应掌握专业技术，作业人员应熟知本岗位作业规程和安全技术措施；④作业前进行隐患排查，并实行闭合管理。

(5) 工程质量。工程质量应符合以下要求：①临时支护措施到位，安全设施齐全可靠；②无不合格工程；③规格质量、内在质量、附属工程质量、工程观感质量按 GB 50213 中对应的支护方式或施工形式验收，未明确规定的支护方式或施工形式参照执行。

(6) 文明生产。作业场所卫生整洁，照明适度，工具、材料等放置整齐，设备设施保持良好状态。作业范围内支护完好，无失修巷道。

六、第6部分：机电基本条件与基本要求

1. 基本条件

生产矿井不应存在以下情况：

(1) 年产 6 万吨及以上的煤矿没有双回路供电系统；

(2) 年产 6 万吨以下煤矿采用单回路供电时，没有备用电源；

(3) 主要通风机高低压电源不是引自同一母线，主要通风机装置没有可靠的双电源供电；

(4) 使用明令禁止使用或者淘汰的设备、工艺。

2. 基本要求

(1) 设备与指标。设备与指标应符合以下要求：①产品合格证、矿用产品安全标志、防爆合格证等证标齐全、合格；②设备综合完好率、防爆率、电缆吊挂合格率、小型电器合格率、矿灯完好率、设备待修率和事故率等达到规定要求。

(2) 煤矿机械。煤矿机械应符合以下要求：①机械设备完好，各类保护、保险装置齐全可靠；②积极采用新技术、新装备。

(3) 煤矿电气。煤矿电气应符合以下要求：①矿井有可靠的双回路电源线路；②防爆电气设备防爆性能符合要求，电气设备无失爆；③矿井主要通风机、提升人员的绞车、抽

放瓦斯泵等主要设备房，以及井下变（配）电所、主排水泵房和下山开采的采区排水泵房的供电线路符合《煤矿安全规程》要求；④电气设备完好，继电保护设置齐全可靠；⑤电气工作票、操作票填写、使用规范。

（4）机电基础管理。机电基础管理应符合以下要求：①管理机构健全，制度完善；②机电设备选型论证、购置、安装、使用、维护、检修、更新改造、报废等综合管理程序规范，设备台账、技术图样等资料齐全；③按规定进行设备技术性能测试，在用设备性能可靠；④各级专业技术人员、管理人员及岗位工人培训合格、持证上岗。

（5）文明生产。文明生产应符合以下要求：①现场设备摆放规范、标识齐全，机房、硐室卫生清洁；②作业规范，无违章指挥、无违章作业、无违反劳动纪律的行为。

七、第7部分：运输基本要求

1. 运输巷道与硐室

运输巷道断面、弯道半径、连接方式、运输方式，斜巷信号硐室、躲避硐、充电硐室、运输车辆检修硐室、加油硐室、车场、车房、候车室、调度站、人车库、矿车装卸载站等符合《煤矿安全规程》及有关规定要求。

2. 运输线路

运输线路应符合以下要求：①线路轨型、回流线、轨道绝缘、分区开关符合《煤矿安全规程》要求，道岔轨型不低于线路轨型，无非标准道岔；②轨道、单轨吊、齿轨等线路质量达到合格及以上要求，主要运输线路及人车的轨道线路质量达到优良；③道路路面合格，无轨胶轮车等运输设备的道路路面采用混凝土等方式硬化。

3. 运输设备

运输设备应符合以下要求：①运输设备符合通用技术条件及安全检验规范要求，安装符合设计要求，安全保护装置齐全、有效；②无国家明令淘汰、禁止使用的危及生产安全的设备；③在用运输设备完好率达标，防爆电气设备和防爆小型电器不失爆；④井下按规定采用机械运送人员。

4. 运输安全设施

运输安全设施应符合以下要求：①挡车装置和跑车防护装置齐全可靠；②运输系统及装备的控制系统、专用通信信号齐全可靠；③运输场所、设施的警示信号和安全标志使用规范；④斜巷保险链及矿车的连接环、链和插销等连接装置合格。

5. 运输管理

运输管理应符合以下要求：①运输管理机构健全，各项管理制度、岗位责任制、操作规程及运输技术资料齐全、完整，作业人员按规定持证上岗；②定期对电机车、斜井人车、轨道机车、架空乘人装置、单轨吊车、无轨机车、齿轨机车、连接装置等进行检测、检验和试验，并有完整的测试记录和试验报告。

6. **文明生产**

文明生产应符合以下要求：①井下运输巷道及车场、运输调度室、井下运输机电硐室、机车维修点、车间等干净整洁；②水沟畅通，盖板齐全、稳固；③电缆、管路、照明符合规定要求，牌板齐全规范。

八、第8部分：安全管理基本要求

1. **机构设置与人员配备**

机构设置与人员配备应符合以下要求：①按规定设置安全管理机构，配备专门人员负责煤炭生产过程各环节的安全管理工作，人员数量满足日常安全监管工作的需要；②安全管理人员任职资格符合准入要求。

2. **安全规章制度**

安全规章制度应符合以下要求：①建立健全安全生产规章制度；②安全生产规章制度以正式文件发布，并结合实际适时修订。

3. **安全费用提取及使用**

安全费用提取和使用应符合以下要求：①执行国家有关安全费用提取使用规定，落实安全投入保障及安全费用提取和使用制度；②制定安全费用年度使用计划，按标准及时、足额提取，并按照规定使用范围支出，做到专户存储、专款专用；③建立安全费用项目管理台账，做到账目、项目相符，项目完成进行验收，并有验收记录。

4. **隐患排查与治理**

隐患排查与治理应符合以下要求：①煤矿主要负责人每月至少组织开展一次全面安全隐患排查工作；②建立隐患排查治理信息系统，按照等级和类别进行登记建档，实现安全隐患排查治理闭环管理。

5. **安全生产技术管理**

安全生产技术管理应符合以下要求：①建立健全以总工程师为首的安全技术管理体系，按规定配备相应的副总工程师和专业技术人员；②建立健全安全生产技术管理制度；③煤矿生产应有批准的设计，各类工程施工有批准的作业规程、安全技术措施，并建立作业规程信息化管理系统；④规范技术资料档案管理，准确、及时填绘反映实际情况的图样资料。

6. **安全生产教育与培训**

安全生产教育与培训应符合以下要求：①设置教育培训机构，建立健全制度，具备满足教育培训要求的师资、场所、装备等；不具备培训条件的，应与具备资质的培训机构签订委托教育培训协议。②煤矿从业人员按照规定接受安全生产教育和培训并经考核合格后方可上岗，主要负责人、安全生产管理人员、特种作业人员应按规定参加培（复）训，并取得安全资格证书。

7. **区队班组建设**

区队、班组管理制度健全，特种作业人员配备合理、齐全。

8. **安全信息管理**

安全信息管理应符合以下要求：①及时识别和获取适用的安全生产法律法规、标准规范，完善安全信息管理机构和制度，做好执行情况的检查评估工作；②建立各类生产安全事故调查、处理、分析、归档等制度与台账；③建立安全质量标准化信息管理体系，及时掌握安全质量标准化工作的动态信息，提高考评工作效率和服务水平。

9. **安全文化建设**

安全理念与目标、安全责任制内容齐全、清晰明确，定期开展形式多样的安全文化宣传教育活动。

九、第9部分：职业卫生基本要求

1. **前期管理**

前期管理应符合以下要求：①建立职业卫生管理机构，完善制度，配备人员，落实经费；②制定工作规划、年度计划和实施方案，并落实；③建立健全职业卫生档案；④定期进行职业病危害申报；⑤主要负责人、管理人员和从业人员职业卫生培训符合相关规定；⑥依法与劳动者签订劳动合同并履行职业病危害告知义务；⑦依法足额为劳动者缴纳工伤保险。

2. **现场管理**

现场管理应符合以下要求：①严格执行建设项目职业卫生“三同时”，加强职业危害源头控制；②采取综合治理措施，使作业场所职业危害浓度或强度符合职业卫生标准要求；③配备专业人员和仪器设备，做好日常监测工作；④定期开展职业病危害因素检测评价，并做好检测结果公布和上报工作；⑤职业病防护设施、设备运转正常，并做好维护、检修工作，保留记录；⑥按照规定配备和发放符合要求的个体防护用品，并督促检查劳动者正确使用；⑦设置公告栏、警示标识和中文警示说明；⑧建立健全职业病危害事故应急救援预案，并定期演练；⑨保证应急救援设施正常运转，不应擅自拆除或停止使用。

3. **健康监护**

健康监护应符合以下要求：①严格按照规定做好接触职业病危害因素人员上岗前、在岗期间、离岗时和应急职业健康检查，建立职业健康监护档案并妥善保存；②不安排未经职业健康检查的劳动者从事具有职业病危害的作业；③不安排有职业禁忌的劳动者从事其所禁忌的作业；④发现健康损害时及时调离原岗位并妥善安置；⑤未经离岗职业健康检查不得与劳动者解除劳动合同；⑥不安排孕期、哺乳期妇女从事具有职业病危害的作业，不使用童工。

4. 诊断鉴定

诊断鉴定应符合以下要求：①及时安排疑似职业病病人进行诊断；②在疑似职业病病人诊断或者医学观察期间，不得解除或者终止劳动合同，诊断、医学观察期间的费用由煤矿承担；③保障职业病病人依法享受国家规定的职业病待遇；④按照国家有关规定，安排职业病病人进行治疗、康复和定期检查；⑤对不适宜继续从事原工作的职业病病人，调离原岗位，并妥善安置；⑥如实提供职业病诊断、伤残等级鉴定所需资料。

5. 工会监督

煤矿工会组织依法对职业病防治工作进行监督，维护劳动者的职业卫生合法权益。

十、第 10 部分：应急救援基本要求

1. 应急机构、职责和制度

应急机构、职责和制度应符合以下要求：①建立应急救援指挥机构和工作机构，配备专职人员；②明确应急机构及其岗位职责；③建立健全应急管理制度。

2. 应急救援队伍

按照《煤矿安全规程》《矿山救护规程》等规定建立矿山救护队，配备必需的物资、装备、器材，实行军事化管理和训练。不具备建立矿山救护队条件的煤矿，应组建兼职应急救援队伍，并与就近的矿山救护队签订救护协议。

3. 应急预案管理

按照《生产安全事故应急预案管理办法》和《生产经营单位安全生产事故应急预案编制导则》的规定，编制安全生产事故应急预案，并按规定组织实施。

4. 应急培训和演练

应急培训和演练应符合以下要求：①制订年度应急宣传教育工作计划和年度应急培训计划，普及生产安全事故预防和应急救援基本知识；②按规定编制应急演练规划、计划和方案，组织演练，并形成完整的档案资料。

5. 应急救援保障

配置应急救援必需的物资、装备、人员、经费等，并建立相应的保障措施。

6. 资料和档案管理

文件和资料及时发放至有关部门，档案管理安全规范。

十一、第 11 部分：调度基本要求

1. 组织机构

组织机构应符合以下要求：①调度指挥机构健全，岗位职责明确；②调度人员配备满足双岗全天值班要求，调度人员的业务素质、工作能力满足工作需要。

2. 调度管理

调度管理应符合以下要求：①建立健全调度规章制度和业务流程；②掌握日常安全生产动态及重点工程、主要系统和装备的运行情况，及时协调解决安全生产中出现的问题，发挥指挥协调作用；③履行安全生产信息、指示、文件等的上传下达职责；④出现险情和发生事故时，及时下达调度指令，进行应急处置。

3. 调度汇报

调度汇报应符合以下要求：①按规定要求履行汇报职责，及时反映煤矿生产管理中存在的主要问题并提出相关建议；②按照规定要求报告生产安全事故和突发事件信息。

4. 调度信息化

调度信息化应符合以下要求：①调度信息化基础设施、装备满足安全生产调度指挥、应急救援等工作需要；②供电、备用电源应符合相关规定要求；③采用先进的装备和信息系统。

5. 办公场所及环境

场所及环境应符合以下要求：①办公场所能满足调度工作和会议的要求，且清洁整齐、物放有序；②工作人员行为文明、规范；③设备、设施的安装符合有关规范。

十二、第12部分：地面设施基本要求

1. 基础管理

基础管理应符合以下要求：①地面设施管理体系健全；②按规定设置机构、配备人员，设备设施齐全；③作业场所有规范的牌板；④建设资料齐全有效；⑤供用电设备、设施符合要求，有管理制度；⑥消防设计、设施、器材符合要求，有消防责任制。

2. 办公场所

办公室、会议室等办公场所满足工作需要，办公设施及用品齐全，通道畅通，环境整洁。

3. 两堂一舍

两堂一舍应符合以下要求：①职工食堂设计合理、设施完备、证照齐全，工作人员按规定持证上岗；②职工澡堂设计合理，基础设施齐全完好，管理制度健全；③职工宿舍基础设施齐全完好，人均面积满足要求。

4. 工业广场

工业广场应符合以下要求：①工业广场及道路符合设计规范，满足矿井的实际需要；②工业广场及道路清洁，各种牌板及标志齐全清晰。

5. 设备材料库

设备材料库应符合以下要求：①设备材料库符合设计规范、实用性强，设备及材料能够满足矿井日常生产的需要；②设备、材料的验收、保管、发放等制度健全，管理科学。

6. 煤炭存储设施

煤炭存储设施应符合以下要求：①存储设施设计符合要求，满足生产需要；②存储场地降尘、消防、排水等设施完好有效；③能动态掌握煤场情况，有落煤台账，相关记录详细完整。

7. 节能环保设施

节能环保设施、计量器具和仪表齐全有效，排放达标，台账记录完备。

十三、第13部分：露天煤矿基本要求

1. 采矿作业

采矿作业应符合以下要求：①采剥应符合生产规模和设计要求，保证合理的采剥关系；②应科学组织生产，采掘、运输、排土系统匹配合理。

2. 工艺与设备

不使用明令禁止使用或者淘汰的设备、工艺，工艺设备配置合理。

3. 生产现场管理和生产过程控制

应加强对生产现场的安全管理和对生产过程的控制。对生产过程及物料、设备设施、器材、通道、作业环境等存在的隐患，应进行分析和控制。

4. 技术保障

技术保障应符合以下要求：①有健全的技术管理体系和完善的工作制度；②按规定设置机构，配备技术人员；③各种规程审批手续完备，贯彻、考核和签字记录齐全；④在生产组织等方面应开展技术创新。

5. 岗位规范

岗位规范符合以下要求：①安全管理人员、操作岗位人员应按规定进行培训，持证上岗；②现场作业人员操作规范，无违章指挥、无违章作业、无违反劳动纪律的行为；③管理人员应熟悉采矿技术，技术人员应掌握实践知识、精通专业技术；④作业人员应掌握《煤矿安全规程》、操作规程及作业规程；⑤认真开展隐患排查，并实行闭合管理。

6. 文明生产

作业环境满足规范要求，设备状态良好，到界排土平盘应按计划复垦绿化。

7. 工程质量

工程质量应符合有关标准和规范要求。

第三节　煤矿企业安全质量标准化建设做法参考

许多煤矿企业在安全质量标准化建设中，不仅在规程和措施编制上从安全质量标准化

角度出发，严格按照安全质量标准化的要求进行管理，而且还从采区设计、巷道支护设计、装备配套选型、原材料以及问题管理等源头上，加大了安全质量标准化达标控制力度，实现了安全质量标准化建设内涵延伸，外延拓展。许多煤矿企业还坚持由工程质量向工作质量延伸，由井下达标向井上达标拓展，全员、全过程、全方位推进安全质量标准化达标，并由此创造出许多值得关注和学习的经验。

一、潞安集团推进安全质量标准化建立长效机制的做法

潞安矿业集团公司（潞安集团）的前身是潞安矿务局，目前为山西五大煤炭企业集团之一，拥有总资产634亿元，子分公司75个，职工及家属30万人（包括潞安新疆公司）。潞安集团自2000年8月改制成立以来，杜绝了重特大事故，百万吨死亡率为0.033，达到国际先进水平，其中5个年度实现事故为零，保证了职工生命安全和身体健康，被全国总工会授予五一劳动奖状。

安全质量标准化是煤矿安全生产的“生命工程”，是防治重大事故的根本途径。在安全质量保障体系建设方面，潞安集团坚持狠抓工程质量、工作质量和服务质量三项建设。建设高标准质量标准化矿井，创建本质安全的工作环境；建设岗位标准化作业工程，注重以人为本，实现操作个体的本质安全；狠抓班组建设，保证安全法规、制度及技术措施的落实到位。

潞安集团推进安全质量标准化建立长效机制的做法主要是：

1. 建立安全质量保障体系，夯实安全生产基础

在质量标准化建设方面，潞安集团制定了高标准质量标准化精品矿井达标考核办法，确立了“质量就是工作量”的理念，年初有规划，季度有考核，月度有检查，针对重点和难点问题，通过开展专业质量达标会战逐一解决。各基层单位采用同类作业队组之间的互检、互查，开展质量达标竞赛，大力营造创全优、创精品的安全质量氛围，安全作业环境得到进一步提升。

岗位作业标准化是由潞安集团在煤炭行业首次提出并推广实施的，旨在提高员工操作技能，规范员工操作行为，有效控制零打碎敲事故。在岗位作业标准化建设方面，集团制定了推广实施规划，通过连续十几年的岗位标准建设，广大员工已经由应知应会转变到了应用，自觉主动地按标准程序化作业已成为每个员工安全价值取向的重要组成部分。2003年，集团对138个井下工种的岗位作业标准进行了全面的修订和完善，针对每个工种的班前准备、接班、作业、交班、班后汇报等项目从作业程序、动作标准、安全要点都进行了反复论证，使其更加科学、合理，更加人性化。并且，为了便于记忆，将每个岗位作业标准编制了顺口溜。

班组是各项法规、政策、安全决策和规程措施的落脚点，是安全责任、安全制度、安全措施能否落实到位的关键。为此，潞安集团制定了《班组建设管理办法》，开展了“四

无”班组竞赛（管理无漏洞、现场无隐患、行为无“三违”、安全无事故），每年召开一次班组工作会议，各矿每年举行一次班组长节。通过大力加强班组建设，保证了生产现场安全管理的科学、有效，保证了各项工作现场落实。

2. 建立安全生产长效机制

潞安集团从员工的基本需求出发，坚持以人为本，带着深厚感情抓安全，强化依法治企、以德治企，从思想、行为、环境安全的三要素控制理论着手，加大严、细、实、准工作深度，从严务实、科学管理、与时俱进，经过不断探索和实践，建立了自我约束、自我完善和持续改进的安全生产长效机制，即：

（1）建立安全管理体制。集团成立了以董事长、总经理为主任的安全生产委员会，实施了职业安全健康管理体系，建立了安全生产指挥体系、安全生产监察体系、安全生产保证体系、安全生产宣传体系、安全生产教育体系、安全生产后勤体系等六大体系，形成了全员、全过程、全方位对安全生产进行齐抓共管的格局。

（2）运行安全管理模式。坚定一个信念，即坚信事故是可以避免和消除的；提高两个能力，即提高矿井的安全综合防御能力和员工个体防护能力；夯实三项基础，即夯实质量标准化、岗位作业标准化和班组建设三项基础；强化“四无”管理，即管理无漏洞、现场无隐患、行为无“三违”、安全无事故；狠抓五项落实，即落实以《安全生产法》为主的法律法规、落实各级安全责任、落实安全规章制度、落实安全技术措施、落实安全目标考核；实施多项措施，即季度安全目标台阶滚动奖励，安全生产长周期奖，矿、科、队、班组“四四二”安全质量结构工资，安全风险抵押，年终安全评优评先奖励。

（3）推动安全文化建设。为了营造浓厚的“关爱生命、关注安全”安全文化氛围，集团树立了“科教、法制、责任、关怀”的安全文化观。把科学管理和科技兴安作为企业安全文化建设的立身之本和发展之源；把强化宣传教育，全面提高广大员工的安全意识和业务技能素质作为企业安全文化建设的基础；把坚持以法治企、开展制度创新和加强员工职业道德素质建设作为企业安全文化建设的保证；把珍爱生命、关注安全和调动广大员工的参与意识，提高员工生产安全的自觉性、主动性作为企业安全文化建设的最终目的。

3. 建立安全生产运作体系

安全工作是一项庞大的系统工程，需要企业决策层、管理层、执行层各级领导高度关注，需要从技术、装备、管理、监督综合治理，需要全员、全方位、全过程实现有效控制。为此，潞安集团逐步建立安全生产运作体系，从而推动安全长效机制作用的进一步发挥。

（1）建立安全目标责任体系，严格落实各级安全责任。集团建立和明确了各级、各部门和岗位人员的安全生产责任制，做到了事事有人管，一事一主管。每年年初，集团根据省局下达的安全指标，经风险评估后，将指标分解至各业务部门和单位。董事长亲自与各矿矿长、各业务处室负责人签订“安全目标责任书”，各矿又将指标分解到业务科室和生产队组，然后层层签订“安全目标责任书”，员工人人写出“安全保证承诺书”。建立了横向到边、纵向到底的安全目标责任体系。

(2) 建立安全生产制度体系，坚持依法治企。为保证集团安全生产做到有法可依、有章可循，近年来，集团制定并完善了一系列安全规章制度、标准和办法。例如，建立完善了《安全生产奖惩规定》《本质安全型矿井评价标准及实施细则》《动态安全检查考核标准》《“一通三防”管理规定》《矿长安全述职制度》《安全培训教育制度》《领导干部跟班制度》《班前会安全预警制度》《非正规作业单项工程责任制度》《安全技术措施资金项目管理制度》《事故隐患排查制度》《安全信息运行管理制度》《生产事故赔偿制度》等，并将各项制度整编成册。制度保证体系的建立完善，为国家安全法律、法规的贯彻落实，坚持依法治企提供了强有力的保障。

(3) 建立完善“一通三防”管理体系，坚决杜绝重大事故。“一通三防”是防治重大事故的重中之重。在防止重大事故方面，集团始终坚持“一通三防”一票否决制，牢固树立了“安全第一、瓦斯为天”思想，坚持了“瓦斯超限就是事故”的教育。在管理措施上，建立了由总工程师负总责的“一通三防”管理体系，坚持低瓦斯矿井按高瓦斯管理，高瓦斯矿井（区）按高标准管理，严格落实瓦斯治理“先抽后采、监测监控、以风定产”十二字方针，认真落实“四个高标准”(通风系统高标准，通风装备、设施高标准，通风管理高标准，人员素质高标准)。近10年来，集团共投入2亿元用于安全装备设施的更新和改造。通过组织、制度、技术、质量和管理五保证，使安全技术措施资金做到了立项合理、专款专用和按计划完成。

(4) 建立安全培训教育体系，提高员工安全综合素质。在安全培训教育方面，始终坚持“先培训、后上岗”的原则；全面贯彻“以技术培训为轴心，向技术要安全，向安全要效益”的方针；严格落实了委托外培，重点和特殊工种培训、矿全员培训、队组重点培训和岗位练兵技术比武等五级安全培训；在培训方式上，以年度员工培训教育计划为主线，将指标分解到各季、各月中，逐月检查落实。

(5) 建立职业安全健康管理体系，实现安全管理的科学化、规范化。潞安集团职业安全健康管理体系模式以公司本部为总体系，各矿又自成体系。这种母子体系模式的建立，既保证了各级责任的落实到位，又最大限度地发挥了体系的整体效能。为了实现危害因素的全过程控制，在制订安全技术措施计划，进行矿井设计，编制《矿井灾害预防和处理计划》《作业规程》和安全技术措施前，都事先进行危害辨识和风险评价，针对不可承受的风险制定了有效的纠正和预防措施。

(6) 建立安全目标评价体系，严格实行安全奖惩。在安全奖惩管理方面，坚持“零缺陷管理、零事故考核”的原则，建立了安全目标评价体系，严格按目标实现情况，经检查考核后实行“重奖重罚”。集团按吨煤0.2元、各矿按吨煤0.25元提取安全活动奖励基金；集团对各矿执行总工资30%的安全质量考核；每年集团对各矿按季度实行安全目标台阶滚动奖励，全年无事故滚动奖励额高达1 250多万元，同时还对安全长周期给予奖励。对发生二级以上非伤亡事故、重大未遂事故，也制定了相应的处罚政策；对日常生产安全管理过程中出现的重大隐患和严重“三违”，按照集团“安全生产处罚规定”的要求，实行定价考核、处罚。

潞安集团通过安全质量标准化建设，经过了长期安全实践的探索，建立了独具特色的安全生产长效机制。这种机制提高了安全管理的深度，体现了严格、务实、全面的工作方针，实现“生产必须安全、安全保障生产”的管理目标。

二、潘西煤矿实施安全质量标准化促进安全生产的做法

潘西煤矿是山东新汶矿业集团所属主要煤矿之一，于1958年建井，现生产能力达150万吨/年，机械化程度高，矿井系统配套，矿井机械化程度达到95%以上。

潘西煤矿在安全生产管理上，不断深化安全质量标准化建设，坚持依靠科技进步，优化生产系统，强化安全管理，推动矿井各项建设，促进了安全工作和经济效益的提高。先后被授予煤炭工业高产高效矿井、煤质管理工作标准化矿井等荣誉称号，并实现了连续安全生产1 808天、安全产煤528万吨。

潘西煤矿实施安全质量标准化促进安全生产的做法主要是：

1. 强化培训，建设素质过硬的安全技术队伍

建设高产高效矿井，必须有一支素质过硬的技术队伍，对此，潘西煤矿明确提出了“三突出”“三到位”“四落实”“一提高”的职工培训目标。“三突出”：一是突出学习培训重点，即井下单位的职工，实行年度培训，做到不漏岗、不漏人；二是突出岗位职工安全技术应知应会内容，职工按工种岗位干啥学啥；三是突出井下机电工的业务技术培训，解决生产过程中急需人才，培养实用型机电事故处理人员。“三到位”：一是宣传教育到位，二是监督检查到位，三是考核奖惩到位。“四落实”：一是落实学习培训人员，二是落实学习培训内容，三是落实学习培训时间，四是落实责任到人。“一提高”：通过广泛的宣传教育和学习培训，努力提高全矿职工整体素质。在实际工作中，潘西煤矿以井下安全教育为切入点，突出井下三大规程学习和岗位应知应会知识的学习，通过学习，使职工上标准岗，干标准活，搞好安全生产。2002年潘西煤矿全年完成培（复）训20期，培训人员1 158人次，特殊工种全部做到了持证上岗，保证了安全生产。

2. 创新技术管理，夯实安全基础

（1）围绕高产高效矿井建设目标，推行了创新项目负责制和小改小革、合理化建议评审奖励制度，把创新项目量化到人头，将技术创新渗透到生产管理的每一个环节，通过技术创新，降低了生产成本，提高了劳动效率，保证了安全生产。

（2）加大了产、学、研合作力度，解决了一批影响矿井安全的问题。其中“高难度矿井高产高效关键技术研究”“千米立井排水技术研究与应用”“立井提升能力的研究与实践”“大水矿井复杂排水系统安全经济技术研究”4项成果通过省科委鉴定，“矿井通风系统优化

调整方案研究与实施”“后四采区奥灰水综合治理研究”“锚索加固技术在动压区留巷支护的应用”等20余项技术获得集团公司表彰奖励，“千米立井排水技术研究与应用”获煤炭行业十大科技进步奖。

（3）围绕提高矿井综合生产能力，加大了矿井技术改造力度，充分发挥矿井原有生产设施的作用，优化生产布局，实行合理集中生产，提高了资源的合理开发利用率。推广使用了大功率采煤机、输送机、综掘机，减轻了员工劳动强度，提高了工作效率，达到了A类双高矿井。采取有力措施，积极筹措资金，加大科技投入，坚持科技项目的专款专用，加快生产设备和生产工艺的改造，优化了矿井生产系统，使之更加适应高产高效矿井的需要。

（4）建立了技术创新激励和利益驱动机制，对具有中级以上技术职称的工程技术人员要求每年必须有一项以上的科技成果，一年没有成果，给予诫勉，连续两年没有成果，职称降一级聘用，对重大技术创新项目实行了抵押金制度，限期完不成的扣罚抵押金，限期完成的予以返还并进行表彰奖励。

3. 加大科技投入，提高双高水平，确保矿井安全生产

安全生产工作是矿井实现高产高效的基础和前提，为此，潘西煤矿加大了科技投入，确保实现矿井的安全生产。

（1）以“一通三防”为重点，优化了通风网络，安装使用了大功率主扇风机，进一步完善了防尘系统，新敷设防尘管路超过10 300 m，并建成使用了束管监测系统，完善了KJ95监测系统，进一步提高了安全监控水平。

（2）继续深化矿井质量标准化建设，积极创建精品工程，推行定置化管理，严格质量监督检查，改善了安全环境，质量标准化建设巩固了省级标准。

（3）深入开展思想整顿、安全整治、“联责、联保”、安全程度评价等一系列活动，为矿井安全生产营造了良好氛围。

（4）加强了现场管理，各级管理人员，坚持深入现场，深入井下，狠抓安全检查，严格现场交接班、工作面安全质量评估等行之有效管理制度的落实，促进了现场安全管理的制度化、规范化。

（5）本着“安全管理科学化、信息化”的原则，积极探索安全管理的新路子，投入50余万元，建立了速度为百兆字节每秒的计算机网络系统，将信息技术融入矿井安全管理之中，利用网络进行信息快递，为矿上及时了解井下现场情况，更好地组织安全生产活动，提供了第一手资料。

（6）安监部门对各类安全信息及时整理、分析、处理，不符合安全生产条件的头、面，坚决挂停止作业牌，并严格落实整改，实现了超前预防。

（7）群监部门组织开展了形式多样的安全宣传活动，分班上岗查“三违”，构筑了第二道安全防线。

三、耿村煤矿推进安全质量标准化建设筑牢安全防线的做法

耿村煤矿是河南义马煤业（集团）有限责任公司的骨干矿井之一，始建于1975年，1982年投产，现有员工5 000多人。投产30余年来，累计生产原煤近5 000万吨，上缴利税10亿多元，成为河南省产量最高、效益最好的矿井，曾荣获全国五一劳动奖状、全国煤炭系统文明煤矿等荣誉称号。

耿村煤矿始终坚持把安全质量标准化作为矿井发展的基础工程、生命工程和效益工程来抓，使矿井现场作业环境不断优化，安全装备水平持续提升，不仅消灭了轻伤及以上人身伤亡事故，而且杜绝了瓦斯和一氧化碳超限现象，有力地促进了矿井的安全生产。

耿村煤矿推进安全质量标准化建设筑牢安全防线的做法主要是：

1. 创建“五优”矿井，夯实安全基础

“五优”矿井是河南省煤炭工业管理局近年来开展的一项重要工作，2007年年底，耿村煤矿按照河南省煤炭工业管理局和义煤集团公司的统一部署，开展了“安全无事故，工效上十吨，一级标准化，科技有创新，矿区文明化”的“五优”矿井创建活动。

矿安全质量标准化工作领导小组按照高起点、高标准的安全质量标准化矿井建设要求，对全矿所有巷道、硐室、工作面全部进行了整修和装饰；对主要运输和相关提升系统进行了变频、提速、软起动等方面的技术改造；对井上井下的储装运系统、供电系统进行了扩容、增能等多项技术改造升级。截至2010年年底，全矿还完成巷道扩修工程约1.2万米，提高了矿井通风和运输能力，使矿井安全基础更加巩固，安全质量标准化水平不断提高，“五优”矿井初见雏形。

2008年以来，根据全矿生产形势的变化，耿村煤矿又提出了“建设精品‘五优’矿井，实现耿村强势发展，奋力打造中原第一矿”的工作目标，要求把精细化管理机制导入到安全质量标准化建设的全过程，按照人、物、环境、管理四位一体的标准化模式，全面推进精品“五优”矿井建设工作。

2. 按照标准化的要求抓好落实

安全生产事关广大职工的生命安全和企业财产安全，是社会和谐稳定的基石，也是保证企业又好又快发展的前提和保障。就安全生产而言，重要的是抓落实，只有落实到位，才能体现出效果。因此，耿村煤矿在安全质量标准化建设的过程中，始终把抓落实放在突出的位置。

（1）实施人员行为标准化。领导小组坚持环境育人、制度管人，在全矿强力推行了“三述三化两确认”（岗位描述、手指口述、环境描述，行动军事化、工作标准化、语言文明化，安全、质量确认）安全管理，以及以“精细、精确、精准、精益、精美”“细在流程、细在环节、细在考核、细在监督”“无遗漏、无缺陷、无盲区”为内容的“五精四细三无”安全管理，并实施“一线工作法”，要求水平在一线检验、矛盾在一线化解、典型在一

线推广、经验在一线总结、作风在一线转变、问题在一线研究、措施在一线落实、领导在一线指挥，使全体职工步调一致，工作标准定性定量、规范到位，提升了矿井的凝聚力和执行力。

（2）实施物品状态标准化。全矿对所有物品、设施，全面进行编码定置管理，实现了对每一天、每一事、每一人、每一处、每一物的精确控制。同时，全矿不断加大了科技投入，积极推广应用高新技术，相继完成了矿井瓦斯综合治理与应用系统、井下人员定位系统、矿井变电所自动化监控系统、非均质大断面巷道支护技术、端头支护放煤技术五个重要科研项目，提升了矿井的科技含量。

（3）实施工作环境标准化。全矿以彩色化、明亮化、语音化、标识化为内容，全面推进安全质量标准化建设向更高目标迈进。按照国家规定的安全色，全矿对井下近 7 000 m 的大巷和井下所有物品、设施、设备等，进行了色彩分辨和美化改造；对井下所有工作地点的照明设施，进行了加密增亮，照明灯由原来的单排改为双排；对井下所有管道、支架、皮带架、设备等，用不同色彩进行标识区别，形成了完善的井下安全听视觉体系；创建人员还在井下主要行人地点安装了音响，不断播放安全知识和优美音乐，对职工进行温馨提示，增强职工安全意识；对全矿干部职工的矿帽按照单位、职务等情况进行了统一标识，上级领导及矿领导的帽子为红色，党员的帽子上印有党徽，班长以上人员均标明职务情况，从而有效提升了党员、干部的责任意识，也提升了矿井的整体形象。这些措施，不仅优化了职工的工作环境，而且增强了职工的防灾应变能力。

（4）实施管理标准化。全矿按照“处处有管理”的要求，在每个单项工程开工前，都要求生产、安检、企管等部门对施工单位制定的工程质量标准、环境质量标准一律按精品工程进行会审、会签。在实施过程中，领导小组还完善了激励机制，推行了“工程质量零事故”和动态达标管理，促进管理工作由点面达标向系统达标延伸，由井下达标向井上达标延伸，由硬件达标向软件达标延伸，由静态达标向动态达标延伸，由生产环境达标向美化亮化延伸。一是对地面工业广场、地面南风井机房、6 kV 变电所进行了高标准整修，工业广场轨道全部更换为 30 轨。二是大力推进综合自动化矿井建设。通过对矿井技术设备的不断升级改造，耿村煤矿先后建立了覆盖井上井下的矿井瓦斯监控系统、井下人员定位管理系统、小灵通生产指挥系统、矿井变电所自动化监控系统、轨道运输信集闭遥控管理系统和矿压观测、冲击地压地面监测系统等现代化管理体系，为矿井安全预控管理奠定了基础。为进一步提高矿井的现代化水平和安全生产能力，下一步耿村煤矿准备把 13160 工作面打造成义煤集团乃至河南省第一个综合自动化工作面。三是每周组织一次安全质量标准化大检查，全方位的检查现场措施落实、工程质量、安全设施等方面存在的问题，并制定整改措施及方案，要求区队按照要求进行整改，在安全质量方面实现了动态达标。四是对东、西运输大巷进行了刷白、粉顶、彩绘和地面水磨石精华处理，对东、西调车场等进行了高标准的扩修和装饰，构建了具有耿村特色的“百科知识窗”和“千米文化廊”，营造了

“车行巷道中，人在画中游”的温馨氛围，并在主要工作地点为作业职工配备了饮水机、衣物架、洗脸池和垃圾回收袋，优化了矿井安全环境。使矿井安全质量标准化工作呈现出了日日都有新变化、月月都有大提高的良性发展局面，实现了“处处是精品”的“五优”矿井创建目标。

“四位一体”的标准化模式，先后创出了“五四队”“综一队”等一批样板工程和精品工程。河南省煤炭工业管理局副局长陈党义在该矿调研后评价说，耿村煤矿“五优”矿井创建工作，措施得力，成效显著，走在了全省前列。

3. 创新管理模式，筑牢安全防线

为了将安全质量标准化建设推向深入，耿村煤矿还把安全质量标准化创建活动和煤矿的重点工作——隐患排查治理有机结合，不断创新管理模式，使矿井的隐患排查治理和安全质量标准化建设得以深入。

耿村煤矿对安全隐患实行了超前预控。为了消除各类隐患，做好源头防范，矿里专门成立了安全隐患预控办公室，大力开展了“矿井无隐患、个人无违章”活动，不间断对全矿井安全隐患及危险源进行排查及预测预报。

在隐患超前预控的基础上，全矿还严格了隐患排查整改。安检部门对所有排查出的隐患，按照隐患存在单位和整改难易程度登记建档，每天在井口显示屏和早晨调度会上进行通报公示，实行领导包保、部门挂牌督办，凡整改不彻底的不予销号。对隐患整改率达到100%的单位，每月给予不低于3 000元的奖励，对隐患整改率低于95%的单位，每低1个百分点给予1 000元处罚，从而使矿井的隐患整改率始终保持了100%。与此同时，全矿严格了事故追查处理，在“四个就是事故”（瓦斯超限、电气失爆、无计划停电停风和电气保护甩掉不用）的基础上，又按照集团公司提出的“高于规程、严于规程、创造性地执行规程”的要求，对各类事故隐患进行内部升格追查，严格责任追究，提高了安全隐患超前预控、排查治理的责任意识。

耿村煤矿创新安全检查思路，在坚持专项检查、突击检查、边缘地点检查以及中夜班检查等多种有效检查的基础上，又实行了安全质量标准化量化检查考核。领导小组参照煤矿安全质量标准化标准，从采煤、掘进、机电、运输、一通三防、防治水等方面，分专业、分单位制订具体的达标方案和实施规划，在巩固综采工作面质量标准化成果的基础上，进一步强化现场安全管理，按照“从基础工作着眼，从细处入手”的工作思路，每月都对各系统安全质量标准化进行全面考核和验收，从采、掘、开工作面到运输大巷、机电硐室，逐点、逐面、逐巷道查找存在的问题和隐患。管理人员下井检查必须分专业携带考核表，对照标准进行检查考核，并落实责任到具体责任者，做到了考核有依据，工作有标准，从而大大提高了职工的正规操作和现场安全质量标准化水平，减少了个人违章行为。

耿村煤矿建立了四级安全管理机制，提升了安全管控能力。为增强安全意识，强化安全管理，矿领导小组从矿井安全管理的实际出发，在全矿建立了安全副矿长、安全副队长、专职班长、安全网员四级专职人员抓安全的管理机制，并明确规定“四专”人员由所在区队和安检部门双重管理，实行安全网员保班长、班长保副队长、副队长保副矿长，一级保一级，只对安全质量标准化工作负责，不与生产任务挂钩，从而充分发挥了他们建设安全质量标准化的积极性，有力地提高了全矿安全质量标准化建设水平。

与此同时，全矿还强化了现场安全管理，推行了区队自检制度，规定各区队每周上报到矿的生产隐患不低于10条，矿相关部门定期组织人员对区队自检考核情况进行检查，对自检考核不认真的单位，给予正职相应的罚款。实行了最好区队和最差区队评选办法，依照安全状况、日常安全管理、工程质量、三违情况等，实行百分制量化评选，得分最高的为月度最好区队，对区队及区队领导给予奖励，得分最低的为月度最差区队，对区队及区队领导给予处罚，从而促进了安全管理由被动型管理向主动型管理的转变。

安全质量标准化建设工作，为耿村煤矿的安全生产和稳定健康发展起到了巨大的推动作用，全矿通过开展安全质量标准化创建活动，不仅规范了职工的作业行为，在全体职工中树立了上标准岗、干标准活的安全意识，而且在全矿消灭了轻伤及以上的人身伤亡事故。2007年被河南省煤炭工业管理局命名为安全质量标准化“五优”矿井，2010年被国家煤矿安全监察局命名为安全质量标准化国家级标准矿井。

第五章　煤矿企业事故隐患排查与治理

事故隐患是指作业场所、设备及设施的不安全状态，人的不安全行为和管理上的缺陷，是引发安全事故的直接原因。重大事故隐患是指可能导致重大人员伤亡或者重大经济损失的事故隐患，加强对重大事故隐患的控制管理，对于预防特大安全事故有重要的意义。在煤矿开采过程中，由于生产环境所存在的危险性，以及矿井所使用的设备多数是相当笨重的，加上矿井内的温度、湿度、风速等原因，设备易腐蚀、老化、磨损，容易发生故障，一些设施也因矿井条件和矿山压力等原因产生各种不同程度的问题，这时就需要通过安全检查，及时发现并采取有效措施，排查事故隐患，消除事故危险，保证安全生产。

第一节　煤矿企业事故隐患排查相关规定和要求

安全是煤矿的生命线，是矿山职工的幸福线。无数事故分析证实，隐患存在是事故的成因，多一个隐患就多一个发生事故的危险。同时，隐患也是变化的、动态的，有生产活动就会出现隐患，老的隐患解决了新的隐患又会出现，需要不断排查隐患、治理隐患。近几年国家安全生产监督管理总局、国家煤矿安全监察局为了保证煤矿企业的安全生产，先后颁发的《安全生产事故隐患排查治理暂行规定》《煤矿重大安全隐患认定办法（试行）》等规定，对煤矿企业排查治理事故隐患具有指导意义。

一、《国务院关于预防煤矿生产安全事故的特别规定》相关规定

2005 年 9 月 3 日，国务院公布《关于预防煤矿生产安全事故的特别规定》（国务院令第 446 号），自公布之日起施行。制定并公布该特别规定的目的是，及时发现并排除煤矿安全生产隐患，落实煤矿安全生产责任，预防煤矿生产安全事故发生，保障职工的生命安全和煤矿的生产安全。

在该特别规定中，对煤矿存在重大安全生产隐患和行为做了规定。

第二条　煤矿企业是预防煤矿生产安全事故的责任主体。煤矿企业负责人对预防煤矿生产安全事故负主要责任。

第八条　煤矿的通风、防瓦斯、防水、防火、防煤尘、防冒顶等安全设备、设施和条件应当符合国家标准、行业标准，并有防范生产安全事故发生的措施和完善的应急处理预案。

煤矿有下列重大安全生产隐患和行为的，应当立即停止生产，排除隐患：

（一）超能力、超强度或者超定员组织生产的；

（二）瓦斯超限作业的；

（三）煤与瓦斯突出矿井，未依照规定实施防突出措施的；

（四）高瓦斯矿井未建立瓦斯抽放系统和监控系统，或者瓦斯监控系统不能正常运行的；

（五）通风系统不完善、不可靠的；

（六）有严重水患，未采取有效措施的；

（七）超层越界开采的；

（八）有冲击地压危险，未采取有效措施的；

（九）自然发火严重，未采取有效措施的；

（十）使用明令禁止使用或者淘汰的设备、工艺的；

（十一）年产 6 万吨以上的煤矿没有双回路供电系统的；

（十二）新建煤矿边建设边生产，煤矿改扩建期间，在改扩建的区域生产，或者在其他区域的生产超出安全设计规定的范围和规模的；

（十三）煤矿实行整体承包生产经营后，未重新取得安全生产许可证和煤炭生产许可证，从事生产的，或者承包方再次转包的，以及煤矿将井下采掘工作面和井巷维修作业进行劳务承包的；

（十四）煤矿改制期间，未明确安全生产责任人和安全管理机构的，或者在完成改制后，未重新取得或者变更采矿许可证、安全生产许可证、煤炭生产许可证和营业执照的；

（十五）有其他重大安全生产隐患的。

第九条　煤矿企业应当建立健全安全生产隐患排查、治理和报告制度。煤矿企业应当对本规定第八条第二款所列情形定期组织排查，并将排查情况每季度向县级以上地方人民政府负责煤矿安全生产监督管理的部门、煤矿安全监察机构写出书面报告。报告应当经煤矿企业负责人签字。

煤矿企业未依照前款规定排查和报告的，由县级以上地方人民政府负责煤矿安全生产监督管理的部门或者煤矿安全监察机构责令限期改正；逾期未改正的，责令停产整顿，并对煤矿企业负责人处 3 万元以上 15 万元以下的罚款。

第十条　煤矿有本规定第八条第二款所列情形之一，仍然进行生产的，由县级以上地方人民政府负责煤矿安全生产监督管理的部门或者煤矿安全监察机构责令停产整顿，提出整顿的内容、时间等具体要求，处 50 万元以上 200 万元以下的罚款；对煤矿企业负责人处 3 万元以上 15 万元以下的罚款。

对3个月内2次或者2次以上发现有重大安全生产隐患，仍然进行生产的煤矿，县级以上地方人民政府负责煤矿安全生产监督管理的部门、煤矿安全监察机构应当提请有关地方人民政府关闭该煤矿，并由颁发证照的部门立即吊销矿长资格证和矿长安全资格证，该煤矿的法定代表人和矿长5年内不得再担任任何煤矿的法定代表人或者矿长。

第十五条　煤矿存在瓦斯突出、自然发火、冲击地压、水害威胁等重大安全生产隐患，该煤矿在现有技术条件下难以有效防治的，县级以上地方人民政府负责煤矿安全生产监督管理的部门、煤矿安全监察机构应当责令其立即停止生产，并提请有关地方人民政府组织专家进行论证。专家论证应当客观、公正、科学。有关地方人民政府应当根据论证结论，做出是否关闭煤矿的决定，并组织实施。

第十六条　煤矿企业应当依照国家有关规定对井下作业人员进行安全生产教育和培训，保证井下作业人员具有必要的安全生产知识，熟悉有关安全生产规章制度和安全操作规程，掌握本岗位的安全操作技能，并建立培训档案。未进行安全生产教育和培训或者经教育和培训不合格的人员不得下井作业。

第二十一条　煤矿企业负责人和生产经营管理人员应当按照国家规定轮流带班下井，并建立下井登记档案。

第二十二条　煤矿企业应当免费为每位职工发放煤矿职工安全手册。

煤矿职工安全手册应当载明职工的权利、义务，煤矿重大安全生产隐患的情形和应急保护措施、方法以及安全生产隐患和违法行为的举报电话、受理部门。

第二十四条　煤矿有违反本规定的违法行为，法律规定由有关部门查处的，有关部门应当依法进行查处。

二、《煤矿重大安全生产隐患认定办法（试行）》相关规定

2005年9月26日，国家安全生产监督管理总局和国家煤矿安全监察局下发《关于印发〈煤矿重大安全生产隐患认定办法（试行）〉的通知》（安监总煤矿字〔2005〕133号）。该通知指出：为进一步贯彻《国务院关于预防煤矿生产安全事故的特别规定》（国务院令第446号，以下简称《特别规定》）和《国务院办公厅关于坚决整顿关闭不具备安全生产条件和非法煤矿的紧急通知》（国办发明电〔2005〕21号）精神，国家安全生产监督管理总局和国家煤矿安全监察局对《特别规定》第八条第二款所列15种重大安全生产隐患进行了分解细化，制定了《煤矿重大安全生产隐患认定办法（试行）》，以便于煤矿企业贯彻落实。

《煤矿重大安全生产隐患认定办法（试行）》的主要内容如下：

第一条　为了准确认定、及时消除重大安全生产隐患和违法行为，根据《安全生产法》和《国务院关于预防煤矿生产安全事故的特别规定》等法律、法规，制定本办法。

第二条　本办法适用于各类煤矿重大安全生产隐患的认定。

第三条　“超能力、超强度或者超定员组织生产”，是指有下列情形之一的：

（一）矿井全年产量超过矿井核定生产能力的；

（二）矿井月产量超过当月产量计划10%的；

（三）一个采区内同一煤层布置3个（含3个）以上回采工作面或5个（含5个）以上掘进工作面同时作业的；

（四）未按规定制定主要采掘设备、提升运输设备检修计划或者未按计划检修的；

（五）煤矿企业未制定井下劳动定员或者实际入井人数超过规定人数的。

第四条　“瓦斯超限作业”，是指有下列情形之一的：

（一）瓦斯检查员配备数量不足的；

（二）不按规定检查瓦斯，存在漏检、假检的；

（三）井下瓦斯超限后不采取措施继续作业的。

第五条　“煤与瓦斯突出矿井，未依照规定实施防突出措施”，是指有下列情形之一的：

（一）未建立防治突出机构并配备相应专业人员的；

（二）未装备矿井安全监控系统和抽放瓦斯系统，未设置采区专用回风巷的；

（三）未进行区域突出危险性预测的；

（四）未采取防治突出措施的；

（五）未进行防治突出措施效果检验的；

（六）未采取安全防护措施的；

（七）未按规定配备防治突出装备和仪器的。

第六条　“高瓦斯矿井未建立瓦斯抽放系统和监控系统，或者瓦斯监控系统不能正常运行”，是指有下列情形之一的：

（一）一个采煤工作面的瓦斯涌出量大于5米^3/分钟或一个掘进工作面瓦斯涌出量大于3米^3/分钟，用通风方法解决瓦斯问题不合理而未建立抽放瓦斯系统的；

（二）矿井绝对瓦斯涌出量达到《煤矿安全规程》第一百四十五条第（二）项规定而未建立抽放瓦斯系统的；

（三）未配备专职人员对矿井安全监控系统进行管理、使用和维护的；

（四）传感器设置数量不足、安设位置不当、调校不及时，瓦斯超限后不能断电并发出声光报警的。

第七条　“通风系统不完善、不可靠”，是指有下列情形之一的：

（一）矿井总风量不足的；

（二）主井、回风井同时出煤的；

（三）没有备用主要通风机或者两台主要通风机能力不匹配的；

（四）违反规定串联通风的；

（五）没有按正规设计形成通风系统的；

（六）采掘工作面等主要用风地点风量不足的；

（七）采区进（回）风巷未贯穿整个采区，或者虽贯穿整个采区但一段进风、一段回风的；

（八）风门、风桥、密闭等通风设施构筑质量不符合标准、设置不能满足通风安全需要的；

（九）煤巷、半煤岩巷和有瓦斯涌出的岩巷的掘进工作面未装备甲烷风电闭锁装置或者甲烷断电仪和风电闭锁装置的。

第八条 “有严重水患，未采取有效措施”，是指有下列情形之一的：

（一）未查明矿井水文地质条件和采空区、相邻矿井及废弃老窑积水等情况而组织生产的；

（二）矿井水文地质条件复杂没有配备防治水机构或人员，未按规定设置防治水设施和配备有关技术装备、仪器的；

（三）在有突水威胁区域进行采掘作业未按规定进行探放水的；

（四）擅自开采各种防隔水煤柱的；

（五）有明显透水征兆未撤出井下作业人员的。

第九条 “超层越界开采”，是指有下列情形之一的：

（一）国土资源部门认定为超层越界的；

（二）超出采矿许可证规定开采煤层层位进行开采的；

（三）超出采矿许可证载明的坐标控制范围开采的；

（四）擅自开采保安煤柱的。

第十条 “有冲击地压危险，未采取有效措施”，是指有下列情形之一的：

（一）有冲击地压危险的矿井未配备专业人员并编制专门设计的；

（二）未进行冲击地压预测预报、未采取有效防治措施的。

第十一条 “自然发火严重，未采取有效措施”，是指有下列情形之一的：

（一）开采容易自燃和自燃的煤层时，未编制防止自然发火设计或者未按设计组织生产的；

（二）高瓦斯矿井采用放顶煤采煤法采取措施后仍不能有效防治煤层自然发火的；

（三）开采容易自燃和自燃煤层的矿井，未选定自然发火观测站或者观测点位置并建立监测系统、未建立自然发火预测预报制度，未按规定采取预防性灌浆或者全部充填、注惰性气体等措施的；

（四）有自然发火征兆没有采取相应的安全防范措施并继续生产的；

（五）开采容易自燃煤层未设置采区专用回风巷的。

第十二条 “使用明令禁止使用或者淘汰的设备、工艺”，是指有下列情形之一的：

（一）被列入国家应予淘汰的煤矿机电设备和工艺目录的产品或工艺，超过规定期限仍在使用的；

（二）突出矿井在2006年1月6日之前未采取安全措施使用架线式电机车或者在此之后仍继续使用架线式电机车的；

（三）矿井提升人员的绞车、钢丝绳、提升容器、斜井人车等未取得煤矿矿用产品安全标志，未按规定进行定期检验的；

（四）使用非阻燃皮带、非阻燃电缆，采区内电气设备未取得煤矿矿用产品安全标志的；

（五）未按矿井瓦斯等级选用相应的煤矿许用炸药和雷管、未使用专用发爆器的；

（六）采用不能保证两个畅通安全出口采煤工艺开采（三角煤、残留煤柱按规定开采者除外）的；

（七）高瓦斯矿井、煤与瓦斯突出矿井、开采容易自燃和自燃煤层（薄煤层除外）矿井采用前进式采煤方法的。

第十三条 “年产6万吨以上的煤矿没有双回路供电系统”，是指有下列情形之一的：

（一）单回路供电的；

（二）有两个回路但取自一个区域变电所同一母线端的。

第十四条 “新建煤矿边建设边生产，煤矿改扩建期间，在改扩建的区域生产，或者在其他区域的生产超出安全设计规定的范围和规模”，是指有下列情形之一的：

（一）建设项目安全设施设计未经审查批准擅自组织施工的；

（二）对批准的安全设施设计做出重大变更后未经再次审批并组织施工的；

（三）改扩建矿井在改扩建区域生产的；

（四）改扩建矿井在非改扩建区域超出安全设计规定范围和规模生产的；

（五）建设项目安全设施未经竣工验收并批准而擅自组织生产的。

第十五条 “煤矿实行整体承包生产经营后，未重新取得安全生产许可证和煤炭生产许可证，从事生产的，或者承包方再次转包的，以及煤矿将井下采掘工作面和井巷维修作业进行劳务承包”，是指有下列情形之一的：

（一）生产经营单位将煤矿（矿井）承包或者出租给不具备安全生产条件或者相应资质的单位或者个人的；

（二）煤矿（矿井）实行承包（托管）但未签订安全生产管理协议或者载有双方安全责任与权利内容的承包合同进行生产的；

（三）承包方（承托方）未重新取得煤炭生产许可证和安全生产许可证进行生产的；

（四）承包方（承托方）再次转包的；

（五）煤矿将井下采掘工作面或者井巷维修作业对外承包的。

第十六条 “煤矿改制期间，未明确安全生产责任人和安全管理机构，或者在完成改制后，未重新取得或者变更采矿许可证、安全生产许可证、煤炭生产许可证和营业执照”，是指有下列情形之一的：

（一）煤矿改制期间，未明确安全生产责任人进行生产的；

（二）煤矿改制期间，未明确安全生产管理机构及其管理人员进行生产的；

（三）完成改制后，未重新取得或者变更采矿许可证、安全生产许可证、煤炭生产许可证、营业执照以及矿长资格证、矿长安全资格证进行生产的。

第十七条 “有其他重大安全生产隐患”，是指省、自治区、直辖市人民政府负责煤矿安全生产监督管理的部门、煤矿安全监察机构，根据实际情况认定的可能造成重大事故的其他重大安全生产隐患。

第十八条 本办法自印发之日（2005 年 9 月 26 日）起施行。

三、《煤矿矿长保护矿工生命安全七条规定》相关要点

2013 年 1 月 24 日，国家安全生产监督管理总局公布《煤矿矿长保护矿工生命安全七条规定》，自公布之日起施行。

1.《煤矿矿长保护矿工生命安全七条规定》主要内容

《煤矿矿长保护矿工生命安全七条规定》主要内容如下：

（1）必须证照齐全，严禁无证照或者证照失效非法生产；

（2）必须在批准区域正规开采，严禁超层越界或者巷道式采煤、空顶作业；

（3）必须确保通风系统可靠，严禁无风、微风、循环风冒险作业；

（4）必须做到瓦斯抽采达标，防突措施到位，监控系统有效，瓦斯超限立即撤人，严禁违规作业；

（5）必须落实井下探放水规定，严禁开采防隔水煤柱；

（6）必须保证井下机电和所有提升设备完好，严禁非阻燃、非防爆设备违规入井；

（7）必须坚持矿领导下井带班，确保员工培训合格、持证上岗，严禁违章指挥。

2. 对《煤矿矿长保护矿工生命安全七条规定》的解读

2013 年 2 月 5 日，国家安全生产监督管理总局总工程师黄毅做客强国论坛，就《煤矿矿长保护矿工生命安全七条规定》进行了解读。

（1）《煤矿矿长保护矿工生命安全七条规定》出台背景。煤炭是我们国家的主要能源，但是煤矿也是高危行业，因此，煤矿的安全生产始终是我们的重中之重。近些年来，在党和政府一系列政策措施的推动下，煤矿安全生产的形势明显好转，2012 年煤炭百万吨死亡率降到 0.4 以下，达到了世界中等发达国家的水平。但是，我们国家煤矿的条件比较复杂，自然灾害比较严重，事故的风险依然比较大，所以，煤矿安全生产的形势依然严峻。我们通过分析近些年来煤矿事故，特别是重特大事故发生的主要原因，梳理出 40 多个导致事故发生的主要问题，对这些问题进一步归纳、提炼，最后确定了七个方面，依法做出硬性的规定，这就是《煤矿矿长保护矿工生命安全七条规定》出台的背景。通过《煤矿矿长保护矿工生命安全七条规定》的贯彻实施，进一步强化煤矿的安全管理，切实维护矿工的生命

安全，这也是我们贯彻落实科学发展观的核心立场，也是550万煤矿职工的期盼。

（2）《煤矿矿长保护矿工生命安全七条规定》对于保障矿工生命安全的现实意义。《煤矿矿长保护矿工生命安全七条规定》的确定就是为保护矿工生命安全，这也是制定七条规定的根本宗旨。因为矿工是煤炭生产的实践主体，他们常年工作在千米井下，牺牲了应该享受的阳光和新鲜空气，而把光和热奉献给社会、奉献给人民，所以，他们理应得到全社会的关爱和尊重。作为一矿之长，应该把维护矿工的生命安全作为第一职责，把矿工当成亲人、当成兄弟，关心他们的安全，认真落实煤矿安全生产的各项措施，为他们撑起一片安全蓝天。所以，这七条规定对于维护矿工的生命健康权益具有重大的意义。同时，对促进煤矿安全生产形势的根本好转，也有着重大的意义。

四、《煤矿隐患排查和整顿关闭实施办法（试行）》相关规定

2005年9月26日，国家安全生产监督管理总局和国家煤矿安全监察局下发《关于印发〈煤矿隐患排查和整顿关闭实施办法（试行）〉的通知》（安监总煤矿字〔2005〕134号）。该通知指出：为进一步贯彻《国务院关于预防煤矿生产安全事故的特别规定》（国务院令第446号）和《国务院办公厅关于坚决整顿关闭不具备安全生产条件和非法煤矿的紧急通知》（国办发明电〔2005〕21号）精神，国家安全生产监督管理总局和国家煤矿安全监察局制定了《煤矿隐患排查和整顿关闭实施办法（试行）》，排查煤矿安全生产隐患，整顿关闭不具备安全生产条件和非法煤矿。

《煤矿隐患排查和整顿关闭实施办法（试行）》的主要内容如下：

1. 总则中的有关规定

在第一章总则中，对相关事项做了规定。

第二条　煤矿企业是安全生产隐患排查、治理的责任主体，煤矿企业主要负责人（包括一些煤矿企业的实际控制人）对本企业安全生产隐患的排查和治理全面负责。

煤矿企业应当以矿（井）为单位进行安全生产隐患排查、治理，矿（井）主要负责人对安全生产隐患的排查和治理负直接责任。

煤矿实际控制人是指一些煤矿企业生产、经营、安全、投资和人事任免等重大事项的实际决策人，或者对重大决策起决定作用的人。

第三条　县级以上地方人民政府负责煤矿安全生产监督管理的部门对本行政区域内煤矿的重大隐患和违法行为负有日常监督检查和依法查处的职责；煤矿安全监察机构对所辖区域内煤矿的重大隐患和违法行为负有重点监察、专项监察、定期监察和依法查处的职责。

2. 对隐患排查的有关规定

在第二章隐患排查中，对相关事项做了规定。

第五条　本办法所称重大隐患是指《特别规定》第八条第二款所列15种重大安全生产隐患（具体分解细化内容，见《煤矿重大安全生产隐患认定办法》）。煤矿企业有重大隐患

的，应当立即停止生产，排除隐患。

第六条　煤矿企业要建立安全生产隐患排查、治理制度，组织职工发现和排除隐患。煤矿主要负责人应当每月组织一次由相关煤矿安全管理人员、工程技术人员和职工参加的安全生产隐患排查。查出的隐患登记建档。

煤矿企业要加强现场监督检查，及时发现和查处违章指挥、违章作业和违反操作规程的行为。发现存在重大隐患，要立即停止生产，并向煤矿主要负责人报告。

第七条　煤矿安全生产隐患实行分级管理和监控。

一般隐患由煤矿主要负责人指定隐患整改责任人，责成立即整改或限期整改。对限期整改的隐患，由整改责任人负责监督检查和整改验收，验收合格后报煤矿主要负责人审核签字备案。

重大隐患由煤矿主要负责人组织制定隐患整改方案、安全保障措施，落实整改的内容、资金、期限、下井人数、整改作业范围，并组织实施。整改结束后要按照本办法第十五条第一款的要求认真自检。

第八条　煤矿企业应当于每季度第一周将上季度重大隐患及排查整改情况向县级以上地方人民政府负责煤矿安全生产监督管理的部门、煤矿安全监察机构提交书面报告，报告应当经煤矿企业主要负责人签字。报告要包括产生重大隐患的原因、现状、危害程度分析、整改方案、安全措施和整改结果等内容。重要情况应当随时报告。

第九条　县级以上地方人民政府负责煤矿安全生产监督管理的部门、煤矿安全监察机构接到煤矿企业重大隐患整改报告后，对不符合要求和措施不完善的提出修改意见，并对煤矿重大隐患登记建档，指定专人负责跟踪监控，督促企业认真整改。

3. 对停产整顿的有关规定

在第三章停产整顿中，对相关事项做了规定。

第十条　县级以上地方人民政府负责煤矿安全生产监督管理的部门、煤矿安全监察机构发现煤矿有下列情形之一的，责令停产整顿，并将情况在5日内报送有关地方人民政府：

（一）超通风能力生产的；

（二）高瓦斯矿井没有按规定建立瓦斯抽放系统，监测监控设施不完善、运转不正常的；

（三）有瓦斯动力现象而没有采取防突措施的；

（四）在建、改扩建矿井安全设施未经过煤矿安全监察机构竣工验收而擅自投产的，以及违反建设程序、未经核准（审批）或越权核准（审批）的；

（五）逾期未提出办理煤矿安全生产许可证申请、申请未被受理或受理后经审核不予颁证的；

（六）未建立健全安全生产隐患排查、治理制度，未定期排查和报告重大隐患，逾期未改正的；

（七）存在重大隐患，仍然进行生产的；

（八）未对井下作业人员进行安全生产教育和培训或者特种作业人员无证上岗，逾期未改正的。

第十一条 县级以上地方人民政府负责煤矿安全生产监督管理的部门、煤矿安全监察机构现场检查发现应当责令停产整顿的矿井，按照下列规定处理：

（一）下达停产整顿指令，明确整改内容和期限；

（二）依法实施经济处罚；

（三）告知相关部门暂扣采矿许可证、安全生产许可证、煤炭生产许可证、营业执照和矿长资格证、矿长安全资格证；

（四）告知公安部门控制火工品供应、供电单位限制供电；

（五）3日内将停产整顿矿井的决定报送县级以上地方人民政府，并在当地主要媒体公告停产整顿矿井名单。

第十二条 煤矿企业自接到有关部门下达的停产整顿指令之日起，必须立即停止生产。由煤矿主要负责人组织制定整改方案，查证照、查隐患、查安全管理、查劳动组织，确定整改项目、整改目标、整改时限、整改作业范围、从事整改的作业人员，落实整改责任人、资金，安全技术措施和应急预案。整改方案报县级以上地方人民政府负责煤矿安全生产监督管理的部门和煤矿安全监察机构备案。

停产整顿期间，煤矿要组织职工进行安全教育和培训。

第十三条 有关地方人民政府应当向被责令停产整顿的煤矿派出监督人员盯守；县级以上地方人民政府负责煤矿安全生产监督管理的部门应当组织巡回检查或者实行分片包干，督促指导煤矿按整改方案进行整改，严禁明停暗开、日停夜开、假整顿真生产等非法生产行为。

第十四条 各省、自治区、直辖市人民政府负责煤矿安全生产监督管理的部门应制定重大隐患整改验收标准。验收标准应当符合煤矿取得各种证照所规定的安全生产条件。

第十五条 煤矿整改项目完成后，煤矿企业应当按照重大隐患整改验收标准，由煤矿主要负责人组织自检。

煤矿企业自检合格后，可向县级以上地方人民政府负责煤矿安全生产监督管理的部门提出书面恢复生产的申请。申请报告应包括整改方案中内容、项目和自检结果，并由煤矿主要负责人签署验收意见。

第十六条 县级以上地方人民政府负责煤矿安全生产监督管理的部门收到煤矿企业恢复生产申请报告后，应当组织国土资源部门、煤矿安全监察机构、煤炭行业管理部门、工商管理部门、公安机关、供电单位等进行联合验收，并在60日内组织验收完毕。

验收合格的，由组织验收的地方人民政府负责煤矿安全生产监督管理部门的主要负责人签字，并经煤矿安全监察机构审核同意后，报请同级地方人民政府主要负责人签字批准。

验收不合格的，由负责组织验收的部门提请县级以上地方人民政府予以关闭。

第十七条　停产整顿的矿井验收合格经批准的，由验收组织部门通知颁发证照的部门发还证照，煤矿方可恢复生产。

煤矿恢复生产要制定恢复生产方案、职工培训方案和安全措施，由煤矿主要负责人组织实施。

第十八条　县级以上地方人民政府负责煤矿安全生产监督管理的部门、煤矿安全监察机构应在验收合格并发还证照之日起 3 日内，在公告停产整顿的同一媒体上进行公告。

在《煤矿隐患排查和整顿关闭实施办法（试行）》中，还对关闭煤矿做了规定。该办法自印发之日（2005 年 9 月 26 日）起施行。

五、《煤矿安全规程》相关规定

2004 年 10 月 18 日，国家安全生产监督管理局（国家煤矿安全监察局）以第 16 号令颁布《煤矿安全规程》。颁布《煤矿安全规程》的目的是，为了保障煤矿安全生产和职工人身安全，防止煤矿事故。《煤矿安全规程》颁布，对于提高煤矿安全生产水平、改善煤矿安全生产条件、保障煤矿职工人身安全和健康，具有重要的现实意义。

《煤矿安全规程》以《安全生产法》《矿山安全法》《煤炭法》《煤矿安全监察条例》为依据，以保障煤矿安全生产和职工人身安全、防止煤矿事故为目的，是有关法律、法规在煤矿安全生产工作中的具体体现，是煤矿生产、建设活动必须遵守的重要规则和依据，是各级监察监管人员和广大职工必须遵守的行为准则。

现行《煤矿安全规程》是在原《煤矿安全规程》《小煤矿安全规程》《煤矿安全规程》（露天煤矿）三部规程的基础上于 2001 年、2004 年两次修订而成。为了提高《煤矿安全规程》的科学性、先进性和针对性，国家安全生产监督管理总局和国家煤矿安全监察局建立了《煤矿安全规程》及时修订工作机制，自 2005 年 1 月 1 日施行以来，先后于 2006 年和 2009 年针对个别条款进行了两次修订，共修订了 6 条。第一次修订是吸取放顶煤开采多次发生事故的教训，严格了放顶煤开采的管理。第二次修订是针对煤矿机电管理方面存在的问题，对供电安全和局部通风的相关条款进行了修订。这两次修订工作对强化煤矿安全管理，有效防范类似事故发生起到了重要的促进作用。

《煤矿安全规程》的颁布实施，推动了我国煤矿安全生产法律建设的发展，是全面实施《煤炭法》《矿山安全法》和《煤矿安全监察条例》的有力保障，是查处煤矿安全违法行为的有力武器，对进一步完善我国煤矿安全监察制度具有重要作用。《煤矿安全规程》是我国煤矿安全工作最全面、最具体、最权威的一部基本规程，是国家有关法律、法规的具体化。

《煤矿安全规程》共分四编 751 条。第一编总则，共 14 条；第二编井工部分，共 10 章 519 条；第三编露天部分，共 9 章 204 条；第四编职业危害，共 13 条；附则 1 条。

《煤矿安全规程》各章内容如下：

第一编　总则

第二编　井工部分

第一章　开采

第二章　通风和瓦斯、粉尘防治

第三章　通风安全监控

第四章　煤（岩）与瓦斯（二氧化碳）突出防治

第五章　防灭火

第六章　防治水

第七章　爆炸材料和井下爆破

第八章　运输、提升和空气压缩机

第九章　电气

第十章　煤矿救护

第三编　露天部分

第四编　职业危害

附则

需要注意的是，随着我国经济社会的发展和煤矿技术装备水平的逐步提高，以及吸取近年来发生的煤矿安全生产事故教训，对现行《煤矿安全规程》相关条款应及时进行修订，以促进煤矿企业搞好安全生产。2010 年 1 月 21 日，国家安全生产监督管理总局颁布了《关于修改〈煤矿安全规程〉部分条款的决定》（国家安全生产监管总局令第 29 号），自 2010 年 3 月 1 日起实施。

这次修订《煤矿安全规程》（以下简称《规程》），体现了贯彻落实科学发展观，坚持安全发展的原则，体现了总局党组认真贯彻落实党中央、国务院关于加强安全生产工作的重要指示精神，是加强安全生产法制建设的重要工作。对于完善煤矿安全技术管理和现场管理，推进煤矿安全技术标准的贯彻执行，改善煤矿安全生产基本条件，有效防范煤矿事故的发生，保障煤矿职工人身安全和健康，具有十分重要的现实意义。

这次修订只针对近年来所发生的煤矿生产安全事故所暴露出来的问题进行重点修订。

1. 修订原则

修订过程把握了以下几个原则：

一是注重实际。这次修订主要针对近年来煤矿生产安全事故中暴露出来的对《规程》理解和执行中的问题，以及煤矿安全生产实际中急需解决的问题，进行有针对性的修订和完善。

二是体现先进。《规程》的修订尽可能地采用新技术、新工艺和新方法，引领技术进步和科技创新，落实科技兴安，促进生产安全。

三是保持稳定。《规程》修订后的总体结构保持不变，不增删章节、条数，也不打乱各条的顺序。

四是相互衔接。《规程》的修订与已经发布施行标准相互衔接，如注重了与已发布实施的防治瓦斯突出、防治水规定相互衔接。

2. 修订的主要内容

这次修订集中在合理集中生产，严格采煤工作面回风巷瓦斯浓度、专用排瓦斯巷管理以及煤与瓦斯突出和水害防治等方面，共涉及14条。主要内容有：

(1) 明确了同一采区采掘工作面数量的规定。为严格控制同一采区工作面个数，明确规定“一个采区同一煤层的一翼最多只能布置1个回采工作面和2个掘进工作面同时作业”。同时要求“一个采区内同一煤层双翼开采或多煤层开采的，最多只能布置2个回采工作面和4个掘进工作面同时作业”，可避免工作面数量过多、通风系统不可靠，引发事故。

(2) 严格了采掘工作面通风管理措施。一是为了推进煤矿瓦斯先抽后采、抽采达标工作，对回采工作面回风巷最高瓦斯浓度进行了更严格的规定。取消了《规程》第一百三十六条第二款关于在特定条件下回采工作面回风巷风流中瓦斯最高允许浓度可以放宽到1.5%的规定，统一适用最高瓦斯浓度1.0%的上限规定。二是对专用排瓦斯巷的设置提出更加严格的限制条件。明确规定了专用排瓦斯巷必须是在采煤工作面进回风巷之外单独设置，并编制专门设计和制定专项安全技术措施，严禁将工作面回风巷作为专用排瓦斯巷管理。同时，将专用排瓦斯巷进行巷道维修工作时的瓦斯浓度上限由1.5%的规定降到1.0%。

(3) 明确了低浓度瓦斯利用的规定。根据国家安全生产监督管理总局已发布的低浓度瓦斯安全利用的相关标准，将原《规程》中关于“利用瓦斯时，瓦斯浓度不得低于30%”的规定修改为：“抽采的瓦斯浓度低于30%时，不得作为燃气直接燃烧；用于内燃机发电或作其他用途时，瓦斯的利用、输送必须按有关标准的规定，并制定安全技术措施。”取消了对低浓度瓦斯用于内燃机发电及低浓度瓦斯浓缩后再利用的限制。

(4) 严格了突出矿井鉴定工作的管理。为解决一些矿井应当开展突出矿井鉴定但不及时开展鉴定的问题，修订后的《规程》第一百七十六条明确要求，煤矿发生生产安全事故，经事故调查认定为突出事故的，发生事故的煤层即为突出煤层，该矿井即为突出矿井；明确要求煤层有瓦斯动力现象、煤层瓦斯压力达到或者超过0.74 MPa、相邻矿井开采的同一煤层发生突出事故的矿井应当立即开展突出矿井鉴定，取消了突出矿井可以经鉴定机构确认后摘帽的内容；严格了突出矿井审批管理，要求矿井将鉴定结果报省（自治区、直辖市）负责煤炭行业管理的部门审批，报省级煤矿安全监察机构备案；并吸取震动爆破易引发突出事故的教训，取消了震动爆破防突措施。

(5) 完善了防治水的相关规定。根据新修订的《煤矿防治水规定》，对煤矿防治水管理措施进行了完善。一是要求煤矿企业建立雨季巡视制度，当暴雨威胁矿井安全时，必须立即停产撤出井下全部人员，只有在确认暴雨洪水隐患彻底消除后方可恢复生产。二是根据我国潜水泵技术的发展进步，对井下防水闸门的设置要求做了修改，规定了在部分特殊条件下，可以用专门潜水泵代替防水闸门。三是新增加了井下防水闸墙的设置相关管理要求。

新修订的《规程》部分条款具有很强的针对性和可操作性，是煤矿实现安全生产的技术保障，认真贯彻执行《规程》，是当前我国煤矿安全生产一项重要基础性工作。各煤矿企业要在煤矿生产的各项工作中，认真严格地执行《规程》的各项要求和规定，特别是对《规程》提出的新规定和新要求，要深刻学习领会，切实遵照执行，保证《规程》各项条款在煤矿企业得到切实落实，充分发挥《规程》在安全生产工作中的重要作用。

六、《国有煤矿瓦斯治理规定》相关规定

2005 年 1 月 6 日，国家安全生产监督管理局（国家煤矿安全监察局）公布《国有煤矿瓦斯治理规定》（国家安全生产监督管理局、国家煤矿安全监察局令第 21 号），自公布之日起施行。

制定并实施《国有煤矿瓦斯治理规定》的目的是，根据《安全生产法》《煤矿安全监察条例》等法律、行政法规的规定，为了贯彻落实先抽后采、监测监控、以风定产的瓦斯治理方针，控制国有煤矿特大瓦斯事故的发生。

《国有煤矿瓦斯治理规定》主要内容如下：

第二条 国有煤矿（包括国有煤矿企业及其所属矿井，以下统称煤矿）必须设立瓦斯治理机构和配备专业技术人员，建立瓦斯治理责任制和管理制度，落实治理资金。

煤矿主要负责人是瓦斯治理的第一责任人；煤矿总工程师对瓦斯治理负技术责任，负责组织制定治理瓦斯方案和安全技术措施，负责资金的安排使用。

煤矿分管安全工作的行政副职对瓦斯治理工作负监督检查责任；其他行政副职负责分管领域内瓦斯治理方案、措施的落实。

煤矿值班负责人对当天的安全生产工作负全面责任，必须掌握当班下井人数，发现瓦斯隐患必须立即采取措施处理。

高瓦斯矿井和煤与瓦斯突出矿井的负责人应当每半年向当地煤矿安全监督管理机构和煤矿安全监察机构报告一次瓦斯治理情况。

第三条 煤矿必须建立矿井瓦斯等级鉴定制度。矿井每年必须按规定进行瓦斯等级鉴定。

煤矿井下出现瓦斯动力现象，必须在 24 h 内报告当地煤炭主管部门和煤矿安全监察机构，并及时申请具有国家规定资质的鉴定机构进行鉴定，不得隐瞒不报。

对已经发生瓦斯动力现象但未明确瓦斯等级的矿井，自本规定公布之日起 60 日内应完成瓦斯等级鉴定工作，申请鉴定期间按照突出矿井管理。

第四条 煤矿严禁瓦斯超限作业。发现瓦斯超限作业的，应当追查处理。

采掘工作面及其他作业地点风流中瓦斯浓度达到 1.0％时，必须停止使用电钻；瓦斯浓度达到 1.5％时，必须停止工作，切断电源，撤出人员，进行处理。

爆破地点附近 20 m 以内风流中瓦斯浓度达到 1.0％时，严禁爆破；爆破作业必须执行

“一炮三检”和“三人联锁”放炮制度。

第五条　煤矿必须落实瓦斯抽放的规定。

《煤矿安全规程》规定应当建立瓦斯抽放系统的矿井，必须进行瓦斯抽放，建立地面永久抽放瓦斯系统或者井下临时抽放瓦斯系统，并实行先抽后采。

突出矿井必须首先开采保护层，不具备开采保护层条件的，必须对突出煤层进行预抽，并确保预抽时间和效果。

第六条　煤矿必须建立运行可靠的监测监控系统。

高瓦斯和突出矿井以及有高瓦斯区域的低瓦斯矿井，必须装备运行可靠的矿井安全监控系统，系统和传感器的安装、使用、维修，必须符合《煤矿安全规程》规定的要求；监控系统中心站值班应当设在矿调度室内，必须配备经安全培训合格的专职人员 24 h 值班。值班人员发现井下瓦斯超限报警时，必须立即处理；发现井下大面积瓦斯超限时，必须立即停电撤人。

第七条　煤矿必须每年核定矿井通风能力，保证以风定产，严禁超通风能力组织生产。

经核定的矿井通风能力应当报省级煤炭主管部门审核后，报省级煤矿安全监察机构备案。

煤矿井下出现风速超限、瓦斯超限、不合理串联通风的，等同超通风能力生产；超通风能力生产的矿井、采区、工作面，必须立即减少产量，重新调整生产布局及通风系统，把产量降到核定通风能力范围内。

高瓦斯、突出矿井应当严格按照《煤矿安全规程》的规定布置采掘工作面，防止不合理集中生产和突击生产。

第八条　煤矿必须建立和落实瓦斯检查制度，采取防突措施。

煤矿井下所有作业地点和容易积聚瓦斯的地点，必须定人、定时进行瓦斯巡回检查，要制订瓦斯检查计划，并采取防止瓦斯检查员空班漏检的措施。

高瓦斯矿井、煤与瓦斯突出矿井、有高瓦斯区域的低瓦斯矿井的采掘工作面，必须有专职瓦斯检查员跟班检查瓦斯。瓦斯检查员发现瓦斯超限时，有权决定立即停止作业，撤出人员。

煤与瓦斯突出矿井必须采取突出危险性预测、防治突出措施、防治突出措施的效果检验和安全防护措施“四位一体”的综合防突措施，并加强瓦斯地质预测。

突出矿井的新水平、新采区、石门揭穿突出煤层必须编制防治突出的设计，并经技术负责人审批。

突出矿井严禁使用架线式电机车，已经使用的，必须限期一年内完成整改；整改期间，必须采取安全措施。

第九条　煤矿必须有完善的独立通风系统，生产水平和采区必须实行分区通风。

高瓦斯、突出矿井，每个采区必须设置至少 1 条专用回风巷；主要进、回风巷之间的联络巷必须砌筑永久性风墙，需要使用的，必须安设 2 道联锁的正向风门和 2 道反向风门。采区进、回风巷必须贯穿整个采区，严禁一段为进风巷，一段为回风巷。

局部通风机必须由指定人员管理，保证正常运转。严禁使用 3 台以上局部通风机同时向 1 个掘进工作面供风。使用 2 台局部通风机向同一地点供风的，必须同时实现风电闭锁。

第十条　煤矿必须加强对放顶煤工作面的管理。突出煤层的突出危险区、突出威胁区，严禁采用放顶煤开采法。

放顶煤开采必须制定防火、防尘、防瓦斯、顶板控制等安全技术措施，并根据煤层地质特征编制放顶煤开采设计；大块煤（矸）卡住放煤口时，严禁爆破处理。有瓦斯或者煤尘爆炸危险时，严禁挑顶煤爆破作业。

采用放顶煤采煤法开采容易自燃和自燃的煤层时，必须编制防止采空区自然发火的设计，建立火灾监测系统、配置一氧化碳浓度传感器，并采取有效的综合预防自然发火的措施。井下发现自然发火，必须将所有可能受火灾威胁区域中的人员撤离，采取措施进行处理。隐患未彻底消除，严禁恢复生产。

七、《煤矿瓦斯治理经验五十条》相关要求

2005 年 3 月 22 日，国家发展和改革委员会、国家安全生产监督管理总局、国家煤矿安全监察局联合下发《关于印发〈煤矿瓦斯治理经验五十条〉的通知》(发改能源〔2005〕457 号)。该通知指出：为进一步做好全国煤矿瓦斯防治工作，有效遏制煤矿瓦斯事故多发的势头，在总结淮南、阳泉、平顶山、松藻等煤矿瓦斯治理经验的基础上，组织编写了《煤矿瓦斯治理经验五十条》，供各类煤炭生产企业在瓦斯防治工作中参考，并结合实际，运用到治理工作当中，逐步形成适合煤矿实际的一整套瓦斯治理的经验和措施。

瓦斯综合治理的基本思想是，贯彻“先抽后采、监测监控、以风定产”的瓦斯治理工作方针，树立“瓦斯事故是可以预防和避免的”意识，实施“可保尽保、应抽尽抽”的瓦斯综合治理战略，坚持“高投入、高素质、严管理、强技术、重责任”，变“抽放”为“抽采”，以完善通风系统为前提，以瓦斯抽采和防突为重点，以监测监控为保障，区域治理与局部治理并重，以抽定产，以风定产，地质保障，掘进先行，技术突破，装备升级，管理创新，落实责任，实现煤与瓦斯共采，建设安全、高效、环保矿区。

1. 高投入

（1）瓦斯治理专项资金按吨煤 15 元提取。

（2）资金投入的重点是矿井通风系统、瓦斯抽采系统、矿井防灭火系统、综合防尘系统、安全监控系统等。

（3）坚持瓦斯抽采激励政策、开采保护层激励政策、瓦斯抽采巷道和主要风道维修补贴政策、地测系统创优争先激励政策、防止煤炭自然发火激励政策。

2. 高素质

（4）健全“一通三防”机构，有条件的成立瓦斯和地质相结合部门。

（5）配齐配强通风副总工程师、地测副总工程师和“一通三防”工程技术人员。“一通三防”人员最低达到技校毕业水平，数量要满足瓦斯治理需求。

（6）矿井建立防突、抽采、通风、监测监控专业队伍，石门揭煤工作由防突专业队伍或石门揭煤专业化队伍承担。

（7）瓦斯检测工与爆破工不得兼职。

（8）加强职业教育，办好职业技术学院。

（9）建立安全培训中心，安监局设置安全培训处，矿井建立三级、四级安教室，区队建立五级安教室，并配足师资力量。

（10）全员培训教育实行“五个一”（一日一专题、一周一案例、一月一考核、一月一评比、一月一奖惩）和“三同时”（工人干部同时参加培训、同时考试、同时接受奖惩），做到班前培训全员学、夜校培训重点学、脱产培训系统学。

（11）“三大员”（安监员、瓦检员、防突员）安全管理准军事化，享受一线待遇，实行考核淘汰制。

（12）生产及主要辅助单位职工未经“一通三防”专门培训考试合格不得担任班、队长；特殊工种必须有两年以上采掘工作经验，并经培训合格，持证上岗。

（13）企业安全检查工作做到“四个一流”（一流队伍、一流作风、一流管理、一流素质）。

3. 严管理

（14）每年制定关于瓦斯综合治理工作的决定。

（15）坚持瓦斯治理“一矿一策”“一面一策”制度。

（16）坚持瓦斯浓度按0.8%断电管理制度。

（17）实行企业和矿井通风和瓦斯日报两级审阅制、公司调度每日瓦斯牌板制、现场瓦斯异常情况实时监控制。

（18）每周剖析一个矿的“一通三防”和防突工作情况。

（19）坚持月度“一通三防”例会、防突办公会和矿长月度“一通三防”述职制度。

（20）实行“一通三防”重大隐患排查制度、“一通三防”督查和防突督导制度。

（21）严格调度和监控中心值班制度，发现井下瓦斯超限必须在5 min内向值班领导汇报，值班领导必须及时做出处理意见。

（22）树立瓦斯超限就是事故的理念，坚持瓦斯超限谈话制和分级追查处理制（瓦斯浓度低于3.0%由矿总工程师或安监处长负责追查处理，3.0%及其以上由矿长组织追查处理）。

（23）瓦斯治理，地质、掘进工作先行。

（24）瓦斯治理工程做到“两同时、一超前”（瓦斯治理工程与采煤工作面同时设计、同时投入使用，超前施工）。

（25）严格干部跟班下井制度，保证各采掘面每班有区、队长以上干部跟班。

（26）石门揭煤和所有采煤工作面投产前，须经现场验收，“一通三防”具有一票否决权。

（27）实施过地质构造、瓦斯异常带“五位一体”现场管理措施（即地质人员加强地质预测预报，及时提供预测资料；打钻人员在钻进过程中发现异常时立即停机，并及时汇报；掘进施工人员发现地质、矿压、瓦斯异常时，立即停头；监控人员保证瓦斯超限时，立即切断掘进巷道及其回风系统内电源；瓦检员发现瓦斯异常时，立即撤出人员）。

4. 强技术

（28）优化通风系统，确保通风系统稳定、可靠。

（29）开采布局和巷道布置合理，有突出危险采掘面的回风严禁直接经过其他采掘面唯一的安全出口。

（30）通风设施可靠，永久风门联锁，主要风门安装开关传感器。

（31）采用大功率对旋局部通风机和大直径风筒。

（32）优选瓦斯抽采装备，实现抽采系统能力最大化，做到“大流量、多抽泵，大管径、多回路”。地面泵实际抽采流量不小于 100 m^3/min，井下移动泵实际抽采流量达到 40～60 m^3/min，管路直径超过 200 mm。应选择钻进能力大、钻孔直径不小于 150 mm 的钻机。

（33）强制性开采保护层，做到可保尽保，并抽采瓦斯，降低瓦斯压力。

（34）在突出煤层顶底板掘进的巷道，特别是距突出煤层距离小于 20 m 的掘进巷道，必须采取措施严格控制突出煤层层位和地质构造，巷道掘进至少每隔 100 m 要施工地质探测钻孔控制层位，防止瓦斯异常涌出或误穿突出煤层。

（35）顶、底板穿层钻孔掩护强突出煤层掘进。

（36）以突出煤层瓦斯地质图为基图编制防突预测图，全面反映掘进工程范围内的煤层赋存、地质构造、瓦斯、巷道布置、防突措施、安全防护设施等有关信息。

（37）防止突出煤层采掘面相互之间应力集中的针对性措施定量化。开采突出煤层采掘工作面设计应避免造成应力集中。一个或相邻的两个采区中，在同一区段的突出煤层中进行采掘作业时，相向（背向）回采和相向（背向）采掘的两个工作面的间距均不得小于 100 m。相向掘进的两个工作面间距不得小于 60 m，并且在小于 60 m 以前实施钻孔一次打透，只允许向一个方向掘进。突出煤层双巷同向掘进的两个工作面间的错茬距离必须保持 50 m 以上，一个工作面放炮时，另一个工作面必须停电、撤人。突出煤层掘进工作面不得进入本煤层或临近煤层回采工作面的采动应力集中区，不得在应力集中区和地质构造复杂区贯通。

（38）提前预警非突出煤层转化为突出煤层。非突出煤层揭煤和煤巷掘进如出现吸钻、夹钻、喷孔、瓦斯涌出异常等情况时，必须按《防治煤与瓦斯突出细则》第 26 条规定收集“四项指标”资料，若全部指标达到或超过其临界值，应进行突出倾向性鉴定。

（39）掘进面采用先抽后掘、边抽边掘技术。有突出危险掘进工作面和瓦斯绝对涌出量大于 3 m^3/min、炮后瓦斯经常超限、有瓦斯异常涌出现象或预测突出指标超限的掘进工作面，以及石门揭穿突出煤层工作面，必须实施巷帮钻场深孔连续抽采措施，并确保掘进迎头钻孔每平方米不得少于两个。

（40）采煤工作面采用综合抽采技术。凡瓦斯绝对涌出量大于 5 m^3/min，或者用通风方法解决瓦斯问题不合理的采煤工作面，必须采用以高抽巷或顶板走向钻孔为主，以穿层和顺层孔、上隅角采空区抽采、地面钻井等为辅的综合治理瓦斯措施。

（41）采煤工作面根据瓦斯涌出量分级选择瓦斯抽采方法。瓦斯涌出量在 10 m^3/min 以下的，采用上隅角埋管或局部顶板走向钻孔抽采方法；瓦斯涌出量在 10～20 m^3/min 的，采用以顶板走向钻孔为主，辅以埋管抽采技术；瓦斯涌出量在 20～50 m^3/min 的，应使用高抽巷，辅以埋管抽采技术；瓦斯涌出量在 50 m^3/min 以上的，应使用高抽巷、回风巷穿层孔、上隅角埋管（或外错、内错尾排）、尾抽、地面钻井、工作面浅孔抽采等综合抽采技术。

（42）在以下场所增设传感器：

1）采煤工作面上隅角瓦斯传感器，其位置距巷帮和老塘侧充填带均不大于 800 mm，距顶板不大于 300 mm。

2）突出煤层掘进工作面、石门揭煤以及瓦斯绝对涌出量大于 3 m^3/min 的掘进面回风第一交汇点处。

3）长距离巷道掘进，每 500～1 000 m 巷道增设一个传感器。

4）采动卸压带、地质构造带、采掘面过老巷、老空区、钻场等处增设瓦斯传感器由矿总工程师根据实际情况确定。

（43）采用高位钻孔注浆措施处理高温区域。

（44）矿井供电设备实现无油化，并做到实时监测监控。

（45）保证井下局部通风的连续供电。局扇高低压供电实现双电源；采区变电所电源从地面变电所或井下中央变电所直供，且做到至少两个电源；采区变电所分段运行；每一局扇都设有备用局扇，并做到主备局扇自动切换；主备局扇供电来自不同的电源。

（46）井下局扇供电线路、设备实行强制性停电检修，局扇视同地面主扇进行管理。

5. 重责任

（47）落实企业瓦斯治理的主体责任，建立健全各级干部“一通三防”责任制，制度牌板上墙上桌。

（48）坚持定期对各矿党、政、技、安监、机电负责人和通风、地质副总工程师等安全责任考评制度。

(49) 凡瞒报“一通三防”非人身事故、虚报瓦斯抽采量、钻孔施工弄虚作假、瞒报瓦斯超限的，给予矿分管领导行政记大过直至撤职处分。

(50) 矿井发生“一通三防”死亡事故实行安全责任追究。发生一起死亡1人事故，给予分管矿领导、分管副总工程师行政记过处分；发生一起死亡2人事故，给予矿长行政记过处分，党委书记党纪处分，分管矿领导、分管副总工程师免职处理；发生一起死亡3人及以上事故，给予矿长、党委书记、安监处长免职处理，或降职、撤职处分，分管矿领导、分管副总工程师撤职处分。

八、《关于加强煤矿水害防治工作的指导意见》相关要求

2006年5月25日，国家安全生产监督管理总局、国家煤矿安全监察局下发《关于加强煤矿水害防治工作的指导意见》(安监总煤矿〔2006〕98号)。该指导意见指出：2005年以来发生的16起特大透水事故，属于透老空水的12起、死亡382人，分别占75%和83.8%；属于断层突水的2起、死亡26人，分别占12.5%和5.7%；属于溶洞突水的2起、死亡48人，分别占12.5%和10.5%。事故原因主要有：在矿井水文地质条件不清的情况下盲目开采；在水体下开采的防护措施不落实；超层越界开采，破坏防、隔水煤柱；现场人员水害防治知识匮乏，已有水患预兆而未采取措施；雨季“三防”工作不落实，特别是下雨期间井上下水情无监测、无应急措施等。

分析水害事故原因，反映出一些煤矿企业不重视矿井水文地质工作，水害防治工作管理滑坡；“三违”现象时有发生；一些地区煤矿水害防治监管监察制度不落实。为了有效遏制煤矿水害事故的发生，根据《安全生产法》《国务院关于预防煤矿生产安全事故的特别规定》等法律、法规和《煤矿安全规程》等有关技术标准，就加强煤矿水害防治工作提出以下指导意见：

1. 提高对矿井水害防治工作重要性的认识

当前煤矿水害重特大事故多发，形势十分严峻。煤矿企业和各级煤矿安全生产监管部门、煤矿安全监察机构要充分认识做好煤矿水害防治工作的重要性和紧迫性，提高认识，加强领导，将水害防治监管监察工作摆上重要议事日程。认真分析研究本单位、本地区矿井水害防治的现状和加强此项工作的措施，有效遏制煤矿重特大水害事故的发生。

2. 认真落实矿井水害防治责任制

煤矿企业法定代表人是矿井水害防治工作的第一责任人，要切实加强对水害防治工作的领导；总工程师(技术负责人)对矿井水害防治负技术责任。水文地质条件复杂或水害隐患严重的煤矿企业应设立专门防治水机构，并根据煤矿企业实际情况，配备一定数量的专职水害防治技术人员。专职水害防治人员要具备地质类相关专业学历或经专业培训，熟悉地质与水文地质专业技术工作。

3. 加强矿井水文地质基础工作

煤矿企业要认真编制矿区水害防治规划、年度水害防治计划和水害应急预案，并负责组织实施。保证水害防治的资金、工程、设备仪器落实到位。要采用适合本地区的物探、钻探、化探等先进的综合探测技术，查明矿井或采区水文地质条件；定期收集、调查核对本矿及相邻煤矿的废弃老窑情况，编制《矿井综合水文地质图》《矿井充水性图》等基础图样，建立健全矿区地下水动态观测网，为水害防治工作提供翔实、可靠的技术依据。

4. 建立健全矿井水害预测预报制度

煤矿企业应建立水害预测预报制度，对矿井生产区域的地质构造情况、水害类型等进行预测预报，提出预防处理水害的措施。水文地质条件复杂的矿井每月应定期开展水害隐患排查，其他矿井每季度至少开展一次水害隐患的排查。查出的水害隐患，要落实责任，采取切实可行的防治措施。水害防治工程应编制设计、施工方案及安全措施，工程结束后及时进行验收总结。

5. 严格矿井防隔水煤柱的管理

井田内有与河流、湖泊、溶洞、强含水层等有水力联系的导水断层、裂隙（带）、导水陷落柱时，必须查清位置，并按规定留设防水煤（岩）柱。相邻矿井的分界处，必须留设防水煤柱。已破坏的防隔水煤柱必须重新建立，按照《煤矿安全规程》规定，严禁在防隔水煤柱中进行采掘活动。

6. 加强断层水、底板承压水、溶洞水的超前治理

巷道过导水断层、裂隙（带）、陷落柱等构造地带时，必须探水前进。如果含水丰富，应超前预注浆封堵加固。井筒工程穿过强含水层时，必须进行预注浆封堵加固。受底板承压水威胁的矿井，要进行疏水降压，保证安全开采；无法保证安全开采时，必须进行底板加固注浆。受溶洞水威胁的矿井，必须坚持“有疑必探、先探后掘”的原则，落实防范措施后方可进行采掘活动。

7. 严格控制水体下采煤

水体下采煤必须进行安全试采。试采前，要由具有资质的设计单位编制开采设计，报省级煤炭行业管理部门审批，并严格落实“三同时”的有关规定；试采时，要设立观测站，观测地表移动与变形，查明垮落带和导水裂隙带的高度以及水文地质条件的变化等情况；试采结束后，要提出试采报告，报原审批部门审查，进一步完善安全防范措施。未按有关规程进行安全试采的矿井一律不得进行生产。

8. 建立完善的井下排水系统

矿井排水系统应按照《煤矿安全规程》的要求，配备与矿井涌水量相匹配的水仓、水泵、输电线路等设施，确保矿井正常排水，并满足特殊情况下排水需要。涌水量大的矿井或水文地质条件复杂的矿井，井底车场或井下中央泵房应设置防水闸门等防水工程。

9. 做好老空（窑）水的探放工作

老空（窑）水是煤矿的主要水害之一，必须高度重视老空（窑）水的探放工作。在探水前，分析查明老窑水的空间位置、积水量和水压；探放水时，要撤出探放水点部位受水害威胁区域的所有人员；探放水孔必须打中老空水体，并要监视放水全过程，直到老空水放完为止；探放水时，要认真检查瓦斯或其他有害气体，确保探放水安全进行。搞好防治矿井水害的培训教育。矿井有突水预兆时，应立即撤出井下所有人员。煤矿企业应配备齐全探放水设备和专业队伍。

10. 加强矿井的雨季“三防”工作

认真编制雨季“三防”工作计划和实施方案，成立雨季“三防”领导小组，组织抢险队伍，储备足够数量的抢险物资；雨季前，要对矿井排水设备和供电设施进行一次全面检修，清挖水仓、水沟和沉淀池，开展一次联合排水试验。煤矿位于地表河流、山洪部位、水库等附近，井口、工业广场要修筑堤坝、开挖沟渠等截流措施，防止地表水体倒灌矿井。地表水体、采煤塌陷区、煤系地层露头等部位有漏水现象时，要对漏水的水体基底进行防漏加固处理。

11. 严肃查处超层越界和非法开采行为

超层越界和非法开采是导致水害事故的重要原因之一。煤矿安全监管、监察部门要协同国土资源、行业管理部门定期组织开展联合执法活动，严肃查处煤矿超层越界和非法开采活动。督促煤矿企业绘制真实可靠的井上下采掘工程平面图，为煤矿水害防治和应急救援工作提供真实可靠的基础资料。煤矿企业每年应向有关部门提供真实的采掘工程平面图。对超层越界和非法开采的煤矿，地方各级政府应做出规定，依法实施关闭。

12. 加强煤矿水害防治监管工作

各级煤矿安全监管部门要认真履行对煤矿水害的日常监管工作，对辖区内重大水害隐患要登记建档，重点跟踪落实隐患整治情况，督促煤矿企业认真落实水害防治责任制。督促煤矿企业成立雨季“三防”领导机构、落实防汛物资、进行矿井联合排水试验。在雨季期间未落实水害防治措施的煤矿，要监督其停止生产，将井下人员全部撤到地面。凡煤矿企业没有配备地质或水文地质专业技术人员的，未按规定配备探放水设备和队伍的；水文地质条件复杂或水害隐患严重的企业，没有设立专门防治水机构的；防治水规划、年度计划资金和工程不落实的；没有建立水害隐患排查制度、制定水害防治应急预案的，要责令企业停产整改，限期整改不合格的，立即依法关闭。

13. 加大对煤矿水害的监察力度

各级煤矿安全监察机构对受老空水、底板奥灰水或溶洞水威胁的矿井和水体下采煤的矿井以及煤矿雨季“三防”工作等实施重点监察，对存在重大隐患的，责令停产整顿，凡整改不合格无法保障安全开采时，要移送地方政府依法予以关闭。对发生事故的矿井要认真查清水害发生的原因，严肃追究事故责任，公布处理结果，吸取教训，接受社会舆论监督。

14. 加强水害应急救援工作

各主要产煤地区县级以上地方人民政府要完善水害应急预案，配备能够满足抢险救灾的各种排水设备和专业抢险队伍；大型煤矿企业也要完善水害应急预案，储备足够数量的抢险物资和设备，确保抢险救灾时能够及时到位，并发挥作用。

九、《煤矿工人安全知识五十条》相关要求

2005年5月17日，国家煤矿安全监察局下发了旨在保护矿工生命安全的《煤矿工人安全知识五十条》，要求各地迅速组织矿工学习。《煤矿工人安全知识五十条》共4 150字，是根据《煤矿安全规程》及煤矿安全生产的实践编写的。共分五大部分：一、入井须知；二、安全乘车与行走；三、灾害预防；四、紧急避灾；五、煤矿工人的权利、义务与权利维护。

在煤矿企业，许多事故的发生，是由于工人缺乏安全知识，违章作业，麻痹大意，未能及时消除事故隐患。因此，牢记安全知识和安全措施，作业前进行安全检查，及时排查和消除事故隐患，确保工作范围内不存在安全问题，对于保证自身安全和他人的安全具有重要的作用。可以说，《煤矿工人安全知识五十条》是煤矿工人安全生产的“护身符”，煤矿工人必须认真学习，切实掌握。

1. 入井须知

（1）煤矿是高危行业，入井前要吃好、睡好、休息好，千万不能喝酒，以保持充沛精力。

（2）明火和静电可导致瓦斯爆炸及火灾，不能穿化纤衣服和携带香烟及点火物品下井。

（3）入井前要随身携带矿灯、佩戴安全帽、携带自救器，配备不齐或设备不完好不能入井工作。

（4）携带锋利工具时，要套好护套，防止伤人。

（5）通过班前会可了解工作地点的安全生产情况、明确安全注意事项、掌握防范措施，保证作业安全，因此要按时参加班前会。

（6）自觉遵守《入井检身制度》，听从指挥，排队入井，接受检身。

2. 安全乘车与行走

（7）上下井乘罐、乘车、乘皮带要听从指挥，不能嬉戏打闹、抢上抢下。

（8）要按照定员乘罐、乘车，并关好罐笼门、车门，挂好防护链。不能在机车上或两车厢之间搭乘。

（9）人货混装十分危险，不要乘坐已装物料的罐笼、矿车和皮带。

（10）开车信号已发出和罐笼、人车没有停稳时，严禁上下。

（11）运送火工品时，要听从管理人员安排，千万不能与上、下班人员同时乘罐、乘车。

（12）乘罐、乘车、乘皮带行驶途中，不能在罐内、车内躺卧和打瞌睡，不能将头、手脚和携带的工具伸到罐笼和车辆外面；不能在皮带上仰卧、打瞌睡和站立、行走，不能用手扶皮带侧帮。

（13）乘坐“猴车”（无级绳绞车）时，不触摸绳轮，做到稳上、稳下。

（14）在巷道中行走时，要走人行道，不在轨道中间行走，不随意横穿电机车轨道、绞车道，携带长件工具时，要注意避免碰伤他人和触及架空线，当车辆接近时要立即进入躲避硐室暂避。

（15）在横穿大巷，通过弯道、交叉口时，要做到“一停、二看、三通过”；任何人都不能从立井和斜井的井底穿过；在兼作行人的斜巷内行走时，按照“行人不行车，行车不行人”的规定，不要与车辆同行。

（16）钉有栅栏和挂有危险警告牌的地点十分危险，不能擅自进入；爆破作业经常伤人，不可强行通过爆破警戒线、进入爆破警戒区。

（17）严禁扒车、跳车和乘坐矿车，严禁在刮板输送机上行走；在带式输送机巷道中，不能钻过或跨越输送带。

3. 灾害预防

（18）瓦斯是开采煤炭过程中释放出来的无色、无味、无臭气体，有四大危害：一是可以燃烧，引起矿井火灾；二是会爆炸，导致矿毁人亡；三是浓度过高时会导致人员缺氧窒息甚至死亡；四是会发生煤（岩）与瓦斯突出，摧毁、堵塞巷道，甚至引起人员窒息死亡、瓦斯爆炸。

（19）瓦斯事故是可以预防的，只要认真贯彻执行《煤矿安全规程》和有关规章制度，防止瓦斯积聚和出现火源就可以预防瓦斯事故的发生。

（20）监测监控是有效预防瓦斯积聚的重要措施，要爱护监测监控设备；不能因为监测监控系统报警、断电影响生产而擅自调高监测探头的报警值、破坏瓦斯监测探头或用泥巴、煤粉及其他物品将瓦斯监测探头封堵上。

（21）井下的风筒、风门、风桥、风障等通风设施是为矿工提供新鲜空气和防止瓦斯积聚、预防瓦斯事故的最重要的基础设施，这些通风设施一旦被破坏，风流就可能紊乱、导致瓦斯事故，造成重大人员伤亡。所以，一是要自觉爱护井下通风设施；二是通过风门时，要立即随手关好，不能将两道风门同时打开，以免造成风流短路。发现通风设施破损、工作不正常或风量不足时，要及时报告，修复处理。

（22）掘进工作面是最易发生瓦斯积聚、发生瓦斯事故的地点之一，保证局部通风机的正常运转可有效防范瓦斯事故的发生。局部通风机通常由专人负责管理，其他人不可随意停开。

（23）工作面在瓦斯超限的情况下仍然坚持生产作业，极易引起重特大人员伤亡事故。各种规章规定，严禁瓦斯超限作业：

当采区回风巷、采掘工作面回风巷风流中瓦斯体积分数超过 1%或二氧化碳超过 1.5%时，必须停止作业，从超限区域撤出。

当采掘工作面及其他作业地点风流中、电动机或其开关安设地点附近 20 m 以内风流中的瓦斯体积分数达到 1.5%时，也必须停止工作，从超限区域撤出。

(24) 由矿灯、机电设备产生的火花都能引起瓦斯爆炸和矿井火灾，导致人员重大伤亡，所以在井下不能随意拆开、敲打、撞击矿灯，不准带电检修、搬迁电气设备，更不能使用明刀闸开关。

(25) 吸烟引发的瓦斯爆炸时有发生，为了确保井下全体矿工的人身安全，井下禁止吸烟和使用火柴、打火机等点火物品。

(26) 出现以下一种或多种征兆时，就可能发生煤与瓦斯突出，因此在观察到以下征兆时要立即停止作业、从作业地点撤出，并报告有关部门。

无声征兆：工作面顶板压力增大，煤壁被挤出、片帮掉渣、顶板下沉或底板鼓起，煤层层理紊乱、煤暗淡无光泽、煤质变软、煤壁发亮，工作面风流中瓦斯忽大忽小，打钻时有顶钻、卡钻、喷瓦斯等现象。

有声征兆：煤层发出劈裂声、闷雷声、机枪声、响煤炮，声音由远到近、由小到大，有短暂的、有连续的、间隔时间长短不一，煤壁发生震动或冲击，顶板来压、支架发出折裂声。

(27) 有些煤矿的煤尘具有爆炸性，一旦发生煤尘爆炸，会造成矿毁人亡，后果十分严重；但只要认真执行《煤矿安全规程》和有关规章制度，有效实施煤层注水、湿式打眼、使用水炮泥、喷雾洒水、冲洗巷帮等综合防尘措施，煤尘爆炸是完全可以预防的。在井下工作时要爱护防尘设施、设备，不可随意拆卸、损坏。

(28) 顶板事故是最常见、最容易发生的事故，要注意防范。当出现以下一种或几种征兆时，要及时采取措施防范：顶板、支架发出响声；顶板掉渣；煤壁片帮；顶板出现裂缝；顶板脱层；直接顶漏顶等。

(29) 顶板是否会发生冒落，可采用以下方法进行观察：

一是敲帮问顶。即用钢钎或手镐敲击顶板，声音清脆响亮的，表明顶板完好；发出“嗡嗡”声的，表明顶板岩石已离层，有冒落的危险，应采取措施把脱离的岩块挑下来。

二是打木楔。即在顶板裂缝中打入一小木楔，过一段时间如果发现木楔松动或松脱，说明裂缝在扩大，顶板有冒落的危险，应采取措施进行处理。

三是震动观察。即一手扶顶板，一手持凿子或镐头等工具敲击顶板，若感到顶板震动，即使听不到破裂声，也说明已有顶板岩石离层，有冒落的危险，应及时防范。

(30) 井下火灾后果十分严重，会造成重大人员伤亡和财产损失，还会引发瓦斯、煤尘爆炸，导致灾害进一步扩大，应十分注意矿井火灾的防范：一是不能在井下用灯泡取暖和使用电炉、明火；二是在没有得到批准的情况下，不得从事电、气焊作业；三是不能将剩油、废油随意泼洒，也不能将用过的棉纱、布头和纸张等易燃物品随意丢弃。

（31）火灾发生初期是灭火的最好时机，因而应主动学会使用灭火器具，掌握灭火知识。在发生火灾时，若火势不大，可直接组织身边人员灭火；若火灾范围大或火势太猛，现场人员无力抢救、自身安全受到威胁时，应迅速戴好自救器撤离灾区或根据领导指示行事。

（32）矿井水灾事故是煤矿五大自然灾害之一，也会造成人员的重大伤亡，当观察到以下一种或几种征兆时，必须停止作业，判明情况，立即向领导或调度室报告，并从受水害威胁的区域撤出：工作面变得潮湿，顶板滴水、淋水，岩石膨胀，底鼓，矿压增大，片帮冒顶，支架变形，有水叫声，煤层挂汗、挂红，工作面有害气体增加、有时带有臭鸡蛋味等。

（33）探水作业经常会发生意外，进行探水作业时，要预先开好躲避硐，加强支护，规定好联络信号和避灾路线，并经常检查瓦斯。当钻进中遇到异常情况时，不要轻易移动或拔出钻杆、擅自放水，要及时向领导或调度室汇报，情况危急时，要立即撤出。

（34）炸药在爆炸过程中会产生爆炸火焰，防范措施不当就会引起瓦斯爆炸，因爆破作业引发的瓦斯事故时有发生。为了防止因爆破作业引发的瓦斯事故，有关规章规定：爆破作业必须严格执行“一炮三检”制度（装药前、放炮前、放炮后检查瓦斯浓度），爆破地点附近 20 m 以内风流中瓦斯浓度达到 1%时，严禁装药、爆破；井下爆破作业必须使用专用发爆器，严禁使用明火、明刀闸（开关）、明插座爆破；炮眼必须按规定封足炮泥、使用水炮泥，严禁使用煤粉或其他易燃物品封堵炮眼，无封泥或封泥不足时严禁爆破。

4. 紧急避灾

（35）有效的自救和互救可减少事故伤亡，挽救自己和他人的生命，因而要主动学习和掌握矿井灾害预防知识和自救、互救知识，熟悉井下避灾路线。

（36）发生事故后，及时报警可增加获救的机会，赢得抢救的时间。在事故发生后要充分利用附近的电话或派出人员迅速将事故情况向领导或调度室汇报。

（37）避灾过程中，要保持镇静、沉着应对，不要惊慌，不要乱喊乱跑；要遵守纪律，听从指挥，决不可单独行动。

（38）紧急避灾、撤离事故现场时，要迎着风流、向进风井口撤离，并在沿途留下标记。

（39）无法安全撤离灾区时，要迅速进入预先构筑的躲避硐室或其他安全地点暂避，在硐室外留下明显标记，并不时敲打轨道或铁管发出求救信号。撤离路线被封堵时，不要冒险闯过火区或泅过被水封堵的通道。

（40）抢救窒息或心跳呼吸骤停的伤员时，要先复苏、后搬运；抢救出血的伤员时，要先止血、后搬运；抢救骨折的伤员时，要先固定、后搬运。

（41）正确避灾，可避免或减少人员伤亡：遇到瓦斯、煤尘爆炸事故时，要迅速背向空气震动的方向、脸向下卧倒，并用湿毛巾捂住口鼻，以防止吸入大量有毒气体；与此同时，要迅速戴好自救器，选择顶板坚固、有水或离水较近的地方躲避。

遇到火灾事故时，要首先判明灾情和自己的实际处境，能灭（火）则灭，不能灭（火）则迅速撤离或躲避、开展自救或等待救援。

遇到水灾事故时，要尽量避开突水水头，难以避开时，要紧抓身边的牢固物体并深吸一口气，待水头过去后开展自救和互救。

遇到煤与瓦斯突出事故时，要迅速戴好隔离式自救器或进入压风自救装置或进入避难硐室。

5. 煤矿工人的权利、义务与权利维护

（42）享有对企业安全生产情况的知情权、监督权和建议权，有权要求煤矿企业提供企业的安全生产情况和了解作业场所、工作岗位存在的事故隐患、防范措施及应急方法。

（43）享有煤矿企业依法提供岗前安全教育培训的权利，煤矿企业未能提供安全教育培训时，有权拒绝上岗作业。

（44）有权抵制违章指挥和拒绝冒险作业，有权制止违章作业行为。

（45）遇到直接危及人身安全的紧急情况时，有权停止作业、撤离作业场所，并采取紧急避险措施。

（46）有自觉遵守国家有关法律、法规和各项规章制度的义务。

（47）有爱护生产设备、设施和正确使用安全防护用品的义务。

（48）有及时报告险情、参加抢险救灾的义务。

（49）因工受到伤害时，有依法要求企业进行赔偿并享受工伤和社会保险的权利。

（50）发现违反国家安全生产法律、法规和规章制度的生产行为时，以及因监督、制止违规生产行为受到打击报复和迫害时，可向地方煤矿安全监管部门、国家煤矿安全监察机构和工会组织投诉举报。

第二节　煤矿安全检查表

安全检查是落实安全生产工作的重要手段。安全检查表是进行安全检查一个最有效的工具，它是为检查某些系统的安全状况而事先制定的问题清单。为了使检查表能全面查出不安全因素，又便于操作，根据安全检查的需要、目的和被检查对象，可编制多种类型的相对通用的安全检查表。安全检查表的一个突出特点，就是可以事先编制，做到系统化、科学化，不漏掉任何可能导致事故的因素，为事故隐患的排查和整改做好准备。需要明确的是，安全检查只是促进安全生产的手段，而不是最终的目的。安全检查的目的在于防患于未然，及时发现事故隐患，进而消除事故隐患，以保证企业的安全生产。

一、煤矿企业安全检查的要求与项目

1. 煤矿企业安全检查的依据

煤矿企业的安全检查，所依据的法律法规、部门规章以及国家强制性标准，主要有《安全生产法》《煤炭法》《矿山安全法》《煤矿安全监察条例》《国务院关于预防煤矿生产安全事故的特别规定》《煤矿安全规程》《安全生产事故隐患排查治理暂行规定》《煤矿重大安全隐患认定办法（试行）》《煤矿隐患排查和整顿关闭实施办法（试行）》《国有煤矿瓦斯治理规定》，以及《煤矿瓦斯治理经验五十条》《关于加强煤矿水害防治工作的指导意见》《关于加强国有重点煤矿安全基础管理的指导意见》等。

2. 煤矿企业安全检查的要求

（1）到生产现场安全检查的要求

1）按照检查表的内容和标准逐项进行检查；

2）有量化标准要求的内容使用相应工具测量判定；

3）有工作要求标准的内容按现场的实际情况判定；

4）对检查表以外发现的安全生产问题进行记录；

5）随机询问现场人员安全情况；

6）专项听取职工关于现场安全与职业健康情况的反映。

（2）查阅有关文件和记录的要求

1）查阅记载有关安全生产法律法规、重要文件、技术标准等执行情况的资料；

2）查阅本部门、单位印发的安全生产文件、会议纪要、规章制度等；

3）查阅本部门、单位有关安全生产奖罚、安全投入等账目情况；

4）查阅本单位其他有关安全生产的日报、记录；

5）查阅重大隐患排查和整改记录。

（3）现场抽样查证或演练的要求

1）抽样查证特殊工种持证上岗情况；

2）抽样查证职工安全操作和安全生产知识；

3）抽样查证安全设备、设施的完好程度或有效期；

4）抽样查证设备、设施检验与检修记录；

5）抽样查证事故救援预案及演练记录。

（4）安全生产检查活动的控制要求

1）按照检查计划进行检查；

2）突出重点，加强对矿井瓦斯、煤尘、水、火等重大灾害防治措施落实情况的检查；

3）检查项目体现全面性，对通风、采煤、掘进、机电、运输等专业均适度抽检；

4）检查工作着重识别事故隐患，查找存在问题，督促整改；

5）检查组内及时沟通情况，统一对事故隐患定性的意见；

6）注意发现先进典型、好的管理方法和经验；

7）严格检查与指导服务相结合，营造良好的检查氛围。

（5）对事故隐患和存在的安全生产问题进行处置的要求

1）及时明确地向被检查单位指出其存在的事故隐患和问题；

2）帮助被检查单位深入分析存在问题的原因；

3）下达事故隐患整改意见书，明确提出对事故隐患进行整改的要求；

4）对违反安全生产法律法规有关规定的违法事实进行处罚时按相应法定程序办理；

5）要求被检查单位制定整改措施，并将事故隐患及整改情况报上级主管部门。

3. 煤矿企业安全生产检查项目

《煤矿安全规程》是我国煤矿安全工作最全面、最具体、最权威的一部基本规程，是煤矿企业安全生产检查的主要依据。

煤矿安全生产检查表主要是依据《煤矿安全规程》有关规定以及其他法律法规的规定，不同的煤矿生产企业可以根据不同的需要，有针对性地编制不同的安全检查表，例如煤矿企业安全生产管理工作检查表、煤矿采掘工作面安全检查表、煤矿矿井通风安全检查表等。

二、煤矿企业安全管理与基本条件检查

表 5—1 和表 5—2 分别是煤矿企业安全生产管理工作检查表、煤矿矿井安全生产基本条件检查表。

表 5—1　　煤矿企业安全生产管理工作检查表

序号	检查内容	检查标准或依据	检查方法	检查评价
1	依法办矿	（1）具有采矿许可证、安全生产许可证、煤炭生产许可证、工商营业执照、矿长资格证 （2）依法在批准的开采范围内进行生产，不准越层、越界开采 （3）煤矿企业必须遵守安全生产的法律法规，加强安全生产管理，建立、健全安全生产责任制度，完善安全生产条件，确保安全生产	查“五证”及开采情况	
2	安全管理机构	（1）煤矿应当设置安全生产管理机构，配备专职安全生产管理人员 （2）安全生产管理人员应由有关主管部门对其安全生产知识和管理能力进行考核，合格方能任职	查安全机构状况和成员素质	

续表

序号	检查内容	检查标准或依据	检查方法	检查评价
3	规章制度	（1）安全生产责任制度 （2）安全目标管理制度 （3）安全奖惩制度 （4）安全技术审批制度 （5）安全隐患排查制度 （6）安全检查制度 （7）安全办公会议制度	查制度和落实情况	
4	基本图样	（1）煤矿必须具备地质和水文地质图，井上、下对照图，巷道布置图，采掘工程平面图，通风系统图，井下运输系统图，安全监测装备布置图，排水、防尘、防火注浆、压风、充填、抽放瓦斯等管路系统图，井下通信系统图，井上、下配电系统图，井下电气设备布置图和井下避灾路线图 （2）煤矿所具备的各种图样经煤矿技术负责人审查，并根据矿井发展情况和采掘活动及时修改、填绘	查看图样与生产情况	
5	井下设备安全标志	（1）煤矿使用的涉及安全生产的产品，必须经过安全检验，并取得煤矿矿用产品安全标志 （2）煤矿试验涉及新工艺、新技术、新材料、新设备前，必须经过论证、安全性能检验和鉴定，并制定安全措施	查设备、材料采购凭证，查设备、材料现场的标志	
6	安全教育培训	（1）煤矿必须对职工进行安全教育、培训，未经安全培训的不得上岗 （2）煤矿特种作业人员必须经专门培训，并取得特种作业操作资格证书，持证上岗 （3）煤矿采用新工艺、新技术、新材料、新设备，必须了解、掌握其主要技术特性，采取有效的安全防护措施，对从业人员进行专门的安全生产教育和培训	查企业培训计划及执行结果，查特种作业现场持证上岗情况	
7	安全检查、隐患处理和灾害预防	（1）煤矿安全管理人员应当根据生产安全情况进行经常性安全检查，对检查中发现的主要问题，应当立即处理；不能处理的，应当及时报告本单位主要负责人。检查及处理情况应当记录在案 （2）在有较大危险因素的生产经营场所和有关设施、设备上，设置明显的警示标志 （3）对重大危险源应登记建档，定期进行检测、评估、监控，制定应急预案，采取有效措施，并告知从业人员和相关人员 （4）煤矿企业必须编制年度灾害预防和处理计划，并根据具体情况及时修改。灾害预防和处理计划由矿长组织实施，煤矿企业每年必须至少组织1次矿井救灾演习	查安全检查、处理隐患的记录，查重大危险源档案及处理情况	

续表

序号	检查内容	检查标准或依据	检查方法	检查评价
8	事故报告、抢救及查处	（1）煤矿发生事故应按规定进行事故报告和统计 （2）事故发生后，主要负责人立即组织抢救，不得擅离职守 （3）事故调查结束后，根据事故调查情况，对事故责任人依法追究责任	查事故报告、统计和处理情况	
9	安全生产投入	（1）煤矿应当具备有关法律、法规和国家标准、行业标准规定的主要安全生产条件，否则不得从事生产活动 （2）煤矿决策机构主要负责人应当保证具备安全生产条件的资金投入 （3）决策机构主要负责人对由于安全生产所需资金投入不足导致的后果承担责任 （4）煤矿企业在编制生产建设长远发展规划和年度生产建设计划时，必须编制安全技术发展规划和安全技术措施计划，其所需费用、材料和设备等必须列入企业财务、供应计划	查安全技术发展规划、安全技术措施计划及其所需费用、材料、设备等供需状况	
10	三同时	（1）建设项目安全设施必须与主体工程同时设计、同时施工、同时投入生产和使用，投资纳入建设项目概算 （2）设计必须符合煤矿安全规程、行业技术规范要求和煤矿初步设计安全专篇 （3）安全设施设计必须经煤矿安全监察机构审查同意，否则不得施工 （4）建设工程竣工后投产前，其主要设施应由煤矿安全监察机构进行验收，未经验收或验收不合格的，不得投入使用	查建设项目设计，煤矿安全监察机构审查设计和竣工验收情况	
11	职工安全管理、劳动保护	（1）煤矿应及时向从业人员告知作业场所和工作岗位存在的危险因素、所采取的防范措施及事故应急措施 （2）煤矿企业应为从业人员提供符合国家标准或行业标准的劳动保护用品，并监督教育从业人员按照使用规则佩戴使用，安排用于配备劳动防护用品的资金 （3）煤矿应与从业人员订立劳动合同，说明有关保障从业人员劳动安全、防止职业危害的事项，以及依法为从业人员办理工伤社会保险事项	查劳动保护用品质量、采购、发放和使用情况，询问从业人员对作业场所危险因素是否知情	

被检查单位负责人：　　　　检查负责人：

表 5—2 煤矿矿井安全生产基本条件检查表

序号	检查内容	检查标准或依据	检查方法	检查评价
1	安全出口	（1）每个生产矿井必须至少有 2 个能行人的通达地面的安全出口，各个出口间的距离不得小于 30 m （2）井田一翼走向较长，矿井发生灾害不能保证人员安全撤出时，必须在井田边界附近设安全出口 （3）下一个水平到上一个水平和各个采区必须至少有 2 个便于行人的安全出口，并与通达地面的安全出口相连接 （4）井巷交叉点必须设置路标，标明所在地点，指明通往安全出口的方向 （5）安全出口应经常清理、维护，保持畅通 （6）采煤工作面至少保持 2 个畅通的安全出口，一个通到回风巷，另一个通到进风巷。受同煤层储存条件限制，确实不能保持 2 个出口的，必须制定措施，有经县以上主管部门批准的专项安全措施	查矿井采掘平面图和生产现场	
2	矿井井巷断面	（1）主要运输巷和主要风巷的净高，自轨面起不得小于 2 m；有架线的，架线悬挂高度在车场和有行人的巷道不得小于 2 m；不行人的巷道不得小于 1.9 m；井底车场不得小于 2.2 m；采区内上、下山和平巷的净高不得小于 2 m；薄煤层内的巷道不得小于 1.8 m （2）运输巷道中的人行道宽度不得小于 0.8 m（综合机械化矿井不得小于 1.0 m）；车场中的人行道宽度不得小于 1.0 m；达不到上述要求的矿井，必须在人行道一侧设躲避硐；躲避硐宽度不得小于 1.2 m，高度不得小于 1.8 m，深度不得小于 0.7 m；两硐间距不得小于 40 m （3）双轨运输巷，2 列对开列车最突出部分间距不得小于 0.2 m，采区装载点不得小于 0.7 m，矿车摘挂钩地点不得小于 1.0 m	现场检测	
3	矿井通风	（1）矿井应当具备完整的独立通风系统，并有通风系统图 （2）生产水平和采区必须实行分区通风，采掘工作面实行独立通风 （3）矿井、采区、采掘工作面通风设施应当齐全可靠 （4）矿井必须在地面安装矿用主要通风机，一台使用，一台备用	查看通风系统图及生产现场	
4	矿井防治瓦斯	（1）建立健全瓦斯防治机构 （2）瓦斯突出矿井和用通风方法解决瓦斯问题不合理的高瓦斯矿井，采掘工作必须建立地面永久抽放瓦斯系统或井下临时抽放瓦斯系统 （3）开采煤与瓦斯突出危险煤层，必须实行瓦斯预测、预报、防治措施，效果检验和安全防护的综合防突措施	检查瓦斯防治机构，查看抽放瓦斯系统和综合防突措施	

续表

序号	检查内容	检查标准或依据	检查方法	检查评价
5	矿井防尘	（1）矿井必须有所有煤层的煤尘爆炸性鉴定资料 （2）矿井必须有防尘管理机构和管理制度 （3）矿井必须建有完善的防尘供水系统 （4）开采有煤尘爆炸危险煤层的矿井，必须有预防和隔绝煤尘爆炸的措施	检查煤尘爆炸性鉴定资料、防尘机构、防尘设施及效果	
6	矿井防治水	（1）矿井必须有完整的水文地质资料和远、近期防治水措施 （2）水文地质条件复杂的矿井必须建立地下水动态观测系统，进行观测预报，并制定相应的“探、防、堵、截、排”综合防治措施 （3）雨季受水威胁矿井必须制定防洪措施 （4）矿井具备完善的排水系统，排水符合规定	检查水文地质资料、防排水设施及效果	
7	矿井防灭火	（1）矿井必须制定井上、下防灭火措施，完善井上、下消防系统 （2）开采容易自燃和自燃性煤层的矿井，应制定防止煤层自燃的措施，建立完善的防止煤层自燃的系统	检查井上下消防和防治煤层自燃的设施及效果	
8	矿井供电	（1）矿井应有两回路供电 （2）矿井必须有井上、下配电系统图 （3）井下电气设备必须符合防爆要求，各种保护装置完善可靠 （4）井下电气设备应有矿用产品安全标志	检查配电系统图、查看井上下电气设备保护、防爆、标志是否齐备	
9	矿井提升	（1）立井中升降人员，应使用罐笼或带乘人间的箕斗 （2）矿井提升绞车各种保险装置齐全可靠，深度指示器完善准确 （3）立井、斜井升降人员使用的罐笼、箕斗、人车必须装设防坠装置	现场查看	
10	矿井通信	（1）矿井应有完善可靠的通信系统，保持矿内外、井上下和重要场所、作业地点通信畅通 （2）井下主要泵房、井下中央变电所、地面变电所、通风机房的电话，应能与矿调度室直接联系	现场查看、测听	
11	矿井爆破	（1）煤矿应按规定建井上下爆炸材料库，爆炸材料的储存数量符合规定 （2）井下爆破作业必须使用按矿井瓦斯等级选用的相应级别的煤矿许用炸药和煤矿许用电雷管	现场查看账目及实物	

被检查单位负责人：　　　　　　　　　　　　检查负责人：

三、煤矿企业采掘工作面安全检查

表5—3、表5—4、表5—5和表5—6分别是煤矿采掘工作面安全检查表，煤矿井巷掘进工作面安全检查表，煤矿矿井通风安全检查表，煤矿采掘工作面、硐室通风安全检查表。

表5—3　　煤矿采掘工作面安全检查表

序号	检查内容	检查标准或依据	检查方法	检查评价
1	必备条件	（1）采区开采前必须编制包括安全设施在内的采区设计，并按照有关规定进行审批 （2）采区和采面投产前，必须经过企业安全主管部门检查验收，不符合《煤矿安全规程》规定的，不得投入生产	查设计和验收报告	
2	作业规程	（1）必须按照煤矿有关规定进行编制、审核、批准，并组织所有作业人员进行认真学习，严格执行 （2）作业规程内容应包括工作面巷道布置、生产工艺、作业方法以及通风、瓦斯、防火、防尘、配电等管理内容和安全防护措施等 （3）随工作面自然条件和其他因素变化，必须及时修改或补充安全措施	查作业规程及其执行情况	
3	采煤方法	（1）必须安全、合理、正规、先进，并经有关部门审批 （2）适应煤层赋存、围岩、构造、瓦斯、发火、水文、矿压等地质条件 （3）照应相邻采面开采程序、推进速度、压茬关系 （4）照应回采塌陷对地表建筑物、道路、水体、环境造成的负面影响	针对突出性问题进行现场检查	
4	综合机械化采煤工艺	（1）必须根据矿井各生产环节、煤层地质条件、煤层厚度、煤层倾角、瓦斯涌出量、自然发火倾向和矿山压力等因素，编制设计 （2）必须有明确的液压支架拆装工艺、运送方式、安装质量和可靠的控制顶板安全措施 （3）工作面煤壁、刮板输送机和支架都必须保持直线；倾角大于15°时液压支架必须采取防倒、防滑措施；倾角大于25°时，必须有防止煤块窜出刮板输送机的措施 （4）液压支架必须接顶，顶板破碎时，必须超前支护 （5）工作面采高按作业规程严格进行控制 （6）工作面两端必须使用端头支架或增设其他形式的支护 （7）处理冒顶、倒架、压架、更换支架，拆修顶梁、支柱、座箱等大型部件和其他设备都应制定安全措施	查作业规程，检查工作面现场是否符合规程要求	

续表

序号	检查内容	检查标准或依据	检查方法	检查评价
5	综合机械化放顶煤采煤工艺	（1）必须根据煤层地质特征编制综采放顶煤开采设计 （2）采用综合机械化放顶煤工艺必须符合以下条件： 1）无煤（岩）与瓦斯（二氧化碳）突出危险 2）顶煤和煤层顶板能随放煤即行垮落，或在采取预裂爆破等措施后能及时垮落 3）针对煤层开采技术条件和放顶煤开采工艺特点，制定防火、防尘、防瓦斯、顶板控制等安全技术措施	查工作面作业规程，现场检查工作面是否符合作业规程规定的要求	
6	采面安全出口	（1）采煤工作面必须有至少2个畅通的安全出口，一个通到回风巷，一个通到进风巷 （2）开采三角煤、断层带、残留煤柱或地质构造极为复杂的煤层［有瓦斯喷出，煤（岩）与瓦斯（二氧化碳）突出危险或突水危险的除外］，不能保持2个安全出口时，必须制定措施，并按管理权限报县级以上煤炭管理部门审批 （3）所有安全出口与巷道连接处20 m范围内必须加强支护；此范围内的巷道高度，综采不得小于1.8 m，其他不得小于1.6 m	现场检查工作面出口安全情况和有关审批文件	
7	工作面通风及瓦斯管理	（1）回采工作面必须有工作面通风设计，包括风路、风量计算和通风管理，符合有关规定 （2）随着工作面瓦斯涌出变化，必须及时修改通风设计 （3）工作面的通风设施（如风门、风障、风桥）应有专人管理、维修 （4）根据工作面瓦斯等级制定瓦斯检查制度	查作业规程和现场，检查通风设施、风量、瓦斯浓度	
8	工作面顶板管理（1） 工作面顶板管理（2）	（1）应根据顶板岩性、煤层构造、采煤方法、采煤工艺等制定工作面顶板管理方法 （2）采煤工作面严禁使用折损的坑木，损坏的金属顶梁和失效的摩擦金属支柱、单体液压支柱，工作面所使用的支柱必须留有足够备用数量 （3）在同一采面不得使用不同类型和不同性能的支柱 （4）摩擦式金属支柱、单体液压支柱入井前必须逐根进行压力试验。摩擦式金属支柱、金属顶梁和单体液压支柱，在采煤工作面回采结束后或使用时间超过8个月后必须进行检修，并进行压力试验，合格后方可使用 （5）工作面必须按作业规程规定及时支护，所有支架必须架设牢固，并有防倒措施。摩擦金属支柱初撑力不得小于50 kN；单体液压支柱初撑力，柱径为100 mm的不得小于90 kN，柱径为80 mm的不得小于60 kN （6）采煤工作面必须及时回柱放顶或充填。根据顶板情况、采面相邻关系、工作面推进速度、进度等因素制定控顶距离和回柱放顶安全措施。采用密集支柱切顶时，两段密集支柱间必须留有宽0.5 m以上出口	查作业规程，抽查支柱初撑力和支柱检修记录 查作业规程，抽查支柱初撑力和支柱检修记录	

被检查单位负责人：　　　　　　　　检查负责人：

表 5—4　　煤矿井巷掘进工作面安全检查表

序号	检查内容	检查标准或依据	检查方法	检查评价
1	技术管理	（1）必须编制施工组织设计和作业规程，并组织每个工作人员学习 （2）工作面地质情况发生变化，必须及时修改作业规程 （3）过断层、老空与巷道贯通时必须制定专门措施 （4）在冲击地压危险区内的掘进必须制定专门措施 （5）在坚硬和稳定的煤、岩层中，确定巷道不设支护时，必须制定安全措施	查作业规程及贯彻情况	
2	有关规定	（1）开凿或延深斜井、下山时，必须在斜井、下山的上口设置防跑车装置，在掘进工作面的上方设置坚固的跑车防护装置 （2）斜井施工期间兼作人行道时必须每隔 40 m 设置躲避硐并设红灯 （3）向下向上掘进 25°的倾斜巷道时，必须将溜煤（矸）道与人行道分开；人行道应设扶手、梯子和信号装置 （4）掘进井巷和硐室时，必须采用湿式钻眼、冲洗井壁巷帮、爆破后喷雾、装岩（煤）时洒水、净化风流和使用水泡泥等综合防尘措施 （5）工作面严禁空顶作业，在松软煤、岩层、地质破碎带、流沙性地层掘进时，必须采取前探支护或其他措施	现场检查	
3	架棚与砌碹支护	（1）支护支架应牢固，严禁空顶、空帮，支架间应设牢固的撑木和拉杆 （2）掘进工作面迎头 10 m 内的架棚支护，在爆破前必须加固 （3）砌碹巷道，碹体必须牢固、坚实，与顶、帮之间必须用不燃物充满填实	现场检查	
4	锚杆支护	（1）锚杆、锚喷等支护的端头与掘进工作面的距离，钻杆的形式、规格、安装角度，混凝土标号、喷体厚度，挂网所采用金属网的规格以及围岩涌水的处理等必须在施工组织设计或作业规程中规定 （2）采用钻爆法掘进的岩石巷道，必须采用光面爆破 （3）打锚杆眼前，要处理掉活矸 （4）软岩使用锚杆支护时，必须全长锚固 （5）锚杆必须拧紧，确保锚杆托板紧贴巷壁	现场检查	
5	巷道维修	（1）巷道维修必须制定安全措施 （2）扩大或维修井巷连续撤换支架时，必须留置撤人出口；独头维修由外向里进行；维修倾斜井巷时，严禁上下段同时作业 （3）维修旧井巷，必须首先检查瓦斯	现场检查	

被检查单位负责人：　　　　　　　　　　检查负责人：

表 5—5　　煤矿矿井通风安全检查表

序号	检查内容	检查标准或依据	检查方法	检查评价
1	全风压系统	(1) 生产矿井必须至少有 2 个能行人的通达地面的安全出口 (2) 矿井必须有完整的独立通风系统，改变通风系统时，必须编制通风设计和安全措施，按管理权限报县以上煤炭管理部门批准 (3) 煤矿企业应根据具体条件制定风量计算方法，至少每 5 年修订一次 (4) 生产水平和采区必须实行分区通风，高瓦斯矿井、有煤（岩）与瓦斯（二氧化碳）突出危险的矿井的每个采区和开采容易自燃煤层的采区，必须设置至少 1 条专用回风巷。低瓦斯矿井开采煤层群和分层开采采用联合布置的采区，必须设置 1 条专用回风巷，采区进、回风巷必须贯穿整个采区，严禁一段为进风巷，一段为回风巷 (5) 必须按实际供风量核定矿井产量 (6) 矿井必须按规定配备“一通三防”专职检查人员	查通风系统图	
2	主要通风机	矿井必须采用机械通风，主要通风机应符合下列条件： (1) 安装在地面，装有主要通风机的井口必须封闭严密，其外部漏风率在无提升设备时不超过 5%，在有提升设备时不超过 15% (2) 保证连续运转 (3) 安装 2 套同等能力的装置，其中一套作备用，并能在 10 min 内开动 (4) 严禁采用局部通风机或风机群作为主要通风机使用 (5) 装有主要通风机的井口必须安装防爆门，每 6 个月检查维修 1 次防爆门 (6) 新安装主要通风机投入使用前必须进行性能测定和试运转	查主要通风机房和有关设施	
3	主要通风机房	严禁主要通风机房兼作他用，机房必须安设水柱计、电流表、电压表、轴温计、直通矿调度室的电话和反风操作系统图	查主要通风机房和有关设施	
4	反风	生产矿井主要通风机必须装有反风设施，并能在 10 min 改变巷道中风流方向，每年应进行一次反风演习	现场检查	
5	采空区封闭	对采空区必须及时实施封闭，随采面的推进必须逐个封闭通往采空区的连通巷道，采区开采结束后 45 天内，必须用防火墙与之全部封闭	现场检查	

续表

序号	检查内容	检查标准或依据	检查方法	检查评价
6	贯通	巷道必须遵守下列规定： （1）掘进巷道贯通时，综掘巷道在相距 50 m 前，其他巷道在相距 20 m 前，必须停止其中一个的作业，做好调整通风系统的准备工作 （2）贯通时，必须由专人在现场按照预定措施统一指挥 （3）贯通后，必须停止采区内的一切作业，风流稳定后，方可恢复	检查措施、图样及现场	
7	井下空气成分	（1）进风流氧气浓度不得小于 20%，二氧化碳浓度不得大于 15% （2）有害气体的最高允许浓度：一氧化碳 0.002 4%，一氧化氮 0.000 25%，一氧化硫 0.000 5%，硫化氢 0.000 66%，氨 0.004 0%	现场检查井下空气成分	
8	井巷风速	最高风速：无提升设备的风井，15 m/s；专为升降物料的井筒，12 m/s；风桥 10 m/s；主要进、回风巷，8 m/s，运输机巷，采区进、回风巷，6 m/s；采煤工作面、掘进工作面巷道，4 m/s	现场检查	
9	井下气温	（1）进风口以下，必须在 2℃以上 （2）采掘工作面气温：不得超过 26℃ （3）机电硐室气温不得超过 30℃	现场检查	
10	矿井风量	矿井风量应按下列要求计算，并选取其中的最大值： （1）按井下同时工作的最多人数计算每人每分钟供给风量不得小于 4 m^3 （2）按采煤、掘进、硐室及其他地点实际需要风量的总和进行计算。实际需要风量，必须使有害气体的浓度、风速以及温度、风量符合煤矿安全规程的规定	现场检查，查实际风量是否满足生产要求	
11	矿井通风设施	（1）控制风流的风门、风桥、风墙、风窗等设施必须可靠 （2）不应在倾斜运输巷中设置风门 （3）进、回风井之间和主要进、回风巷道之间的每个联络巷中，必须砌筑永久风墙；需要使用的联络巷，必须安设 2 道联锁的正向风门和 2 道反向风门	现场检查	
12	矿井通风管理	（1）矿井必须建立测风制度。每 10 天进行 1 次全面测风。对采、掘工作面和其他用风地点，应根据实际情况随时测风，每次测风结果应记录并写在测风地点的记录牌上 （2）矿井必须有足够数量的通风安全检测仪表。仪表必须由国家授权的安全仪表计量检验单位进行检验 （3）主要通风机的运转应由专职司机负责，并经专门培训持证上岗 （4）因故停风，必须制定停风措施	查测风记录和反风记录，仪表完好情况，司机持证情况	

被检查单位负责人：　　　　　　　　　　　　检查负责人：

表 5—6　　煤矿采掘工作面、硐室通风安全检查表

序号	检查内容	检查标准或依据	检查方法	检查评价
1	回采工作面通风	（1）必须编制回采工作面通风设计，包括风路、风量、通风设施和风量计算依据，工作面瓦斯涌出量等发生变化及时进行修改 （2）采煤工作面的回风必须进入采区回风巷，采煤工作必须在采区构成完整的通风、排水系统，方可回采 （3）采、掘工作面应实行独立通风，进风、回风不得经过采空区或冒顶区 （4）同一风路中的 2 个采煤工作面、采煤工作面与其相连接的掘进工作面、相邻两个掘进工作面，布置独立通风有困难时，可以串联通风，但串联次数不得超过 1 次，必须在进入被串联工作面的风流中装设甲烷断电仪，且瓦斯与二氧化碳浓度都不超过 0.5%。其他有害气体浓度不能超过允许值 （5）开采瓦斯喷出或有煤（岩）与瓦斯（二氧化碳）突出危险煤层时，严禁 2 个工作面之间串联通风 （6）开采有瓦斯喷出或有煤（岩）与瓦斯（二氧化碳）突出危险的矿井的煤层时，严禁任何 2 个工作面之间串联通风，不得采用下行风	查工作面作业规程，采掘平面图	
2	掘进工作面通风	（1）矿井开拓或准备采区时，必须根据全风压供风量和瓦斯涌出量编制通风设计。掘进巷道的通风方式，局部通风机和风筒的安装、使用等应在作业规程中明确规定 （2）掘进巷道必须采用矿井全风压通风和局部通风机通风 （3）煤巷、半煤岩巷和有瓦斯涌出的岩巷掘进面通风方式应采用压入式，有煤（岩）与瓦斯（二氧化碳）突出危险的掘进通风方式必须采用压入式 （4）压入式局部通风机和启动装置必须安装在进风巷道中，距掘进巷道回风口不得小于 10 m，全风压供给该处的风量必须大于局部通风机的吸入风量 （5）高瓦斯矿井、瓦斯突出矿井局部通风机应采用“三专”（专用变压器、专用开关、专用线路）供电；也可采用装有选择性漏电保护装置的供电线路供电 （6）严禁使用 3 台以上（含 3 台）局部通风机同时向 1 个掘进工作面供风。不得使用 1 台局部通风机同时向 2 个作业的掘进工作面供风	现场检查	
3	井下硐室通风	（1）井下爆破材料库，必须有独立的通风系统，回风风流引入矿井总回风巷或主要回风巷中 （2）井下充电室必须有独立的通风系统，回风风流引入回风巷 （3）井下机电设备硐室应该在进风风流中	现场检查	

被检查单位负责人：　　　　　　　　　　　　检查负责人：

第三节　煤矿企业事故隐患排查整改做法参考

煤矿生产具有很大的危险性，属于典型的危险性作业，易发生人员伤亡事故，尤其是重特大伤亡事故。在对事故的预防中，需要切实做好的一项工作就是强化煤矿重大事故隐患排查治理。煤矿企业要建立隐患排查工作责任制，制定隐患排查整改方案，定期对煤矿存在重大事故隐患的作业场所、设施设备、重点环节、重点部位进行隐患排查，对排查出的事故隐患进行评估、分级和登记，明确隐患整改的期限和质量要求，实行动态管理。同时，在隐患排查的基础上，还要加大隐患治理投入的力度，确保排查出的事故隐患得到及时有效的整改，从而提高企业的安全可靠性。

一、张家口矿业集团实施三级事故隐患排查治理管控体系的做法

张家口矿业集团有限公司位于张家口市下花园区，组建于 2007 年 3 月，是河北冀中能源集团的子公司。该矿业集团主要是集矿产开发、利用、科研于一体的国有煤炭企业，集团下属宣东矿、康保矿等六个生产矿区，主营业务有煤炭生产、煤炭洗选加工、金属材料、建筑材料、橡胶制品、煤砖产品、化工产品、机械设计与制造、矿用产品的生产销售等，现有职工 11 400 名。

近年来，张家口矿业集团公司始终坚持“安全第一、预防为主、综合治理”的安全生产方针。为了从源头上防止安全生产事故发生，实现全员、全方位、全过程的安全管理，公司从 2005 年 10 月开始对煤矿事故隐患排查进行探索研究，制定出“煤矿三级事故隐患排查治理管控体系”，建立了一套完整、严密、闭合的安全管理流程，形成了隐患排查治理长效机制。

张家口矿业集团实施三级事故隐患排查治理管控体系的做法主要是：

1. 针对存在的问题，建立煤矿三级事故隐患排查治理管控体系

张家口矿业集团针对煤矿隐患排查治理工作开展不扎实、不到位和事故隐患防控能力不足等问题，根据事故轨迹交叉理论，经多方研究、实践运行、分析提炼，总结出了集团公司、煤矿、区队相互监督、相互制约的《煤矿三级事故隐患排查治理管控体系》，概括为“44541”，即在隐患管理方面建立“四个体系”，在隐患排查治理中坚持“四个报告”，在隐患治理过程中确立“五定”原则，在治理措施上落实“四项措施”，事故隐患排查治理体现“一个一”。

“44541”的具体内容如下：

（1）在隐患管理方面建立“四个体系”：安全管理责任体系、安全监督检查体系、安全责任追究体系、安全管理制约体系。

（2）在隐患排查治理中坚持“四个报告”：隐患排查治理报告、隐患监督检查报告、隐患治理验收报告和月度安全评价报告，四个报告分别对应四个体系。

（3）在隐患治理过程中确立“五定”原则：定项目（具体隐患）、定负责人、定措施、定时间、定资金。项目、措施、资金、时间、负责人是隐患排查治理工作的五大要素，缺一不可。

（4）在治理措施上落实“四项措施”：隐患治理的安全技术措施、治理过程中的安全保证措施（包括应急措施）、强制执行措施、操作人员的专业技能培训措施。

（5）事故隐患排查治理体现“一个一”：“安全第一、预防为主、综合治理”的安全生产方针。

2. 在隐患管理方面建立“四个体系”

张家口矿业集团在推行《煤矿三级事故隐患排查治理管控体系》时，在隐患管理方面建立“四个体系”，即安全管理责任体系、安全监督检查体系、安全责任追究体系、安全管理制约体系。四个体系明确了隐患排查治理的责任，建立了督促隐患排查治理的机构，形成了隐患排查治理的约束机制，确立了责任追究的依据。

（1）安全管理责任体系的含义与内容

1）安全管理责任体系的含义。①从集团公司、部门，到矿井、区队、班组，每一级都有明确的安全管理责任，由下至上逐级负责。②从集团公司领导、管理人员到每一名职工、每一个岗位，都有排查治理隐患的责任，并对本岗、本职的安全工作负责。③强化安全第一、生产第二，管生产必须管安全的理念，要做到管生产必须管隐患排查治理。生产现场的隐患排查治理工作首先是生产管理人员和职工的职责，安全管理部门的首要责任是监督、检查隐患排查治理工作的落实执行情况。

2）安全管理责任体系的内容。①单人操作岗位要对岗位安全状况进行确认，集中生产作业场所由班组长负责本班的隐患排查治理，交班后提交隐患排查治理表；跟班区长要对单人岗和流动作业人员进行巡查，排查“三违”等不安全因素，并提交当班的巡查记录。②当班排查出来的隐患问题和生产过程中的不安全因素，按治理权限，能够当班治理的必须治理解决，不能够及时治理的要上报到区队，由区队负责整改解决。③区队每天要对所辖范围内的生产地区、设备、设施、人员的安全状况和行为进行排查治理，并向矿安全监察部门提交每天的隐患排查治理报告；区队无法及时整改解决的事故隐患，要按照“五定原则”，制定“四项措施”，上报到矿级主管部门。④矿级接到上报事故隐患，由矿级领导或部门提出整改限期，并派出专职或兼职安监员负责专盯，安监员要提交专盯报告；矿无法及时治理完成的隐患，或者治理上有困难的，要上报到集团公司。⑤上报到集团公司的事故隐患，由集团公司负责联合主管部门，组织相关专家，拿出整改方案协助矿解决。⑥所有的隐患治理完成后，矿或集团公司安监部门要进行验收，并提交验收报告。

（2）安全监督检查体系的含义与内容

1）安全监督检查体系的含义。①集团公司总经理负责监督检查各副总经理、集团公司各部门、各矿的隐患排查治理情况。②主管副总经理监督检查本专业隐患排查治理情况和部门工作完成情况。③集团公司业务部门负责监督检查所辖专业范围内的隐患排查治理完成情况。④矿级领导负责监督检查本矿各部门和区队，矿级职能部门对区队监督检查，区队监督检查班组。

2）安全监督检查体系的内容。①集团公司安全监察部全面负责各矿的隐患排查治理监督检查工作，包括隐患排查情况，治理情况，档案的建立，资料的整理、分类、汇总、上报等情况。②各矿安全管理部门全面负责本矿的隐患排查治理监督检查，检查区队对隐患的排查治理情况，负责对隐患治理情况的验收，并及时把区队上报的隐患分类整理，汇总上报。③每一级漏查、漏报了隐患或者对存在的隐患不积极整改治理的，都由上一级监督检查，促进整改，并进行处罚。

（3）安全责任追究体系的含义与内容

1）安全责任追究体系的含义。一是按照三级事故隐患排查治理办法要求，以人查事，以事查人，逐级追究责任。二是对责任人既包括经济责任追究，又包括行政责任追究。

2）安全责任追究体系的内容。一是隐患排查治理过程中哪一级漏查漏报了隐患，或者查出了隐患不积极治理的，要由上级对下级进行责任追究；由于隐患治理不到位而造成事故的，要根据事故发生的原因，自下而上一级一级地追查。二是既通过对人员的追查来查找责任，查清哪一级人员对所负责的工作没有落实到位，又通过事反过来一级一级查找责任人。

（4）安全管理制约体系的含义与内容

1）安全管理制约体系的含义。保证管理人员和职工都能自觉履行职责的最好方法就是建立制约体系。一是各级管理人员及职工排查出的隐患都有义务和责任上报，不上报的就要追究责任；下一级上报的隐患，上一级必须给出治理措施，否则就是失职。二是下级对上级给出的隐患治理措施发现不切合实际的，有责任提出异议，及时上报；上级有责任督促下一级及时治理隐患，对有意延误的，有权给予处罚。

2）安全管理制约体系的内容。对于某一项具体隐患，有多个层面的责任人在按照各自的体系承担责任，哪个层面缺失，就会被其他层面发现，形成了多层面的制约机制。

3. 在隐患排查治理中需要坚持的相关事项

（1）在隐患排查治理中坚持“四个报告”：隐患排查治理报告、隐患监督检查报告、隐患治理验收报告和月度安全评价报告，四个报告分别对应四个体系。①隐患排查治理报告包括各级每日排查治理报告和月度隐患排查治理情况报告。班组长每班要对本班作业现场的隐患排查治理结果向井口、区（队）报告（报表），井口主任、区（队）长每天把所辖范围的隐患排查治理结果向矿井安全管理科报告（报表）。②跟班区长、副区长每班必须对单人操作岗位、流动作业人员进行巡查，并留有记录；矿井安全管理科将区队、井口每天的隐患排查治理资料收集、筛选、存档、上报，并把当日收集的隐患报告（报表）传送到矿有关业务科室和主管领导、分管领导，同时对排查治理过程中存在的问题提出整改意见。③集团公司安全监察部负责对隐患排查治理工作的组织协调管理，每旬通报隐患排查治理情况，提出整改意见，监督各矿井进行隐患排查治理工作，每月写出隐患排查治理情况报告，并实行专项检查，严格奖罚。④治理隐患时，实行安监员或兼职安监员监督制度，安监员或兼职安监员需要提交隐患治理监督检查报告。⑤排查出的隐患治理完成后，必须由上一级安全部门或业务主管部门组织验收，并提交验收报告。⑥矿井专业负责人每月对本专业的安全状况进行评价，包含本专业的隐患排查治理内容在内，写出月度安全评价报告，并把评价报告报给集团公司安全监察部，公司安全副总经理进行审阅、批示。

（2）在隐患治理过程中确立“五定”原则：定项目、定负责人、定措施、定时间、定资金。项目、措施、资金、时间、负责人是隐患排查治理工作的五大要素，缺一不可。提出“五定”，实际上是强调每一项隐患治理工作都必须将这五方面落到实处。①定项目：把每一个隐患当作项目去对待。②定负责人：明确隐患的具体负责人。③定措施：确定具体的“四项措施”。④定时间：确定隐患治理的开始与结束时间。⑤定资金：保证隐患治理所需资金。

（3）在治理方法上落实“四项措施”：一是安全技术措施。载明了治理工作的实施办法，也是具体治理的操作方案。包括隐患治理的施工时间、地点、影响范围，隐患治理前的准备工作，治理对象涉及的规格、规定、质量要求，隐患治理工作的实施工序；隐患治理工作过程中的操作技术要求等。二是安全保证措施。对技术措施提出安全保证要求，同时明确了隐患治理的组织者、实施者、指导者和监督者，隐患治理的安全防护及注意事项等，是在安全技术措施基础上采取的保证措施。三是强制执行措施。隐患治理过程中必须贯彻执行的措施，包括一些与本隐患治理过程看似无直接联系，其实有很大关联性的措施，进一步强化了隐患治理工作的执行力度，体现了隐患排查治理工作的严肃性。四是操作人员的专业技能培训措施。每一项治理都会面临新情况和新问题，对操作人员的素质都会提出新要求，针对具体的隐患治理技术措施，对治理人员要进行专门的技能培训。

（4）隐患的排查治理体现“一个一”：“安全第一、预防为主、综合治理”的安全生产方针。

4. 推行《煤矿三级事故隐患排查治理管控体系》的效果

张家口矿业集团推行煤矿三级事故隐患排查治理管控体系以来，安全生产状况有了明显改观，干部、职工的安全责任明确了，开创了隐患人人自觉排查治理、安全措施人人自觉严格执行的良好局面。

（1）实行分级管理，保证了安全责任的层层分解和压力的逐级传递。确立了集团公司、煤矿、区队三级事故隐患排查治理管控体系，形成了一级抓一级、下一级对上一级负责的机制，把安全工作责任层层进行分解，压力逐级进行传递，充分调动全体人员参与到安全管理工作中，在生产过程中排查治理隐患，保证了隐患排查治理的及时全面。

（2）前追后究责任体系，促进了隐患排查治理工作深入落实。由集团公司到矿、到区队，对漏查隐患或隐患治理不认真、不及时等情况，一级一级追究责任。从职工到管理人员，哪一级没有把应该负责的工作落实到位，都要受到处罚和追究，有力地促进了各项工作的落实。

（3）翔实的隐患认定标准，使隐患排查有据可依，确保了排查工作的全面及时。按照国家安全生产法律、法规以及《煤矿安全规程》、国家行业标准的有关规定，融合企业自身的实际情况和安全质量标准化的相关要求，制定了涵盖采煤、掘进、机电、运输、通风和地测防治水六大专业的煤矿安全生产隐患认定标准，并把特殊生产工艺、人的行为因素、环境的安全状况、设备的完好情况、管理上存在的薄弱环节等，全部纳入到事故隐患排查治理范围，为全面、准确地排查事故隐患奠定了坚实的基础。

（4）严密的治理程序，确保了隐患的消除和治理过程的安全。安全生产隐患排查出来后，当班能够治理整改的，要积极组织整改治理，治理难度较大或者短时间内无法治理的，要报区队进行治理；区队整改不了的，报矿进行治理；矿一时整改不了或治理存在困难的，报集团公司，由集团公司协助治理。对于治理难度较大、技术要求较强的隐患，严格执行“五定原则”，制定“四项措施”进行治理，并派安监员进行盯守，确保隐患及时治理消除和治理过程的安全。

（5）全面及时的信息反馈系统，为分析研究治理措施、超前控制防范隐患提出了可靠的依据。排查出的隐患，经过治理，消除了隐患的威胁，继而各级管理人员通过排查治理工作反馈回来大量信息，深入分析，研究隐患发生、发展的规律，摸索治理和预防隐患的经验，制定科学、合理、切实可行的技术措施，从人、机、环境等各个方面改善生产现场条件，超前治理和防范，从源头上控制隐患的发生，实现“安全第一、预防为主”的目标。

（6）功能强大的计算机管理软件，为各级管理人员及时掌握隐患排查治理情况提供了便捷的途径。为进一步提高隐患排查治理工作水平，张家口矿业集团研发了计算机管理软件，建立了事故隐患排查治理信息平台，实现了信息电子化办公。各矿事故隐患排查治理信息通过登录信息平台，利用网络实现隐患上传、隐患查询、在线提示、责任纠察、领导批示、统计汇总、制度文件查询等功能。各级管理人员能够按照权限，履行对隐患的认定、审查和批示的职责。通过信息平台，哪个矿井存在什么隐患，治理到什么程度，各级管理人员都能够及时了解和掌握，为及时做出决策提供了便捷的途径和真实、可靠的依据，提高了隐患排查治理工作的时效性。

二、晋城煤业集团健全制度建立三级隐患排查网络的做法

山西晋城无烟煤矿业集团有限责任公司（晋城煤业集团）是我国优质无烟煤重要的生

产基地，现有55个控股子公司、12个分公司，拥有12对生产矿井、5 000万吨/年煤炭生产能力；有18家煤化工企业、1 200万吨/年总氨产能、1 000万吨/年尿素产能、10万吨/年煤制油品规模；有2 300余口地面煤层气抽采井群、15亿米^3/年抽采能力、11.5亿米^3/年利用能力，建成了世界最大的120 MW煤层气发电厂，拥有97台瓦斯发电机组，形成了煤层气勘探、抽采、输送、压缩、液化、化工、发电、燃气汽车、居民用气等完整的产业链。

多年以来，晋城煤业集团始终把安全生产放在第一位，把隐患排查工作作为基础工作常抓不懈，逐步使隐患排查工作做到规范化、制度化、网络化。它不仅起到了及时发现各种不安全因素、改进工艺方法和提高管理水平的重要作用，而且也使广大员工逐步树立了事故预防的观念，养成了生产、工作前对所面临的操作过程和生产环境进行分析排查的良好习惯，有效地防止了各种事故的发生。

晋城煤业集团健全制度建立三级隐患排查网络的做法主要是：

1. 制定并细化隐患系列分类标准，健全隐患排查制度

为了使查隐患有据可循，晋城煤业集团结合岗位作业标准和矿井质量标准，在原煤炭工业部隐患分类标准的基础上，制定并细化了适合本企业的隐患系列分类标准。在隐患排查制度基础上又补充制定了《隐患旬跟踪制度》《隐患周汇报制度》《事故隐患举报制度》《隐患排查工作考核办法》，并将事故隐患排查纳入矿（处）长、区队长的安全责任评估范围。各矿还规范了以安全副矿长为核心的隐患排查会议制度和矿主要领导为核心的隐患整改制度，每月由安全副矿长组织各业务部门和单位负责人召开一次隐患排查专业会议，各业务部门和单位根据收集到的和日常现场检查中发现的隐患情况，比照所制定的隐患系列标准，对所辖范围内的重大隐患汇总整理，对提出的A、B级隐患逐条进行项目、措施、资金、负责人、时间“五落实”。建立了事故隐患跟踪检查验收制度，安检部门对业务科室上报的隐患按照“五落实”的要求进行跟踪检查，落实考核隐患整改完成情况，并将结果每周向集团公司汇报。同时，集团公司各业务处室指派专人负责隐患排查工作，根据各矿上报的A、B级隐患，一方面督促各矿严格按“五落实”要求整改；另一方面是每月3日定期召开隐患排查研讨会，重点针对需集团公司解决的A级隐患，研究隐患的整改方案，使隐患排查的专项资金及时到位。

2. 建立三级隐患排查组织机构，健全三级隐患排查网络

晋城煤业集团结合自身实际，建立健全了集团公司、矿、区队三级隐患排查组织机构和运行网络，在集团公司、矿两级成立隐患排查领导小组，组长由集团公司（矿）行政一把手担任，对集团公司（矿）隐患排查工作全面负责。领导小组成员，集团公司由公司副总经理及各业务处室负责人组成。矿由副总经理以上领导组成，各分管副总经理（副矿长）、总工程师对分管范围内的隐患排查工作负主要管理责任。各业务处室和各矿（单位）业务部门负责本专业范围内的隐患排查工作，对本专业范围内的隐患排查负直接管理责任。成立隐患排查办公室，负责隐患排查的综合管理。各矿结合各自情况在主要业务科室和区队建立隐患排查组，未设隐患排查组的单位设1或2名隐患排查专职管理人员，在安检科设信息组，负责全矿隐患的收集、筛选、确认、复查、统计、上报，并进行考核和奖惩工作，从而形成了自上而下的隐患排查网络。

针对隐患排查主要是现场管理的特点，晋城煤业集团重点抓了区队一级的隐患排查网络建设，建立了区队隐患排查网络，队里设立了隐患排查信息组，具体明确由安全副队长专门负责。隐患排查任务进行逐级分工，形成内部小三级格局：最下一级是建立排查隐患包岗制，要求每个职工按照岗位作业标准作业，及时排查身边的隐患，并分工种进行岗位竞赛，看谁的隐患少，谁的安全状况好；中间一级是班组，要对当班隐患做到了如指掌，现场能够排除的要及时处理，不能及时处理的要汇报；最上一级是区队，负责对队里能处理的C级隐患进行排除，对A、B级隐患要及时上报安检科及对口业务处室，从而使隐患排查责任层层得到落实。

3. 各矿结合本矿特点，规范隐患排查程序

为了使隐患排查达到“封闭管理”，各矿结合本矿特点对隐患的排查，A、B级隐患的确认上报，隐患的处理，隐患的复查和奖励处罚都做了明确规定。如成庄矿在对隐患的处理中规定：A、B级隐患上报集团公司，由集团公司和矿共同制定防范措施，严格监督执行；B级隐患由矿有关业务部门和分管副矿长负责，督促有关单位排计划、列资金、定措施、购设备，安排队伍尽快整改；需要“三定”处理的C级隐患，每天由信息组通知区队领导到约定地点进行“三定”，区队及时组织整改，隐患未处理完毕，不准进行下一道工序。

对于隐患的复查和奖罚，集团公司规定：各种检查排查出来的隐患，能当场处理的要当场处理；不能当场处理的，由安检科组织复查，并要根据扣分情况和在全公司排名情况进行奖罚。各单位自查出的问题，由各单位自己组织复查，并按本单位制定的办法进行奖罚。其他隐患由安检科按安全检查发现问题“三定表”上限定的期限组织复查，复查不合格的，由信息组二次通知有关单位到约定地点进行再次“三定”，同时按每条隐患标准进行处罚，并组织二次复查，复查不合格的，进行第三次落实，并加倍处罚。同时下达事故追查单，按事故论处。对隐患复查者不负责任，弄虚作假，视情节轻重、隐患大小给予20～100元的处罚。

4. 认真落实隐患排查制度，加大隐患排查的考核力度

晋城煤业集团认真落实隐患排查制度，采用了经常性、多样性、多层次的安全检查形式，如集团公司特别小分队、矿特别小分队、各职能处室专业小分队定期、不定期地动态检查，矿安全监察队跟班检查验收，检查活动覆盖整个生产头面和运输巷道。同时，加大了特别小分队活动的处罚力度，月度动态、季度检查与单位月安全工作绩效挂钩。为避免隐患和“三违”事故的重复发生，古书院矿修订完善了《对“三违”人员和事故责任者的处罚规定》。该规定对“三违”人员处罚实行递进制考核，即对“三违”人员建立档案，对其发生次数逐次进行统计累加，对其考核也以等差数列递增，如第一次扣款 30 元，第二次扣款 50 元，第三次扣款 70 元，次数可限定为 2～3 次，发生第三或第四次就停工学习，接受培训，履行帮教程序。对屡教不改的，可劝换工种岗位或调离岗位。隐患排查落实到人头，就是要将查出的隐患具体到个人，并对其罚款，改变以往罚集体不罚个人的做法，使个人认清责任，吸取教训，更好地按规程措施、岗位标准操作。

三、新查庄矿业公司超前防范强化事故隐患排查治理的做法

山东新查庄矿业有限责任公司的前身为山东肥城矿业集团公司查庄煤矿，1970 年建设投产，1977 年达到产煤 130 万吨，超翻番水平，1978 年被授予查庄煤矿大庆式企业称号。1990 年采掘机械化程度达到 98.20%，在册职工 6 050 人，固定资产原值为 6 243 万元。公司先后荣获全国质量标准化安全创水平特级矿井、全国煤炭系统文化示范矿、全国煤炭行业“十佳煤矿”等荣誉称号，连续 4 年被评为煤矿安全程度评估“A 级”矿井。

近年来，新查庄矿业公司积极倡导以人为本、依法治矿的安全管理理念，突出安全生产责任制落实这个关键，创新安全工作思路，强化安全“双基”建设，夯实安全根基，有力地促进了企业和谐发展。在安全生产管理上，公司积极采取超前防范的方式，强化事故隐患排查治理，加大了监督检查和考核力度，全面夯实安全基础，促进了安全生产。

新查庄矿业公司超前防范强化事故隐患排查治理的做法主要是：

1. 坚持以人为本，强化安全教育培训

新查庄矿业公司坚持从强化职工安全意识、提升职工安全素质入手，不断加强安全宣传和安全培训，建立健全了特种作业人员培训档案，按时足额派员培训，确保特种作业人员持证上岗。按照培训考核到基层、到现场、到岗位的要求，公司采取集中考核与随机考核相结合、全员考核与个别抽考相结合、理论考核和实践考核相结合的方式，严格结果考核，形成全过程动态培训和结果考核新机制。公司所属职工学校教学人员，还坚持每天深入区队开展班前安全讲评、班前应知应会提问、班前安全宣誓、薄弱人物排查、全员考试、一日一题等有针对性的安全教育活动。2008 年以来，公司共举办各类安全教育培训 18 期，培训干部职工 1 426 人次，对不及格的干部职工累计罚款 1.7 万多元，对达到 95 分以上的干部职工奖励 1.5 万多元。

在此基础上，公司坚持典型引导，扎实开展了岗位工种带头人评选、职工技能大赛等活动，对评选出的岗位工种带头人和技术工人实行年度津贴，按月兑现，充分调动了全矿干部职工学技术、学业务的积极性。同时，狠抓典型事故案例教育，深入开展“反事故斗争”活动，针对“历史上的今天”事故案例、全国重特大事故案例，组织开展“大讨论”，动员广大干部职工立足本职岗位，结合自身实际，查找事故原因，剖析事故教训，举一反三，制定安全措施，人人写出安全保证书，立下安全军令状，进一步提高了广大干部职工对安全工作重要性的认识，为安全生产工作的开展提供了智力支持。

2. 坚持管理创新，强化安全监督检查

创新是发展的不竭动力。自2008年以来，新查庄矿业公司以提高全员素质、提升管理水平为目的，以培育和倡树具有新查庄特色的管理理念为导向，大力推行编码管理、走动式管理和缺陷管理“三位一体”精细化管理模式，人人树立“任何一件事、任何一个人、任何一件物，都记录在案，有据可查”的意识，做到人人有事做、事事有人做、事事有考核、考核有兑现，使生产管理中的一切活动都有编码标示可以查核，实现了人人、事事、时时、处处有管理、有考核。各级管理人员从办公室走出来，在现场进行不间断的走动式巡查纠错，发现问题、提出问题、分析问题和解决问题，进一步增强了管理的针对性，体现了管理的系统性，激活了职工的能动性，充分发挥了管理的最佳效能，有效地堵塞了管理漏洞。在此基础上，他们不断加大对薄弱地点、薄弱时间、薄弱人物、薄弱专业、薄弱单位、薄弱干部“六个薄弱”的检查力度，不定时间、不定地点，哪里薄弱就到哪里，发现问题及时解决，并积极推行“安全预想管理模式”，实现了安全管理由“事后处理”到“事前防范”的转变。

3. 坚持超前防范，强化事故隐患治理

隐患治理是煤矿安全管理工作的重中之重。新查庄矿业公司坚持党政领导亲自抓，分管领导层层抓，职能部门盯上抓，落实职责、落实考核。他们不断深化细化事故隐患排查治理责任制，认真执行重大事故隐患项目负责制，层层明确各级事故隐患排查治理第一责任者的责任，企业主要负责人对矿井事故隐患排查治理工作全面负责，总工程师对矿井重大事故隐患具体负责，分管领导分工负责，不断完善矿、专业科室、基层区队、生产班组“四级”事故隐患排查治理责任体系，建立健全了从公司董事长到总工程师、业务技术部门负责人、基层区队技术员的事故隐患排查责任网络，从董事长到安全生产副总经理、基层区队长、班组长的事故隐患治理网络，从董事长到安监处长、主任工程师、包片打面安监员的事故隐患排查治理监督网络，“三个网络”各负其责，各司其职，相互监督；逐步建立了严密的安全隐患排查防控体系，严格落实“五环六步”隐患防控机制（“五环”即岗位隐患防控、班组隐患防控、区队隐患防控、专业科室隐患防控、矿井隐患防控，“六步”即每一个环节都包括排查、记录、汇报、整改、验收、考核六个步骤），把隐患排查治理延伸到各个岗位和每名职工，从岗位、班组、区队、专业到矿井五级排查，层层落实责任，形成五个循环、环环相扣，每环六步、步步闭合的分级闭环，建成了多层级、全过程控制的隐患排查治理和防控体系；进一步完善事故隐患治理、销号制度，实行谁治理、谁负责，谁负责、谁销号，谁销号、谁签字，严格项目、人员、时间、资金、考核“五落实”，对A、B级事故隐患必须严格按程序进行治理。各项制度的严格落实，使矿井事故隐患排查治理工作走上了程序化、规范化的发展轨道，为矿井实现安全生产提供了有力的组织保证。

职工是安全行为的主体，只有消除人的不安全行为，才能促进安全生产。自2008年以来，新查庄矿业公司进一步加大了薄弱人物的排查帮教力度，建立了薄弱人物排查“零汇报”制度，对本单位干部职工的家庭生活状况进行了深入调查了解，对各类薄弱人物进行分类排查分析，并将具体情况书面反馈调度室、安监处，建立全员安全档案，按照“十种薄弱人物”的标准，坚持天天班班排查薄弱人物，每班由值班干部和跟班干部进行排查，对排查出的薄弱人物一律停止工作，参加“三违”培训班。2008 年一季度以来，新查庄矿业公司共举办“三违”培训班 3 期，排查薄弱人物 20 人次，进一步增强了职工的安全意识，实现了“要我安全”到“我要安全”“我会安全”的根本性转变，促进了安全生产工作顺利进行。

四、宣东二号煤矿实施事故隐患排查治理追究制度的做法

河北冀中能源张矿集团宣东二号煤矿，位于张家口市宣化城东南 10 km 处的宣化县顾家营镇境内，是一座新崛起的现代化矿井，矿井设计能力 90 万吨/年，经过矿井扩能技改，扩展生产能力为 150 万吨/年。企业先后荣获张家口市文明单位、全国煤炭行业级安全高效矿井、全国煤炭行业文明矿、冀中能源企业文化建设示范单位等多项殊荣。

近几年来，宣东二号煤矿以建设中澳安全健康示范矿井为主线，以夯实安全质量标准化为基础，以安全高效矿井建设为重点，以提高经济效益为中心，以先进企业文化为支撑，积极与澳方进行广泛技术交流与合作，建立了符合宣东矿实际的安全健康管控体系，并实施事故隐患排查治理追究制度，积极排查事故隐患，预防各类事故的发生，实现了安全生产。

宣东二号煤矿实施事故隐患排查治理追究制度的做法主要是：

1. 明确职责，确定班组长是班组隐患排查负责人

宣东二号煤矿根据集团公司要求，在煤矿所属各区建立了区隐患排查治理组织机构，制定了相应的制度，明确了职责。各区隐患排查治理组织机构由区队长、班组长和特殊岗位人员组成；班组长就是班组隐患排查负责人，就是班组安全第一责任者。

班组每天根据值班队长交班情况及安全注意事项，到作业场所后，当班组长与下班组长、当班岗位与下班岗位进行现场交接班，做到交清问明，全面了解工作现场的安全状况及存在的问题。然后班组长对当班作业场所进行全面隐患排查，每班坚持进行班前、班中、班后不少于 3 次的排查，先排查后生产，对排查出的问题立即组织进行处理，处理完隐患后方进行施工作业；对当班不能及时处理且不会直接影响安全生产的问题，记录在班组《隐患排查治理表》上，上报到区队，由值班区队长协调安排治理。同时岗位人员隐患排查，将工作面各环节的事故隐患都排查出来，对排查出的问题立即组织进行处理，处理完隐患后方可进行施工作业；对当班不能及时处理且不会直接影响安全生产的问题，及时汇报给当班班组长，由班组长协调解决。

在班组安全管理过程中，“班前检查不能少、班中巡回排查不能少、班后复查不能少”的一班三检隐患排查治理办法，较好地解决了班组在施工过程中生产与安全的关系，真正

使班组全体职工做到了不安全不生产、隐患不排除不生产，将由“要我安全”到“我要安全”的安全理念深入每一名职工心中。

2. 逐级检查，严格落实事故隐患排查治理追究制度

宣东二号煤矿推行区队查班组，班组查岗位，逐级检查漏查漏报问题，逐级督察问题落实整改情况，是对责任者一种行之有效的管理办法。

在班长隐患排查工作中，发现单人岗位及流动岗位存在未及时填写隐患排查表、排查内容不全或有漏排的，能及时治理而未治理的等违反隐患排查治理要求的行为，给予批评指正并责令其立即改正。发现 3 次未及时进行隐患排查按期治理的问题，或同种现象再三发生的，班组长给予该责任人调离原工种处理，同时降低该责任人当班得分。

通过以上事故隐患排查治理追究制度的实行与落实，为煤矿班组现场安全生产提供了又一道安全屏障。同时对违规现象的处理与追究，奖优罚劣，对相关班组人员的安全管理工作起到良好的促进作用。

3. 加强班组建设，推行三级事故隐患排查治理管控体系

宣东二号煤矿在未推行煤矿三级事故隐患排查治理管控体系以前，安全管理就是上级管理人员和少部分人的事，跟其他人员无关，各管一摊、各行其是，安全管理只停留在口头上，没有真正落实到现场，落实到每一个人身上，谁都不想出事故，但事故总是反复发生。

自三级事故隐患排查治理管控体系在宣东二号煤矿运行以来，区队领导班子成员多次召开区务会，对照自己，查找不足，统一思想，共促共进。组织全区人员在班前班后会、碰头会、安办会认真组织学习《煤矿三级事故隐患排查治理办法》，让全区每一个人都正确认识到安全不是一个人的问题，而是你中有我、我中有你。讲安全决不能搞形式主义，而是要真正落实内容上的安全。通过不断学习，全区职工统一了思想，提高了认识，只有每名职工在工作过程中相互监督、相互提醒、相互检查，查找漏洞和薄弱环节，才能减少不安全因素的存在。

现在，全矿安全工作有“两个转变”：一是实现从部分人参与到全员参与得到根本转变，二是实现从“要我安全”到“我要安全”的安全理念得到根本转变。在工作中严格按照三级隐患排查治理办法规定的程序运行，在全矿坚定推行班组长“班前检查不能少、班中巡回排查不能少、班后复查不能少”的工作面一班三检隐患排查程序，不流于形式，不走过场。全方位、全过程、不间断地加大隐患排查治理力度，对查出的隐患或问题，落实责任，限期整改；同时加大现场安全管理与监督检查力度，明确跟班的重点就是查落实，真正做到了“职工三班倒，班班见领导”，及时解决安全生产中遇到的急、难、需问题，时刻保持安全的作业环境，杜绝了各类事故的发生。

通过隐患排查工作在班组、在现场的有效运行，全矿各项工作都有了不同程度的进步，各项生产井然有序进行，巷道平整清洁，图板清晰，管线吊挂齐整，物料摆放有序，顶帮锚杆支护横竖成行，顶板管理、瓦斯治理取得了可喜的成果。

在顶板管理方面，采掘区队和班组认真落实煤矿安全规程及作业规程中相关规定，支护前首先进行隐患排查，看割煤后是否进行临时支护，是否进行敲帮问顶，是否对周围环境进行排查，是否按要求排查后开始进行施工作业。在支护过程中，从锚梁网的搭接、联网到绑扎，从确定顶眼位置到打顶板眼，直至锚注，严格按照规程要求执行。特别是在顶板破碎情况下，能按照规程要求及时调整排间距，加强支护，确保了安全生产。

五、木城涧煤矿运用信息化带动精细化实施隐患排查的做法

木城涧煤矿是北京昊华能源集团所属最大的生产矿井，于 1952 年建成投产，现辖千军台、木城涧坑、大台井三个生产矿井，井田面积 63.2 km^2，共有员工 7 100 多名。年产优质无烟煤 250 万吨，工业总产值 6.5 亿元。所产无烟煤具有特低硫、低磷、低氮等特点，是洁净、环保、优质的无烟煤，产品广泛应用于冶金、电力、化工、建材等工业行业，除供应国内市场外，还远销日本、韩国、巴西等国际市场。

近年来，木城涧煤矿积极推进科技兴安、装备强安、文化创安三大工程建设，不断加大科技投入力度，积极引进适合本矿特点的先进的采煤方法和施工工艺，推广应用综合机械化采煤法，降低了职工的劳动强度，增强了安全系数，提高了工作效率，并且还运用信息化带动精细化，实施隐患排查，进一步提升企业安全生产条件和安全管理水平，逐步实现矿井的本质安全。

木城涧煤矿运用信息化带动精细化实施隐患排查的做法主要是：

1. 信息化带动精细化，实现科技兴安

来到木城涧煤矿的安全生产调度指挥信息中心，首先映入眼帘的是一面墙大小的电子显示屏。在电子显示屏上，标注着科段的隐患、隐患级别、隐患确定时间、隐患整改负责人等信息。据了解，这是木城涧煤矿的隐患排查治理信息系统。当某科段现场排查出隐患，工作人员将隐患录入隐患排查系统；然后指定整改负责人，整改期限，按时间进行整改；整改完之后，进行闭合。隐患排查信息系统有两个作用：一是能够把隐患分类，并做到公示。每个单位的值班室门口都有一个电视屏，调度室的这个电视屏是最大的。煤矿把科段每天查出的隐患、治理措施、整改负责人、治理情况，通过调度室的电视屏进行公示，对隐患治理过程进行全方位监控。二是通过每天的科段排查、每半个月的矿排查，将隐患消除在萌芽状态，以实现安全生产工作。这套系统为保证安全生产工作起到了一定的效果。

木城涧煤矿近年来建立逐级隐患排查治理责任体系和隐患排查治理责任追究体系，系统部署到公司及所属京西各矿，实现对科段、矿井、公司分级排查出的隐患进行有效管理。利用信息化技术提升了煤矿隐患排查工作水平，规范超前预防安全管理；建成了面向安全生产现场的信息管理平台，保证隐患信息的可靠性，提高隐患排查的效率和整改的及时性，保证生产安全。

在木城涧煤矿的安全生产指挥信息系统电子显示屏上，可以看到一个个不断运动的小人，这是2010年4月刚刚安装调试好的人员定位系统。通过演示，人员定位一清二楚：6时35分，井下人员是在坑口1 500 m的地方，于6时48分离开。通过人员定位系统，地面人员对井下人员所处位置一目了然。木城涧煤矿在井下巷道、工作面等重要地段共安装了77台定位分站和230台定位器，共铺设光缆、485电线92 km。木城涧煤矿的每位员工身上都有一个识别卡，只要在信号范围内，就会产生信号；当入井员工进入到安装在井下各采掘工作面及巷道的任何一个分站的作用范围时，佩戴在员工身上的个人信息卡就会发出具有代表身份特征的射频信号；经井下分站接收，再发送到地面监控计算机。监控计算机形成不同标识、模拟图形和数据，实时显示人员在井下的活动模拟轨迹，方便地面人员随时掌握井下生产作业人数和所在的区域，并进行全面监控。

人员定位系统除有监控作用之外，还有报警功能。通过设定员工的出入井时间，对下井超时的人员指示报警。在抢险救灾工作时，工作人员能立即从计算机上查询事故现场的人员位置分布情况、被困人员数量、遇险人员撤退线路等信息，为事故抢险提供科学依据。

除人员定位系统外，木城涧煤矿还将安全监测监控系统、通信联络系统、矿压监测系统、运输系统、主通风机集控系统、压风机集控系统、应急救援系统、调度指挥系统，以及正在建设完善的压风自救系统、供水施救系统和紧急避险系统进行整合，集中监控，实现重点生产环节视频覆盖，逐步完成在线实时视频传输，实现调度指挥的信息化。

2. 配备先进装备，实现装备强安

因为地质条件过于复杂，其他煤矿安装一个工作面可能会采几年，而木城涧煤矿安装好工作面之后，采几个月就不得不搬家，即使在这样困难的条件下，还是于2006年安装了第一个综合大型机械化采煤工作面，在保证人员安全方面起到了很好的作用。现在又遇到了新的问题：因为煤层条件复杂，三注以上的综采在全国还不是很多，倾角多在45°以上。对于比较复杂的煤层来说，虽然安装大型综采工作面具有推广意义，但是在煤层发生变化时，随着倾角度数变大，在技术参数的设定和现场管理上，还需要继续摸索和研究。

推动装备强安工程；加大安全装备投入，最终的目的只有一个，就是实现矿山的安全生产标准化的目标，即2011年年底，京西煤矿50%以上达到北京市安全生产标准化二级；2012年年底，50%以上达到北京市安全生产标准化一级；2013年年底，全部达到北京市安全生产标准化一级；“十二五”末，全部达到安全生产标准化国家级。由三级到二级到一级再到国家级，木城涧煤矿利用5年时间实现跨越式发展。

3. 推进安全建设，实现文化创安

在企业的生产作业过程中，员工的“三违”行为（违章指挥、违章操作、违反劳动纪律）是伤亡事故多发的根源。以前，木城涧煤矿虽然一直向员工灌输安全理念，纠正违章行为，但是效果并不明显。在总结经验教训的基础上，木城涧煤矿开始积极推进文化创安工程，开展了安全观念文化建设、制度文化建设、教育文化建设、行为文化建设、警示文化建设和班组安全文化建设六大文化建设。通过建设，完善了安全管理制度、安全监管制度、各级安全生产岗位责任制；通过加强安全可控，推动安全观念文化建设向安全生产各系统和经营管理流程进行延伸和融合；营造自觉认同公司发展战略、自觉落实公司发展战略、自觉履行企业文化、自觉执行企业管理制度的文化氛围；打造职业化的管理队伍和专业化的员工队伍，使“安全可控，事在人为”的核心安全理念深入人心。

目前，木城涧煤矿的一线井下工人有 3 000 多人，其中 80%左右是外地人，而且“80后”的年轻工人越来越多。加大“80 后”矿工的培育力度，成为摆在木城涧煤矿面前的一大课题。为了满足年轻工人多样化需求，丰富业余文化生活，木城涧煤矿不间断组织篮球联赛、足球联赛、运动会，还组织各种各样的演唱会、学习讨论会，使员工每天的业余生活多姿多彩。木城涧煤矿还用亲情文化触动员工心灵，让员工在井下自觉地遵章守纪，保证安全工作。煤矿在大台井建成一条文化长廊，从井口开始一直延深到井下－510 m，总长度大约 3 000 m，将警示语贴在巷道两侧，使员工真正将安全融入自身工作中。

第六章 煤矿企业常见事故分析与预防措施

煤炭行业是危险性比较大、劳动条件比较艰苦的行业，这是因为煤矿地质条件复杂，经常受到顶板、瓦斯、矿尘、水、火等多种自然灾害的威胁。在特殊的环境、艰苦的条件下生产作业，容易发生各种事故。对于事故，一定要重视事故的警示作用，要把别人的事故当作前车之鉴，善于从事故中吸取经验和总结教训，做到警钟长鸣，时刻保持清醒的头脑，真正做到防患于未然，确保事故不重演。

第一节 煤矿瓦斯爆炸事故分析与预防措施

瓦斯（指甲烷）是古代植物在堆积成煤的初期，纤维素和有机质经厌氧菌的作用分解而成。在高温、高压的环境中，在成煤的同时，由于物理和化学作用，继续生成瓦斯。瓦斯是无色、无味的气体，难溶于水，不助燃也不能维持呼吸，达到一定浓度时，能使人因缺氧而窒息，并能发生燃烧或爆炸。由于瓦斯与煤是同时生成的，并存储于煤层和围岩之中，在煤炭开采的过程中，随着煤炭的开采瓦斯逸出，容易导致发生人员窒息死亡事故或者火灾爆炸事故。

一、煤矿瓦斯主要危害与预防措施

1. 煤矿瓦斯的主要危害

煤矿瓦斯主要有四大危害：一是瓦斯可以燃烧，能导致矿井火灾事故；二是瓦斯达到一定浓度时能导致爆炸事故；三是瓦斯浓度过高时，能使空气中的氧气浓度过低，导致人员缺氧窒息死亡；四是有些矿井，高压瓦斯能引起煤与瓦斯突出，导致伤亡事故发生。

瓦斯爆炸事故的发生，主要来自瓦斯积聚超限的异常状态、引爆火源产生的异常状态，以及瓦斯、引爆火源、空气中氧气三者异常结合。因此，瓦斯爆炸需要同时具备三个条件：一是要有瓦斯源的存在，瓦斯源处的瓦斯与空气的混合物中的瓦斯体积分数在5%～16%；

二是要有引爆的火源存在；三是要有足够的氧气参与爆炸反应，一般是空气中氧气体积分数在11%以上。预防和控制瓦斯爆炸事故，首先应从认识掌握瓦斯积聚超限和引爆火源产生的规律着手。

2. 导致瓦斯积聚超限的原因

导致瓦斯积聚超限的原因主要有：

（1）瓦斯自身原因。例如，煤层中的瓦斯含量高，这样瓦斯相对涌出量就大；地质构造复杂，能形成瓦斯窝；盲巷、采煤面上隅角、局部采空区等容易使瓦斯积聚超限。

（2）管理不善能导致瓦斯积聚。例如，瓦斯抽放不好、抽放条件恶劣、抽放时间短、抽放量小，以及开采程序、巷道布置、采掘方法不合理，均能导致瓦斯积聚超限。

（3）通风不良能导致瓦斯积聚超限。例如，由于通风系统不健全不合理，随意停开或停电停风，局部通风设置，串联风、循环风；通风网络混乱，风门经常打开，造成风流短路，出现零点通风、倒流风等。

（4）瓦斯检测失控。例如，由于瓦斯检测人员数量不足造成漏检或者失职未检，不能及时发现瓦斯积聚，因而不能及时排除瓦斯，导致瓦斯积聚超限。

3. 导致瓦斯引爆火源产生的原因

能够导致瓦斯引爆火源产生的原因主要有：一是瓦斯源附近有自然发火；二是井下使用电、火焊及抽烟等产生的明火；三是电气设备不防爆，电缆明接头等能产生电火花；四是放炮不装水炮泥，放明炮、糊炮，火药倒掉消燃物，放炮时打筒等产生火花；五是作业人员穿化纤衣料下井产生的静电火花，以及非抗静电风筒、电缆等产生的静电火花；六是各种机械或胶带摩擦能产生火花；七是拆卸、敲打矿灯等产生的火花；八是金属支架撞击等产生的火花。

我国现在的许多井工煤矿都属于瓦斯矿井，高瓦斯矿井和突出矿井占全国矿井总数的44%。瓦斯给煤矿生产带来极大的危害，尤其是瓦斯爆炸事故和突出事故，在煤矿重大事故中占有很大的比重。新中国成立后，我国煤矿发生一次死亡50人以上的特大事故有26起，其中瓦斯煤尘事故有24起，占92.3%。因此，预防和控制瓦斯爆炸事故，是实现煤矿安全生产的关键。

4. 对瓦斯爆炸事故的预防与控制

为了从本质上超前预防、控制瓦斯爆炸事故的发生，要重点抓好以下四个具有相互联系的环节。

（1）强化对瓦斯的安全管理，预防、控制瓦斯积聚超限。最大限度地抽放瓦斯，从根本上消除瓦斯爆炸的物质源。抽出开采层、邻近层和采空区等瓦斯源中的瓦斯，减少矿井、采区和工作面瓦斯涌出，是超前预防、控制瓦斯爆炸事故的根本措施。

（2）建立健全可靠的通风系统，保证全矿井和工作面有足够的风量。强化通风的安全管理，保证工作面有足够的风量稀释瓦斯和驱散涌出的瓦斯，是防止瓦斯积聚超限，控制爆炸事故最基本、最有效的措施。因此，每一矿井必须有完备的独立的通风系统，而且要可靠、合理，按规定供给足够的风量。

在瓦斯矿井中，采煤工作面和回风道都要采用上行风。掘进工作面采用局局通风，禁止采用扩散通风，并要保证正常运转，不准循环风和串联风。采空区密闭、风门及各种通风构筑物，应符合质量标准，设施位置要适当，并加强维修管理，以防漏风。

防止瓦斯积聚措施，除采用常用的风筒接头断开调风法、三通风筒调风法外，目前还研制出旋流风筒、压风引射器、自控排瓦斯装置、自控局面通风安全排放瓦斯装置等。例如，旋流风筒用于防止掘进工作面积聚瓦斯，自控局面通风安全排放瓦斯装置用于排放巷道内的瓦斯。

(3) 建立矿井瓦斯监测系统，发现并改变瓦斯积聚超限的异常状态。运用安全技术装备和瓦斯检测人员对矿井和工作面的瓦斯进行监测，做到及时发现并及时改变瓦斯积聚超限的异常状态，使之达到安全要求，是控制瓦斯爆炸事故的两种重要措施。

1) 在高瓦斯矿井安装瓦斯爆炸危险监控仪，对掘进巷道瓦斯、粉尘的异常状态进行监控，是预防、控制瓦斯爆炸事故的安全技术措施。该装置由爆炸危险监测仪、瓦斯浓度传感器、粉尘浓度传感器、火焰传感器、声光报警器、断电仪、自动抑爆装置及监控软件组成。其功能是声光报警、断电和扑灭火焰，抑爆距离 4～10 m，并可抑制瓦斯燃烧、爆炸，还可以就地扑灭火源。

2) 严格瓦斯检查与管理制度。对矿井和工作面瓦斯进行检查，是瓦斯管理的具体内容，是能直接及时发现瓦斯异常的重要组织措施。因此，每一矿井都必须按规定配备足够的瓦斯检查人员，并要严格执行有关规定，切实做好日常生产过程中的瓦斯检查，做到及时发现并及时改变瓦斯积聚超限的异常状态，从而控制瓦斯爆炸事故的发生。

(4) 强化引爆火源的安全管理。强化引爆火源的安全管理，超前预防、控制出于引爆火源的异常产生而导致的爆炸事故。

1) 强化矿井用火的安全管理，严防各种明火导致的瓦斯爆炸事故。例如，在井下严禁带入火种、吸烟和用灯泡取暖；井口房、扇风机房和瓦斯泵房及附近 20 m 不准有明火和用火炉取暖，井下和井口房内不准进行电焊、气焊和使用喷灯焊接作业等，如需要时必须严格执行报批手续。

2) 强化矿井用电的安全管理，严防电火花导致的瓦斯爆炸事故。例如，井下的电气设备、工具必须防爆，并做好日常维护，保持良好的防爆性能，井下电缆接头不准有明接头、“羊尾巴”“鸡爪子”，电缆不允许漏电，并要装设漏电保护器；维修井下电气设备时必须停电作业等。

3) 强化井下放炮的安全管理，严防爆破火焰导致的瓦斯爆炸事故。例如，井下火药、雷管要严格管理；井下放炮必须用安全炸药，不合格或变质炸药不准使用；打眼、装药、封泥必须按规程进行，严格执行“一炮三检”制度，不准放糊炮、明炮等。

4）强化机械摩擦和金属撞击的安全管理，严防撞击火花导致的瓦斯爆炸事故。例如，不能在通风不良的地点使用能产生撞击火花的金属物体和开动机械；瓦斯超限区抢险救灾要使用专用工具；对采掘机截割部件进行处理，要采取喷雾降温措施等。另外，井下必须使用合格矿灯，如遇特殊情况，矿灯熄灭或损坏，绝对不准在井下打开电池盒或拧灯头进行修理，也不能敲打灯头和电池盒。

5）强化静电安全管理，严防静电火花导致的瓦斯爆炸事故。例如，严禁穿化纤衣服下井，井下要使用抗静电风筒、电缆和橡胶塑料制品，普通塑料、橡胶人造革不能用于井下。

（5）强化安全生产检查。强化安全生产检查，及时发现和改变异常状态，控制瓦斯爆炸事故的发生。加强防止瓦斯爆炸事故的安全检查，首先要侧重检查作业人员在井下作业中，违章把火种带入井下，作业人员在井下抽烟，违章用电、违章放炮、违章敲打矿灯等具有导致瓦斯爆炸事故的异常行为；其次要侧重检查瓦斯抽放、通风管理、瓦斯监测、电气设备防爆，以及各种火源具有导致瓦斯爆炸的异常状态等，并做到改变其异常，使之达到安全生产的客观要求，从而控制瓦斯爆炸事故的发生。

（6）强化安全教育。强化安全教育，提高领导干部和作业人员对瓦斯爆炸事故规律性的认识，要对从事煤矿井下作业人员开展经常性的安全宣传教育和专业安全技术培训，使其认识掌握瓦斯爆炸事故的规律和危害，牢固树立安全思想和具有预防、控制瓦斯爆炸事故的能力，并要严格贯彻执行煤矿安全规程，做到有法必依、执法必严、违法必究，当发现自身或他人有违章作业的异常行为，或发现瓦斯积聚超限的异常状态时，要及时加以改变，使之达到安全要求，从而超前预防、控制瓦斯爆炸事故的发生。

二、煤矿瓦斯爆炸事故案例分析

1. 永定庄煤矿风流短路掘进头瓦斯积聚导致的爆炸事故

2000 年 9 月 5 日 9 时 55 分许，山西省大同煤矿集团有限责任公司永定庄矿 12 号层 414 盘区发生一起瓦斯爆炸事故，造成 31 人死亡，16 人受伤，直接经济损失约 100 万元。

（1）事故矿井概况。永定庄矿位于大同煤田东南部，距大同市 23.5 km。1949 年建矿，1960 年、1976 年分别进行了技术改造。矿井井田东以口泉山脉煤层露头线为界，南与同家梁矿相邻，西接四台沟矿和大斗沟矿，北邻煤峪口矿。井田面积 19.8 km^2，工业储量 19 465.6 万吨，可采储量 13 579.3 万吨。矿井设计生产能力 120 万吨/年，1997 年核定生产能力 200 万吨/年，1999 年实际生产原煤 115.2 万吨，全矿现有职工 6 511 人。

该矿采用主斜井、副立井单水平多煤层分区前进式开拓方式。矿井提升有主斜井、材料斜井、副立井、西三立井，大巷运输以 915 皮带集中巷为主运输，985 轨道巷为辅助运输。矿井通风方式为中央分列与中央并列混合式全负压抽出式通风，主井、副井、材料斜井、西三立井为进风井，西二风井、西四风井为回风井，其中西四风井安装两台 2K60/4—N/02.8 型（650 kW）主扇风机，总回风量 8 100 m^3/min，负压 1.176 kPa。

(2) 事故经过。9月5日早班，414盘区有通风区、机掘队、皮带区、工掘区、燕子山工程处、矿服务公司队组等共计131人作业。瓦检员陈朴测出51408顺槽局部瓦斯浓度达2%后，在变电所电话汇报通风区调度值班人员辛佩顺，辛佩顺让陈朴重测一下。当陈朴准备返回核实情况走到21410回风绕道处时，只听见“轰”的一声，一股黑风从414盘区顺槽冲出，陈朴被爆炸冲击波推出2～3 m。清醒后，到变电所打电话报告了事故。

矿调度接到事故报告后，立即通知矿值班领导和矿主要领导，随即报告集团公司调度和通知矿通风区救护队下井救人。集团公司救护大队11时33分接到集团公司调度救灾命令后，立即派四台中队二小队、平旺中队五小队同时紧急出动赶赴永定庄矿抢险救援。至9月8日，救护队先后出动15小队次，113人次，抢险工作基本结束。这起事故共造成31人死亡，16人受伤。

(3) 事故原因分析。造成这起事故的直接原因是，414盘区21410巷风桥破损，进、回风风流短路，工作面微风作业，局扇拉循环风，导致51408—1掘进头瓦斯积聚；作业人员检修设备时，金属间撞击产生火花，引爆瓦斯导致事故。

造成这起事故的主要原因是：矿井瓦斯、通风管理混乱，作业地点瓦斯浓度超限不按规定及时撤人，瓦斯监测装置形同虚设，盲巷密闭管理差，瓦斯涌出异常区管理不善；盘区供风量不足，进风巷与回风巷间单风门隔离，漏风严重，不能严格“以风定产”。

造成这起事故的重要原因是：安全管理不严格，对现场监督检查不力，督促落实不到位；职工培训教育不够，安全素质不高，执行安全生产规章制度不严格，岗位安全责任制不落实。

(4) 事故教训与防范措施

1) 要进一步加强矿井“一通三防”管理工作。矿井、采区必须有合理、完善的通风系统，各工作地点必须保证有足够的风量，严格以风定产；必须狠抓现场管理，对通风、瓦斯、机电管理方面存在的安全隐患，要采取有效的防范措施，落实到人头；要加强测风和瓦斯管理，对风量不足的工作地点必须查明原因，采取措施，对瓦斯浓度超限的地点，必须依照《煤矿安全规程》要求停止作业或停电撤人。凡通风系统不合理的矿井、采区、采掘工作面，通风能力不足、采掘工作面供风量达不到设计要求的矿井，掘进工作面回风流瓦斯浓度时常超限又未采取有效措施的矿井，采掘工作面、主要运输巷道未设置防尘或洒水降尘设施的采区，必须责令停产整顿。

2) 必须彻底整顿大矿井内三产队组。在国有大矿井下进行生产的“多经三产”采煤队，要全部撤出；矿办小井要纳入大矿管理，不符合安全生产要求的，要坚决关闭。要坚决取缔矿井生产中“以包代管”的现象，必须按照“谁受益、谁主管、谁负责”的原则，保障矿井安全生产，促进企业持续、健康和良性发展。

3) 煤矿各职能部门要认真履行职责，不断完善管理制度和强化安全责任落实，加强监督检查和业务保安，促进隐患治理。安全例行检查要严格把关，做到深入、细致、到位，不得走过场。要进一步加强岗位安全责任制管理，对工作中发现的问题要按照各自的职责进行处理；对查出的事故隐患，必须及时报告，逐项落实。要建立检查责任追究制度，坚持谁检查、谁负责的原则，对把关不严的检查人员，因检查疏漏发生重大事故的，也要负连带责任。要坚决杜绝安全生产工作中不负责任、敷衍了事的现象。

4）要进一步加强职工安全教育，提高职工安全素质和自我保护能力。不伤害自己，不伤害别人，不被别人所伤害。职工安全技术培训和考核等各项工作都不得流于形式。

5）永定庄矿 12 号层 414 盘区必须停产整顿，并制定整顿措施，经集团公司总工程师批准后实施；恢复生产前，必须经集团公司组织安监局等有关部门验收合格。

2. 柏坊煤矿违章使用手镐落煤导致的煤与瓦斯突出事故

2000 年 5 月 21 日凌晨 2 时 30 分，湖南衡阳市柏坊煤矿李家湾井发生一起重大煤与瓦斯突出事故，死亡 6 人，直接经济损失 29.8 万元。

（1）事故矿井概况。事故矿井始建于 1973 年，原设计能力为 3 万吨/年，1984 年经省煤炭厅批准进行技术改造，改造后的年产量为 9 万吨。矿井采用东西两翼开采，自 1986 年以来共发生煤与瓦斯动力现象 11 次，1997 年 12 月省煤炭厅以湘煤安字〔1997〕558 号文件将该矿井定为突出矿井。矿井延深至－250 m 水平后，每个采、掘地点配备了专职瓦斯检查员，在煤巷掘进中采用浅孔松动爆破，远距离放出班炮，掩护挡板，双上山掘进、间隙作业等防突措施。

事故发生在东翼－250 m 水平南三石门五煤上山掘进工作面，南三石门是 2000 年 3 月揭穿五煤层，为了形成通风系统，矿里决定沿五煤层掘通风上山至－200 m 水平。工区于 5 月 12 日编制出作业规程和安全技术措施，经矿、工区领导会审，5 月 13 日下达开工通知单，中班开工掘上山，巷道采用木材支护，5.5 kW 局扇送风，采用浅孔松爆破，放出班炮的措施进行防突。至事故前，该上山已掘进 36 m。从巷道已揭露的情况看，上山下段地质构造较简单，煤厚在 1.4～1.6 m，倾角 25°～30°，上段构造趋复杂，在突出点下部 12 m 处的下方发现煤层底板有两处凸起 0.8～1.0 m 的阶梯状。

（2）事故经过。20 日晚班放出班炮后，21 日零点，该当头的作业人员下井进入上山当头，随后当班调度员唐先炳也来到该当头，看见瓦检员欧和生坐在当头风筒出口边，就问欧："瓦斯怎么样？"欧说："瓦斯正常，上一班炮来得好，用挖斧修一下就可以装树。"唐先炳到当头看了一下，发现放炮空位有 1.4 m 左右，招呼当头人员用竹搭子把棚背好。因未发现异常情况，唐在当头待了十多分钟就离开到别的作业点去了。此时，当班副队长安排小工两人推矿车，自己和其他人员在当头支护作业，凌晨 2 时 30 分，装第三架树时，使用手镐落煤引起突出发生事故。

（3）事故原因分析。造成事故的直接原因是，作业人员违章使用手镐落煤诱突出发生造成事故。

造成事故的间接原因如下：

1）安全思想麻痹，对突出的危害性和防突的重要性认识不足。从矿领导到工人普遍认为矿井发生的突出频率少，且强度不大，特别是东翼煤层倾角较小，很难发生煤与瓦斯突出。因此，思想麻痹，对防突工作认识不足。

2）投入不足，防突措施落实不到位。矿井因资金缺乏，防突设备仪器配备不全。作业规程虽然制定了采取大直径超前钻孔卸压排放瓦斯的防突措施，但因无钱及时购置50型钻机配件，致使该措施未能实施，而采用浅孔松动爆破，以致瓦斯压力未能有效释放引起这次事故。

3）规章制度落实不够或有章不循。未严格按《防突细则》和省、市煤炭主管部门的要求采取切实可行的防突措施，致使作业人员盲目超掘而发生事故。

4）职工素质低，防突意识不强，安全自保、互保能力差。

（4）事故教训与防范措施

1）认真贯彻落实《矿山安全法》《煤矿安全规程》《防治煤与瓦斯突出实施细则》等有关法律法规，提高认识，摆正防突工作位置，加大防突工作力度，切实将防突工作摆到重要位置。

2）认真抓好全员培训，普遍增强职工防突和瓦斯治理的安全知识，增强职工安全自保、互保的能力。

3）进一步强化“一通三防”管理，确保防突和瓦斯综合治理工作紧张而有秩序地进行，全面落实“四位一体”的防治措施。

4）进一步健全落实安全生产责任制，建立健全防突机构，组织制定防突措施并狠抓落实，对未执行防突措施的作业面不准生产，煤巷掘进严禁手镐、风镐落煤。

5）加大安全资金投入，改善矿井防突装备水平，提高抗灾能力。

6）加强瓦斯地质工作和防突的技术基础工作，进一步掌握突出规律。

3. 隆泰煤矿局部通风机存在串联风导致的瓦斯爆炸事故

2003年12月7日11时，河北省蔚县隆泰煤矿立井北翼第三工作面发生一起特大瓦斯爆炸责任事故，死亡20人，直接经济损失170.15万元。

（1）事故矿井概况。矿井位于张家口市蔚县白草村乡小羊圈村西北0.6 km处，是乡镇煤矿，“四证”齐全，但持有矿长资格证的是总经理赵军，实际履行矿长职责的是张文智，没有矿长证。

矿井1997年开工建设，1999年建成投产，2000年4月19日，原蔚县煤炭工业管理局批准新建一立井，新建立井2002年6月开工，2003年8月投入使用，属低瓦斯矿井，煤尘有爆炸危险性。

该矿武才任董事长，参与重大问题决策，从2003年10月以来因病未到过矿；赵军任总经理、法人代表，负责全矿经营管理；2002年10月聘请张文智负责该矿生产技术管理工作，2003年5月被聘为矿长；同时将该矿安全员兼瓦斯员岳小飞聘为安全副矿长。该矿未专设安全管理机构和“一通三防”管理机构。事故前全矿约100名职工，井下分三班生产。

（2）事故经过及抢救过程。2003年12月7日，10时左右，煤矿安全副矿长岳小飞、瓦斯员赵元，矿聘技术员余德志、电工郭建恒下井进行测量、安装局部通风机等工作，事故前井下共有人员29人。带班班长王书下井并在各工作面看了后，在离立井井底车场约20 m处（骡子圈）休息，约11时左右，听到“轰”的一声，被一股热气冲倒，意识到井下发生了瓦斯爆炸。王书、阎志发、王银和吕桂茹11时30分左右安全升井。王书看见刘贵国、白友二人从南翼工作面拉煤出来，就让他们赶快通知里面人升井。截至12时20分左右，井下共有8名工人从立井先后升井，安全脱险。

得知井下出事的矿长张文智一边组织抢救，一边向白草村乡煤炭调度中心报告。蔚县矿山救护队接到报告后，于11时40分赶到现场，初步了解情况后，立即下井救人。在通往第二工作面，距立井车场80 m处发现2人，其中有1人被严重烧伤，1人已经遇难，救护队员立即把受伤人员从立井送出，地面人员立即送往老虎头煤矿医院救治。截至16时40分，救护队共找到16具矿工尸体，仍有4名矿工未找到。救灾指挥部根据北翼第四工作面有害气体浓度高（CH_4为7.0%，CO为0.3%）、巷道摧毁严重的情况，确认另外4名矿工无生还希望，为确保抢救人员安全，制定了先送风排放有害气体后，再实施抢救的方案。19时10分安装风机，开始往灾区通风，排除有害气体。8日1时10分左右，测得井下有害气体符合《煤矿安全规程》规定后，14名救护队员进入井下勘查。2时50分，救护队找到遇难的3名矿工；到14时25分，找到最后1名遇难矿工。抢救工作结束。

（3）事故直接原因。该矿立井北翼区域内供风严重不足，局部通风机存在串联风、循环风，造成瓦斯积聚达到爆炸浓度；井下人员擅自打开矿灯灯头罩，矿灯灯头产生火花引起瓦斯爆炸事故。

（4）事故间接原因

1）矿井通风系统不完善。原矿井通风设计为抽出式通风，该矿擅自改变通风方式为压入式通风，且事故当班主要通风机未开。在进风井井口只有一道风门，只用木板挡着，在进风井井口风道上方有一个0.5 m×0.4 m的洞口，用铁板封盖不严，漏风严重；立井井底只有一道风门，进回风巷之间没有风门，仅用风帘遮挡，跑漏风严重，致使立井北翼区域严重供风不足。

2）该矿生产布局不合理，在北翼大巷以里长不足200 m、宽不足100 m范围内布置9个掘进头，当班有5个工作面同时作业，严重超能力突击生产。

3）该矿只有2名兼职瓦斯员，经常空班漏检，放炮不能做到“一炮三检”，当班2名兼职瓦斯员10时下井配合技术人员测量巷道，未检查瓦斯，工作地点无瓦斯记录牌板；工作面未实现风电闭锁，未设置甲烷传感器，不能实现瓦斯超限自动报警、自动断电。

4）该矿安全生产管理混乱。安全管理机构和“一通三防”管理机构不健全，工作面没有作业规程，各项管理制度和各工种操作规程未向工人贯彻，也不落实，形同虚设。安全生产责任制不健全，总经理安全思想淡薄，很少过问煤矿的安全生产，矿长没有认真履行职责。安全投入不足，对煤矿的安全生产存在侥幸心理，重生产、轻安全，对县、乡提出的安全整改意见不落实。

5）电气设备管理混乱，井下多台电气设备失爆，电缆线多处“鸡爪子”“羊尾巴”接头；有多盏矿灯未上锁。

6）职工安全培训不到位，工人未进行培训上岗，安全意识差、素质低，没有自保和互保能力，下井未携带自救器，违章作业现象严重。

7）监管不到位。蔚县矿区煤矿均为低瓦斯矿，许多煤矿企业及有关部门的监管人员认为不会发生瓦斯事故，对煤矿存在的“一通三防”、瓦斯管理方面的隐患未引起足够重视，县、乡政府及其安全监管部门虽多次查出该矿通风瓦斯管理上的重大隐患，只是下发整改通知单，措施不得力，没有认真督促落实。

（5）事故教训与防范措施

1）煤矿企业要克服低瓦斯矿井不易发生瓦斯事故的麻痹思想，切实加强矿井“一通三防”管理工作。要督促完善矿井通风系统，保证通风设施的设置和使用符合规程要求。严禁擅自改变通风系统，严禁随意停开主扇或自然通风，严禁工作面无风、微风作业，严禁不合理的扩散通风和大串联通风，严禁使用编织袋风筒，严禁局扇循环风，严禁乱掘乱采，严禁超能力突击生产。要完善安全监测监控装备，工作面必须装备风电闭锁、瓦斯电闭锁装置，确保齐全、可靠，正常使用，实现瓦斯超限自动报警、自动断电；推广应用瓦斯、一氧化碳自动集中监控系统。建立健全安全生产、“一通三防”管理机构和管理制度，严格执行通风瓦斯管理的各项措施，切实提高矿井防止重大瓦斯事故的能力。

2）煤矿企业要认真吸取事故教训，举一反三，进一步强化对煤矿安全生产的领导，认真抓好深化小煤矿安全专项整治工作，坚决取缔不符合安全生产基本条件的小煤矿，存在重大事故隐患的必须停产整顿，达不到要求不准生产。要加强煤矿从业人员安全技术教育培训工作，尤其是要加大对瓦斯员等特种作业人员的培训力度，并督促煤矿按规定足额配备合格的瓦斯员，防止空班漏检现象发生。

3）加强电气设备的管理，各煤矿都必须使用有煤安标志的机电设备，同时对在用设备要严格检查管理，落实设备管理制度。消灭设备失爆现象，消灭“鸡爪子”“羊尾巴”。严防因电气失爆而导致瓦斯爆炸事故的发生。按规定足额配备并入井携带自救器。

4）要加强煤矿建设工程项目的管理，严格行政审批，严格执行新建、改建、扩建工程项目“三同时”规定，建设工程项目完成后，要严格按有关法律法规，依法申请对安全设施和条件的验收，未经验收或验收不合格，一律不准投入生产。

4. 大华煤矿工作面局扇拉循环风导致的瓦斯爆炸事故

2003年6月28日17时30分，河北省抚宁县大华煤矿九平上山回采工作面发生一起瓦斯爆炸重大责任事故，死亡5人，重伤2人，直接经济损失70万元。

（1）事故经过及抢救过程。6月28日4点班，抚宁县大华煤矿井下出勤14人，分别为安全矿长兼三班瓦斯检查员佟常营，带班井长李金祥，二级绞车司机李志勇，二级下山上车场把钩工于刚，西顺槽平巷掘进工作面的王金明、李金云、刘义光，西八平上山掘进工作面的常维国、吴文华、侯志刚、马生春，西九平上山回采工作面的曹连杰、盛宝贤、马景荣。

在班前会上李金祥按照生产矿长张江的安排，布置西八平工作面的职工开东八平顺槽巷，西九平工作面的职工继续回采。约15时40分，西顺槽工作面职工首先下井。16时15分，西八平和西九平工作面职工以及于刚、李志勇、李金祥、佟常营相继下井。

大约17时30分，西九平上山回采工作面传来一声巨大的闷响，爆炸冲击波将常维国、佟常营、侯志刚和在西八平副上山装浮煤的马生春冲倒。马生春被冲晕后苏醒过来，知道已经发生事故了，便急忙跑去告诉吴文华、李志勇。吴文华安排李志勇打电话向井上报告，并去通知西顺槽工作面职工下来抢救，自己和马生春下去救人。两人走到七平巷发现李学国、李宝柱和侯志刚，把李学国、李宝柱扶到六平上部，马生春与吴文华抬侯志刚，走到六平以下，马生春因窒息晕倒，吴文华搀扶着马生春上井。

矿长揣铁存接到事故报告后，立即组织人员下井抢救九平工作面人员，并报告了有关部门。抚宁县煤炭管理局和石门寨镇煤管站工作人员先后赶到，下井参加抢救，先把侯志刚抬到井上，经检查已死亡。

事故之后迅速成立救灾指挥部，通过慎重分析，根据井下救援人员的报告和对灾情的分析，采取措施，立即切断井下灾区电源，防止二次爆炸事故和一氧化碳中毒事故，井下所有救援人员应及时撤离灾区，同时请求开滦矿务局救护大队支援。6月29日2时30分，开滦矿务局救护大队派出两个小队赶到矿上，经下井勘查，发现西九平回采工作面3名作业人员、侯志刚及井长李金祥遇难。9时30分，救护队员与其他抢救人员一起将遇难者抬到井上后送往抚宁县殡仪馆。救灾工作结束。

（2）事故直接原因。造成事故的直接原因是，九平工作面回采时与采空区采透，致使大量高浓度瓦斯涌出，同时工作面局扇拉循环风，造成九平上山回采工作面瓦斯积聚；引爆火源系破损电缆产生的电火花，将处在爆炸界限内的瓦斯引爆。

（3）事故间接原因

1）通风、瓦斯管理混乱。经现场检查，该矿无测风台账，无6月份以后的瓦斯报表、手册；二级回风上山的风门已坏，不能有效地控制风流；全矿只有一名兼职瓦斯检查员，负责三个点班、三个工作面的瓦斯检测工作。由于瓦检员配备不足，致使瓦斯检查制度未落到实处，西九平工作面的瓦斯涌出后未能及时发现，加之供风局扇安装位置不合理，产生循环风，造成瓦斯积聚并处于爆炸界限内，工作人员未停止工作撤离工作面，未切断工作面电源，造成重大伤亡事故。

2）电气设备管理不到位。井下多台电气设备失爆，九平回采工作面煤电钻未使用综保且电缆多处破损，漏出芯线，同时，没有执行机电设备定期检查、维修保养制度，致使引爆火源这一重大事故隐患没有得到及时排除，并由此引发了瓦斯爆炸事故。

3）技术管理薄弱。该矿无技术人员，也无专人负责技术管理工作。井下各工作面均无作业规程，因无序开采导致西九平采面与老空区做透后高浓度瓦斯涌出。

4）安全生产的各项规章制度没有落到实处。现场勘查发现无安全检查、隐患排查、班前会制度，无矿灯发放、交接班记录，未编制矿井灾害预防和处理计划。由于管理上的漏洞，导致事故隐患未能及时发现和处理，最终酿成事故。

5）矿方对安全设备、设施投入不足。以干式变压器代替煤电钻综保，无风电闭锁装置，自救器数量不足且入井人员没有携带，从而降低了抗灾能力。

6）未对职工进行全面的安全培训教育，由于职工安全意识淡薄，缺乏必要的安全知识和自我保护能力，导致事故前对隐患不能鉴别，事故后盲目抢救。

7）抚宁县和石门寨镇政府及有关管理部门对煤矿安全生产工作重视不够，监督检查不到位，安全生产责任制流于形式，对规章制度的落实失察。县、镇煤炭管理部门在五六月对该矿安全检查时已发现瓦斯检查人员不足、风机拉循环风和西九平回采工作面煤电钻电缆破损、露出芯线等问题，未要求其停止作业，立即处理，事故隐患未能及时消除；日常检查中没有发现该矿井下一直以干式变压器代替煤电钻综保、有关人员下井没有按要求携带便携式光学甲烷检测仪等问题；部分煤炭管理人员安全意识差，责任心不强，在2003年抚宁县煤矿多次停产后的验收过程中弄虚作假，使验收工作流于形式，收不到实效。

（4）事故教训与防范措施

1）要强化“一通三防”管理，完善通风系统，加强局部通风和通风设施管理，杜绝无风、微风、循环风、超次数串联通风作业；配齐瓦斯检查人员，严格落实瓦斯检查制度。

2）保证安全投入，完善风电闭锁、瓦斯电闭锁等安全装备。

3）聘请有技术资质的工程技术人员专门从事技术管理工作，并制定切实可行的各工作面作业规程，及时向职工传达贯彻，同时对矿井工程布局统一规划，认真抓好规划落实，杜绝乱采乱挖。

4）加强机电设备及其防护装备的管理，严格落实定期检查、维修制度，保证使用安全，杜绝井下使用不符合标准的电气设备。

5）加强对所有煤矿从业人员的安全教育与培训，提高其安全素质与自保能力。

5. 义院口煤矿工作面风筒断开导致瓦斯积聚爆炸事故

2003年8月15日17时30分，河北省抚宁县义院口煤矿12水平上山发生一起瓦斯爆炸重大责任事故，死亡5人，重伤1人，直接经济损失70万元。

（1）事故矿井概况。抚宁县义院口煤矿“四证”齐全。有三个井口，其中两个提升井（一个主井和一个副井），一个风井。由贾文强承包经营主井生产系统，由张宝祥投资经营副井生产系统，双方共用一个风井。

（2）事故经过及抢救过程。8月13日8时许，抚宁县煤炭管理局和驻操营镇煤炭管理站到抚宁县义院口煤矿进行安全检查，发现副井生产系统12水平上山掘进工作面支护失修，责令该工作面停止前掘，进行维修。当日下午4时开始，12水平上山工作面由槽口15 m处由上往下进行维修。为了维修方便，职工们逐步把风筒断开，到8月15日8点班下班时，12水平上山轨道变坡点以上的风筒已经全部断开。

8月15日16时，抚宁县义院口煤矿副井生产系统职工陆续下井，生产矿长刘绍全与技术负责人石庆春16时30分左右下井，到了井下，石庆春去了32水平上山，刘绍全首先来到12水平上山。刘绍全看见该面局扇运转正常，但轨道变坡点以上的风筒全部断开，上山还有3架棚子未修理，就布置该面职工先维修这3架棚子，并往上接一节风筒。刘绍全在水平上山告诉跟班井长兼瓦斯检查员李民，注意检查瓦斯。17时30分，传来一声巨响，刘绍全发现巷道里全是黑烟。刘绍全和石庆春领着职工从回风上山到副井，派潘水生和费殿军上井报告并取一台瓦斯检查器。费殿军取回瓦斯检查器和潘水生、电工刘贺宏来到井下。大家一起走到副井下部车场，发现12水平上山局扇的风筒没了，巷道中有风筒碎片。刘贺宏先把12水平上山工作面的供电断开，局扇重新接好线，打电话通知井上送电。矿长贾文强带抢救人员赶到。12水平上山局扇启动后，大家边接风筒边检查瓦斯边向上山搜寻，在副井下车场里部距12水平上山调度绞车4 m处发现项良，已经死亡。调度绞车上部13 m处发现许连贵、房德杰受伤。把三人用矿车运到井上，许连贵、房德杰随即被送往医院，许连贵经抢救无效死亡。抚宁县煤炭管理局和驻操营煤管站人员赶到现场参加抢救，抢救人员在调度绞车上部24 m处发现巷道向上塌冒了8 m，李民、于爱成、徐德玉在塌冒处遇难，三人均头朝下趴着。8月16日2时，李民、于爱成、徐德玉被矿车运到井上。至此，抢救工作结束。

（3）事故直接原因。造成事故的直接原因是，维修期间工作面风筒断开导致瓦斯积聚，工作面信号电缆破损露出芯线，产生电火花引起瓦斯爆炸。

（4）事故间接原因

1）通风、瓦斯管理不善。12水平上山自维修以来，风筒由上到下被逐步断开后始终未接，致使上山上部处于无风状态，造成瓦斯积聚并处于爆炸界限内。在未对无风区进行瓦斯检查也未进行瓦斯排放并切断工作面电源的情况下，作业人员盲目进入无风区，造成重大伤亡事故。

2）井下电气管理不到位，隐患处理不及时。井下信号装置未按《煤矿安全规程》规定安装信号综合保护装置；8月15日8点班，12水平上山作业人员发现信号电缆折断露出芯线后未立即通知电工处理，下班升井后才向有关领导汇报，矿领导得知这一情况后，也未立即安排电工进行处理，导致隐患未能及时排除。

3）无章作业，违章指挥。12水平上山维修作业未制定安全措施，未执行《煤矿安全规程》中“独头巷道维修支架必须由外向里逐架进行”的规定。职工无章可循，领导违章指挥，引发重大事故。

4）安全生产的各项规章制度没有落到实处。现场检查发现无安全检查、隐患排查制度，无矿灯发放、机电设备定期检查维修记录，未编制矿井灾害预防和处理计划。由于管理上的漏洞，导致事故隐患未能及时发现和处理，最终酿成事故。

5）对职工安全培训教育不够，职工安全意识淡薄，缺乏必要的安全知识和自保能力，导致事故前对隐患不能鉴别，对违章指挥盲目听从。

6）企业安全生产责任制流于形式，对规章制度的落实失察；对煤矿职工的安全教育不到位，致使该矿职工技能低下、安全意识差，对无章作业和违章指挥所造成的后果估计不足，从而酿成了重大伤亡事故。

（5）事故教训与防范措施

1）强化“一通三防”管理，杜绝无风、微风、循环风、超次数串联通风作业，建立停风区管理制度，严格落实瓦斯检查、瓦斯排放制度。

2）加强生产技术管理，井下巷道维修必须制定安全措施，并及时向职工进行传达贯彻，杜绝无章作业和违章指挥、违章作业行为。

3）加强信号电缆、动力电缆、通信电缆管理和设备管理，认真及时地处理事故隐患，严格落实定期检查、维修制度，保证使用安全。

4）联改矿井必须统一配备管理机构、统一发展规划、统一规章制度、统一安全管理，防止相互影响、相互扯皮而酿成事故。

5）县、乡两级政府和行业管理部门要认真吸取事故教训，举一反三，加强对全体煤矿职工的安全教育与培训，提高其安全素质与自我保护能力。

6. 西沟煤矿巷道失修过风量不稳定导致的瓦斯爆炸事故

2004年7月8日9时50分，河北省宽城县西沟煤矿+473 m水平掘进平巷发生一起重大瓦斯爆炸责任事故，死亡5人，直接经济损失50万元。

（1）事故矿井概况。西沟煤矿始建于1975年10月，隶属塌山乡西沟村，自1988年起由现任矿长崔海青承包，矿井“四证”齐全，安全评价结果为B类。

（2）事故经过及抢救过程。2004年7月8日9时50分左右，班长屈井贵发现掘进面迎头瓦斯变化异常，达到1%～2%，向矿长汇报，矿长崔海青同意职工撤出。刚放下电话就感到有震动的感觉。绞车司机杨立成也感到顺着主斜井井筒上来一股风带着粉尘打到脸上，并听到有爆炸声。赶紧将自己遇到的情况向矿长崔海青汇报，崔海青分析是井下发生瓦斯爆炸，换衣服下井，并向县煤炭工业管理办公室报告了情况。下到+557 m水平时看到平巷外口的风门已损坏，到+520 m水平时发现下面有浓烟，且烟雾时上时下，担心发生二次爆炸，就沿着主斜井往上撤。10时20分崔海青等两人撤到平硐外口处时，井下又发生了二次爆炸，并将两人头戴的安全帽吹落。

事故发生后，承德市安监局领导到达现场会同县政府主要领导组成了临时抢险指挥部，暖儿河矿业公司救护队赶赴现场投入抢险工作。此时井下已连续发生了4次爆炸，为避免事故扩大，临时抢险指挥部根据井下连续发生爆炸的情况做出决定：派救护队在主、副井口警戒，禁止人员下井，并监测回风井口气体数据变化情况。

由于井下自7月8日9时50分到22时5分共发生了9次爆炸，没有规律可循，救护队员无法进入灾区。7月9日抢险指挥部请开滦（集团）公司及兴隆矿务局的通风专家，协助制定抢险方案。7月10日，开滦及兴煤的4名专家相继赶到事故现场。专家组通过对灾难情况及监测数据等资料的综合分析论证，同时考虑到7月8日井下已发生9次爆炸，井下5名遇险人员已无生还可能，7月14日专家组提交报告，建议对西沟煤矿瓦斯爆炸灾区采取注水或封闭矿井的方案，指挥部经分析论证后做出决定，对西沟煤矿实施封闭矿井灭火，待火区熄灭后再寻找遇险人员。7月15日6时开始由救护队在西沟煤矿的主副井按灾区封闭的安全技术措施同时进行了封闭，至8时40分施工完毕。

（3）事故直接原因。+473 m掘进工作面遇地质构造瓦斯涌出异常，回风巷道失修严重，过风量不稳定，造成局扇拉循环风，风流中瓦斯浓度达到爆炸界限，流经火区引起第一次瓦斯爆炸。由于矿井通风系统遭到破坏，同时掘进面不断涌出瓦斯，出现了连续爆炸。

（4）事故间接原因

1）矿主安全意识淡薄，改变通风系统，利用只能过风不能行人、失修严重的自燃烧毁巷道回风，造成局扇拉循环风，并且未按规定安装瓦斯断电仪、风电闭锁装置。

2）矿安全管理机构不健全，聘用的技术负责人未到岗，瓦检员离职后未及时补充。

3）当班班长兼瓦斯员在发现瓦斯涌出异常的情况下，未立即撤出现场人员。

4）县煤炭生产主管部门职责落实不到位，在该矿井下存在火区、通风系统不健全的情况下对该矿井下施工设计无明确要求，对查出问题未能按期复查、跟踪落实。

（5）事故教训与防范措施

1）严格按《安全生产法》《煤矿安全规程》等有关法律法规的要求，强化对矿长、特种作业人员的安全、法律知识培训，提高安全业务技能，增强安全法律知识。

2）健全各级煤矿安全管理机构，充实专业人员，完善各级管理部门责任制，明确所辖煤矿的施工设计、系统变化等审查报批制度。各级管理人员要学习煤矿专业知识，提高安全管理技能。

3）对煤矿进行一次安全检查，重点是对瓦斯、通风、火区的检查，发现隐患后坚决停产进行整改。对存在重大隐患的矿井，要采取果断措施，实施停产、关闭。

4）火区未熄灭之前不得启封，启封火区前必须制定专项安全技术措施。

第二节　煤矿冒顶事故分析与预防措施

矿山冒顶事故又称顶板事故，是指由地压引起巷道和采场的顶板垮落引发的事故。在煤矿井下生产过程中的五大自然灾害中，冒顶事故所占的比重最大。世界主要产煤国家的统计资料表明，冒顶事故占井下事故总数的50%以上。煤矿井下冒顶事故频繁，危害十分严重，首先是威胁井下人员生命安全；其次是冒顶能压垮工作面，造成全工作面停产，影响生产作业。

一、煤矿冒顶事故主要危害与预防措施

1. 冒顶事故发生的原因

冒顶事故发生的原因很多，其根本原因在于开采过程中矿山压力的活动所造成。顶板的矿山压力活动过程中发生不同程度的变形，先是沿着顶板节理出现裂隙，产生离层现象。此时，如果顶板管理不当，支护质量不好，压力继续增大，岩石变形超过弹性变形极限，就会出现断裂、垮落、片帮或局部冒顶。从发生冒顶事故的原因分析，有的属于对客观事物的认识不足，而较多的则是现场管理不善。

2. 对大冒顶事故的预防措施

大冒顶事故发生的主要原因是，随着矿井回采工作面的不断推进，采场控顶面积逐步加大，当厚度不大的直接顶逐渐塌落，而坚硬的老顶大面积悬露时，就在工作面顶板岩层形成一个自然压力拱，煤壁受压发生变化，造成工作面压力集中。此时，如果支架总支撑力敌不住顶板的压力就会出现冒顶。

对于大冒顶事故的预防，可采取以下措施：

（1）回采工作面要适当加大支护密度。回采工作面要适当加大支护密度以加强工作面的总支撑力，其目的是减少顶板下沉量和顶板的台阶下沉，下沉量小，顶板就比较完整，可减少或消除冒顶事故。但支架过多，其架设和回收工作量大，工作面空间狭小，工作也不便，总支撑力多大合理，要根据实际情况而定，计算出来后，值要略高一些。

（2）掌握顶板周期来压规律。在工作中要探索顶板初次来压和周期来压规律，如果支架总支撑力只能适应当时顶板压力，当有周期来压时就会出现危险，在来压前要加强支护，增加支架。

（3）加快工作面推进速度。工作面推进速度越慢，顶板下沉量就越大。顶板不完整，木支架折损就多。使用金属支架时压力也大，工作面的总支撑力就相对减少，这就容易推进工作面，而加快工作面推进速度时，可相对增大总支撑力。

（4）保证支架的规格和质量。冒顶与支架规格质量有直接关系，在具体工作中要解决

支架“顶不紧”“抗不住”，起不到支撑作用的问题，使用的支架必须符合安全生产中的工艺条件的质量要求。摩擦式金属支柱也要符合质量要求，其支撑力一般为30 t左右，使用过程中应有专人负责检查，金属支柱质量不合格的要及时更换。

3. 局部冒顶事故发生的原因

局部冒顶事故是否发生，主要取决于顶板的岩石性质以及支架对某一块顶板的支撑力。当顶板破裂、破碎等现象出现时，不及时进行支护，地质条件复杂的区域都容易发生局部冒顶事故。顶板比较稳定的，如果忽视支架的规格和质量，违反操作规程，也可出现局部冒顶。

局部冒顶事故发生前常有以下情况：顶板裂缝、裂隙张大增多；裂隙内夹有活矸，有掉渣、掉矸以至于掉大块矸石；煤层与顶板接触面上有矸石片不断脱落；淋头水分离顶板劈理等情况。

以下是几起局部冒顶事故案例。

案例之一：顶板冒落措施不力造成的3人遇难事故

1991年8月15日，大同新荣区唐山沟煤矿2号井2号层101大巷第三贯眼处发生一起顶板塌落重大事故，死亡3人。这天早班，2号井安检工7人，分配到4个作业队组，每个作业队1名，另外3人安排听顶。早7时下井，3名听顶工首先进入原掘二队采空区附近听顶。9时许，采五队安检工李平顺发现该队在第四贯眼处的工作面顶板裂开一条3 m长的裂缝，通知采五队小队长停止作业，立即撤离人员，并向矿调度室做了汇报。采五队人员撤离以后，6名员工来到顶板裂缝用灯晃着顶板观察，然后1人处理顶板和片帮，引发一块长1.4 m、宽8 m、厚0.2～1.47 m的顶板冒落下来，造成3人遇难。

造成事故的原因是，人员技术素质差，自我保护能力低，措施不力，未请示领导就多人进入禁区违章作业。

案例之二：盲目组织工人冒险抬车顶板塌落导致的事故

1996年8月8日，大同市煤炭经济技术开发公司草垛沟村联营煤矿，入井人员开完班前会后，24名工人入井，因井底车场顶板出现异常，6人前往支护，19时左右，运输巷往外放重车时，4个矿车落道翻车，撞倒运输巷中5根柱子，就在工人抬车时，一块5 m×5.5 m×0.3 m顶煤塌落，砸住5人，其中死亡4人，重伤1人。

造成事故的原因是，矿车落道，撞倒巷中木支柱，致使巷道交叉处顶板大面积悬露，在未采取有效安全防护措施的情况下，盲目组织工人冒险抬车，顶板塌落。

案例之三：重复倒棚修棚过程中违规作业冒顶压死安全员

1998年4月23日，阳泉煤业集团有限责任公司三矿白班，安全员刘红儿等18人在该矿一号井16采区607煤柱二区掘进作业。第一茬放炮就将煤头的三架棚崩倒，扶好棚后未上撑木。第二茬放炮又将刚扶起的三架棚崩倒，第三茬炮后，又将上次放炮崩倒且扶好的三架棚再次崩倒，并发现顶板有裂隙。尽管跟班队长组织人再一次对三架棚进行支护，但由于支护不牢固，下午2时40分，架棚失去支撑力，顶板矸石一齐塌落，刘红儿被大量矸石压住，挖出后见其早已死亡。

造成事故的原因是，因为在重复倒棚修棚过程中违规作业，始终未上撑木，钩盘不实，构件不全，部分材质不符合标准，支护质量低劣所致。

案例之四：不听劝告单独进入险区冒险作业冒落死亡

2000年7月31日16时，阳泉市上社煤矿矿工杜正华和工友陈兴平在9101采区南切眼接班后，进入切眼检查工作面情况，见顶板没有问题，两人便开始钻炮眼。19时许，当第一茬炮放过后，两人挂好滑轮开始耙煤，刚耙了两车，一块大石头滚到了耙道上，挡住了耙斗。杜正华要进去砸石头，陈兴平劝告说："等一会儿，我俩一块进去打。"说完后便爬下煤台，挂上车尾巴，又往重车内清理了些浮煤。这时候，杜正华打了开车信号，拿起大锤独自进了切眼里。重车上去了，空车下到半路时，陈兴平正准备上煤台，忽然听到杜正华惨叫一声，赶忙爬上煤台，往切眼里喊了几声杜的名字，均不见回音，感觉出了事，赶忙叫人抢救。十几个人冲进切眼里，发现杜正华身上压着400 cm×400 cm的一块大石头和一些碎石，众人奋力清理了压石，立即将杜正华抬上井送往医院，但抢救无效而死亡。

造成事故的原因是，杜正华不听陈兴平的劝告，单独进入险区冒险作业，由此遭此惨祸。此外，该矿采煤方法落后，现场未采取临时支护；安全管理混乱，监督检查不到位也为事故发生埋下隐患。

案例之五：现场原始支护质量低劣导致冒顶伤亡事故

1997年10月3日，阳泉矿务局三矿新建矿井工程一队零点班，工程一队当班出勤15人。上班后，组织召开施工前的15 min安全会，强调了安全注意事项。工长进行工作安排，由班长苏成裕带领孟长保、张新、赵世有补打两帮帮锚杆。大约3时30分，兼职送饭工李怀德从井上带班中餐到南七副巷，叫人吃饭，到煤头后，班长说打完眼后再吃饭，李怀德遂协助苏打帮锚杆眼。大约3时40分，班长在打眼中发现有冒顶预兆，大喊："快跑!"话音刚落，即发生长5 m、宽4 m、高2.8 m的冒顶，将综掘机压埋。班长苏成裕、兼职送饭工李怀德被压埋在巷道左侧。当班工长立即组织现场人员进行抢救，最终还是没能挽救他们的生命。

造成事故的原因是，不能严格执行堆积措施，规程措施的规定严重不到位，现场原始支护质量低劣。

4. 预防局部冒顶事故的措施

预防局部冒顶事故的措施主要有：

(1) 选择合理的支护方式。不同岩石性质的顶板，要采用不同的支护方式，如坚硬顶板可采用点柱或带帽点柱，破碎的顶板需要用连锁棚、套棚，在梁上还要插入背板。使用金属支柱时，必须注意选型适当，急增阻式支柱适用于顶板稳定、下沉量小的薄煤层工作面。

(2) 采煤机采过后要及时支柱。采用浅截式采煤机和可弯曲输送机的工作面，采过后，受输送机允许曲率的限制，在一定范围内不能打柱，顶板悬露面积较大，因此要采用超前柱金属顶梁或打临时支柱的办法及时支护。

(3) 输送机的移置要采取安全措施。可弯曲输送机在整体移动时，容易破碎的顶板可能造成冒顶，因此，在整体移动时，必须采取相应措施：一是要按照常规操作顺序移动；二是边移机边回临时支柱，把空顶时间缩小到最小限度，在顶板破碎处先打上托板后移机。

(4) 工作面的上、下出口要有特种支架。工作面的上、下出口控顶面积较大，裸露时间长，在超前支承压力作用下，顶板下沉量大，在设备移动时反复支撤，因此这些地段顶板容易破碎，一般采取上、下顺槽中超前工作面架抬棚，有时要加打密集支柱或木垛加以支护。

(5) 回柱放顶工作必须严格按照操作规程和作业程序进行，不得违章。回柱放顶要及时，要观察周围顶板情况，发现异常要及时采取措施，回柱后顶板仍不得冒落，超过规定悬顶距离时，必须采取措施强制放顶，在最后几根支柱受力大、不易回出时，应先打上牢固的临时支柱，然后再回柱。

(6) 坚持生产循环作业规范化。由于正规循环作业，控顶及支柱回柱都在有规律地进行，因此，顶板悬露时间短、压力小，支柱不易折损，可控制顶板。

顶板事故作为煤矿生产中最常见的一种事故，不仅发生率高，而且危害也大，每年我国煤矿因顶板事故造成的伤亡人数十分惊人，因此，矿工在煤矿生产中，一定要坚持执行必要的制度，如敲帮问顶制度、验收支架制度、岗位责任制度、金属支架检查制度、交接班制度、顶板分析制度等，注意做好顶板管理工作，以防止和减少顶板事故的发生。

二、煤矿冒顶事故案例分析

1. 没有恢复前探梁导致空顶作业引发的冒顶伤亡事故

2000 年 8 月 3 日，四川达竹柏林矿业有限公司 0425 掘进工作面，由于作业人员没有进行敲帮问顶，也没有恢复前探梁，导致空顶作业结果发生冒顶事故，造成 1 人死亡，1 人受伤。

(1) 事故经过。8 月 2 日 22 时 30 分，该煤矿当班工长尹金银组织召开班前会，布置了当班工作任务，23 时入井。8 月 3 日 3 时 40 分左右，尹金银班的职工彭文推一辆车走在前面，伍发茂、何光友两人推三辆车走在后面，先后进入碛头准备装运道心的工程煤。伍发茂、彭文进入碛头后，由于麻痹大意，没有进行敲帮问顶，又没有恢复前探梁，导致空顶作业。就在伍发茂、彭文刚刚开始作业时，顶板突然冒落一块巨大的矸石，将伍发茂、彭文压住。不远处的何光友，听到碛头方向“嘭”的一声，接着看见一股尘雾喷出，意识到“出事了”，于是呼喊救人。瓦检员陈明六到碛头查看情况后，立即组织工作面 5 名职工进行抢救，将石头搬开，把伍发茂和彭文救出，但是伍发茂终因伤势过重不幸身亡。

（2）事故原因分析。造成这起事故的直接原因是，现场作业人员没有认真进行敲帮问顶和正确使用前探梁（放炮后没有及时向前移前探梁），在没有处理事故隐患的情况下盲目进入碛头冒险作业。

造成这起事故的间接原因，一是队级管理人员贯彻执行作业规程不力，对放炮前回缩前探梁等习惯性违章熟视无睹；二是对人员要求不严格，安全教育培训不到位。

（3）事故教训与防范措施

1）全矿停产整顿，整改现场安全，组织职工认真深入学习《作业规程》和《操作规程》。

2）加强工程质量和顶板管理，严格执行关于割煤机过顶板破碎带的安全技术措施。

3）加强安全教育培训，提高职工的安全意识和操作技能。严格按要求组织正规循环作业，严禁冒险作业。

4）切实落实好各级安全生产责任制，加大安全执法力度，狠刹“三违”，努力减少“三违”职工人数。

2. 永顺煤矿清渣作业碰撞巷道支架造成漏垮型冒顶事故

2003 年 6 月 14 日 16 时 35 分，河北省张家口市下花园区永顺煤矿 515 水平一平巷掘进工作面发生一起顶板重大责任事故，死亡 4 人，直接经济损失 31 万元。

（1）事故矿井概况。张家口市下花园区永顺煤矿 1989 年建井，1997 年由张天出资经营至今；1998 年张天在本矿井田范围内新建现在的主副井。2002 年通过了省、市煤矿安全专项整顿验收，2002 年分别领取了采矿许可证、煤炭生产许可证、矿长资格证及营业执照，采矿许可证、煤炭生产许可证的有效期是到 2003 年 4 月，事故发生时正在办理延续手续。矿长张天，无有效矿长资格证。崔怀军持有永顺煤矿矿长资格证书，不是该矿职工，2002 年 7 月替张天参加培训并领取了矿长资格证书。另外，该矿主管安全、生产、技术的副矿长杜龙未经培训。全矿 25 人，其中管理人员 8 人，职工 17 人。

（2）事故经过及抢救过程。永顺煤矿因副斜井 60 m 处和主斜井 515 水平进风巷距井底车场 20 m 处塌冒严重，造成无法行人、通风困难。2003 年 2 月，该矿先从副井 45 m 处封闭了塌冒的井筒，并在 35 m 处用一联络巷与主井连通。随后计划从主井井底车场落平点向前 4 m 处掘一平巷绕开塌冒区，与副井沟通后再修复副井。

6 月 9 日开始安排 515 水平一平巷掘进，到 6 月 13 日早班共掘进了 1.5 m 岩巷。

6 月 13 日上午，张家口煤矿安全监察办事处下花园监察站在对该矿井下监察时，发现正在施工的一平巷口处温度高达 30℃以上，且该掘进工作面没有作业规程，当场下达了停止作业、撤出作业人员指令，同时责令编制作业规程、对存在的隐患进行排除，经监察站验收后方可施工。

6 月 13 日夜班，在没有经监察站检查同意的情况下，矿长张天继续安排作业，掘进约 1 m，并且进入老空区。14 日 6 点班又向前掘进一段距离，此时已进入老空区约 2 m，张天与杜龙商量决定下午 2 点班对这 2 m 巷道砌碹。14 日 14 时 10 分，杜龙、郑刚、曹玉宝、谷玉海 4 人下井作业。16 时 35 分，张天看到副井口喷出一股灰尘，就组织人员从主井下井，查看井下发生了什么事情，下井人员走到主副井联络巷发现下边温度高、尘雾大，就上井汇报。

张天得知情况后，马上找附近国有地方兴隆山矿救护队（辅助救护队）抢救，约 17 时 20 分，兴隆山矿救护队下井查看，发现井下温度高，什么也看不见。矿长张天向区煤炭公司、张家口煤矿安全监察办事处下花园站报告事故，市区有关部门接到报告后，先后赶到事故矿井，救护队 19 时下井勘查情况。事故抢救小组依据救护队提供的情况，制定了抢救方案，于 15 日凌晨 2 时 25 分，将井下 4 人全部救出，经下花园区医院诊断窒息死亡。

（3）事故原因分析。造成事故的直接原因是，该矿 515 水平一平巷掘进进入老空区的巷道揭露旧火区后，温度迅速升高，使本来稳定性极差的巷道顶板更加松散，作业人员在清渣时碰撞巷道支架造成漏垮型冒顶，上部高温灰粉倾泻而下，导致现场 4 名作业人员被堵而窒息死亡。

造成事故的间接原因如下：

1）矿井技术管理存在重大漏洞，没有技术人员，对井田范围内的老空区和火区情况不清，未按《煤矿安全规程》规定管理火区，无系统改造设计，未编制作业规程。

2）未对职工进行安全培训，职工安全技术素质差、自保能力低；主管安全、生产、技术兼带班班长的副矿长没有经过培训，技术素质差。

3）矿井安全管理机构不健全，管理力量薄弱，安全生产责任制和安全规章制度不健全，无矿井防灭火制度和措施。

4）区煤炭工业公司对该矿存在的问题监督管理不力。

（4）事故教训与防范措施

1）事故煤矿要吸取事故教训，认真查找在煤矿安全生产管理中存在的问题。要认真深化煤矿安全整治，严格落实各级安全生产责任制，严格管理，进一步加强对煤矿安全生产工作的领导和管理，采取有效措施，切实解决煤矿安全生产中存在的重大事故隐患，防止和杜绝煤矿生产安全事故。

2）对矿井生产系统不完善、管理机构不健全等方面达不到《煤矿安全生产基本条件规定》和有关深化煤矿安全专项整治要求的矿井一律停产整顿，限期达标，逾期未能达标的，应列入关闭范围，立即予以关闭，并确保关闭到位。

3）煤矿安全专项整治工作要把“一通三防”作为重点，进一步完善、提高矿井“一通三防”的管理工作，健全组织机构，认真落实《煤矿安全规程》有关规定，保证矿井通风系统合理、通风设施可靠。进一步建立健全煤矿安全生产责任制，完善安全管理制度；加强对煤矿职工安全教育培训工作，提高职工安全技术素质，增强职工自保意识，杜绝违章指挥、违章作业。

3. 葛泉矿作业产生扰动使稳定性被破坏导致的顶板事故

2004 年 5 月 2 日 8 时 20 分左右，河北金牛能源股份有限公司葛泉矿井下 1521 工作面发生一起死亡 3 人的责任事故，直接经济损失 26.1 万元。

（1）事故经过。2004 年 5 月 2 日，葛泉矿掘进二队早班在 1521 面，从煤帮侧向老塘侧移动、安装溜槽。8 时 20 分左右，工人刘朋川、王矿杰、郝宝林在老塘侧从下向上安装溜槽 21 m 时，感到脚下的煤向下滑动，刘朋川向下滑动 4～5 m 伸手抓住了顶板的“锚索梁”，王矿杰、侯群生分别抓住“帮网”后，发现工人郝宝林、王现民、高建付被下滑的煤埋住。刘朋川、侯群生、王矿杰立即抢救被埋人员，当班的扒斗机司机张同华召集附近区域的工人赶到事故地点救人，同时向矿进行汇报。3 名被埋工人很快被挖出，但经抢救无效于 5 月 2 日 11 时 50 分死亡。

（2）事故原因分析。造成事故的直接原因是，1521 工作面切眼坡度 36°，底板光滑，施工时违反操作规程规定在底板留有 0.3 m 左右厚的煤（矸），下巷与切眼交叉口破底 0.5 m 以上，使切眼下部的煤（矸）失去支撑；由于靠煤帮底板的煤（矸）已清理，老塘侧底板煤（矸）失去侧向支撑；移溜槽在老塘侧底板挖沟作业时产生扰动，使老塘侧煤（矸）稳定性被破坏，导致切眼 46 m 以下所留煤（矸）突然滑落，将正在移溜槽作业的 3 名工人埋住而窒息死亡。

造成事故的间接原因是，清理切眼时未执行《1521 工作面扩切眼安全技术措施》中“清理切眼时，由上而下依次进行……该段巷道全部清好后，再往下进行”的规定，而是先清一帮再清另一帮，且未采取任何防止煤（矸）下滑的措施；作业规程和安全技术措施中，对倾角达 30°～51°的倾斜煤层巷道开掘，防止煤（矸）下滑的技术措施规定不明确、不具体；矿、区（科）领导对大倾角巷道施工中的安全问题认识不到位，重视不够，没有研究制定有针对性的技术和管理措施；对职工安全教育不够，职工安全意识淡薄，自救能力差，违章指挥、违规作业。

（3）事故教训与防范措施

1）全矿上下对这起事故进行反思，强化责任意识、安全生产意识，克服麻痹侥幸思想，对重点地区、重点部位要采取有针对性的措施，确保安全生产。

2）强化矿井技术管理，针对大倾角掘进开采问题，要在技术上、安全上认真研究，反复论证，制定有针对性的安全技术措施。对措施审批要严格把关，堵塞安全措施的漏洞。

3）举一反三，认真吸取这起事故的深刻教训，切实加强煤矿的安全管理工作，加强对特殊情况的研究分析，有针对性地制定有效的安全措施，严防重大事故再次发生。要深入开展安全质量标准化建设，全面提高煤矿安全管理水平，为实现安全生产打下牢固的基础。

4. 东庞煤矿未按作业规程加打锚索导致的重大顶板事故

2004 年 9 月 21 日 11 时左右，河北省东庞煤矿补南二集中皮带巷迎头发生一起重大顶板责任事故，3 人死亡，直接经济损失 21.6 万元。

(1) 事故矿井概况。东庞煤矿始建于1977年2月，1983年12月26日投产。矿井地质储量52 914.9万吨，可采储量10 140.4万吨，设计生产能力180万吨/年，核定生产能力为240万吨/年。采煤方法为走向长壁采煤法，采煤工艺为综采。通风方式为两对角抽出式。

(2) 事故经过及抢救过程。2004年9月21日早班，东庞矿机掘一队跟班人员（技术主管）张增寿、班长王继军带领全班人员李树军、郭晓崇、刘合景、王志刚、曹桂平、谭增军、张爱军共9人在迎头正常掘进。王继军、谭增军、王志刚、刘合景4人负责打顶锚杆，李树军、张爱军2人负责打帮锚杆，郭晓崇、曹桂平2人负责接溜槽。

掘进机割完第二茬后，王继军、谭增军2人在上帮打顶锚杆，王志刚、刘合景2人在下帮打顶锚杆，当打完中间两根锚杆时，正在掘进机油箱处准备支护材料的李树军看到掘进头里面有人向外跑，随即拉张爱军往外跑，跑出五六步后听到“哗”的声响，见顶板垮落下来，碎渣埋住王继军、谭增军的腿部，李树军、张爱军把王、谭2人救出。巷道里面不见人也不见灯光，才知张增寿、刘合景、王志刚3人被埋。曹桂平于11时08分向区做了汇报。

矿调度室接到井下报告后，立即命令东庞矿救护队实施救援，救护队11时40分到达事故现场。21日12时50分，救出第一名遇险人员；13时30分，救出第二名遇险人员；至13时40分，3名遇险者全部救出，抢救工作结束。3名遇险人员经医生抢救无效死亡。

(3) 事故原因分析

1) 事故直接原因。锚网支护巷道掘进中，顶板遇到因节理切割形成的顺巷方向的楔状岩块，因顶锚杆未能有效地将岩块与围岩锚固成一个整体，在掘进形成自由面后，随着岩块下部揭露面积越来越大，在重力作用下，岩块与围岩断裂，连同锚杆一起冒落。

2) 事故间接原因。现场违章作业，现场人员错误地认为顶板较好，迎头20 m巷道未按作业规程规定加打锚索；区队领导安全意识淡薄，忽视安全管理，违章指挥；现场技术主管现场不能及时发现问题，也不按作业规程作业，矿技术部门对现场技术管理督促指导不够，对顶板岩性变化判断失误；调度室、安检科等职能科室落实业务保安责任制不到位，管理有漏洞；矿领导安全思想麻痹，对职工安全教育力度不够，没有处理好安全与生产、安全与效益的关系。

(4) 事故教训与防范措施

1) 要认真吸取本次事故教训，举一反三，查找工作的不足，克服麻痹思想，落实各级领导安全生产责任制，坚持安全第一，正确处理好安全与生产、安全与效益的关系。

2) 强化现场安全管理，及时发现和处理事故隐患，落实各项管理制度，严格按章办事，加强现场动态安全检查。

3) 强化现场技术管理，积极探索采用先进的技术手段搞好地质预测预报工作，克服麻痹思想，地质条件发生变化时，要及时发现问题，采取相应的技术安全措施。

4）加强职工培训，提高职工队伍技术素质和安全生产意识，培养发现和处理重大隐患的能力，严格遵守操作规程和煤矿安全生产方面的规章制度，杜绝违章行为。

第三节　煤矿透水事故分析与预防措施

煤矿透水事故是指矿井在建设和生产过程中，地面水和地下水通过裂隙、断层、塌陷区等各种通道涌入矿井，当矿井涌水超过正常排水能力时，就造成矿井水灾，也称为煤矿水害事故。透水事故是煤矿生产中发生较为频繁的重大灾害事故，特别是近几年来，我国煤矿突水事故有增无减，严重威胁着广大矿工的生命安全。

一、煤矿透水事故主要危害与预防措施

1. 煤矿发生透水事故的原因

造成煤矿发生透水事故的水源，主要有地表水、地下含水层、老空水、断层导水、岩溶陷落柱水等。煤矿发生透水事故的原因，归纳起来主要有三个方面：一是自然因素，二是技术原因，三是人的行为。就人为因素而言，发生矿井透水事故往往是安全思想不牢，思想麻痹，从而导致情况不明、预防措施不当。其主要原因有：

（1）地面防洪、防水措施不当或管理不善，地表水（多为雨季降水）大量灌入井下，造成水灾。

（2）水文地质情况不清，井巷接近老空积水区、充水断层、陷落柱、强含水层以及打开隔离煤柱，未执行探放水制度，盲目施工，或者虽然进行了探水，但措施不当。

（3）井巷位置设计不当。如将井巷置于不良地质条件中或过分接近强含水层等水源，导致施工后，因地压和水压共同作用而发生顶、底板透水。如此案例国内曾有发生，但为数不多。

（4）井巷施工质量伪劣，致使矿井井巷严重塌落、冒顶、跑沙导致透水，或工程钻孔在固井止水前误穿巷道，导致顶板含水透水。

（5）测量错误，导致巷道穿透积水区。

（6）井下无防水闸门或虽有而管理、组织不当，造成透水时无作用而淹井。

（7）出现透水预兆未觉察或未被重视或处理不当造成透水。

（8）排水设备能力不足或设备不完好。

（9）排水设备平时维护不当。如水仓不按时清挖，储水能力不足而淹井。

（10）其他原因。

2. 发生透水预兆的应对措施

发生透水预兆后，应采取以下应对措施：

（1）按照一般的透水规律，积水区水头越高，压力就越大，因此，在处理水头高的积水时，必须采取化整为零的办法，将高水头和积水分成若干段，一段一段地放水。现在普遍采用的“分段下行探放水”的方法，可避免一次处理时煤壁被压破的危险。实践证明，凡是与地面上下汇水区互相贯通、互为补给水源的老空、断层裂缝等，都必定有水，因此，遇到有补给水源的老空、断层、裂缝、钻孔时，尤其是要提高警惕，并采取周密的防水措施，防止透水。

（2）不管发现何种透水预兆，都必须立即停止掘进迎头工作，向上级汇报情况及时采取安全措施。采取边探边掘，探水眼必须超前掘进巷道，达到要求的超前安全距离。

（3）若是水情紧急，透水即将发生，必须立即发出警报并迅速采取果断措施进行处理，防止透水事故发生，防止淹井，同时及时撤出所有受水害威胁地点的人员。如果透水已经发生，各工作地点人员必须沿上山向高标、高巷道往上撤离水区。

3. 透水事故案例参考

生产要安全，安全为生产，生产中必须杜绝盲目蛮干，冒险作业。对于存在透水事故危险的情况，必须严格执行“有疑必探、先探后掘”的探放水制度，严防透水伤人。

以下是几起透水事故的发生原因与后果。

案例之一：处理水患违反探放水规定冒险作业人员伤亡事故

1992年临近春节，晋城市阳城县台头乡西凡村办磺矿放假，假期留矿维修人员维修矿井。18日，维修人员发现井下第五组作业工作面有明显的渗水现象，19日下午矿长张某、技工杜某、井口主任宋某3人研究决定，于20日由技工杜某带领5名班组长下井采用放炮方式处理。20日上午9时许，杜某即带领5名班组长入井，入井后发现巷道内积水明显增加，于是杜某就安排1名工人排水，另2名工人留在积水前休息，他和另2名工人到第五组工作面处理隐患。在处理隐患过程中，杜某发现工作面右上角的残眼处有水流出，残眼底部还有一块活动的“疙瘩”。于是，杜某决定在残眼处放明炮处理。随后，杜某返回2名工人休息处取炸药，并安排他们3人到第三组工作面清理工具，自己回到第五组工作面和另2名工人一起准备爆破。此时已接近中午，为节省时间，杜某叫1名工人上井取饭，计划在放炮后若不透水，饭后继续放炮。这名工人出井后，受到矿长张某训斥，张某让其下井叫人点炮后出井。这名工人刚到工作面，炮就响了，随着炮声，古空水和大量有害气体涌出，在外撤过程中，杜某和另2名工人因中毒较深，跌入水中死亡。

造成事故的原因是，该矿在处理水患时，严重违反关于探放水的有关规定，违章冒险作业，致使大量古空水和有害气体突然涌出。此外，该矿管理混乱，人员素质低，安全意识淡薄，处理隐患时无安全措施，盲目作业，从而引发事故。

案例之二：工作面透水预兆明显还继续打眼放炮导致的透水事故

1995年3月2日，高平市地方国有申家庄煤矿在生产中，下午4点班召开了由生产负责人郭某主持的班前会。当班矿建组人员分布为总回风南巷掘进头3人，总回风北巷掘进头 5 人，班前会后，生产负责人郭某下井跟班。北巷工人打了 2 个底眼炮，接着又打帮眼放了三炮，没打下煤来，副班长王某用捣炮杆捅炮眼，喷出一股水来，接着水就没了。王某派人去叫郭某，说老放闷炮，能否再干，郭某到工作面看了一下，让打半钻杆试一试，说完便离开了工作面。打了半钻杆眼，装药放炮，结果把煤放下来了，于是又开始接着打顶眼，运输工田某等 3 人去推车装煤，3 人刚转头，就听见“嘭”的一声，采空区积水随即涌了出来，造成 7 人死亡。

造成事故的原因是，矿工在工作面透水预兆明显存在的情况下，继续打眼放炮掘进，直接与采空区贯通，发生透水事故。另外，在掘进工作面临近采空区的情况下，没有坚持“有疑必探、先探后掘”的原则，制定探放水措施，对存在重大透水隐患未能及时发现。

案例之三：有明显透水预兆情况下仍然违章蛮干导致的透水事故

1995 年 7 月 29 日上午 8 时，晋城市泽州县大阳煤矿北风井分管安全、生产、技术的负责人李某安排工作后，和当班带班长罗某带领 16 名工人入井。入井后，罗某安排 2 名工人到 3 号工作面装煤，炮工李某到联络巷掘进工作面打眼放炮。约 9 时许，第一茬炮后，炮工李某到其他工作面检查。12 时许，炮工李某到工作面时，发现落煤变湿，有出水的痕迹，用手摸顶板，感觉发凉，便找当班负责人李某汇报：“联络巷掘进工作面有透水预兆。”当班负责人李某说：“我知道了，出完煤后不要放炮。”15 时 20 分左右，当当班负责人李某又到掘进工作面时，发现炮工李某正拿着铁锹撬煤帮上的一块大炭，此时，水从炭边涌了出来，发生了透水事故，造成 3 人死亡。

造成事故的原因是，在工作面有明显透水预兆的情况下，未执行“有疑必探、先探后掘”的原则，未采取撤人等措施，负责人李某仍指挥工人违章蛮干。

案例之四：发现水患后没有采取有效措施消除导致的事故

1993 年 10 月底，晋城市郊区陡坡联办矿在送东大巷时，与古空贯通，便后退改送东北巷。在东北二巷约 9 m 处，探出右帮 7 m 处有古水，便开始排水，1 月后停止了排水，并于 1994 年开始送东南巷，与古空贯通后，1995 年 10 月底在东南二巷开始扩帮回采。1995 年 11 月 4 日零点班，副矿长牛某和当班班长庞某带领当班 21 名工人入井。当班井下分两个工作面工作，其中西四巷布置一个掘进工作面，庞某带领 6 名工人在此从事掘进。东南二巷布置一个回采工作面，有 13 名工人。早 5 时 40 分时，因西巷掘进工作面缺木柱，庞某上井运木料，井下西四巷掘进工作面的人员在井底等待。东南二巷回采工作面的 8 名运输工将煤拉到井底。支护工李某到西四巷从事支护，炮工唐某和另一个炮工留在回采工作面。这时，忽然听到东巷顶头一声巨响，一股大水从东大巷顶头涌了出来，很快就将东大巷及东南二巷全部淹没。早 6 时 55 分，主提升绞车司机看到绷绳断了，马上向矿长报告，经查看，发现井下大部分被淹。当班 19 名职工被困井下。经过抢救，有 12 名职工被救脱困，7 人遇难。

造成事故的原因是，在井下东北方向水文地质情况不明的情况下，在大片古空附近布置采掘工作面，发现水患后，没有采取有效措施消除水患，致使古水突出，造成事故。另外，井下东北古空区连片，古水量很大，加之当年秋季雨水过多，矿井地表覆盖较薄，地面裂隙多，地表水渗入后，原煤壁不能承受古水压力，致使古水冲垮煤壁，导致矿井水灾。

案例之五：没有采取探放水措施致使突然透水引发事故

1999 年 5 月 27 日，早上 8 时，晋城市泽州县陈沟乡七岭甘润联营煤矿召开班前会。会后副矿长岳某和带班长侯某、瓦斯员兼电工邢某及 3 名炮工先入井，其他 15 名工人随后也陆续下井。到了井底，副矿长岳某等 6 人先到了 6 号巷的正头，瓦斯员邢某检查瓦斯浓度为 0.6%。之后炮工王某和侯某打眼装药准备放炮，共放了 3 炮。放炮后副矿长岳某过去查看了情况，见底部潮湿，但未发现有渗水现象，检查完后就到别的地方检查。带班长侯某回到货台给其他工人分配了工作任务。中午 12 时许，井下突然透水，事故发生，造成 4 人死亡。

造成事故的原因是，该矿附近的 5 号井（已关闭）井下独头巷立体穿过该矿 7 号巷与之交叉，该独头巷自 1998 年 6 月关闭后形成积水，该矿在生产过程中没有采取探放水措施，致使隔离煤层不能承受积水压力，突然透水引发事故。另外，该矿对周围存在的水患未引起足够重视，无探水机构、人员和探水设备，也是原因之一。

4. 被矿井水灾围困时的避灾自救措施

被矿井水灾围困时，应采取以下避灾自救措施：

（1）当现场人员被涌水围困无法退出时，应迅速进入预先筑好的避难硐室中避灾，或选择合适地点快速建筑临时避难硐室避灾。如系老空透水，则须在避难硐室处建临时挡墙或吊挂风帘，防止被涌出的有害气体伤害。进入避难硐室前，应在硐室外留设明显标志。

（2）在避灾期间，遇险矿工要有良好的精神心理状态，情绪安定、自信乐观、意志坚强。要坚信上级领导一定会组织人员快速营救；坚信在班组长和有经验老工人的带领下，一定能够克服各种困难，共渡难关，安全脱险。要做好长时间避灾的准备，除轮流担任岗哨观察水情的人员外，其余人员均应静卧，以减少体力和空气消耗。

（3）避灾时，应用敲击的方法有规律、间断地发出呼救信号，向营救人员指示躲避处的位置。

（4）被困期间断绝食物后，即使在饥饿难忍的情况下，也应努力克制自己，决不嚼食杂物充饥。需要饮用井下水时，应选择适宜的水源，并用纱布或衣服过滤。

（5）长时间被困在井下，发觉救护人员到来营救时，避灾人员不可过度兴奋和慌乱。得救后，不可吃硬质和过量的食物，要避开强烈的光线，以防发生意外。

二、煤矿透水事故案例分析

1. 木石煤矿顶板冒落后与露天矿坑连通导致的透水事故

2003 年 7 月 26 日 21 时 40 分，山东省枣庄市滕州市木石镇木石煤矿井田边界外 3208

探煤巷发生一起特大透水事故，造成35人死亡，直接经济损失258.69万元。

（1）事故矿井概况。木石煤矿属木石镇镇办集体企业。该矿于1971年开始建设，1972年建成投产，设计能力为9万吨/年，2002年产煤9.4万吨，2003年1月至6月产煤4.7万吨。全矿有职工769人，分三班作业。

木石煤矿已取得了山东省人民政府有关部门核发的“四证”，即采矿许可证（有效期2003年3月至2006年3月）、煤炭生产许可证（有效期2003年3月至2006年3月）、矿长资格证书（有效期2002年11月至2004年11月）、营业执照（有效期2003年3月至2006年3月）。该矿为“四证”齐全的合法矿井。

该矿开拓方式为立井—斜井（3个立井、1个斜井）综合式。井底水平大巷位于－38 m，两个辅助水平分别位于－95 m和－180 m。布置2个采区、8个采掘工作面，采煤方法设计采用巷道式、全部冒落法管理顶板。矿井通风方式为中央并列分区式通风。

该矿井下实行两级排水。第一级排水系统，在主井井底车场设中央泵房和水仓，安装3台DAI—100×80型水泵，双排水管路，水仓容量900 m^3；第二级排水系统，在两个下山采区泵房安装3台DAI—100×80型水泵，由采区泵房排至－38 m水平运输大巷，再由－38 m水平运输大巷水沟排至井底车场水仓中。矿井总排水能力为108 m^3/h。

该矿批准的开采煤层为枣庄矿业集团莱村煤矿（现已报废）和枣庄监狱生建煤矿3号煤层部分残余煤以及14、15、16、17号煤层煤。现主采3号煤层残余煤，其余煤层尚未开采。3号煤层煤种为气煤，倾角23°，低瓦斯，自然发火期6个月。矿井正常涌水量为22 m^3/h，最大涌水量为29 m^3/h。

该矿井口范围内地面有一个露天矿坑，地面标高＋60 m、坑底标高＋46.5 m，平常坑内部分区域有积水。2003年6月至7月，该地区连降暴雨，降雨量411 mm，露天矿坑内积水增至10万米^{3}左右。

（2）事故经过及抢救过程。2003年7月26日21时40分，木石煤矿中班、夜班正在交接班时，3208探煤巷越界区域发生透水事故，导致矿井－38 m水平以下的5个作业地点的37人遇险。

事故发生后，枣庄、滕州市委、市人民政府迅速组织救护队赶赴事故现场进行抢救，枣庄矿业集团有限责任公司救护大队及时赶到支援抢救。枣庄市委、市人民政府组成“7·26”事故抢险救灾指挥部，统一组织事故抢救、善后等工作。抢险救灾指挥部调集了驻枣庄市部队、武警官兵、预备役战士和工人约2 000人，全力实施水坑地面堵水和回填工作；并调集了26台水泵，以每小时1 500 m^3的排水量，昼夜不停地进行排水；抽调60余名有一定经验的同志，分成11个抢险队，轮流进行井下清淤搜救工作。经过奋力抢救，有2名遇险人员经抢救脱险。截至8月26日，35名遇难矿工尸体全部找到。

（3）事故直接原因。木石煤矿违法越界开采煤层防水煤柱，3208工作面在生产过程中顶板冒落后与露天矿坑坑底直接连通，导致露天坑内的积水、泥沙溃入井下。

（4）事故间接原因

1）木石煤矿无视国家法律法规，违法越界开采；违反《煤矿安全规程》有关规定，擅自开采煤层防水煤柱；为逃避当地政府及有关部门的监管，没有将越界部分的巷道填绘在采掘工程平面图上，甚至在抢险救灾初期也没有提供真实图样，隐瞒井下作业地点。

2）木石煤矿拒不执行滕州市安全生产委员会办公室（以下简称滕州市安委会办公室）《关于做好汛期煤矿安全的紧急通知》（滕安办字〔2003〕3号）关于“暴雨期间，津浦铁路以东所有煤矿立即将井下人员撤离，确保安全度汛”的要求，明知露天矿坑的积水有溃入3208工作面的危险，但心存侥幸，为了多出煤，仍然继续安排3208工作面越界开采。

3）木石镇党委、政府未能认真贯彻落实滕州市安委会办公室滕安办字〔2003〕3号文件的要求，有关人员严重失职，在该地区连降暴雨的情况下，对木石镇仅有的一个煤矿未及时采取有效措施，制止其违规生产及违法开采活动。

4）滕州市煤炭管理部门未认真落实滕州市安委会办公室滕安办字〔2003〕3号文件的要求，对木石煤矿监督检查不到位，没有及时发现该矿继续生产及违规开采煤层防水煤柱等问题；滕州市国土资源部门未及时发现该矿违法越界开采。

5）滕州市人民政府未及时督促有关部门认真落实市安委会办公室有关汛期津浦铁路以东所有煤矿撤人停产的通知要求，对煤炭管理、国土资源等部门履行职责情况监管不到位。

（5）事故教训与防范措施

1）要进一步做好深化煤矿安全专项整治工作。要对本地区的乡镇煤矿逐一进行排查认定，凡属“四个一律关闭”的乡镇煤矿要坚决予以关闭；凡有一项达不到《煤矿安全生产基本条件规定》要求的，一律停产整顿、限期达标，逾期未能达标的也要强制关闭。

2）要针对辖区内一些乡镇煤矿复采、残采国有大矿废弃的煤炭资源，水文地质条件复杂，受老空水、地表水、断层水威胁较大的实际情况，监督煤矿严格执行《煤矿安全规程》的规定，及时填绘反映井下实际情况的图样，严禁开采矿井防水煤柱；坚持“有疑必探、先探后掘”的原则，切实搞好防治水工作；制定雨季“三防”具体措施并认真组织实施。国土资源主管部门要切实加大监管力度，坚决制止违法超层越界开采的行为。

3）要监督乡镇煤矿配备防治水方面的专业技术人员，并加强矿井防治水知识的培训工作。通过强化培训，提高煤矿技术管理人员的防治水业务能力和工人的防水安全意识及自保能力。

2. 姬石煤矿违法越界开采残留煤柱被溃破导致的透水事故

2003年7月21日4时30分，河北省邯郸县姬石煤矿南二下山二平巷迎头发生一起特大水害责任事故，死亡12人，直接经济损失165万元。

（1）事故矿井概况。邯郸县姬石煤矿设计生产能力0.8万吨/年，煤层自燃倾向，为不易自燃，煤尘无爆炸性，属低瓦斯矿井。矿井“四证”齐全有效。

（2）事故经过及抢救过程。2003年7月20日夜班共有29人在井下作业，约21日4时10分，南二下山二平巷联络眼放第三茬炮，炮烟散净后，工人陆续进去作业。约4时30分，邹建平在南二下山二平巷迎头攉煤，发现顶板有裂缝，水从裂缝涌出，水量急剧增大，将邹建平从迎头冲出来，不到10 min，涌水将南二下山二平巷、北二下山一平巷回采工作面、二平巷掘进工作面淹没。井下作业的29人中，有17人逃生，12人被淹。

事故发生后，由于事故前矿井没有直通地面的排水系统，抢险时采用三级排水，先后共安装排水泵31台，排水环节复杂，并有180 m^3/h的动水补给量，救灾工作十分艰难。经过奋力抢救，到8月23日12时50分，共排出水量25万米^3，水位降至北二下山二平巷以下，12名遇难矿工尸体全部救出。

（3）事故直接原因。该矿南二下山二平巷掘进头接近老空积水区，在水压和开采活动等因素的作用下，残留仅1.5 m的煤柱被溃破，造成透水事故。

（4）事故间接原因

1）该矿违法越界开采，南二下山、北二下山越界巷道约1 000 m，由于越界开采，南二下山二平巷进入老巷积水区。

2）2003年6月底，南二下山二平巷开口时发现淋水较大，且知道前面是老空区可能有水；该矿违反《煤矿安全规程》第285条、第286条、第292条的规定，没有采用钻机进行探放水，而只是要求工人用煤电钻探水掘进，后因5 m钻杆扭弯不能使用，就没有再探，而且继续掘进，掘至距老巷只剩下1.5 m时，老空积水突然溃出，12人被淹。

3）该矿技术管理混乱，未按要求配备专职煤矿技术人员，图样与现场实际不符，越界巷道未测量填图，南二下山二平巷没有制定掘进作业规程和安全措施。

4）南二下山二平巷掘进由包工队施工，矿方无人跟班检查安全，未能及时发现透水预兆。

5）县、乡人民政府及有关部门对恢复生产矿井越层越界和安全生产监管力度不够，未能及时发现和制止该矿的越界开采行为，未能及时发现和解决该矿防探水存在的隐患。

（5）事故教训与防范措施

1）有关部门要加强煤矿依法开采和安全生产的监督管理，理顺关系，明确职责，加强责任制的落实。在加强对非法开采和停产整顿矿井监控的同时，严厉查处辖区内煤矿越层越界开采违法行为，认真做好深化煤矿安全专项整治工作，改善矿井安全条件，提高技术装备水平，落实灾害防治措施。

2）必须加强辖区内煤矿的技术管理工作，及时、如实填绘矿井采掘工程平面图等图样，及时掌握矿井的采掘动态，对所有采掘工程都要编制符合实际的作业规程和安全措施，并认真贯彻执行。

3）要把防探水工作作为煤矿管理的重点，查明矿井及其周围的水文地质情况，按规程要求将积水区范围、防水煤柱线、探水线标在采掘平面图上；严格按照“有疑必探、先探后掘”的原则进行探放水，按规程要求，探放老空水必须使用钻机探水，必须保证 20 m 以上的超前距，不得使用煤电钻探水。

4）进一步加强法律法规和安全生产知识的教育培训，提高煤矿经营者的法律意识和从业人员的安全技术素质及自我保护能力，完善安全管理制度和安全管理机构，严禁非法开采和越层越界开采，严禁违章指挥、违章作业。督促煤矿为职工办理劳动保险，签订劳动合同。

3. 东王俄煤矿没有按照规定进行探放水导致的水害事故

2003 年 6 月 7 日 16 时 30 分，河北省石家庄市赞皇县东王俄煤矿六层煤平巷发生一起重大水害责任事故，死亡 5 人，直接经济损失 50 万元。

（1）事故矿井概况。该矿原为 20 世纪 80 年代末废弃的老井，开采原石家庄地区白家窑井田范围煤层。河北省乡镇煤矿安全生产专项整顿中核发了“四证”，并于 2002 年 6 月 7 日取得了河北省乡镇煤矿复工通知书。

（2）事故经过及抢救过程。6 月 7 日下午，负责安排井下生产任务的郭进芹到现场安排工作。下井比较晚的工人李立川沿六层煤平巷向迎头走，突然一股气浪差点将李推倒，李跑到前面一看，发现污泥堵满了巷道，将郭进芹等 5 人堵在里面，李立川立即上井报告。矿长郭月喜马上带人下井查看情况，发现污泥堵到了距下山口向外 11 m 处的位置，无法施救，后上井向有关部门报告。

事故发生后，石家庄市政府领导先后赶赴事故现场，制定抢救方案，实施营救。6 月 11 日 5 时 50 分，将一名被困人员救出。至 6 月 12 日 7 时 48 分，5 名被困矿工全部救出，但经抢救无效全部死亡。

（3）事故原因分析。该矿在旧井范围内开采，没有按照“有疑必探、先探后掘”的原则进行探放水，没有制定探查老空的安全措施；揭露古小窑井筒后，在没有检查古小窑井筒是否有溃泥溃水危险的情况下，未把人员撤至安全地点，古小窑井筒积存的大量淤泥突然溃入，导致人员伤亡。

（4）事故教训与防范措施

1）吸取这次事故教训，强化政府监管职能，建立健全安全生产责任制，明确安全管理责任。立即对煤矿停产整顿，按照对乡镇煤矿安全整顿的要求，逐项进行整改，认真验收，达不到安全生产基本条件，有关部门依法吊销有关证照，实施关闭。

2）煤矿主管都门加强对煤矿的安全监管，实施经常性的煤矿安全检查，深化煤矿安全专项整治工作，对煤矿安全工作提出具体要求并落实到位，确保安全生产。

3）东王俄煤矿要采取各种技术措施摸清开采范围内的老空采空区、老巷分布情况，在图样上标明。坚持“有疑必探、先探后掘”的原则，揭露老空前和揭露老空时必须按《煤矿安全规程》第四十五条规定，制定探查老空的安全措施，否则不得盲目进行生产。

第四节　矿井火灾事故分析与预防措施

矿井火灾又称矿内火灾或者井下火灾，是指发生在煤矿井下巷道、工作面、硐室、采空区等地点的火灾。矿井火灾按引起的热源不同，可以分为内因火灾和外因火灾两类。不论哪种原因引发的矿井火灾（包括危及井下的地面火灾），常导致人员伤亡，设备损失，矿井停产，资源破坏，甚至引起瓦斯、煤尘或硫化矿尘爆炸，不仅能造成重大财产损失，也会造成重大人员伤亡。而且煤矿井下为封闭空间，矿井火灾中产生的有毒有害气体会随风流扩散，使灾害范围扩大，又由于井下空间狭窄，给灭火带来极大困难。因此，矿井火灾是煤矿重大灾害之一。

一、矿井火灾主要危害与预防措施

1. 预防内因火灾的措施

引发内因火灾的主要原因，有煤自燃与硫化矿石自燃两种。内因火灾发火地点一般比较隐蔽，不易发现，灭火困难。从以往经验看，煤炭自燃一般经常发生在有大量遗煤而未及时封闭或封闭不严的采空区内，以及废弃的联络巷和停采线处；巷道两侧和遗留在采空区内受压破坏的煤柱；巷道内堆积的浮煤或煤巷的冒顶、垮帮等处。因此，预防内因火灾的基本原则是减少矿体的破坏和碎矿的堆积，以免形成有利于矿石氧化和热量积聚的漏风条件。

预防内因火灾的应对措施主要有：

（1）选择正确的开拓开采方法。合理布置巷道，减少矿层切割量，少留矿、煤柱或留足够尺寸的矿、煤柱，防止压碎，提高回采率，加快回采速度。

（2）采用合理的通风系统。正确设置通风构筑物，减少采空区和矿柱裂隙的漏风，工作面采完后及时封闭采空区。

（3）预防性灌浆。在地面或井下用土制成泥浆，通过钻孔和管道灌入采空区，泥浆包裹碎矿、煤表面，隔绝空气，防止氧化发热，是防止自燃火灾的有效措施。根据生产条件，可边采边灌，也可先采后灌。前者灌浆均匀，防火效果好，自然发火期短的矿井均采用。泥浆浓度（土、水体积比）通常取1∶4～1∶5。在缺土地区，可考虑用页岩等矸石破碎后代替黄土制浆，粉煤灰或无燃性矿渣也可作为一种代用品。

（4）均压防火。用调节风压方法降低漏风风路两侧压差，减少漏风，抑制自燃。调压方法有风窗调节、辅扇调节、风窗—辅扇联合调节、调节通风系统等。

（5）阻化剂。使用防止矿石氧化的化学制剂，如 $CaCl_2$、$MgCl_2$ 等，将其溶液灌注到可能自燃的地方，在碎矿石或碎煤表面形成稳定的抗氧化保护膜，降低矿石或煤的氧化能力。

(6) 加强监测是早期发现自燃征兆的重要步骤。测定空气中的一氧化碳浓度，可判断煤自燃的发展程度及自燃地点。应用红外线分析仪和气相色谱仪分析空气中的微量一氧化碳，配合束管法（用细塑料管从井下各取样地点连至地面）远距离取样，也可在地面进行连续自动检测与报警。

2. 引发外因火灾的原因

外因火灾是由外来火源引起的火灾。造成外因火灾的原因主要有：

(1) 由明火引起的矿井火灾，如井下吸烟、井下使用电（气）焊、井下使用电炉和大灯泡取暖等引起易燃物着火。

(2) 电气故障引起矿井火灾，如电流短路产生的弧光、电火花、电缆放炮、设备过载运行导致设备发热等引起的火灾。

(3) 井下违章爆破引起矿井火灾，如使用变质炸药，井下放糊炮、放明炮和明火放炮，以及井下爆破不使用水炮泥、炮眼封泥量不足等都会引起火灾。

(4) 瓦斯煤尘爆炸产生的高温也会引起矿井火灾。

(5) 撞击火花、摩擦生热等也会引起矿井火灾。

3. 外因火灾的特点

外因火灾的特点是发生突然，来势凶猛，且发生的时间与地点往往出乎人们的意料。由于人们没有思想准备，会因惊慌失措而酿成恶性事故。同时，火灾能产生大量的有毒有害气体，造成人员中毒。煤炭燃烧会产生一氧化碳、二氧化碳、二氧化硫、烟尘等。另外，井下坑木、橡胶类物品、聚氯乙烯制品等燃烧时，不仅会产生一氧化碳气体，同时会产生醇类、醛类以及其他一些复杂的有机化合物等有毒有害气体，这些气体会随风流在井下扩散，有时会波及很大的范围甚至全矿井，从而造成大量人员中毒伤亡。据国内外资料统计，在矿井火灾事故中95%以上的遇难人员是死于有毒气体中毒。

火灾易引起瓦斯、煤尘的爆炸。火灾引起瓦斯、煤尘爆炸的原因：一是火灾为瓦斯、煤尘爆炸提供了引爆火源；二是由于火灾的作用，一些燃烧物在干馏的作用下，会释放出一些可燃和可爆气体，增加了爆炸的危险性。所以，矿井火灾与瓦斯煤尘爆炸，互为作用，互为转化。

4. 坚决禁止井下吸烟的道理

在由明火引起的矿井火灾中，最需要注意的就是井下吸烟。抽烟本来是人们日常生活中极为平常的小事，但是，如果在矿井下抽烟，就有可能是引发事故的大事，如果这时矿井内瓦斯积聚过量，抽烟就会引起瓦斯燃烧爆炸，不仅会伤害自己，也会伤害到他人。类似井下吸烟导致瓦斯爆炸的事故案例很多，教训深刻。

案例之一：瓦斯积聚人员违章吸烟导致瓦斯爆炸事故

1992年8月1日夜间，晋城市泽州县一家村办煤矿，由于晚上全矿停电，以局扇代替主扇的扇风机停止运转。8月2日凌晨4点班，跟班技术员兼带班班长祁某先到电工房找电工发了电，然后组织当班工人工作，之后就带领 19 名工人入井。因矿井停电，井下停风达 6 h 以上，致使生产区域瓦斯积聚达到燃烧浓度，这时偏偏有 1 名工人违章打火吸烟引起瓦斯燃烧，引发重大瓦斯燃烧事故，造成 4 人死亡，2 人重伤。

案例之二：井下人员违章吸烟导致局部瓦斯爆炸事故

1994 年 7 月 6 日 9 时 10 分许，山西省临汾地区蒲县马驹沟煤矿，由于主扇时开时停，通风系统不完善，局部扇风机安装位置不合理，事故前工作面至少 19 h 处于无风状态，造成六顺槽瓦斯积聚，达到爆炸浓度。这时井下作业人员违反安全规定在井下吸烟，产生明火，导致局部瓦斯爆炸事故，造成 6 人死亡，1 人重伤，3 人轻伤。

案例之三：偷带烟火下井把自己严重烧伤的事故

湖南省桑植县某煤矿矿工王某，烟瘾很大，下井作业的时候，经常违章将烟藏于隐蔽处带入井下。1997 年 12 月 6 日下午 3 时左右，王某又偷带着烟火下井。按照工作安排，王某和另两名工人先通风再采煤。因为最近一段时间采区内通风状况不佳，工作时感觉呼吸困难，3 人经过 1 个多小时的疏通风路，发现风路一时还不能畅通。为不耽误采煤的产量，3 人决定在无风状态下采煤。在采煤过程中，烟瘾难忍的王某掏出打火机点烟，就在王某打燃打火机的一瞬间，火花引起了煤与瓦斯燃烧，王某与另 2 名工人当即被烧伤。经医院全力抢救，王某的生命虽然从死亡线上被救了回来，但是由于伤势严重，成为生活无法自理的残疾人。

案例之四：井下作业违章吸烟引起瓦斯爆炸导致 10 人遇难

大同市红石头湾煤矿所属联营煤矿位于大同市南郊区高山镇辛窑村附近。该矿副井进风，主井、风井回风，每个井井下配备两台 11 kW 局扇，为工作面供风，但是风量不稳定。1996 年 12 月 7 日 22 时，风井的包工队负责人李义布置夜班的工作，决定由朱家富带班共 11 人下井，先出完两个工作面的存煤，再打眼放炮。22 时 20 分，正在交接班过程中，中班还有 5 人在井下，2 人已走到井底，还有 3 人在工作。夜班的工人有 7 名已陆续进入西南工作面作业点，还有 4 人快走到井底附近。这时听到从西南方向传来巨响，井下发生瓦斯爆炸。除在井底的 6 名工人外，其余 10 人全部遇难。

造成事故的直接原因是，风井西南盘区局扇未开，工作面断层裂隙涌出的瓦斯积聚超限，达到爆炸浓度，工人在井下吸烟时引起瓦斯爆炸。而矿井没安装主扇，采取自然通风，工作面风量不足，不能吹散和稀释断层渗透出的大量瓦斯，造成瓦斯积聚。另外，该矿未配备专职瓦斯检查员、安全员、检身员，工人违章带香烟下井并在井下吸烟。

5. 预防外因火灾的应对措施

预防外因火灾的应对措施主要有：

一切产生高温或明火的器材设备，如果使用管理不当，可点燃易燃物，造成火灾。在中、小型煤矿中，各种明火和爆破工作常是外因火灾的起因。随着机械化程度提高，机电设备火灾的比例逐渐增加。

预防外因火灾的主要措施有：煤矿井下禁止吸烟和明火照明；电气设备和器材的选择、安装与使用，必须严格遵守有关规定，配备完善的保护装置；机械运转部分要定期检查，防止因摩擦产生高温，采煤机械截割部必须有完善的喷雾装置，防止引燃瓦斯或煤尘；易燃物和炸药、雷管的运送、保管、领发和使用，均应遵守有关规定；尽量用不燃材料代替易燃材料；一些主要巷道和机电硐室必须砌碹或用不燃性材料支护；有些地点要设防火门。

发现火灾时，首先应识别火害性质，立即采取一切可行的方法直接灭火，并汇报调度所。当井下发生火灾时，为了迅速灭火必须遵守纪律，服从命令，不要擅自行动。矿调度所接到井下火灾报告时，立即通知矿山救护队抢险，并通知井下受到火灾威胁的人员立刻撤离灾区。

二、矿井火灾事故案例分析

1. 南山公司一井见煤段长期氧化自然发火导致的火灾事故

2001 年 5 月 7 日 23 时 45 分，黑龙江省鹤岗矿务局多种经营总公司南山公司一井发生一起特大火灾事故，造成 54 人死亡，直接经济损失 660.2 万元。

（1）事故矿井概况。鹤岗矿务局南山公司一井位于该局南山矿井田范围内，为集体所有制企业，经营方式为个人承包。矿井开拓方式为斜井开拓，老井始建于 1990 年 9 月，1991 年 9 月投产，新井建于 1998 年 2 月，1998 年 12 月投产，1999 年年底两井贯通，生产能力为 6 万吨/年。拥有职工 335 人，2000 年实际产量 6.1 万吨。矿井可采储量 71 万吨，可采煤层有 3 号、7 号、8 号、9 号煤层，厚度 3～5 m，煤层倾角 15°～25°，煤种为气煤。矿井属低沼气矿井，煤尘具有爆炸性，煤层自然发火期为 6～12 个月。矿井通风方式为两翼对角压入式，总进风量为 2 490 m^3/min，总回风量为 2 480 m^3/min。该井为巷道非正规采煤方法，共有采掘工作面 7 个。

（2）事故经过及抢救过程。5 月 8 日 0 时，当班副井长曹开连从老主井入井，0 时 10 分，走到主井车场时发现有烟，意识到井下着火，迅速带领附近的 18 名工人从老副井升井，并立即向矿调度做了汇报。当时井下共有 87 人，其中有 33 人陆续升井，其他 54 人下落不明。

事故发生后，鹤岗矿务局成立了抢险救灾指挥部，积极组织了抢救。1 时 50 分，鹤岗矿务局救护大队入井进行探查，在＋132 m 标高平巷入风段距新副井井底 20 m 处发现明火，着火点处有 4 架木棚剧烈燃烧，巷道底板有 1 米多高燃烧的堆积物，火势迅猛，救灾人员无法通过，只得由原路返回升井。为防止火灾气体继续蔓延，指挥部决定在新副井采取反风措施，又先后 5 次派救护队入井探查，在井下发现 10 名遇难人员，由于火势大、温度高，连续发生爆炸，救护队探查几次受阻。

5 月 8 日 15 时 18 分开始，组织救护队员携带灭火器和铺设水管直接灭火。共出动人员 621 人次，铺设水管总长度 3 710 m，使用灭火器 385 台，总计灭火 6 处，长度 363 m，探查巷道 3 916 m，找到 10 名遇难者并将尸体运至地面。5 月 14 日 19 时 10 分，在直接灭火过程中，井下先后发生两次爆炸。当日 21 时 18 分，新副井主扇由于连续在高温状态下运行，电动机烧毁，井口温度、沼气和一氧化碳浓度急剧升高，井下遇险人员已无生还可能。因井下火势难以控制，且连续发生爆炸，严重威胁救灾人员安全，5 月 15 日，有关领导和专家与抢险救灾指挥部共同研究制定了“封闭井口，控制火势，打钻充填灭火”的灭火方案。

（3）事故地点。经抢险探查和分析，认定事故发生地点在井下＋132 m 标高平巷入风段 38 号密闭前交叉口至距新副井井底 20 m 之间。

（4）事故直接原因。由于井下＋132 m 标高平巷入风段 38 号密闭内火区长期漏风，造成火区范围扩大，加之此平巷见煤段长期处于氧化状态，致使＋132 m 标高平巷入风段见煤处煤炭自然发火，并引燃巷道木支架发生火灾。

（5）事故主要原因

1）矿井“一通三防”工作不落实，疏于对防灭火的管理。井下＋132 m 标高平巷 38 号密闭内火区长期漏风，平巷见煤段长期处于氧化状态，没有采取及时有效的防自然发火的措施，致使平巷内煤层自然发火，并引发矿井火灾。

2）矿务局安全生产责任制不落实。原煤炭工业部和原国家煤炭工业局明确规定，矿办小井安全生产必须纳入大矿统一管理，矿务局长是矿办小井安全生产的第一责任者，但该矿务局在矿办小井的安全管理上没有明确各级干部和业务处室职责分工，对矿办小井的安全管理失控。

3）矿务局多种经营总公司对矿办小井安全管理降低标准，以包代管，将小井转包给个人，致使该小井违章生产，在被责令停产整顿后又擅自开工，埋下了事故隐患。

4）矿井不具备安全生产基本条件。采用非正规采煤方法，采区通风系统不合理；火区密闭不严，导致长期漏风；工作面单出口，发生事故时人员无法安全撤出；矿井无备用主扇，单回路供电，未铺设完整的灌浆灭火供水管路，工人未携带自救器。

（6）事故教训与防范措施

1）坚决关闭国有煤矿矿办小井。按照国务院关于立即关闭国有煤矿矿办小井的要求，制定矿办小井的关闭计划，实施关闭。

2）落实各级领导干部的安全生产责任制。加强责任制执行情况的考核，实行责任追究和安全一票否决制，以促使各级领导干部切实履行好安全生产的职责。

3）建立和完善企业安全生产自我约束机制，加强安全生产管理。企业在经营机制转换过程中，要充分发挥各部门的作用，建立起切实有效的安全生产工作机制，加强内部的安全管理，及时查隐患、堵漏洞，抓整改、保安全。

4）加强法律法规的宣传教育，严肃查处违规违章行为。

5）推进技术进步，采用新技术、新方法、新材料、新装备，提高矿井的技术水平和防灾抗灾能力。

2. 二塘煤矿电缆产生电弧火花点燃绝缘油导致的火灾事故

2002 年 10 月 29 日凌晨 3 时，广西壮族自治区南宁市矿务局二塘煤矿井下发生了一起电气火灾事故，造成 30 人死亡，直接经济损失 198.8 万元。

(1) 事故矿井概况。南宁市矿务局二塘煤矿位于南宁市邕宾旧公路 12 km 处，为南宁市地方国有煤矿，共有职工 726 人。

矿井设计生产能力为 15 万吨/年，1981 年投入生产。井口采用一对斜井开拓，主井串车提升，副井设“猴车”运送人员，大巷采用架线电机车运输。矿井有三、四两个生产采区，事故发生在四采区。

矿井采用中央并列抽出式通风方式，地面风机房安装有 4—72—16NO11B 离心式风机 2 台。矿井反风装置齐全。矿井总进风量为 1 100 m^3/min，总回风量为 1 200 m^3/min。

矿井为低瓦斯矿井，绝对瓦斯涌出量为 0.41 m^3/min，相对瓦斯涌出量为 1.53 m^3/t。

井下设有中央变电所和采区变电所。发生事故的四采区变电所内有 PB2—6 改 C 型高压防爆配电箱 1 台、KSJ3—320/6 变压器 1 台、DW80—350A 低压馈电开关 4 台、检漏继电器 1 台。

(2) 事故经过及抢救过程。事故当班井下共有 82 人工作，其中四采区 35 人，其他地点 47 人。2002 年 10 月 29 日 3 时左右，井下调度员在四采区变电所以里绞车处发现变电所有浓烟冒出，烟雾很大，于是跑到通往三采区的大巷交叉点电话处向地面调度汇报，要求停电停风。3 时 20 分，地面调度接到报告后，一是通知电工停止地面主扇运转和停止向井下供电，二是向主管安全的副矿长陆勤如和矿长许崇珠做了汇报。二塘煤矿随即逐级上报并通知矿务局救护队紧急救援。

接到报告后，二塘煤矿成立了救灾领导小组。该矿有关负责人于 10 月 29 日 4 时 50 分带第一批矿山救护队员下井抢救，在四采区回风平巷风门位置发现 21 名遇难人员。7 时 10 分，第二批入井的矿山救护队员也赶到出事地点，经过 40 min 左右的抢救工作，将 21 名遇难人员运送到三采区上部车场。

随后救护队继续探查，寻找其他遇险人员。10 月 30 日凌晨 3 时 30 分发现探查巷道发生大冒顶，其他巷道充满浓烟无法前进。根据井下瓦斯涌出量较小的情况，地面总指挥部决定采取反风措施。5 时 10 分，开始反风；6 时 5 分，14 名救护队员下井搜索遇险人员；7 时 40 分，救护队员在四采区回风平巷找到另外 9 名遇难人员，并将其运送到三采区上部车场。11 时 30 分，将井下所有遇难人员抬出地面。至此，整个抢救工作结束，矿井恢复正常通风，但火灾引燃的木支架和部分煤体仍在燃烧。

(3) 事故直接原因。四采区变电所变压器超负荷运行（所安设变压器容量为 320 kVA，而其供电负荷为 347.7 kW，变压器长期满负荷和超负荷运行，导致电缆加速老化，绝缘性能降低，温度升高）和变压器低压侧接线错误，导致距接线端子 500 mm、距地板 100 mm

高处的橡套电缆短路，产生电弧火花，点燃积存在地板上的高压防爆配电箱漏出的绝缘油及渗漏在地板上的变压器油。

（4）事故间接原因

1）四采区既无采区开采设计也无采区变电所设计，只有一个方案草图和施工进度排队表，未对采区供电作设计计算，也未进行变电所内的高、低压馈电开关过负荷保护整定值的计算；同时，变电所也没有按规定安设防火铁门和配备灭火器材，致使起火初期不能及时扑灭和采取其他措施消除灾害。

2）机电管理混乱，矿井无机电设备维护检修制度。变压器低压侧每一个接线柱上错误地压接三个线头的现象长期存在，形成了严重的事故隐患；采区变电所未设专人值班，也没有制定值班人员巡回检查制度；未能及时发现并解决因采区变电所 PB2—6 改 C 型高压防爆配电箱油箱油堵松动、绝缘油流尽的问题；未及时彻底清除渗漏在地板上的变压器油渍。

3）日常安全检查不力。入井人员未能按规定随身携带自救器，致使发生火灾后，遇险人员不能安全撤出。

4）机电专业人员配备不足。二塘煤矿机电专业的管理力量薄弱，全矿只有生产科副科长一人是普电专业人员，其他电工技术不熟练，导致电气隐患得不到及时消除。

5）市直有关部门对二塘煤矿安全生产工作的领导、检查和监督力度不够，事故防范措施不力。

（5）事故教训与防范措施

1）切实贯彻落实《安全生产法》和《矿山安全法》等法律、法规，牢固树立“安全第一、预防为主”的思想，建立健全安全生产责任制。

2）严格按照《煤矿安全规程》等有关标准和规定设计和配置井上机电设备，严禁超负荷运行；各种电气设备保护装置必须齐全完好。

3）建立落实机电设备和设施的管理、维护、检修等制度，明确责任，落实到人。

4）井下变电所必须按有关规定配置消防器材，并安设防火铁门。建议从设计上考虑采区变电所布置独立的通风系统。

5）按照规定配齐自救器，并建立自救器发放、检验、维护和保管等制度，确保每名入井人员随身携带自救器。

6）加强安全培训，促使职工提高安全防范意识，全面掌握安全知识，特别要对入井人员进行自救器实际操作的培训考核。

7）按年度编制详细的灾害预防和处理计划，每年至少组织一次矿井救灾演习，做到入井人员熟知井下各种灾害的避灾路线。

3. 万宝煤矿小新井配电盘火星引燃旧棉袄导致的火灾事故

2002 年 12 月 6 日 8 时 55 分，吉林省万宝煤矿小新井发生一起特大火灾事故，造成 30

人死亡，直接经济损失 219.9 万元。

（1）事故矿井概况。万宝煤矿为吉林省省属国有煤矿，小新井是万宝煤矿下属的独立法人单位，位于吉林省洮南市万宝镇境内。小新井井田走向长 900 m，倾斜宽 380 m，面积约 0.34 km^2，井田内有 8 个煤层，其中 2 个主采煤层分别是 C_{17}层和 C_{22}层。C_{17}层厚度为 1.5 m，倾角 56°；C_{22}层厚度为 2 m，倾角 55°，矿井可采储量 102.5 万吨。小新井于 1996 年建成并投入生产，设计年生产能力 1 万吨，1999 年经过改造，年生产能力为 6 万吨。2002 年矿下达生产计划 5 万吨，1—11 月实际产煤 4.2 万吨。实有职工 213 人。

矿井为斜井开拓，两个水平生产（＋210 水平和＋140 水平），主斜井和暗斜井提升方式均为串车提升，通风方式为中央并列压入式通风，主扇为轴流式风机（1 台，无备用），矿井总入风力 807 m^3/min，总回风为 417 m^3/min（其余风量漏入红旗二井村排出）。该井有 4 个采掘工作面，其中＋210 水平 2 个，＋140 水平 2 个，开采红旗二井和原红旗三井残留的煤柱，采用仓储式采煤方法。矿井没有经过瓦斯等级和煤自燃倾向性鉴定，煤尘爆炸指数为 15%～20%。

（2）事故经过及抢救过程。2002 年 12 月 6 日，事故当班井下共出勤 60 人，其中＋210 水平作业人员 30 人，＋140 水平作业人员 30 人。当班工人 8 时开始入井，8 时 30 分左右，绞车司机姚伟东等人到达＋210 水平暗斜井绞车硐室，在放下一趟空车后提重车，当向上提了 3～4 m 时，司机身后配电盘发出响声，并产生电弧光，随即绞车停止运行。绞车司机用闸将矿车慢慢下放到＋140 水平车场，把配电盘刀闸拉下，并闻到有异味（后经实验，他认定是烧棉布味），随后与班长高维权等一起离开绞车硐室。

8 时 45 分至 8 时 50 分，带班井长李志清发现＋140 水平的重车没有上来，便到暗斜井上部车场去查看，闻到有烧棉布味，李志清没仔细检查就返回＋210 车场躲避硐。8 时 55 分，＋140 水平有人向井口调度打电话，告诉井下有异味。此时，李志清等人发现＋210 井底车场有烟，随即姚伟东、高维权、李志清等人一起去绞车硐室，当推开第二道风门时发现绞车硐室的挡风帘（旧风筒布）着火，烟把他们呛回来。李志清返回井底车场，打电话向井口调度报告了绞车硐室着火的情况，并让把井下电断了（这时大约为 9 时）。井口调度把井下着火的情况向主持工作的副井长吴庆福进行了汇报，并通知地面绞车房给井下断电。

9 时左右，生产副井长宋玉春等 3 人从＋210 水平两个工作面出来，准备到＋140 水平，在经过＋210 车场时，得知绞车硐室着火。宋玉春与另一人进去查看火情，但由于烟很浓，无法打开第二道风门。返回后，宋玉春让人打电话告诉井口调度通知＋140 水平的人员撤出，并叫矿救护队下来，又让李志清通知＋210 水平的人员从入风井撤出。随后，井口调度多次给＋140 水平打电话，但无人接听。

9 时 15 分，井口调度将＋210 水平暗斜井绞车硐室着火的情况向矿调度报告，并要求矿救护队来救火。9 时 17 分，救护队接到报告，副队长穆长林带领 3 名救护队员于 9 时 35

分到达小新井＋210水平车场。宋玉春让救护队打开两道风门，穆长林带领2名队员进去勘查，在到达第二道风门时，感到热气扑脸，不知道火势情况，怕开门后救护队员有危险，随即撤至井底车场。宋玉春告诉穆长林＋140水平有人，但过去需要经过一段有烟巷道，穆长林说救护队员没有配备呼吸器，然后带一名救护队员坐人车升井取呼吸器。

10时15分，矿总工程师王国良赶到事故现场，命令打开两道风门，并率救护队去＋140水平探险。至当日15时，在＋140水平车场及暗斜井绞车道共发现25名遇难人员，在＋140水平作业的其余5人下落不明。

接到事故报告后，成立事故抢险指挥部，组织事故抢救工作。至2003年1月3日，在事故中遇难的30人全部找到，善后工作处理完毕。

（3）事故直接原因。小新井暗斜井绞车配电盘为非矿用一般型机电设备，超载提升时配电盘发生弧光，产生火星，溅落在配电盘下的旧棉袄上，经过缓慢“阴燃”后引起旧棉袄着火，引燃绞车硐室内的旧风筒布帘（非阻燃）及木棚，火势迅速扩大发生火灾，导致＋140水平人员在逃生过程中中毒死亡。

（4）事故间接原因

1）万宝煤矿及小新井领导贯彻执行“安全第一、预防为主”方针不力，小新井安全管理机构不健全，职责不清。安全生产责任制不落实，现场管理不到位，不能及时发现和消除事故隐患，长期带隐患进行生产。

2）机电运输管理混乱。暗斜井绞车所使用的电气设备不符合《煤矿安全规程》有关规定，没有按规定对机电运输设备定期进行检修，绞车超负荷运行；没有按煤矿安全监察办事处提出的监察意见进行整改。

3）技术管理混乱。矿井“一通三防”（通风与防瓦斯、防煤尘、防火）不符合《煤矿安全规程》的要求，井下防灭火设施不完善，违规使用非阻燃风筒；暗斜井绞车硐室采用木支护、周围用非阻燃的风筒布围隔，且绞车硐内无砂箱、灭火器等消防器材；小新井所编制的计划不完善，没有发生灾害时的抢救预案，致使在发生事故后不能及时做出正确的决策。

4）物资供应管理混乱。矿井没有配备自救器，发生火灾时，工人不能自救，致使事故扩大；采购非阻燃风筒布，自行加工风筒并投入井下使用。

5）特种作业人员管理混乱。暗斜井绞车无专职司机（由推车工兼任），没有经过培训便无证上岗，不在现场交接班；安全培训、教育工作不到位，职工安全意识差。

（5）事故教训与防范措施

1）万宝煤矿要深刻吸取这次事故的教训，认真贯彻党的安全生产工作方针，并举一反三，彻底查找安全生产工作中的漏洞，建立健全安全生产规章制度，强化现场管理，落实安全生产责任制，防止再次发生事故。

2）该矿要加大安全生产专项整治力度，严格按《煤矿安全规程》的要求，从现场管理、技术管理、安全教育和培训、物资供应及用工等方面，特别是在“一通三防”和机电运输工作上，不断加大安全整治力度，从源头控制事故的发生。

3）矿、井各职能部门要认真履行职责，强化监督检查和业务保安。建立安全检查责任追究制度，对发现的隐患要按照职责分工认真进行整改，将隐患消灭在萌芽中。

4）加强机电运输的管理，井下机电硐室必须按《煤矿安全规程》的规定进行支护；矿井所使用的电气设备必须符合《煤矿安全规程》的要求；建立健全完善的机电设备定检制度，保证机电设备的正常运行；矿井所有提升设备的能力要重新核定，电气设备整定要准确，不得超过额定值运行，并要完善机电设备的各种保护装置；加强机电硐室的管理，做到室内整洁无杂物，消防器材齐全、完备。

5）加大安全投入，完善各项安全设施，建立安全监控系统，配备自救器等安全装备，改善矿井安全生产条件。

6）强化培训和安全教育，切实提高职工的安全技术素质。瓦检员、放炮员、绞车司机等特殊工种必须做到持证上岗，专岗专人，现场交接班。新工人上岗前要进行正规的安全培训和教育，增强职工自保和互保能力。

7）万宝煤矿和小新井都必须按《煤矿安全规程》的要求，制订完善的灾害预防处理计划，并按规定进行实战演习，让井下每一名作业人员熟悉防灾措施和避灾线路。

4. 祥和北岭煤矿电缆着火引燃笆片和木棚导致的火灾事故

2003 年 12 月 26 日 7 时 10 分，河北省武安市祥和北岭煤矿副井三平巷发生一起特大火灾责任事故，26 人死亡，直接经济损失 210 万元。

（1）事故矿井概况。武安市祥和北岭煤矿位于上团城乡高村村北约 1 km 处。原为高村第一煤矿，1982 年投产。1993 年，杨林庆等人出资在高村第一煤矿井田南面建现主井，并于 1997 年承包高村第一矿，改造形成现生产系统。2002 年重新核发“四证”，更名为武安市祥和北岭煤矿。采矿许可证、煤炭生产许可证、营业执照齐全。经济性质为集体所有制，该矿法定代表人、矿长杨林庆，持有矿长资格证。主井、副井、风井分别由杨林庆、杨世维、陈其林独立生产经营核算，杨世维是副井经营管理者，主抓全面工作。该矿名为一个矿井，实为“一证多家经营”，主井、副井、风井都有各自的生产、提升、供电系统。

（2）事故经过及抢救过程。2003 年 12 月 25 日 8 时至 12 月 26 日 8 时，该矿副井安全生产负责人杨延忠值班。12 月 26 日 4 点左右，井下作业人员 37 人。12 月 26 日 7 时左右，兰可银和郑忠良推重罐到三平巷三岔口时，看见小绞车和空压机附近电缆着火冒烟。兰可银和郑忠良立即到四平巷找到电工陈军庆报告情况，通知了在四平巷、五平巷的作业人员，兰可银、郑忠良和代云祥、宋飞、宋德章从三平巷一起出来时，木棚已燃烧起来，5 人从火区冲了过去，进入上风侧。此前，在上风侧岩巷掘进头作业的 2 人发现空压机向北三、四架木棚子已经起火，在无法灭火的情况下，他们 7 人相继从主井升井脱险。三平巷着火后，火烟向一平巷、二平巷扩散，李登有、杨超德、蒋中德、宋真富 4 人闻到火烟味后，打电话报告井上，并先后由副井升井。至此，在井下上部巷道作业的11名矿工脱离危险。四平巷以里作业的26名矿工被困井下。

井口把钩工接到井下电话报告后，向副井安全负责人杨延忠汇报，杨延忠安排杨金梁下井查看情况。杨金梁从副井下井，到一下山发现烟雾太大无法继续向里而返回升井。随后，杨世维、杨延忠召集工人（共计70多名）从主井入井赶到火灾现场进行灭火，因木支架烧毁造成巷道冒顶，主井侧的火熄灭后向里抢救人员受阻。

10时5分，该矿无力自救，向邯郸市煤炭局救护队求救，10时45分，救护队赶到现场实施抢救。11时31分，武安市政府接到上团城乡报告后，市政府及有关部门领导赶赴现场，根据救护队员在井下勘查的情况，与赶到事故现场的上级有关部门领导共同研究，决定采取从风井压风、主井抽风的反风措施，14时救护队从风井入井到达事故地点，在副井二下山及起火点以里200多米的巷道中，相继发现被困井下的26人已全部遇难。27日凌晨1时30分，遇难人员尸体全部抢运升井，抢救工作结束。

（3）事故直接原因。调查组综合分析认定，三平巷三岔口南小绞车和空压机附近的非阻燃电缆因2003年10月冒顶砸压受损绝缘性能降低，在继续使用中发生短路，井下低压供电系统没有使用漏电继电器且各级过流保护装置均不能动作，未能及时切断短路线路电源，导致电缆着火引燃笆片和木棚，致井下人员缺氧性窒息死亡。

（4）事故间接原因

1）机电设备管理混乱。该矿违反《煤矿安全规程》有关规定，井下使用没有取得煤安标志的非阻燃电缆，井下使用的空压机、开关、接触器是没有取得煤安标志的非防爆机电设备，在用防爆设备失爆严重，机电设备保护装置不全或保护装置不起作用，多处明电照明、明刀闸、明接头、“鸡爪子”和“羊尾巴”，为这次事故埋下重大隐患。

2）该矿没有井下消防（防尘供水）管路系统，机电设备硐室没有灭火器材，主要运输巷、机电设备硐室都是可燃性材料支护，局部着火后不能及时扑灭，是导致火灾事故扩大的主要因素。

3）事故发生后，未及时将事故情况上报有关部门，未及时请专业救护队进行抢险救灾，延误了抢险救灾时间。

4）矿井生产管理混乱。该矿“一证多家经营”，三个井口三人分别承包，生产组织各自为政，矿井安全管理机构形同虚设，职责不明。副井违规出煤，越界开采，通风系统不完善，降低了矿井的抗灾能力。

5）各级安全生产责任制和安全生产规章制度不落实。没有机电设备管理制度，没有符合实际的井上、井下配电系统图和井下电气设备布置图，对市煤炭局和乡矿管办提出的矿井存在的严重问题不及时整改，直至事故发生。

6）安全教育培训不够，职工素质低。井下电工、瓦斯员无证上岗，井下大部分工人未进行安全培训，没有救灾、避灾知识，没有随身携带自救器。

（5）事故教训与防范措施

1）切实加强煤矿安全管理，深化煤矿安全生产专项整治工作。要督促煤矿建立健全符合矿井实际的各级安全生产责任制和各项安全生产规章制度和操作规程。健全矿井安全管理机构。坚决取缔“一证多家经营”，严禁副井违规出煤，严禁越界开采。

2）加强煤矿机电设备管理。井下严禁使用没有煤安标志的非阻燃电缆和非防爆机电设备，加强在用设备的管理和维护，建立健全并落实各项管理制度，保持机电设备的各种保护装置完好有效。

3）加强煤矿防灭火工作。建立井下消防管路系统，消防重点部位要配齐灭火器材。

4）加强职工安全教育培训，提高职工自保意识和自救能力。制定并实施好矿井生产安全事故应急救援预案，切实提高安全生产条件和矿井防灾和抗灾能力。

5）加大煤矿安全监管力度。要严格对照《煤矿安全生产基本条件规定》，对全市所有煤矿逐个进行再评估审核，凡有一项没有达到条件的，不得批准恢复生产。对批准恢复生产的矿井，要加强对煤矿事故隐患整改的监督检查和跟踪管理，对存在重大事故隐患未及时整改的，坚决予以停产整顿。

第五节　煤矿人员中毒窒息伤亡事故分析与预防措施

煤矿生产人员在井下作业过程中，当进入井下没有通风的上山、下山或独头煤岩巷、废弃巷道、老窑、采空区时，由于严重缺氧，积聚有毒有害气体，就可能发生缺氧中毒窒息事故。此外，瓦斯爆炸、煤尘爆炸、矿井爆破等都将产生大量的一氧化碳，从而造成人员中毒窒息伤亡。

一、煤矿有毒有害气体的危害与预防措施

1. 煤矿有毒有害气体的危害

我国大多数煤矿为地下开采，煤矿井下空气稀薄，氧含量低，不适宜人的生存。同时，在煤矿生产过程中，还会有许多有毒有害气体产生，这些气体不仅会使井下空气中的氧含量降低，易造成人的窒息和中毒，而且这些气体中的大多数气体还具有爆炸性。

（1）煤矿井下空气的组成。详见第二章第五节相关内容。

（2）矿井空气中常见的有毒有害气体及最高允许浓度。煤矿井下空气中有毒有害气体种类较多，但常见的主要有一氧化碳（CO）、硫化氢（H_2S）、二氧化氮（NO_2）、二氧化硫（SO_2）等，我国《煤矿安全规程》对矿井空气中主要气体的浓度做出了明确的规定，同时要求井下采掘工作面进风流中的氧气浓度不得低于20%，二氧化碳浓度不得超过0.5%。

2. 矿井气候及影响

《煤矿安全规程》规定，井下采掘工作面的最高温度不得超过26℃，机电硐室的最高温度不得超过30℃。采掘工作面最低风速不得小于0.25 m/s，最高风速不得大于4 m/s等。为了保证井下安全生产需要采取措施，需要源源不断地为井下输送新鲜空气，所以说，矿井通风就是利用矿井通风机来促使井下空气流动。因此，矿井通风的目的：一是为井下人员提供新鲜空气，二是稀释和排除井下有毒有害气体和矿尘，三是为井下创造良好的气候条件，四是提高矿井的抗灾害能力。

3. 矿井中毒窒息防治措施

(1) 加强通风，保证井下各通风地点有足够的新鲜空气，并将各种有害气体冲淡到安全浓度以下。

(2) 矿井通风系统要完整独立，不得与其他矿井共用。

(3) 加强通风设施管理，局部通风机要使用矿用型，压入式局部通风机和启动装置必须安装在进风巷道中，距回风口不得少于10 m，不发生循环风。

(4) 爆破过程会产生大量有毒有害气体，放炮后必须持续通风0.5 h以上，有毒有害气体浓度降到安全浓度后人员才可进入爆破地点。

(5) 长期停风的地点，有毒有害气体积聚，氧气严重不足。恢复这些地点作业时，事先必须编制专门的安全措施，报矿井技术负责人批准，并严格执行。

(6) 加强测风测气工作，配备足够的专职瓦斯检查员和瓦斯检测仪器，严格实行瓦斯检查制度。

4. 对中毒或窒息人员的急救

如果发生人员中毒或窒息，要紧急采取措施抢救：

(1) 迅速把中毒或窒息人员抬到新鲜风流和周围支架完好安全的地方。在搬运途中，如仍受到有害气体威胁，急救者一定要戴好自救器，被救人员也要戴好自救器。

(2) 将中毒者口内的妨碍物除去，并将上衣、腰带解开，脱掉胶鞋。

(3) 用衣服覆盖在伤员身上保暖。

(4) 对呼吸困难或停止呼吸者，应及时进行人工呼吸。当出现心跳停止的现象时，除进行人工呼吸外，还应同时进行胸外心脏按压急救。

(5) 人工呼吸持续时间以恢复自主性呼吸或到伤员真正死亡为止。

5. 预防中毒、缺氧窒息事故注意事项

井下发生气体中毒、缺氧窒息事故，在没有采取有效安全措施的情况下，冒险施救，非常危险，往往造成事故扩大。要设法往事故地点供风，施救人员进入事故地点，在一边检测氧气和有毒有害气体浓度，确定符合《煤矿安全规程》规定后，方可一边进入。有自救器、呼吸器时，在新鲜风流处试戴完好后，可两人一组进入事故地点迅速开展抢救。在不具备施救条件时，立即与当地的煤炭管理部门或就近的矿山救护队联系，请求协助救援。

二、煤矿人员中毒窒息伤亡事故案例分析

1. 大吉口煤矿私自拆除密闭有毒气体逸出导致的中毒事故

2004 年 10 月 24 日 15 时 30 分，河北省平泉县大吉口煤矿主斜井第一片盘车场附近发生一起重大瓦斯中毒责任事故，死亡 3 人，伤 5 人，直接经济损失 30 万元。

(1) 事故矿井概况。大吉口煤矿位于平泉县党坝镇围场沟村，隶属党坝镇，因现任矿长（原承包人）魏贺松无力经营，2003 年 11 月 2 日由大吉口村村民付海承包经营，承包期为 3 年。发生事故时股东为魏贺松、付海、张会民及付文双 4 人，其中魏贺松为法人代表、矿长，付海为副矿长。2004 年 3 月，该矿为控制井下老塘火区蔓延，在主进回风巷之间打了 5 个密闭，原通风系统遭到破坏。制定了通风系统改造方案报镇政府及有关部门。县矿山企业改制办公室以〔2004〕4 号文件批复后，并进行施工，该矿进行通风系统改造，到事故发生时尚未形成新的通风系统。

(2) 事故经过及抢救过程。10 月 24 日 13 时，大吉口煤矿矿长魏贺松安排坑长任其武带领掘进工李洪军、陈赛军、吴春东、韩福、陈来 5 人去主斜井下部平巷维修巷道。下井前 0.5 h 启动安装在主斜井井口外的 2.0 kW 局扇为井下供风。40 min 后任其武等 6 人到达距井口 150 m 平巷处进行维修。工作约 2 h 后，从副井新调整过来的李洪军、陈赛军、吴春东 3 人均感到头痛，经任其武同意后上井休息，3 人由工作地点往井上走。任其武、韩福、陈来 3 人又工作了大约 40 min 后开始升井，走到主斜井底往上十多米时，任其武也感到头痛、全身没劲，撕开风筒吹风；让陈来上井喊人。陈来行至＋493 水平溜煤口附近时，依次发现李洪军、陈赛军、吴春东 3 人趴在地上。陈来到达地面后，向矿长魏贺松报告了井下人员中毒情况。魏贺松听说井下有人中毒后立即组织人员下井进行抢救，在下到距井口 20 m 处见到吴春东趴在地上，便让随后赶到的赵彦武将吴春东背到井上。往下走了几米见到陈赛军趴在地上，将风筒撕开对着他吹风；往下走了六七米远，李洪军趴在地上，也将风筒撕开对着他吹风。看到任其武和韩福在李洪军以下三四米处，2 人没有中毒迹象。魏贺松知道井下没人了，转身背起李洪军往井上走，走了几步觉得呼吸困难，撕开风筒呼吸了一会儿新鲜空气后，自己爬到井上。随后赶来的其他人员将尚在井下的李洪军、任其武及韩福等人救到了井上。医生到现场后立即展开急救，当时检查发现吴春东等 5 人中毒严重，其中吴春东、陈赛军、李洪军 3 人已瞳孔放大、没有脉搏，进行心脏按压，注射呼吸兴奋剂等药品，抢救约 15 min 后见无生还希望便开始抢救其他人。经奋力抢救，魏贺松、任其武、韩福、赵彦武、陈来 5 人脱离危险，吴春东、陈赛军、李洪军 3 人死亡。

(3) 事故直接原因。在矿井通风系统遭到火区破坏、主副井分别采取压入式通风后，私自将副井侧一号密闭拆除，造成火区内一氧化碳在主井＋493 附近大量逸出并积聚，致使施工人员中毒死亡。

（4）事故间接原因

1）矿井未经任何审批也未采取任何安全技术措施擅自启封密闭，在不具备安全生产条件的情况下私自组织井下作业。

2）安全管理机构不健全，管理人员职责分工不明确，事故发生前无专职技术负责人，一名取得资格证书的副矿长离职后未及时安排其他人员培训取证。

3）安全管理制度虚设，落实不到位，主扇、局扇擅自停开无人管理，未认真落实“巡回检查制度”，没有定期检查火区密闭及有害气体情况，没有及时制止下井职工未按要求携带自救器的违章行为，导致井下发生中毒现象后无法自救。

（5）事故教训与防范措施

1）严格按《安全生产法》《煤矿安全规程》等有关法律法规的要求，强化对矿长及从业人员的安全、法律知识培训，提高其安全业务技能和安全法律知识。

2）对平泉县全县乡镇煤矿进行全面的停产整顿，经县有关部门验收合格后方可复工。

3）加强乡镇政府煤矿安全管理队伍建设，充实专业技术人员，加大对煤矿的安全生产管理力度。

4）加大对全县煤矿的监督检查力度，对存在重大隐患的矿井，要采取果断措施，实施停产、关闭。

2. 聚鑫湾煤炭公司顶板垮落有害气体压入巷道中毒事故

2003 年 3 月 5 日 1 时 30 分，河北省聚鑫湾煤炭开采有限公司小立井区发生一氧化碳中毒事故，死亡 16 人，直接经济损失 178.2 万元。

（1）事故矿井概况。该矿原名韩湾煤矿，位于蔚县白草村乡韩家湾村南，1994 年 11 月开工建设，1995 年投产。2002 年 10 月重新核发“四证”时更名为蔚县聚鑫湾煤炭开采有限公司。持有采矿许可证、煤炭生产许可证，具有企业法人营业执照。2002 年 7 月，矿长刘成文安排办公室主任宋利顶替其参加矿长培训，宋利培训合格取得了煤矿矿长资格证书（证号 0180153），实际负责聚鑫湾公司全面工作的刘成文没有有效的煤矿矿长资格证书。2002 年 10 月，聚鑫湾公司通过了河北省乡镇煤矿安全生产专项整顿逐级验收，取得了复工通知书。

蔚县煤炭生产安全监督局负责煤矿安全生产监督管理工作。白草村乡政府企管会（煤管站）负责煤矿安全生产管理工作。聚鑫湾公司没有安全管理机构和“一通三防”管理机构，全矿只有 1 名瓦斯员，没有安全员。

（2）事故经过及抢救过程。2002 年 11 月，瓦斯员董福掌发现小立井南大巷采空区里往外冒烟，有煤油味，检测一氧化碳浓度一次是 0.007%，一次是 0.008%，向矿长进行了汇报，矿长安排本矿工人将与火区相通的四、五处巷道用矸石堆堵黄泥抹面进行了封闭。2003 年春节全矿放假。2 月 16 日开工，直到事故发生，井下主要工作是进行巷道维修。平时主扇时开时停，事故当班主扇没有开，自然通风。

3月4日晚10点班共安排22人井下作业，当班瓦斯员董福掌、带班长胡佃仓、胡强和19名工人，主要工作是维修东大巷。

3月5日1时30分，瓦斯员董福掌在东井检查瓦斯后从斜井上井，当走到距井口200 m（距小立井联络巷口下10～20 m的地方）时，感觉头晕，立即戴上自救器，检测一氧化碳浓度为0.1%，董上井后，向矿长刘成文进行了汇报。刘成文、董福掌和生产矿长戴如银等相继从斜井下去，向下行走中感到头晕，被后面的人搀扶上井。这时，刘成文一方面让戴如银找人从西立井下去，通知在东大巷的工人赶快从西立井升井；另一方面，与曾在该矿工作过的李家洼煤矿李献银电话联系，找人帮助抢救。戴如银按刘成文要求派工人黄占军从西立井下去，见到了在东大巷作业的胡延军、胡延兵、吴文江、李进才、杨永春和胡强，告诉他们斜井出现了有毒气体，让胡强去通知里面的人赶紧撤出，黄和5名工人从立井升井，安全脱险。李献银接刘成文电话后，立即叫醒曾做过救护工作的杨素彪，3时30分左右，李、杨赶到事故矿井，随后又把李家洼煤矿罗相接到矿上，带来2台氧气呼吸器和检测仪器，矿上又找了一个会使用氧气呼吸器的人，3人一起下井救人，在距井口70～90 m的地方发现8名工人倒在底板上，用矿灯向井口发信号，井上放下矿车将8人分8次装上矿车升井，随后，在距井口120～130 m的地方又发现6名工人倒地，他们分3次将6人装上矿车升井。走到距井口170～180 m的地方又发现了2人，并将2人抬上矿车升井，至此，从斜井内共救出16人。3月5日12时左右，抢救工作结束。

（3）事故直接原因。矿井存在自然发火隐患，小立井采空区因煤炭自燃产生并积聚了大量一氧化碳等有毒有害气体，因顶板大面积垮落，密闭质量差，将采空区内积聚的一氧化碳等有害气体压入巷道，井下工人从斜井上井时经过此处，导致一氧化碳中毒死亡。

（4）事故间接原因

1）该矿违反《煤矿安全规程》有关规定，未采取任何防止煤炭自燃的措施，发现采空区内煤炭自燃后，虽打了几道密闭，但密闭质量差，不能对采空区有效封闭；未按规定对火区进行有效管理，没有定期测定和分析防火墙内的气体成分和空气温度，对火区内的异常情况未能及时发现，未采取有效措施处理，为这次事故埋下重大隐患。

2）该矿长期采用非正规采煤方法，致使采空区丢煤较多，采空区难以塌严冒实；以掘代采，巷道杂乱，造成采空区封闭难度大，为采空区内煤炭自燃创造了条件，也为火区内气体压力增加时向作业空间涌出提供了通道。

3）该矿没有安全管理机构和“一通三防”管理机构，通风瓦斯管理混乱，矿井主扇时开时停，致使风流极不稳定，风量严重不足，事故发生时由于主扇未开，一氧化碳涌入斜井筒后不能及时稀释、排出矿井；瓦斯检查不到位；各项管理制度和各工种操作规程只是挂在墙上，不向工人贯彻，形同虚设；安全生产责任制不落实，对乡煤管站2月20日检查时提出的矿井存在的严重问题，直到事故发生仍没有解决。

4）职工素质低。春节后招聘的新工人未进行安全培训考核，没有避灾方面的知识，遇难人员没有随身携带自救器，大部分井下工人不会使用自救器，没有自救、互救能力；矿长未经依法培训取得矿长资格证；全矿没有一名专业技术人员，安全技术力量薄弱。

5）事故发生后，矿长没有及时将事故情况上报有关部门，没有及时请专业救护队进行抢险救灾，自救力量不足，措施不力，延误了抢险救灾时间。

（5）事故教训与防范措施

1）煤炭生产许可证没有批准小立井区域13号煤层开采，聚鑫湾公司必须彻底封闭小立井区域。在县煤炭生产安全监督局的组织下，对井下火区进行灭火后，由救护队对所有与小立井区域联通的巷道进行封闭，封闭墙质量要达到规程要求，聚鑫湾公司要定期检测分析封闭墙内外有害气体和空气温度的变化，发现异常情况要按规程规定及时采取措施。

2）改进采煤方法，制定防灭火制度和措施，并落实到人。

3）聘请具有法定资质的矿长和有专业知识的人员负责矿井全面工作和安全技术工作，建立安全管理机构和“一通三防”机构，充实瓦斯检查员和安全检查员；建立健全并认真落实各级、各类人员安全生产责任制和各项安全管理制度。

4）认真开展全员安全教育培训，提高自保和互保能力，特种作业人员要经有资质的培训机构进行专门培训，取得操作资格证书后，方可上岗。

5）相关管理部门要认真贯彻落实煤矿安全法律法规和上级的有关规定，对井下存在火区的煤矿，必须首先停止生产，采取措施进行灭火，火区没有熄灭前，井下不得安排与灭火工作无关的其他作业；对小煤矿从业人员进行强制性安全培训，督促小煤矿按要求补充编制“安全专篇”，并确保按审批通过的“安全专篇”进行整改；严格落实安全生产责任制，加强监管队伍建设，提高监管人员素质，要改进作风，深入一线，深入井下，关口前移，督促企业解决安全生产中存在的重大事故隐患，促进煤矿安全生产。

3. 利民煤矿在旧火区违章掘进一氧化碳涌出人员中毒事故

2003年11月13日13时30分，河北省张家口市下花园区利民煤矿主井底联络巷掘进工作面发生一起一氧化碳中毒重大责任事故，4人死亡，直接经济损失15万元。

（1）事故矿井概况。利民煤矿位于张家口市下花园区花园乡，1984年建井，隶属下花园定方水乡贾家庄村。采矿证、生产证的有效期是2005年12月。该矿企业法人为李占军（原村支部书记），矿长张志强无矿长安全资格证书。

2003年6月4日永顺煤矿事故发生后，下花园区政府责令全区所有小煤矿停止井下一切生产活动。对利民煤矿绞车房贴了封条，停止了火药供应。事故发生前矿井主要通风机未运转，矿井自然通风。

（2）事故经过及抢救过程。事故的前一天（11月12日），矿主李占军未经区政府同意，撕开封条，擅自开工，12日下井4人。

11月13日13时，李强、张志辉、张志彬3人一起下井，继续在12日工作的地方掘进巷道。13时30分，李强发现巷道顶部塌了一个洞，从洞里往外涌出一股白色气体。当时李强就感到头痛，发现张志辉、张志彬 2 人已趴在地上，于是急忙往外走。升井后向矿主和矿长报告。矿主李占军、矿长张志强不听李强劝阻，先后下井，李强随后下到 527 水平打点处帮着他们打点要车。李强等了一会儿，发现下边没有动静，升井后找人向下花园兴隆山煤矿救护队求救。约 15 时，兴隆山煤矿救护队赶到该矿，下井组织救人。于当日 17 时 40 分，将井下 4 人全部救出，经下花园区医院诊断为一氧化碳中毒全部死亡。

（3）事故直接原因。在旧火区范围内违章掘进，与旧火区掘透，造成旧火区内的一氧化碳气体涌出，导致现场 2 名作业人员中毒死亡；随后违章抢救，致使 2 名抢救人员中毒死亡。

（4）事故间接原因

1）该矿拒不执行区政府的停产指令，擅自开工，违章指挥，在火区范围内冒险作业。

2）该矿没有制定恢复生产的安全措施和作业规程，工人盲目作业。

3）安全教育培训不够，职工安全技术素质和自保意识低，下井作业不携带自救器，发现有害气体后不能采取自救措施。

4）事故抢救中违章冒险下井救人，造成事故扩大。

5）矿井生产、技术存在重大漏洞，安全管理极为混乱。

6）下花园区政府及区煤炭工业公司监督检查不够，虽对该矿下达了停产指令，但没有采取有效措施防止该矿偷着生产。

（5）事故教训与防范措施

1）利民煤矿安全生产系统不完善；安全管理机构不健全，重大安全隐患多，不具备基本安全生产条件，依照相关规定，责成区政府关闭利民煤矿。

2）下花园区要按照河北省人民政府办公厅《关于切实加强煤矿安全生产工作，坚决遏制重特大事故发生的紧急通知》精神要求，对储量小（资源枯竭）且地质情况（特别是老空、火区）不清的、存在重大事故隐患不具备安全生产基本条件的煤矿予以关闭。

3）要按照《煤矿安全生产基本条件》《煤矿安全规程》的要求，进一步建立健全安全生产责任制，完善安全管理机构，完善安全管理制度；切实加强对煤矿职工安全教育培训工作，提高职工素质；切实加强“一通三防”工作，健全组织机构，制定“一通三防”管理制度。

4）要认真落实《煤矿安全规程》有关规定，强化现场安全管理；低瓦斯矿井必须安装瓦斯断电仪，高瓦斯矿井必须安装瓦斯监控设备，井下存在火区的矿井特别是复采矿井必须安装一氧化碳报警仪并采取有效的防灭火措施，所有的下井人员必须携带自救器。

4. 峰峰集团三矿违章进入废弃巷道人员缺氧窒息死亡事故

2003 年 7 月 4 日 14 时许，河北省峰峰集团公司三矿原管子道绕道下山（原管子道为巷道名，绕道平巷道和斜巷道接头部位、下山为斜巷道统称），发生一起重大瓦斯窒息责任事故，死亡 3 人，直接经济损失 21 万元。

(1) 事故矿井概况。峰峰矿务局三矿于1992年5月8日由原统配煤矿总公司河北公司以中煤冀计字〔1992〕47号文件注销其生产能力。2001年换发采矿许可证和煤炭生产许可证，有效期至2011年3月；煤矿矿长资格证书编号00011955，营业执照正在换发之中。

(2) 事故经过及抢救过程。2003年7月4日早班，采掘区304队队长李金平安排班长许全喜带领工人任延清、王金国、武付生到工业广场野青第三块采面下运输巷铺道，当班任务是铺设4节长约30 m的轨道，至13时30分完成任务，4人在工作地点等待中班人员接班。许、任、王3人收拾工具，武到外面联络巷处取上衣，武付生取衣服回来，在工作地点只看到许全喜、王金国2人，就询问任的去向，许、王回答往里边去了，3人等了一会儿，任仍未回来，许全喜安排王金国去寻找任延清。王朝里面走了约20 m拐向下帮。超过10 min后，任、王均未回来，许安排武看工具，自己去寻找。武又等了一会儿，不见3个人回来，也进去查看，见到运输巷下帮有一个宽约0.4 m、高约0.3 m，能钻入的洞。武爬进去2米多远空间逐渐变大，在巷道岔口处看到下山巷道内有灯光，喊了几声，没有回声。武顺着下山走了一段，看到许全喜头朝上山趴在巷道底板上，接近打算抢救，感到胸部憋闷，跑到野青第三块采面下运输巷的局部通风机附近电话处，向采掘区值班人李金平和矿调度室报告井下情况。李金平向矿调度室汇报，通知采掘区技术员崔喜林入井抢救。武与采掘区技术员崔喜林和早班的工人，来到事故巷道口。生产服务区通风班长李兰贵闻讯也赶到此地。崔看到洞口小，行人不便，安排工人挖大了洞口。李兰贵检查瓦斯浓度，在洞口以里交叉点以下6 m、15 m处，空气中的瓦斯混合气体浓度分别为3%、7%，往下距许全喜2～3 m处的瓦斯混合气体浓度大于10%。现场抢救人员感觉憋闷，崔安排部分人员接局部通风机电源和风筒，李指挥现场人员将位于下山上部的许全喜拖出。

矿调度室值班人员接到井下报告，立即通知矿领导并组织抢救，同时报告峰峰矿务局和邯郸煤矿安全监察办事处。矿副总工程师牛玉蹯、调度室主任闫香带领医生迅速赶到事故现场，对先行救出的许全喜进行抢救，局部通风机运转排放瓦斯后，三矿医院医生到井下实施抢救无效，任延清、王金国、许全喜3名人员死亡，15时井下现场抢救结束，将死者的尸体升井送往峰峰矿务局总医院。经峰峰矿务局总医院诊断，3人均因窒息死亡。

(3) 事故直接原因。事故的直接原因是，工人违章进入废弃无风巷道，造成缺氧窒息死亡。

(4) 事故间接原因

1) 矿井技术管理、“一通三防”管理不到位，对施工地区内废旧巷道底数不清，未制定预防性措施。

2) 掘进巷道与废弃巷道相透后，对废弃无风巷道没有按《煤矿安全规程》的规定及时正确封闭，未设置栅栏、警标。

3) 现场安全管理混乱。

4) 对入井人员培训教育不够，职工安全意识淡薄，自我保护能力差。

（5）事故教训与防范措施

1）峰峰矿务局三矿必须认真吸取事故的教训，针对矿井客观状况，认真查找思想上、管理上、教育上的漏洞，牢固树立安全第一的思想，做到举一反三，在全矿进行全方位、多层次安全检查和隐患排查，及时发现和消除安全隐患及管理漏洞，杜绝类似事故的发生，确保安全生产。

2）加强矿井技术管理，建立健全各职能部门岗位责任制，强化落实各级领导、各职能部门责任制；规范技术资料管理，强化技术管理服务于安全生产的意识。

3）合理布置完善的通风系统，对矿井废弃巷道进行一次普查分析，及时按要求封闭报废的巷道，建立完善的矿井瓦斯检查、通风设施检查等“一通三防”管理制度，并认真落实；严格按照《煤矿安全规程》、峰峰矿务局制定的《一通三防管理规定》等规定要求，强化“一通三防”现场安全管理，及时发现和消除安全隐患。

4）采取有效措施，加强职工安全教育培训工作，强化三大规程、安全生产责任制和岗位责任制的学习，特别是要加强特殊工种、零散作业人员的“一通三防”安全教育培训，切实提高职工的安全技术素质和自保意识。

第七章　煤矿企业保证安全生产预防事故做法参考

我国是世界上煤炭产量最多的国家，2012 年煤炭产量达到 36.6 亿吨；煤炭资源丰富，全国绝大多数省市区都有不同数量的煤炭资源分布，已知的含煤面积约为 55 万千米^2，累计探明总储量为 78 223.4 亿吨。仅次于俄罗斯，居世界第二位。据预测，我国煤炭资源远景储量为 50 592 亿吨，保有储量为 10 025 亿吨，仅次于俄罗斯、美国，居世界第三位。因此，要充分认识加强煤矿安全基础管理工作的重要性，加强领导、明确责任，突出重点、狠抓落实，控制煤矿安全风险，提高煤矿安全保障能力；只有不断加强煤矿安全基础管理工作，才能实现煤矿安全管理的科学化、规范化，才能从根本上扭转煤矿生产安全事故多发的状况，实现煤矿安全生产的长治久安。

第一节　煤矿企业安全管理与事故预防新做法

煤矿企业的安全管理工作，要深入贯彻落实科学发展观，坚持安全发展，构建煤矿安全生产长效机制，以煤矿安全质量标准化建设为主线，加强指导、分步推进。必须按照《煤矿安全规程》《煤炭工业矿井设计规范》等标准、规范的要求，设计和建设矿井的各个系统，设备和设施的选型、安装位置和数量、工程质量等要符合有关规定。要根据煤层开采条件，科学合理地确定开拓部署，优化生产系统，采用正规采煤方法，合理组织生产。通过加强安全基础管理，使煤矿的安全管理水平明显提升，安全生产条件明显改善，从业人员素质明显提高，生产安全事故明显下降。

一、潞安矿业集团公司构建安全格局促安全生产的做法

潞安集团的前身为潞安矿务局，2000 年 8 月整体改制为潞安矿业（集团）有限责任公司，经过十多年的建设发展，现在已经发展成为一个以煤为基础，煤、电、油、化、硅综合发展的绿色新型能化企业集团，成为山西省五大煤炭企业集团之一。2010 年，潞安集团煤炭产量突破 7 000 万吨，实现营业收入 900 亿元。

在企业的高速发展过程中，潞安集团以完善安全质量标准化为手段，以建设新型大安全管理格局为主线，突出抓好“三个安全”，着力完善“三大机制”，不断强化“三种力量”，构建了横向到边、纵向到底的高标准“大安全”格局，有效地促进了安全生产。

潞安矿业集团公司构建安全格局促安全生产的做法主要是：

1. 完善安全管理支撑系统，突出“三个安全”

近年来，随着潞安集团的发展，新建投产矿井和新加盟矿井不断增多，在地质条件多样化，地面高危产业管理经验欠缺，安全管理幅度、跨度进一步加大，瓦斯、水患等重大事故威胁日益严峻的情况下，潞安集团重点实施了各产业安全质量标准化工程，完善安全管理的三大支撑系统，突出抓好了高端化的源头安全、高可靠的变化安全、高标准的动态安全“三个安全”。

（1）高端化的源头安全。高端化的源头安全，是以安全集约高效为核心，落实人少的安全理念，将复杂安全标准化简单化，奠定大安全根本性基础。潞安集团领导认为，“安全是企业绝对的第一战略、职工绝对的第一福利、各级班子绝对的第一责任”，安全投入是企业的“第一投资序列”。因此，集团近年来重点实施了各产业安全质量标准化、自动化矿井集成创新、大长厚工作面开采工艺完善、透明地质保障平台建设、瓦斯抽采治理平台建设、煤矿新型防护体系建设、煤基合成油示范厂安全防护系统完善、整合矿井九大系统完善等。其中，“特厚煤层安全开采关键装备及自动化技术”荣获了国家科技进步二等奖。公司在成功建成 280 m 超长工作面基础上，又建成了 300 m 超长工作面，探索了复杂条件下安全集约高效开采的新模式。

（2）高可靠的变化安全。以大超前管理为主线，以分级管理为抓手，最大限度地减少变化，最大限度地控制变化，最有效地管理变化，突出抓好了高可靠的变化安全。集团实施了重大异常日报、调度通报、及时上报、现场特别管理和特别监察、集体现场办公和领导分级跟班制度，健全了周一大调度例会和月度“大超前”管理专题例会制度，推行了变化调度分级运行管理机制，完善了“三大六超前”（大衔接、大系统、大布局和技术超前、措施超前、地质超前、装备超前、通风超前、抽采超前）管理运行体系，以“三个调度会”（超前调度，重点调度，变化调度）为切入点，建立了强有力的调度指挥体系，将“大超前”管理体系落实到了日常管理中，提高了管理的高度、力度和精度，构建了透明、简洁、高效的生产管理体系。对生产变化环节和重点生产环节进行超前管理、超前控制，对阶段性重点工作进行重点落实、重点管理，真正达到了“管重点、管变化、管提升”。

（3）高标准的动态安全。以动态安全质量标准化达标为主题，以一流的高标准确保一流的高安全，创建本质安全大环境，实现了高标准的动态安全。潞安集团全面强化了正规循环作业和正规有序管理，严格遵循“安全质量标准化不达标不生产”的理念，以点带面，建立完善了动态达标管理运行机制，构建了监督管理体系，强化现场安全质量考核，推行透明化、标识化和形象化的管理运行机制，全面强化了安全生产动态达标。集团本部 11 座矿井，全部达到省安全质量标准化一级矿井标准，其中，王庄矿、常村矿等8座矿井，还被评为国家级安全质量标准化煤矿。

“三个安全”的深入推进，进一步夯实了集团安全生产基础，安全质量标准化精品矿井建设的深入开展，创建了集团公司的本质安全型企业环境。

2. 建立安全管理新格局，完善“三大机制”

重大事故预防机制、安全管理机制和合力运行机制这“三大机制”，是潞安集团安全管理格局中的关键运行机制。

（1）重大事故预防机制。集团坚持重金、高投入，重锤、大力度，重心、抓关键，努力实现不超限、不突出、不自燃，全力构建了重大事故预防机制。随着资源整合和兼并重组，近年来，新加盟矿井不断增多，集团面临如何保障这些处于过渡期、危险期矿井安全的问题。2010年，集团先后对31个整合煤矿进行了复工复产验收，对25座矿井进行了复工复产批复；对整合矿井分区域、分责任人进行摸底跟踪，建档管理；对整合矿井“六大员”“五部一室”、特殊工种人员进行了高标准培养配置，配备总人数达到1 368人。在此基础上，推行了“以矿带矿、以科带科、以队带队”管理办法、专家会诊制度、“六大员”精细化管理制度，使这些整合矿井管理水平实现了快速提升。同时，按照“特殊区域、特别管理”原则，对整合矿井实行了“隐患建账，分类管理，闭合运行，跟踪监督”的办法，强化了整合矿井隐患排查。同时，采取了隔离开采、锁定管理、专家会诊、“五人小组”等特殊措施，加大安全监管力度。像对采空区、老窑、废巷等可疑区域全部留设有效隔离煤柱；锁定作业区域、锁定作业项目、锁定作业人员，确保责任落实；聘请外部专家对整合煤矿进行了安全技术会诊等，全力推进了整合矿井安全集约高效生产和现代化建设工作。

（2）安全管理机制。全面提升职工素质，完善了主动的安全管理机制。集团实施了“全员培训计划”，仅2010年就投入近亿元，建成了1个国家一级、1个国家三级和8个国家四级安全培训平台，培训各类工种5万人次。开办了井下一线班组长学历提升班，录取了122名基层优秀班组长；加强了“五大长”和通风区长的选拔培养，在山西省率先建立了近300人的“五长和通风区长人才库”；加大了技能鉴定和技能人才培养力度，仅2010年就有4 859名员工通过技能鉴定取得职业资格证书；组织多晶硅、太阳能、煤基合成油的有关岗位人员和技术人员，到江西、上海、江苏等地院校及相关公司进行专业技术培训，为新兴产业培养了大批熟练工人和高技能人才。同时还变招工为招生，全年招收1 006名高考落榜生充实到生产一线，从源头上提高了员工队伍素质。目前，集团技术工人就有33 303人，占员工总数的74%。其中，有高级技师149名，首席技师、首席工程师和首席专家43名。

（3）合力运行机制。坚持多措并举，实现了全方位、多层次、立体化的合力运行机制。集团将所有生产企业分门别类，全部纳入“大安全”管理体系，分类管理。2010年，集团下发《关于2010年地面生产经营企业安全质量标准化工作安排的通知》，对煤基合成油、电力、民爆、矿山机械、焦化、运输、工程建筑等安全质量标准化工作进行完善；向地面重点行业、整合煤矿、煤基合成油等新型煤化工企业派驻独立安全监察站，在各类矿井、各个产业、各子分公司及跨区域公司健全后勤保障、医疗急救、交通安全、治安消防等安全质量管理标准，并严格量化考核，加大安全质量在分配中的比重，最高奖励可达到10万元，同时实行隐患举报和收购奖励机制，形成了领导高度重视，各部门齐抓共管，职工广泛参与的“大安全”管理格局。

3. 强化“三种力量”，积极营造安全氛围

近年来，潞安集团在企业安全生产管理中，还着力提升了“三种力量”，积极营造安全氛围。安全氛围具有较强的潜移默化的作用，能够加强安全理念的渗透，使安全理念渗透到每个员工的内心深处，真正构建内化于心、外化于形的强势安全文化，从而启发员工的安全觉悟，引导安全行为，促进安全生产目标的实现。

潞安集团着力提升的“三种力量”是：

(1) 安全执行力。为强化高效的安全执行力，集团建立了垂直管理的独立安全监察机制，坚持培养与引进相结合，打造高素质的独立监察队伍。在全集团推行了“红线”管理，将未执行先探后掘、未实行隔离开采、未在透明地质平台下作业、未严格执行领导干部下井带班规定等50条内容，全面纳入“红线”管理规定，触犯“红线”的，领导免职、员工解聘。推行了安全约谈制度，安全工作做得最差、隐患整改不到位、整改率最低的单位，主要领导都要召回集团进行述职。此外，集团还落实了干部政绩与安全挂钩制度，加大了责任追究力度，实行了隐患通报、电视亮相等管理制度，强化了安全执行力。

(2) 安全危机应急力。集团注重全面提升安全危机应急力，建立新型的煤矿防护救援体系，在采、掘工作面等作业人员较集中的地点设置移动救生舱，在采区和矿井主要大巷设置永久救生室并完善了监测监控、人员定位、紧急避险、压风自救、供水施救、通信联络六大安全保障系统，构建了“防得住、躲得开、救得快”的新型煤矿防护救援系统，做到了应急反应快速响应、集体响应、现场响应。2010年5月19至20日，国家安全生产监督管理总局、国家煤矿安全监察局专门召开“全国煤矿坚决遏制重特大事故推广井下救生舱等避险设施现场会”，在全国推广潞安常村试点经验。

(3) 持续的创新力。近年来，集团以开放的态度，学习神华先进的自动控制、通信等技术，学习淮南矿业集团瓦斯治理理念，学习南非新型煤矿防护救援系统，学习澳大利亚安全惩戒制度，学习兖矿集团“抓基础、抓基层、抓基本功”的重要措施，将国内外和自己的先进成果、技术和管理经验进行优势嫁接，实现优势集成，集成创新，走出了一条具有潞安特色、充满创新的安全发展之路。集团自主创新的综采放顶煤技术，被誉为“潞安采煤法”，引领了世界厚煤层采煤技术的发展潮流。近年来集团在企业主导技术、装备水平、效率效益方面始终名列全行业前茅，三次荣获全国企业管理最高奖。

“安全是潞安最大的效益工程，是生命工程。”集团以完善安全质量标准化为手段、建设了本质安全型矿区，逐步构建起了适应跨越发展的新型“大安全”管理格局，企业不仅杜绝了重大事故，而且百万吨死亡率始终控制在0.025以下，达到国际领先水平，形成了“安全高效”的生产模式，保持了集团的安全快速发展。

二、淮南矿业集团着眼长远实现瓦斯根本治理的做法

淮南矿业集团所在的淮南煤田，是全国典型的高瓦斯煤田和瓦斯治理难度最大的矿区之一，矿区瓦斯储量高达6 000亿米^3。淮南煤矿历史上也是瓦斯事故重灾区，曾经发生过十几起重特大瓦斯事故。在血的教训面前，淮南矿业集团痛下决心，要着眼于长远，立足于根本，实现瓦斯的根本治理。

淮南矿业集团瓦斯治理分三个阶段。1998—2002年为初步治理阶段，重特大瓦斯事故被初步遏制住。2003年和2004年为基本治理阶段，杜绝了重特大事故和因瓦斯突出造成的死亡事故，百万吨死亡率由4.01锐减到0.46，仅为前10年的1/10左右。从2005年到2007年，进入瓦斯根本治理阶段。目标是：到2007年，百万吨死亡率降到0.1。杜绝重特大瓦斯事故，建成本质安全型煤矿；瓦斯抽采率达到60%以上，安全监控和瓦斯灾害预警技术实现信息化、数字化、智能化；矿井热害治理工作面温度降低100℃左右；矿压灾害减少50%以上；瓦斯治理达到国内一流、国际先进水平。

淮南矿业集团着眼长远实现瓦斯根本治理的做法主要是：

1. 没有高投入就没有瓦斯事故的有效控制

投入是瓦斯治理的物质基础，没有高投入就没有瓦斯事故的有效控制。淮南矿业集团投入大量资金，对生产矿井进行全面技术改造，简化生产系统，更新采掘装备，减少管理层次，撤区并队，减头缩面，实行集中合理生产，采煤机械化程度达到80%，掘进机械化程度达到70%，使生产力水平与瓦斯治理全面协调。1998—2000年，在欠发职工21个月工资4.2亿元的特殊困难时期，咬紧牙关，对安全加大投入，集中进行瓦斯治理。2002—2004年，逐年加大投入，科技部、国家煤矿安全监察局“十五”科技攻关项目专款1 410万元；省政府批准吨煤提取10元安全专项基金，共提取7亿多元；此外，直接进成本8.4亿元。安全专项资金的投入方向，主要是通风、抽采、防突、监测监控、防火、防尘六大系统。目前矿区共有20对风井系统，通风机44台，高效对旋局扇240台。装备10套地面永久抽采系统，抽采泵24台，移动抽采泵160台，钻机140余台，井下抽采干管15万米。配备监控主机20套，网络终端50套，分站233台，接入各类传感器1 146个，断电控制器413个，监控系统在全矿区实现了联网。各矿都建立了完备的防、灭火灌浆系统。有些矿还建立了地面永久防火注氮系统和局部降温系统。

2. 职工素质是瓦斯治理的根本保证

职工素质是瓦斯治理的根本保证。治理瓦斯的目的是以人为本，保护生命；治理瓦斯

的工作也要以人为本，提高素质。没有高素质的职工，就不能保证高瓦斯矿井的安全生产。

集团领导班子成员现有 11 人，其中硕士学位的 6 人，平均年龄 47 岁。9 名副总工程师均为高级职称，平均年龄 44 岁。矿和区队管理人员分别为 96 人和 1 600 人，大专以上学历分别为 96%和 55%。公司设立了瓦斯地质管理研究院，34 名工作人员中高级职称 21 名。公司和矿增配地测、通风副总工程师，增强安全机构，配足安全人员。“一通三防”队伍进行有序更换，先后淘汰 600 人，充实 2 000 人，总量达到 6 900 人，最低文化程度达到技校毕业。在千方百计引进人才的同时，公司还开办高级职业技术学院，编写有淮南煤矿特色的教材，3 年来共投入数千万元，自主培养了 5 000 人充实井下一线，杜绝未受专业教育人员进入职工队伍。公司安监局也设立了安全培训处，建立五级培训网络，抓好日常培训。

3. 科学技术是瓦斯治理的有效手段

科学技术是瓦斯治理的有效手段。每一类重大瓦斯灾害的有效防治，都离不开技术先导的关键作用。淮南矿业集团紧紧抓住瓦斯抽采关键技术进行突破，建立了钻孔和巷道为主的瓦斯抽采技术体系。完善工作面上隅角抽采技术，试验回风巷穿层孔抽采技术、地面钻孔抽采采空区技术、深孔预裂爆破增透技术和水力钻进工艺，创新顺层抽采技术。同时建立了综合防突技术体系，开展了区域预测和连续预测技术研究，编制了防突预测图，提前预警非突出煤层转化为突出煤层。集团每年拿出数千万元的资金，与大专院校和国内外科研机构合作，进行瓦斯治理技术攻关，先后完成了 17 个研究课题，研制出新产品、新装备 18 项，新技术、新工艺 30 项。其中，获得国家专利 5 项，国家科技进步二等奖 4 项，省部级科学技术奖 17 项。

4. 加强管理是瓦斯治理的重点

加强管理是瓦斯治理的重点。煤矿带有半军事化特点，管理必须从严、精细，彻底改变煤矿长期存在的粗放管理状况。集团重点抓同级副职、机关部门和各矿安全责任制的落实。矿长、安监处长就安全工作每月向集团书面述职一次。集团每季度对矿井进行一次安全评价，矿长、党委书记、总工程师和安监处长半年进行一次安全责任考评，对不合格的干部及时调整。领导干部下井带班作业，规定矿长、总工程师每月下井不少于 20 次，分管安全生产工作的副职不少于 22 次，机关安全生产部室正职不少于 10 次。持续开展安全打假，对瞒报瓦斯，虚报抽采量、钻孔进尺和岩巷进尺等安全作假行为，严厉惩处。2002 年以来，共处理副处级以上安全失职干部 31 人。对瓦斯重大敏感问题，集团机关一竿子插到底，管到头面。每天早上集团调度会，调度牌板发布瓦斯超限和防突、无计划停电等信息。每周解剖一个矿的“一通三防”工作，循环往复，随时整改。坚持执行瓦斯超限分级追查处理制度，现场瓦斯异常情况实时监控制度，瓦斯治理“一矿一策”和“一面一策”制度，瓦斯治理工程“两同时一超前”制度，班队长“一通三防”持证上岗制度，实施两月一次的“一通三防”专题例会制度。完善瓦斯监测监控系统，完成安全生产短消息发布系统等应用项目。质量标准化建设走向精细化，严把毫米关。

5. 综合利用是瓦斯治理的最终环节

综合利用是瓦斯治理的最终环节。利用瓦斯，保护资源，保护环境。以抽保用，以用促抽，逐步走向良性循环。3 年来，淮南矿业集团已投入 1.5 亿元，并规划到 2010 年累计投入 18 亿元，开展瓦斯综合利用。目前，已经建成 16 万米^3 民用气罐，具有供应 10 万户家庭用气的储配能力。矿区工业锅炉总吨位 386 t，改烧瓦斯的近 1/3。瓦斯发电能力 6 000 kW，从国外订货的 9 台 1 500 kW 机组，也将要全部投入运行。

在国家有关部门和安徽省的支持下，淮南矿区已被列为全国 13 个大型煤炭生产基地和 6 个煤电基地之一。2004 年，国家发改委批准了淮南矿业集团总体开发规划，煤炭资源量 300 亿吨，规划到 2010 年煤炭生产规模达到每年 8 000 万吨。“皖电东送”送往沪、浙、苏，规划到 2010 年淮南煤电一体化送出规模为 360 万～480 万千瓦，“十二五”期间最终送出 1 000 万千瓦。连同坑口电厂，总规模达到 2 000 万千瓦。

在未来几年内，淮南矿业集团将再次加大安全资金投入，全力以赴打赢决定性的攻坚战，力争实现瓦斯治理水平达到国内一流、国际先进水平，建成本质安全型煤矿。

三、马蹄沟煤矿开展四项活动打造本质安全型矿井的做法

马蹄沟煤矿位于甘肃省平凉市华亭县境内，是华亭煤业集团骨干生产矿井之一，年核定生产能力 120 万吨。矿井具有完善的通风系统、防灭火系统、火灾束管监测系统、压风系统、矿井防尘系统、安全监测监控系统、人员跟踪定位、井下通信系统及主扇在线监测系统等安全管理系统。各系统均运行正常，稳定可靠，无重大安全隐患。2008 年被列入国家第二批 45 个创建本质安全管理体系试点矿井之一。

近年来，马蹄沟煤矿认真贯彻落实安全生产法律法规，以“两杜绝一控制”（杜绝重大事故和瓦斯、煤尘事故，有效控制零打碎敲事故）为安全生产目标，积极开展四项活动（安全质量标准化活动，上标准岗、干标准活、干部不违章指挥、工人不违章作业活动，安全承诺活动，安全教育活动），在区队和班组推行精细化管理，把区队班组建设作为基层管理的重点，在改善安全环境和规范职工行为上下功夫，不断探索建立安全生产长效机制的途径和方法，打造本质安全型矿井，取得了一定成效。

马蹄沟煤矿开展四项活动打造本质安全型矿井的做法主要是：

1. 理念先行，着力构建符合马蹄沟煤矿实际的安全文化体系

马蹄沟煤矿本质安全文化建设的目标，是按照本质安全管理建设的总体目标要求，按照有计划、有步骤、深入浅出、由表及里的建设程序，“硬件”建设和“软件”建设结合，形成自我约束、持续改进的安全长效机制，有效预防和控制事故，实现员工无违章、设备无故障、系统无缺陷、管理无漏洞，达到人员、机器设备、环境、管理的本质安全，为煤矿建成本质安全型矿井提供强大的文化支撑。

该矿领导认为，安全文化建设要取得实实在在的效果，必须用先进的理念和科学的理

论做指导。为此，该矿从培育安全理念体系入手，在深入挖掘质量标准化文化底蕴的同时，融合企业文化管理理论，2009 年 9 月编制完成了《安全文化手册》，形成自己独特的安全理念——“预防筑起堤坝，容人不容三违”。

为了让广大干部职工把安全理念贯穿安全生产的全过程，该矿采用“一二三四五六”金字塔式支撑体系结构来保证所确定的安全理念的实现。该矿对金字塔式支撑体系结构的诠释为：一是树立一个核心安全理念，预防筑起堤坝，容人不容三违；二是坚持不安全不生产的原则，坚持预防为主的原则；三是落实严格、细致、实干的工作作风；四是开展质量标准化、行为规范化、管理精细化、职工教育多样化四项工作；五是完善理念渗透机制、安全责任机制、素质提升机制、工作考核机制、齐抓共管机制五种机制；六是建设矿井精细安全文化，区队平安稳定文化，班组协作团队安全文化，岗位标准行为安全文化，社区文明和谐安全文化，家庭温馨幸福安全文化六个层面的安全文化。

2. 强力推进，使六个层面的安全文化覆盖全矿

马蹄沟煤矿领导认为，安全文化是实现本质安全的重要手段。煤矿坚持把推进安全文化建设作为规范管理行为和作业行为的重要措施来抓，通过开展安全理念教育、建立安全警示系统、加大安全培训力度等措施，提高了广大干部职工的安全意识和安全素质，积极开展安全理念教育活动，确立“安全为天、生命至尊”的安全文化理念，通过营造浓厚的安全文化氛围，使安全理念成为职工的共识，促进了职工安全行为的养成。

（1）强力推进矿井精细管理安全文化。煤矿企业生产环境和生产过程的复杂性及安全的不稳定性要求对企业的每个人、每件事、每一天、每一处都进行精细化管理。“精”就是精益求精，追求完美。该矿大搞“练内功、提素质、创精品”活动，建成 1 100 人车等候室、地面大倾角驱动机房、井下中央变电所、2519 综采工作面等一系列“精品面”“精品线”“精品硐室”等工程，提高马蹄沟煤矿企业管理形象。“细”就是细致入微，一丝不苟。要求每个人、每一处、每件事都要严格按照作业标准、质量标准、安全标准的要求细心操作，细微观察，从小事做起，从小细节做起，筑起安全生产牢不可摧的防线。

（2）强力推进区队平安稳定安全文化建设。安全工作的重点在基层，基层稳则全局稳，基层安则全区安。区队安全文化建设是稳定职工队伍、确保安全的基石。区队要重点抓好职工的思想教育。该矿认真落实安全知识“每天一题、每周一课”教育，抓好每周二、周五安全活动日。通过安全活动日，宣传贯彻上级安全指令、精神，解决安全生产过程存在的安全隐患。以学规程、讲案例为主要内容，让职工积极参与进去，讲认识、谈体会，增强职工的安全意识。在区队会议室张贴以“家有妻儿在等你”为主题的职工全家福照片，让职工始终在家人的注视下从事各项活动，增加亲情化氛围。

（3）强化班组协作团队安全文化。班组是企业的细胞和基础，对上可以促进区队的管理，对下可以约束职工的行为，是一切安全措施、任务实施和落实的最前沿。班组是煤矿最小的现场作业团体，安全措施的实施，任务的完成都需要大家的精诚团结，共同努力。

因此，班组内部成员的团结协作最为重要，班组成员之间要相互关心，在作业中相互提示、帮助，共同促进安全生产。要建设团结协作的安全班组，不“三违”、不蛮干，不伤害自己，不伤害他人，不被别人所伤害，才能达到整体安全。该矿认真学习白国周班组管理先进经验，积极开展白国周班组评比活动，促进班组安全文化的形成。

（4）强化岗位标准行为安全文化。上标准岗、干标准活，是对每个员工的要求，也是每个员工必须履行的义务和责任。为了规范职工的操作行为，该矿编制了《马蹄沟煤矿 4E 岗位操作标准》，对全矿 116 个工种 247 个岗位标准进行了规定，包括“干什么”“怎么干”“干到什么程度”都有详尽的标准，要求每个员工必须全面理解、深刻领会岗位标准的含义，在岗位上认真、准确、严格地执行标准，自觉地对照标准，审视偏差，补缺堵漏，达到人人安全、时时处处安全。

（5）强化社区文明和谐安全文化。建设文明和谐的社区安全文化，就是将预防筑起堤坝，把容人不容三违的核心理念融入社区，引入家庭，注入生活，让全矿职工家属都来“关注安全、关爱生命”。要在职工思想上达成共识，在行动上齐心协力，努力营造长治久安、文明和谐、稳定有序的社区环境，让居住在这里的职工安心舒心。“没有安全就没有一切”“安全是幸福的守护神”“安全关系你我他，安全连着千万家”，让这些观念渗透到社区里的每个家庭，让亲情、友情、爱情、真情去关注煤矿的安全生产，关爱每个矿工的生命安全，共同筑起安全生产的港湾。

（6）强化家庭温馨幸福安全文化。家是温馨的港湾，家是消除疲劳的乐园，家是支撑职工安全生产的动力和源泉。常敲安全钟，长鸣安全笛。饭桌上的一句关怀，上班前的一句提示，都能让亲人远离事故，远离危险。妻子是丈夫的知己亲人，要多吹枕边风，以温情感染矿工的一举一动，使他们自觉遵章守纪，确保安全生产。俗话说得好，“家和万事兴”，努力营造尊老爱幼、团结邻里、温馨和谐的家庭氛围，牢牢筑起安全生产的第二道防线。

3. 加大投入，夯实安全文化建设基础

马蹄沟煤矿先后投资 80 多万元，修建了浴池百米文化长廊，制作宣传牌板 60 余块；投资 6 万元在区队办公楼、浴池及职工食堂、草坪、井下人车等候室安装了音响系统，创造舒适、和谐的工作氛围；对工业场区、办公区、生活区主要标识进行了更换；更换了井下人车等候硐室、运输大巷、井底车场、各采掘工作面主要标识、制作安装企业文化宣传灯箱，悬挂宣传标语、牌板；投资 30 万元对 1 100 个车场人车等候室、二采区人车等候室进行装修美化，摆放座椅；对各类管道、管线按照标准色进行刷漆；统一了管理人员和职工着装。在全矿初步形成以“三点一线”为中心的企业文化宣传阵地，即矿部百米文化长廊、区队办公楼宣传栏、浴池百米文化长廊三个固定宣传点和井口到各工作面的安全文化一条线，从而改善了矿容矿貌，增强了视觉效果，对培养员工的良好行为习惯起到了推动作用。

通过本质安全文化建设，马蹄沟煤矿真正落实了“安全第一、预防为主”的安全生产方针，变“要我安全”为“我要安全”“我会安全”，形成一个“我想安全、我要安全、我会安全”的良好氛围和“不能违章、不敢违章、不想违章”的自我管理和自我约束机制，使安全管理由外部监督控制逐步转化为员工的自我管理，实现人的本质安全。截至2010年6月24日，马蹄沟煤矿已连续2 257天实现了安全生产，连续6年实现了安全生产零事故，达到了同行业安全管理先进水平。

四、鹤壁煤电公司三矿以安全文化为载体保障安全的做法

河南鹤壁煤电股份有限公司三矿始建于1956年，1958年投产，井田面积17.1 km^2，原设计能力为年产60万吨，核定生产能力为70万吨/年。经过数次技术改造，现生产能力稳定在135万吨。该矿先后被授予中国煤炭工业优秀企业管理奖、全国五一劳动奖状和“文明单位”荣誉称号等。

近些年来，鹤壁煤电公司三矿在安全生产管理中，结合本矿实际情况，积极探索出新的安全管理模式，坚持以五项安全文化为有效载体，竭尽全力筑牢广大职工的安全思想防线，取得了良好的收效，有力地促进了企业的安全生产。

鹤壁煤电公司三矿以安全文化为载体保障安全的做法主要是：

1. 以物态安全文化为载体

在安全文化建设中，该矿投入大量资金在井上、井下设立了安全灯箱、安全壁画、安全横幅、安全牌板、安全警句、亲情寄语等，形成了声光并存、图文并茂、鲜明夺目的安全文化长廊，并以安全文化核心理念、安全格言、安全警句、亲情寄语、企业管理理念和科技文化理念等部分组成的安全文化广场，构成了物态安全文化中心。安全警示牌板、工业广场文化墙、安全宣传板等形成了图片配文、色彩绚丽、举目可见、侧耳能闻的物态安全文化氛围。

该矿宣传科在广播站开辟了“安全文化保安全”专栏，安质科在《安质简报》上开辟安全文化建设专栏，将矿上的安全文化建设远景目标、安全工作理念和煤矿职工十项权利制作成专项展板，在安全橱窗内展出。同时在全矿开展学唱《三矿之歌》活动，要求各基层单位制定出本单位安全文化建设远景目标和实施规划，教育职工遵章守纪，树立安全法制观、长效安全观、以人为本观，积极为矿井安全生产营造良好的舆论氛围。

2. 以制度安全文化为载体

该矿先后制定完善了《安全管理制度》《安全办公会制度》《安全质量奖惩办法》《安全生产行政处罚办法》《安全隐患排查及整改实施办法》等多项安全管理制度，按照“责任层层负、压力人人有”的工作原则和通过“立足点、贯穿线、辐射面”的安全责任工作法，形成了“四机制”的工作格局，即建立完善了主要领导总体抓，分管领导具体抓，群监会靠上抓的机制和“谁管理、谁负责”的领导责任制，建立完善了目标明确的排查机制，建

立完善了公正严明的责任追究机制，建立完善了严格合理的激励机制。

2006 年，该矿采二队在 3105 工作面生产，由于工作面顶板较为破碎，又遇到全岩，给安全生产带来极大的困难。针对这种情况，该矿矿长经常深入到工作面除隐患、保安全，并且组织工程技术人员多次进行研究，积极出主意、想办法，努力扭转工作面的安全生产被动局面，取得了良好的成效。

3. 以亲情安全文化为载体

利用安全活动日、安全文艺演出、安全知识竞赛、安全演讲等大力营造“人人话安全、家家保安全”的浓厚氛围，并通过女工赠“平安鞋垫”“缝平安衣扣”“送平安话语”“献平安茶水”，使亲情安全文化融合于人文关怀中，收到了事半功倍的效果。女工协管会坚持以提高职工安全意识为目标，以亲情安全教育为主题，以亲情温暖、亲情感化、亲情帮教、亲情现身说法教育等主要形式，深入职工宿舍和家中，筑牢亲情安全文化防线。

2006 年，该矿工会坚持以安全为主线，紧紧围绕安全生产开展亲情保安全活动。6 月初，组织工会会员在“安全生产、国泰民安”条幅上签字，同时组织全矿各基层车间工会开展了安全誓师签字活动。另外，还在全矿女工和家属当中开展了“亲情安全嘱语”征集活动，收到安全嘱语 300 余条，并且开展了“安全警句、安全谚语”征集活动和“安全漫画、安全书法”作品比赛。再就是在井口设立茶水站、义务缝补服务队，不仅为职工献茶水，而且为职工缝衣缀扣，进行安全教育，把好职工入井前的最后一关。同时组织有关人员分组深入到基层区队，在班前会上进行安全知识问答。

4. 以行为安全文化为载体

该矿不仅充实调整了群监组织，而且组成了 200 余人的群监网络，通过扎实开展“安全生产日”“百日安全活动”“安全知识竞赛”“安全有奖问答”，努力促进职工行为安全文化意识的增强，实现“要我安全”向“我要安全”的转变，积极促进行为安全文化的创新。该矿干部职工认真转变思想观念，牢固树立“违章就是违法”的理念，按章操作，遵章守纪。全矿各级领导干部恪守职责，坚持领导干部下井带班、跟班制度，保证工人三班倒，班班有领导。领导干部能够深入井下一线，深入作业现场，查隐患，堵漏洞，保安全，杜绝重大事故发生。

该矿安质科、纪委、工会、团委等有关部门还组成安全小分队，不定时、不定期、不定地点、不定班次地进行穿插活动，针对重点地区、重点岗位及重要环节进行严格排查工作，及时制止各类违章现象，消除事故隐患。通过安全巡查小分队的活动，加大了现场隐患查处力度和处罚力度，有效地遏制了事故的发生，确保了企业的安全生产。

5. 以心态安全文化为载体

该矿本着“每季一个大型活动、每月一个重点活动、每周一个小型活动、全年教育不断线”，积极创新理念，辛勤培育心态安全文化，全力夯实安全文化根基。逐步强化全员“生命无价、安全第一”“不安全不生产”的心态安全文化。

在心态安全文化上做到了“四个到位”：

(1) 安全宣传发动到位。宣传科、工会、安质科、团委充分利用广播、电视、横幅、橱窗、牌板等，广泛宣传学习“煤矿职工十项权利”、集团公司的“十六条安全理念”和安全生产的重要性，使广大职工牢记血的教训，筑牢安全防线，增强自保意识，提高反“四违”能力。

(2) 安全活动开展到位。该矿认真组织开展了安全征文、安全知识竞赛、安全警句征集、安全文艺演出、安全帮教等活动，还邀请文艺团体到矿上进行安全慰问演出和安全演讲等，让广大职工在活动中受到教育，提高安全意识和自保能力，自觉遵章守纪，按章作业。

(3) 现场安全管理到位。矿、队领导干部强化现场管理，坚持现场抓安全，保安全，实行跟班盯岗制度，矿、队领导干部与工人同上同下，把安全当作工作的重点和难点，做好做扎实，形成干部抓安全、工人保安全的良好局面。

(4) 安全资金投入到位。在矿资金紧张的情况下，不断加大安全投入的力度，把有限的资金用在最关键的地方。这样就更加巩固了心态安全文化，为矿井的安全生产提供了良好的支撑。

五、兴隆庄煤矿建设学习型企业提升职工学习能力的做法

山东兖矿集团兴隆庄煤矿于 1981 年 12 月建成投产，是我国自行设计和建造的第一座设计年产 300 万吨大型现代化矿井，井田面积 54 km^2，地质储量 7.8 亿吨，主要设备从美国、英国等 8 个国家引进，采掘机械化程度达 100%，所产煤炭是良好的动力用煤和炼焦配煤。矿井先后荣获全国“创建学习型组织，争做知识型职工”活动示范单位、“中国企业文化建设先进单位”“全国学习型组织标兵单位”等荣誉称号。

近年来，兴隆庄煤矿在全国煤炭行业中率先创建学习型企业，以积极的姿态把学习型组织这一先进管理理念引入到矿井各项管理之中，统一了全矿职工的认识，明确创建目标，建立相应的组织和物质保障机制，全面提升了企业文化和管理水平，职工的学习能力、业务素质明显增强，涌现一大批学习型、知识型、创新型职工，进一步推动了企业可持续发展。

兴隆庄煤矿建设学习型企业提升职工学习能力的做法主要是：

1. 统一认识，明确建设学习型企业的目标

兴隆庄煤矿领导班子认识到，21 世纪是知识经济时代，知识更新步伐加快，技术创新层出不穷。要想把握时代的脉搏，跟上时代的节奏，个人需要终身学习，企业需要转化为学习型组织。企业之间的竞争归根到底是人才与科技的竞争，对一个企业而言，学习是创造能力和创新能力的源泉，是企业唯一持久的竞争力。建立学习型企业文化，是企业适应时代发展的迫切需要。

兴隆庄煤矿围绕矿井发展战略，积极引导职工把握今天，着眼未来，经过全体干部职工的广泛参与，反复酝酿，整合确立了“建设世界煤炭最具创新力的煤矿”的共同愿景。在共同愿景的召唤下，兴隆庄煤矿结合实际，先后制定了《兴隆庄煤矿创建学习型企业实施方案》《兴隆庄煤矿全面推进学习型企业创建工作意见》等20多项创建文件，有效地规划、指导和把握了整体创建方向。着眼于提升职工的学习能力、实践能力、创新能力、创业能力和职业再生能力，从维护职工学习权、发展权、促进职工的全面发展出发，制定了《兴隆庄煤矿2004—2010年人力资源发展规划》《兴隆庄煤矿深化学习型企业创建，实施职工素质教育工程“三三规划”》（2005—2007年、2008—2010年职工素质培养发展目标两个三年规划）。

2. 完善三种机制，提升职工的学习能力

兴隆庄煤矿在创建学习型企业中，一方面着重加强对职工的技能培训；另一方面是通过建立和完善培训机制，促进培训工作的开展。

（1）指导推进机制。兴隆庄煤矿成立了以党政一把手为会长、党政副职为副会长、各有关单位主要负责人为理事的“学习型企业促进会”，定期召开会议，研究创建工作遇到的各种问题、发展趋势和具体的创建方案；成立了学习型企业推进办公室，负责学习型企业创建的理论研讨、信息交流以及综合协调工作；形成了以团队为主体、以班组为支撑、以职工自主学习为基础的点线面结合的层层推进机制。

（2）灵活运作机制。在促进会的指导下，制定了《兴隆庄煤矿学习型企业深化方案实施细则》《兴隆庄煤矿深化学习型小区创建实施细则》《兴隆庄煤矿学习型企业阶段性评估标准》等多项灵活有效的运作机制。在创建过程中各基层单位都充分结合自身实际，制定了形式多样、符合实际、突出特色的创建制度，从而形成了实施有方案、运作有措施、评估有标准、验收有效果的运作机制。

（3）有效激励机制。结合创建实际，兴隆庄煤矿建立实施了“人才开发、教育培训、绩效考核、报酬认可”四项激励机制。制定了《兴隆庄煤矿“岗位证准入”制度》《兴隆庄煤矿人才发展规划》《兴隆庄煤矿工人技师考核奖励办法》《兴隆庄煤矿继续教育管理办法》《兴隆庄煤矿计算机等级考核管理办法》以及基层单位制定的《有证上岗、多证加薪管理办法》等多项集目标激励、情感激励、信任激励、奖惩激励于一体的激励机制。这些激励机制在全矿推广运用后，极大地调动了职工学技术、练本领的热情。目前全矿2 861人获得两个以上岗位资格证书，全矿实现全员培训率100%和持证上岗率100%。

此外，兴隆庄煤矿还从强化宣传、营造氛围入手，运用各种宣传媒体开辟专题节目，利用演讲会、知识竞赛、理论考试等形式深化创建理念；编辑出版了《理论篇》《实践篇》《经验篇》《感悟篇》《共享篇》，撰写了22万字的再现创建历程的《激活生命细胞》一书；制作了500多块大型宣传牌板、宣传灯箱，建起了宣传一条街。形成了以点带面、全员参与、整体辐射、高层推进的良好舆论氛围。

3. 建设训练中心，提升职工的创新能力

兴隆庄煤矿为了提高职工的综合素质，建立了兴盛园拓展训练中心，这是目前山东省设施最全、师资力量雄厚、自然环境优美的大型专业拓展、攀岩、户外运动、野外生存训练中心。被山东省体育局指定为山东省拓展训练基地和攀岩训练基地。该基地始建于2004年7月，占地面积超过10 000 m^2，配有340 m^2的现代化教室，拥有一支20多人的专业培训师和中级教练员队伍，能够开展集拓展训练、攀岩、户外运动、野外生存等多个项目于一体的培训课程，使学员达到“磨炼意志、陶冶情操、完善人格、锻炼团队”的培训目的，进而使个人在工作、生活、学习及情感、人际关系等方面有所突破，有所超越。

创建学习型企业并长年保持下去，关键是让广大职工深刻认识到只有不断学习，才能成长进步、实现自我价值；只有提升队伍整体素质，企业才能更好地发展。兴隆庄煤矿积极为职工营造学习环境，建立了学习型组织网站“煤海驿站”和86个学习交流活动室，成立了617个文化、技术学习小组。鼓励职工学习计算机知识，凡职工购买计算机，矿里给予补助1 000元。此外，对职工文化自学考试取得毕业证书的给予奖励，对取得岗位技能等级证书的职工加薪奖励，对各类技术比武中涌现出的岗位能手、“技术大拿”给予重奖。

创建学习型企业，使兴隆庄煤矿形成了知识结构合理、适应企业发展的人才梯队，为企业参与同内外煤炭开发储备了大量的技术人才。出现了张传武、孙健全、马加力等学习型职工带头人，同时还涌现出一大批学习型、知识型、创新型职工，如兖矿集团第一位享受政府特殊津贴的工人技师高兴亮，他从一名技校毕业的采煤工人成长为工人技师，被誉为精通煤机维修的“技术大拿”，获得山东省“有突出贡献的技师”等荣誉称号。

第二节　煤矿企业抓班组安全建设预防事故新做法

班组是企业安全管理的基础，加强班组安全建设，不仅有利于提高产品质量和生产效率，增强企业竞争力，而且有利于强化生产作业现场的安全管理，减少事故的发生。加强班组安全建设，离不开企业的作用，例如中平能化集团的白国周班组，之所以能够成为全国闻名的优秀班组，主要在于企业所创造出来的良好条件，是企业的肥沃的土壤、良好的环境，催生出参天大树。因此，企业要高度重视班组建设，不断探索新形势下班组建设的新途径、新方法，通过完善班组建设机制，创新班组建设模式，从而促进大批优秀安全班组的涌现，为企业的发展打下坚实基础。

一、中平能化集团完善班组建设机制创新班组建设模式的做法

中国平煤神马集团是在平煤集团和神马集团的基础上于2008年重组整合而成，是以能源化工为主的特大型企业集团，是我国品种最全的炼焦煤、动力煤生产基地和亚洲最大的

尼龙化工产品生产基地，资产总额达到 1 002 亿元。现有职工 15.7 万人，生产班组 10 550 个，其中井下班组 6 369 个。

长期以来，中平能化集团高度重视班组建设，始终坚持以科学发展观为指导，以抓基层、强基础为目的，不断探索新形势下班组建设的新途径、新方法，通过完善班组建设机制，创新班组建设模式，突出班组建设重点，涌现出了以白国周班组为代表的一大批学习型、安全型、技能型、和谐型、创新型示范班组，为企业又好又快地发展打下了坚实基础。

中平能化集团完善班组建设机制创新班组建设模式的做法主要是：

1. 明确方向，始终坚持抓班组建设不动摇

在中平能化集团的发展历程中，不论是过去的平煤集团，还是现在的中平能化集团，历届党政工领导都始终坚持把抓班组、强基础作为强化企业管理，促进安全生产的重要抓手。根据不同时期企业的实际，提出不同的目标，制定不同的方案，采取不同的措施，先后制定下发了《关于开展创建“五好班组”活动的通知》《关于加强班组建设的指导意见》《关于加强煤炭产业班组建设的实施办法》等一系列文件，从体制、机制上保证班组建设持续强化。每年的工作会议，都对班组建设工作进行重点安排，并不定期召开班组建设推进会、研讨会、经验交流会等会议，与创建学习型企业、实施精细化管理紧密结合，推进了班组建设向纵深发展。特别是近年来，面对企业规模不断壮大、管理难度日益增大、安全条件更加复杂的新形势，集团坚持做到抓班组、强基础的方向不变，并结合企业实际和发展的形势，做到常抓不懈、常抓常新。通过班组建设，不仅强化了企业的基础管理，而且促进了煤矿和危化行业的安全生产，抓班组建设使集团实实在在尝到了甜头，更加坚定了信心和决心。

2. 完善机制，充分激活班组建设活力

在抓班组建设上，集团着重完善机制，充分激活班组建设活力。主要采取的方法是：

（1）建立目标管理机制。实施“1515”工程，提出用 3～5 年时间，在全集团打造 1 000 个明星班组、5 000 个优秀班组，培养出 1 000 名明星班组长、5 000 名优秀班组长。努力把班组建设成“安全文明高效、培养凝聚人才、开拓进取创新、团结学习和谐”的企业基层组织；把班组长培养成素质高、业务精、懂技术、会管理的基层管理者；把班组职工培育成勤奋、敬业、创新、进取的新型劳动者。

（2）建立评比评价机制。按照班组技能建设、创新建设、民主建设、文化建设、团队建设、健康安全建设“六项建设”的要求，制定了优秀班组、明星班组、示范班组三级班组竞赛评价标准。建立班组当班考核、区队月度考核、厂矿季度考核、集团年度考核四级绩效考核体系。在绩效考核的基础上，区队每月评选“优胜班组”和“优胜班组长”，厂矿每季度评选“优秀班组”和“优秀班组长”，集团每年评选“明星班组”和“明星班组长”。对于连续 3 年荣获厂矿“优秀班组”“优秀班组长”，或 5 年内累计 2 次荣获集团“明星班组”和“明星班组长”的，授予“示范班组”和“示范班组长”称号。

（3）建立班组长激励约束机制。集团明确规定，井下采掘及辅助单位生产班组长的工资待遇，原则上按其所在班组平均工资的1.2～1.6倍进行分配。井下班组长的安全质量风险抵押，原则上不低于所在区队副职的50%，并同所在区队副职一同考核、兑现。被评为“优秀班组长”“明星班组长”“示范班组长”的，除在经济上进行激励外，还在提拔使用、发展入党、推荐评先、外出疗养、考察学习等方面进行综合激励。农民工班组长当年荣获集团“明星班组长”称号的，年龄放宽到38岁给予转招；被评为“示范班组长”的，直接授予集团“劳动模范”称号。

（4）建立学习培训机制。大力实施“万名班组长培训计划”，分期分批对全集团班组长进行轮训，并做到了培训计划、培训时间、培训内容、培训机构、培训师资五落实。积极鼓励班组长参加继续教育。对荣获厂矿“优秀班组长”称号、通过考试取得国家承认的大专及其以上相关专业学历，按规定的比例报销学费；对累计2次获得厂矿“优秀班组长”的，可带资参加高等院校的相关专业学习深造；班组长获得市级及其以上劳动模范的，根据有关政策，免试学习主体专业，并报销期间学费。职工培训做到内培与外培相结合、导师带徒与技术比武相结合、专业培训与学历培训相结合，实行多证多薪和技术津贴制度，调动了职工学文化、学业务、学技术的积极性。

3. 创新模式，搭建班组建设新平台

近年来，中平能化集团紧密围绕企业发展战略，创新途径、创新方法、创新模式；搭建班组建设新平台，突出抓了五个重点。

（1）构建班组建设大格局。成立以集团党政主要领导为组长，常务副总经理和工会主席为副组长，组织、宣传、工会、劳资、培训、共青团和各安全生产业务处室主要负责人为成员的班组建设领导小组，领导小组办公室设在工会，具体负责班组建设的指导、推进和协调工作，明确了集团、厂矿、区队抓班组建设的任务和职责，在全集团建立起党委领导、行政主体、工会协调、部门联动的班组建设大格局，形成了齐抓共管、各负其责的工作局面。

（2）成立班组建设研究室。制定了班组建设研究室的具体职责、工作任务和研究的课题。聘请懂班组业务、有理论基础、有实践经验的人员担任班组建设研究员。围绕班组建设的发展趋势和工作难点，确立研究的重点和课题，开展立项攻关。截至目前，班组研究室共有研究成果5项，课题立项9项，内容涉及班组机制、白国周班组管理法等方面。经常深入基层调研、督查、指导，总结经验、发现问题、指导工作。设立班组建设研究经费，实行专款专用。

（3）成立班组长协会。集团成立了班组长协会，制定章程，建立制度，规定每月召开一次会长工作会、每季度召开一次常务理事会、每半年组织一次联谊活动、每年召开一次理事会。积极发挥协会作用，定期组织开展班组之间、班组长之间的经验交流、技术合作、观摩考察、互动联谊等活动，相互学习、取长补短，推进了班组工作水平上台阶。

（4）创办班组论坛。各单位设立“班组讲堂”“班组课堂”，让班组职工当“讲师”，讲工作、生活技能；聘请专家搞讲座，讲班组管理知识、讲安全知识、讲经济形势、讲企业发展方向，让班组职工全方位学习新知识、掌握新技能、了解新信息，有效提升了班组职工整体素质。此外，利用企业内部网站、报刊、广播、电视台、短信平台，设立专栏、创办论坛，动员职工谈班论组。设立班组宣传橱窗一条街，形成了班组政策宣传、知识导读、信息交流、风采展示、成果共享的舆论氛围。

（5）组建技术骨干学习工作室。全集团共组建技术骨干学习工作室 65 个，组织职工学习技术、交流经验和技术攻关。仅 2008 年，集团“学习工作室”共解决各类安全生产技术问题 1 458 项，完成立项攻关 726 项，形成工作法和操作法 82 项，为企业创效 1.6 亿多元。学习工作室成为班组职工技能提升的“加油站”、激发班组职工创新的“发动机”、职工成长的“孵化器”。

4. 突出重点，不断强化班组现场管理

现场是落实的终端，班组是执行的前沿。只有关口前移抓现场、重心下移抓班组，才能牢牢抓住班组现场管理的主动权。近年来，集团在班组现场管理上，坚持以精细管理为重点，大力推行以“四排查、五规范、六巡查、七落实、八确认”为主要内容的“45678”现场管理模式。

（1）四排查：排查不安全的人，排查不安全的环境，排查不安全的事，排查不安全的设备和工具。

（2）五规范：规范岗位标准，规范操作标准，规范工作标准，规范质量标准，规范员工行为。

（3）六巡查：巡查工程进度，巡查工程质量，巡查工作质量，巡查安全隐患，巡查文明生产，巡查文明行为。

（4）七落实：落实任务到人，落实责任到人，落实安全到人，落实考核到人，落实分配到人，落实工作点到人，落实工具设备到人。

（5）八确认：确认生产任务，确认作业准备，确认隐患排查处理，确认措施到位，确认设备运行情况，确认材料情况，确认岗位操作标准，确认组员个人基本情况。

在推行“45678”现场管理模式过程中，集团规定，班组是现场管理的主体，班组长是现场管理的第一责任人；全面推行班组自主管理，实行班组长现场管理负责制，班组长享有对现场作业的决策权和指挥权。倡导班组现场管理，人人都是安检员、班班重视现场管理的理念。要求班组现场管理做到“九个到位”：隐患查处到位、技术管理到位、质量控制到位、设备保养到位、成本核算到位、任务落实到位、向值班领导汇报到位、与上下班交接到位、三员二岗作用发挥到位（班组安全检查员、质量监督员、群监员和党员安全岗、青年岗）。

通过推行“45678”现场管理模式，严格落实“九个到位”，不仅丰富了班组现场管理的内涵，而且真正把现场精细管理的要求落实到了班组，安全管理的责任传递到了班组。

5. 典型引路，强力推广白国周班组管理法

多年来，中平能化集团在班组建设上始终坚持典型引路的工作方针，高度重视典型的培养、选树和宣传，针对不同时期的实际情况，选树不同的典型，利用典型引路，以点带面，持之以恒地发挥先进典型的示范带动作用。近年来，集团先后培育选树了新时期产业工人的楷模、田庄选煤厂管工班长张玮，“金牌矿工”、当选“感动中国十大杰出矿工”的一矿采煤班长吴如，全国“三八”红旗集体、十矿机电二队灯房班，创造出易学实用班组管理法的七矿开拓四队掘进班长白国周等，通过典型带动，促进了企业的持续快速发展。

在对白国周班组管理法宣传上，编制了白国周班组管理法宣传教育专题片，编发白国周班组管理法宣传手册，开展了“学习白国周、班组找差距”“引入白国周班组管理法，创造安全新水平”等主题活动，在全集团掀起了学习“白国周班组管理法”，争做“白国周式本质安全型班组”的热潮。以上做法，不仅促进了全集团班组建设水平的提高，推进了企业的快速发展，也为“白国周班组管理法”的产生创造了环境、提供了土壤。

从集团强化班组安全建设的多年实践来看，企业发展必须始终抓好班组这个基础。要始终把班组建设作为推动企业科学发展、实现安全发展的重要举措，通过加强班组建设，把企业的管理理念、制度、措施、任务落实到班组，才能为企业又好又快发展打下坚实基础。

二、塔山煤矿探索“人人都是班组长”班组建设模式的做法

国投塔山煤矿是隶属国投大同能源公司的一座现代化高效矿井，由原来30万吨/年的地方小煤矿改扩建而成，2008年8月投产，设计生产能力240万吨/年，现有员工608人，其中班组28个、班组长98名（含选煤厂）。

为适应矿井发展需要，预防事故的发生，国投塔山煤矿从2011年开始大胆变革传统班组管理方式，学习借鉴国内外先进的班组建设理念和管理方法，创新建立班组轮值管理体系，探索实践“人人都是班组长”班组建设模式，实现班组全员、全方位、全过程管理。2011年以来杜绝了死亡事故，综合绩效创全国煤炭行业一流水平。

塔山煤矿探索“人人都是班组长”班组建设模式的做法主要是：

1. “人人都是班组长”班组建设模式的选择和建立

国投塔山煤矿虽然机械化、信息化、现代化程度很高，但投产后零敲碎打的事故一直不断，主要原因在于新组建的职工队伍来自全国13个省份，人员素质参差不齐，安全基层基础管理薄弱，特别是班组执行力不够强，严重制约了企业的健康发展。

2011年1月，国投塔山煤矿开展了“班组建设抓什么”“班组长怎么管”“员工积极性怎么调动”等班组建设大讨论，对传统班组管理模式进行了深入分析和思考，得出的结论是：职工的积极性没有得到充分发挥，班组的凝聚力、战斗力、创造力没有得到充分发挥。

为此，国投大同公司及塔山煤矿果断决定，摈弃传统的班组管理模式，引入体现以人为本、实现民主管理的轮值管理体系，创新实施了“人人都是班组长”班组建设新模式。

“人人都是班组长”的班组管理模式，就是采取轮值制度，班组每名成员都有担任班组长、班委、参与班组管理的机会，实现民主决策、民主管理和安全生产，其核心内容是建立了一套班组轮值管理体系，即一个体制、两大平台、四项机制。

2. 构建一个班组轮值管理的组织体制

班组轮值管理的组织体制是在保留原有班组长的基础上，设立1名轮值班长，若干个轮值班委和管理小组，全体成员按一定周期进行轮流任职，并赋予班组管理职责和权力的组织架构。轮值周期和轮值班委、管理小组的组成，由各区队和班组结合工作实际自行规定，形式各具特色，不搞“一刀切”，减少了抵触情绪，避免了走形式，确保班组轮值管理具有深厚的群众基础和旺盛的生命力。轮值管理的主要职责和任务分别是：

（1）轮值班长。协助班长做好当班日常工作，主要任务是组织召开班前会、班后会，安排当班工作任务，分工到人，组织现场生产质量管理，排查治理安全隐患和问题，评议当班人员工作表现，提出当班工分的分配意见，具有安全管理权、生产组织权和考核分配权。经评议合格的轮值班组长，享受正式班组长薪酬待遇。实行班组长轮值后，原班组长扮演的角色不再是班组的“工头”角色，而更多的是教练角色。

（2）班委会。一般由安全委员、学习委员、活力委员、和谐委员等组成，在轮值班长领导下，分工明确，团结协作。安全委员负责组织安全技能学习，风险预控讲习，现场安全提醒，教育大家提高安全意识和防范能力。学习委员负责组织每日学习，采取朗诵操作规程、提问互答、图样展示、课堂讲解等方式，学习风险预控、操作规程、绝活分享等内容。活力委员通过讲故事、安全宣誓、唱班歌、喊口号或开展班组集体活动等方式，提振士气，缓解压力，活跃气氛。和谐委员负责加强班组内部沟通、工作协调，营造团结和谐氛围。

（3）轮值管理小组。根据轮值班委设置的数量，将班组人员平均划分为若干小组，如安全小组、学习小组、士气小组、宣传小组等，在各自班委带领下参与班组事务管理、制度制定和现场安全生产组织，做到人人负责、人人管理。

3. 搭建班组轮流管理的平台

（1）搭建班组轮流管理的例会平台。借助班组每日班前、班后会，在轮值班组长的主持下，组织安全、学习、士气、和谐等班委委员，有针对性地开展班组日常管理的有效平台。班前会主要是开展安全学习，风险排查和预控，明确工作任务，分工派活，责任到人，提振士气，营造和谐气氛。班后会主要是对当班工作进行总结、分析、评议、评优，对下班工作做出安排等。通过轮值管理，班前、班后会从队长和班长唱主角到轮值班组长和班委唱主角，从一言堂模式到全员互动模式，会议内容、形式和效果都发生了质的改观。

（2）搭建班组轮流管理的看板平台。班组日常管理以看板为载体和表现形式，实现班组管理公开化、透明化。每个区队和班组结合实际设计制作看板，通过每日一星，工分上板，实现激励评价透明化；通过制度、流程上板，实现组织职责目视化；通过问题分析上板，实现资源分享公开化，做到了制度、管理、考勤、问题、绩效等公开透明，促进了班组自主管理。如综采区将事故案例贴在班组管理看板上，其他人员用五颜六色的小纸条"跟帖"，发表感言，2011 年以来该区由班组员工自行编写、讨论的安全案例已经达到 600 余份，起到了"一人讲案例、众人受教育"的警示作用。

4. 建立四项班组轮值管理长效机制

(1) 分享评议机制。利用召开班前会、班后会等机会，职工轮流讲案例、讲技术、讲绝活、讲经验，大家进行谈看法、谈体会、谈收获等评议。轮值班组长评议每名员工当班工作情况和所得工分，员工对轮值班组长和班委的履职情况进行评议，进一步增强交流，吸取教训，总结经验，达到资源分享、共同提高的功效。分享评议机制是学习、分享、评议的有机结合，不同于一般的学习培训，也不是一般的评价考核，强调的是培养主动学、动脑筋的习惯，突出"议"、重在"悟"，在分享评议中相互借鉴、取长补短、相互提高。

(2) 竞争激励机制。按照公开、公平、竞争、择优、及时等原则，由轮值班长、轮值班委和班长等共同组织，在班组内开展赛安全、赛学习、赛技术、赛创新、赛节约等活动，采取物质奖励、精神激励、提拔重用等手段，在班组评选出安全之星、质量之星、学习之星、创新之星和优秀班组、班组长、轮值班组长，在此基础上评选出区队、矿井、公司等层级优秀班组、班组长、轮值班组长，在竞争中激励、通过激励促竞争，形成良性循环，创造比学赶帮超的良好氛围。

(3) 责任关联机制。为落实班组安全生产责任制，建立了"自保、互保、联保"三位一体的安全责任关联机制，采取"三违"责任共担、事故责任共担、危险区域作业共同监护等形式，一人违章或发生安全事故，与其相联结的组织和组员要与其共同承担责任，实现了人人都是安全监督员。

(4) 制度公约机制。班组制度公约就是在遵守有关法律法规、标准规范等制度规定的前提下，人人起草自己岗位的工作制度，人人参与制度的讨论修订，每项制度都要经过班组共同协商研究、全员签字确认，大大提高了制度执行力。目前，该矿共建立了安全生产类公约 5 项，班组管理类公约 11 项，并编写了"人人都是班组长"班长建设的指导手册、案例汇编、制度汇编等，实现了制度由被动执行到主动执行、由"软执行"到"硬执行"的根本转变。

5. "人人都是班组长"班组建设模式取得的成效

"人人都是班组长"的班组建设模式，是煤矿班组建设的一次体制创新、机制创新、实践创新，创立了人人给力、人人负责、人人管理的"动车组式"管理模式，改变了传统班组"靠车头带"的单一管理模式，创建了安全型、学习型、和谐型班组，实现了班组全员、全方位、全过程安全管理，安全生产基层、基础、基本功建设显著加强，极大地提高了煤矿人员素质、加强了队伍建设、提升了管理水平和综合实力，为煤矿安全生产和企业发展奠定了牢固的“基石”。2011年以来，有5名一线员工被提拔为区队长，80多名农民工成为技术能手和业务骨干，涌现了“王山富材料架”和“梁过兵托管架、吊架”等一批以员工姓名命名的创新成果。安全生产形势持续好转，“三违”次数由2010年的363例减少到2012年的35例，2011年以来杜绝了死亡事故。经济效益稳步提升，2011年煤炭产量、销售收入、利润总额分别比2010年增长6%、10%、26%。生产效率逐年递增，从2010年的18吨/工到2012年的24吨/工，达到了煤炭行业先进水平。队伍和谐稳定，“两堂一舍”（食堂、澡堂、宿舍）实行宾馆酒店化管理，全体干部职工免费就餐、一同就餐，职工平均收入增长25%以上，班组文化活动丰富，员工受到尊重、生活体面、幸福和谐，从2010年人员流失100多人到2012年以来无一人流失，促进了队伍稳定。

塔山煤矿班组建设的做法和经验，不仅适用于煤炭行业，也适用于其他行业，来自全国煤炭、电力、化工、冶金等行业的40多家企业共计500余人，先后到该矿进行参观考察和学习交流。

三、开滦集团公司抓班组安全建设促安全生产的做法

河北开滦集团公司前身是开滦矿务局，始建于19世纪70年代，素有“中国煤炭工业源头”之称，现有16个控股子公司、26个参股子公司、270个基层区科、3 100个班组、4 100名班组长、8万员工。近年来，集团公司“三无班组”达标率达到了90%以上，员工轻伤负伤率控制在了2‰以下，百万吨死亡率控制在了0.2左右，杜绝了重特大伤亡事故，连续3年被评为全国“安康杯”竞赛优胜企业。

开滦集团在安全生产管理上，长期坚持“抓班组就是抓基础、就是抓队伍、就是抓安全生产的薄弱点和关键点”的理念，形成党政工团齐抓共管的组织领导体系，积极推动班组安全建设稳步发展，把班组建设成安全班组、全员管理班组、“双规范”班组。

开滦集团公司抓班组安全建设促安全生产的做法主要是：

1. 抓骨干，牵住班组安全建设的龙头

火车跑得快，全凭车头带。班组建设的火车头是班组长和班组骨干。开滦集团紧紧抓住班组骨干这个环节，形成班组建设的核心，牵住班组安全建设的龙头，保证了班组安全生产建设任务的落实。采取的主要措施是：

（1）抓好班组长队伍。作为兵头将尾的班组长，既是班组安全建设的领导，又是班组安全建设的火车头。集团实施班组长管理“四法”。一是素质培育法。通过加强对班组长“班组安全第一责任者”“源头把关人”的教育，树立“员工生命在我手中”“我对工友负责”的高度责任感。坚持以煤矿“三大规程”、安全法律法规、安全技术知识、现代管理知识以及管理方式方法等为重点，每年对班组长进行系统性培训，每月进行针对性培训，使班组长不仅增强责任心、想管理，而且提升技能、会管理，不断向本质型安全班组长的目

标迈进。二是制度规范法。先后整合、实施了班组长安全档案管理制度、安全履职定期分析及讲评制度、动态考察考核制度、后备培养和选拔任用等制度。三是典型示范法。2009年精选出7名过硬的典型班组长，组织了“班组长安全把关”巡回报告。四是评优激励法。组织班组长开展“争做安全金牌班组长，当好安全把关人”竞赛活动。这些做法，多年坚持不断线，有效地激励班组长履职尽责，严把现场安全关，进一步促进了班组安全管理。

(2) 抓好“班组两员”。“班组两员”是指班组安全质量员和班组群监员，是工会加强班组安全生产建设的现场把关人。2004年以来，集团把传统的班组群监员整合为“班组安全质量员和班组群监员”，两个职责一肩挑。集团3 100名“班组两员”分布在各个生产班组，既是企业安全质量把关人，又是群众安全监督哨兵。“班组两员”由安监部门、工会双重领导，一体化管理。任职聘用由安监、工会共同任命，上岗培训由安监、工会共同组织，日常工作由安监、工会共同管理，考核奖惩由安监、工会共同负责。“班组两员”管理实现了企业安全管理重心向基层班组下移，促使班组群监管理由工会自我循环融入企业安全管理大循环。

(3) 抓好职工代表队伍。职工代表是班组全员自主管理的骨干，也是工会参与企业安全监督检查的重要力量。职工代表巡视检查安全工作已经成为开滦工会群众安全生产的品牌活动，也成了企业安全管理的有效手段。多年来，集团工会坚持职工代表安全监督检查不断线，基本做到了班组每天一自查、区科每周组织一次、煤矿每月组织一次、专业化公司每季度组织一次、集团每半年组织一次。2009年1—9月，集团各级工会组织了6 354次安全巡视检查，各个层次的职工代表32 217人次参加，查出各类问题1.4万个，已建议对2 618人次现场管理不规范、违章作业、操作不规范等行为进行处罚。

2. 抓制度，健全班组安全建设机制

开滦集团具有较为厚实的管理基础，班组建设也有许多制度，为了深化班组安全建设，集团着力抓了三个制度的落实，用机制不断注入新动力。

(1) 狠抓教育培训制度。集团规定，区科单位要做到：按月研究安全教育定方向，按月组织安全办公会定重点，每周组织群众安全活动定内容，每天班组安全讲评定优劣。以“四定”为依据，集团明确规定了班组经常性安全教育、针对性安全教育、结果性安全教育的“三性”内容。在教育培训基础上，组织班组员工安全培训考试，从而使安全教育培训的人员、内容、层级、期限、考试纳入确定的机制之中。这一机制使班组安全教育得以有效规范，不再是想起来就抓一抓、需要时就搞一搞的因人而异的随意性行为，而是什么时候抓哪些教育，什么时期抓哪些重点，都有了明确目标，成为组织有序、持续不断、区分侧重、天天月月抓在手里的经常性工作，促使班组员工的安全意识不断增强、班组员工安全技能不断提高。

(2) 狠抓考评制度。工会牵头，与安监部、党建（企业文化）部、人力资源部、生产技术部、团委等职能部门建立了协调联动的考评机制，实行了公司对各矿、各矿对区队、区队对班组的多层次考核。把班组安全生产建设工作作为整个绩效考核评价的重要组成部分，每季度组织检查验收，检查验收结果以考核赋分的形式，分别与各矿领导班子、区队班子和班组长的收益直接挂钩，并作为行政、工会各种评先的重要依据。通过层层考评，有效促进了班组安全生产建设工作的不断深化。

（3）狠抓奖惩制度。集团每年召开一次班组建设工作总结表彰会，对在班组建设工作中做出突出贡献和成绩的各类先进典型予以表彰、奖励，对于那些工作拖拖拉拉甚至不推不动的单位和个人予以通报批评，纳入考核，必要时采取组织手段进行处理。集团每年都为班组建设工作投入奖励资金几十万元，对“安全金牌班组”奖励3 000元，对“现场安全把关人标兵”奖励2 000元，对“平安之星”奖励1 000元。

3. 抓活动，培养塑造班组员工安全素质

开滦集团在安全生产管理中，特别注重组织群众活动，用有声有色的群众活动推动班组安全建设的深化，推动班组全员安全管理，不断提高员工群众安全素质和安全能力。

（1）广泛开展了“安全金牌班组”“优秀现场安全把关人”“平安之星”竞赛活动。几年来，采取了班组每月申报，区科按条件打分评定、每季度推荐，煤矿竞赛领导小组每季审定、表彰，集团每年评选十大“安全金牌班组”、十大“优秀现场安全把关人标兵”、百名“平安之星”的方法，逐步规范了“平安之星”竞赛活动。先后选树了王进东采煤班，孙玉福起重班等数十个“金牌班组”，李兴富、陈宝贵等数十名“优秀现场安全把关人标兵”和李继平、崔英礼等数百名“平安之星”，让他们的先进做法上报纸、上电视、进网络、进班前会，大力推广，不断掀起学赶先进的高潮。

（2）全面开展了安全无把握“十种人”排查、帮教、转化活动。所谓“十种人”，是指不懂安全知识的“糊涂人”，马虎蛮干的“鲁莽人”，图省事、怕麻烦的“懒惰人”，新婚前后的“甜蜜人”，精神上受到刺激的“分心人”，贪酒的“迷糊人”，探亲归来的“疲劳人”，不学法规、凭经验作业的“法盲人”，参与家庭经商的“经济人”，受批评、挨处罚的“情绪人”。对这“十种人”由班组核心提供信息，由区科班前会确认。2006年10月推广范各庄矿工会安全确认“十种人”排查法以来，集团270个基层区科开展了“十种人”排查活动，对排查出的1 492名“十种人”进行了追踪、帮教、转化工作，这些人都没有出现过安全事故。

（3）大力开展岗位纠偏和推广安全操作法活动。为了使活动不断细化、深化，集团注重发挥典型的示范引领作用。例如赵各庄矿组织300多名工人技师、岗位明星、班组两员、生产骨干，对照安全规程、对照作业规程、对照操作标准，分析、整理出本岗位习惯性违章的表现和原因，总结出各个工种的安全操作方法，印制了70多个工种岗位的《岗位纠偏和安全操作法》一书，制作了光盘课件，供各基层单位播放，组织学习。集团就把赵各庄矿的经验做法向全矿区推广，各基层单位积极组织班组员工开展了岗位纠偏和推广安全操作法活动，解决了“习惯性违章”的老大难问题，减少了零打碎敲和重复事故的发生。

四、大同煤矿强化班组建设作为安全工作着力点的做法

山西大同煤矿集团经过 60 年的发展建设，成为地跨晋蒙两省（区）6 市 45 县，拥有 48 座煤矿 54 对矿井，总资产 782 亿元的新型综合能源大集团。煤炭产销量连续 4 年突破亿吨大关。现有 20 万员工、70 万员工家属、7 860 个班组、11 114 名班组长。

在企业的发展过程中，同煤集团始终坚持“抓基层、强基础”的安全生产工作思路，抓住班组建设不放松，把强化班组建设作为安全工作的着力点，以此统一所属各单位安全工作行动，提高安全基础管理水平，大力“创建零事故现场、打造零事故环境”，有力地促进了企业安全生产稳定健康发展。

大同煤矿强化班组建设作为安全工作着力点的做法主要是：

1. 注重领导抓组织，强化班组全面建设

同煤集团公司从 20 世纪 80 年代至今，始终高度重视班组建设工作，作为各单位的一把手工程，牢固树立了“不关心班组的领导是不合格的领导，班组建设不过硬的单位是不放心的单位”的思想，不断加大了班组建设的力度。

（1）加强班组建设组织保障。集团公司成立了以生产副总经理、工会主席为组长的班组建设领导组，各二级单位成立了以矿长为组长的领导组，加强班组建设的领导。劳资部门设班组建设管理员，区队设专职班组考核员，班组设质量验收员，各矿安监、机电、生产等职能部门分口设班组管理考核人员，促进了班组建设在现场的落实。党政工团妇各组织，建立了党员安全监督员、班组长安全监督员、工会群众安全监督网员、共青团安全监督岗员、女工家属安全联防员 5 支班组兼职安全监督员队伍，加上专职安监员、瓦检员两支队伍，形成了井上、井下班组安全监督工作“六员一防”体系，对班组建设工作齐抓共管，做到了上至董事长、下至生产区队都把工作重心移到了班组和现场，千方百计为班组解决实际问题，形成了“集团公司—矿—部门—区队”四级班组建设工作体系和组织网络。

（2）加强班组建设制度保障。制定了《班组建设工作条例》，明确班组建制、班组管理、班组长管理、班组长职责、班组培训、班组竞赛等具体工作要求，保证了班组建设工作有目标、有方法。制定了《班组建设管理考核标准》，明确“组织管理、制度管理、业务管理、考核管理、绩效管理”5 大项 20 小项的考核内容，实行百分制考核，保证了考核有标准、有重点、有效果。制定了《班组长安全监督员管理办法》，充分发挥班组长在现场的安全监督作用。制定了《岗位标准、工作标准、技术标准》，保证了员工上标准岗、干标准活。此外，还有“六员一防”安全管理、隐患排查治理、安全质量标准化管理、班组岗位工种责任、安全绩效考核等 17 项班组建设制度，保证了班组建设有序开展。

（3）加强班组长队伍建设。“抓住 1 万名班组长，就抓住了 20 万名员工，就抓住了安全。”集团公司还开展了“班组长素质工程”建设，狠抓班组长素质培训，每年班组长全部培训一次，投入培训费用达到 120 万元。实施了班组长资格准入制度，对班组长分批开展

公共基础知识、安全基础管理知识、专业技术知识三个模块的知识培训，考试合格取得资格证后聘用上岗，聘期1年，期满后进行续聘考核，计划在3年内全部取得资格证书。2009年以来，淘汰不合格班组长105名，优化了班组长队伍。同时还提高了班组长经济和政治待遇，班组长工资为本班组成员1.3倍，并发放岗位津贴，采掘正班组长每班7元、副班组长每班6元，井下辅助正班组长每班5元、副班组长每班4元，每年发放津贴960万元。集团公司还注重从班组长中选拔干部，有40%的班组长走上了区队领导干部岗位，90%以上的班组长被评选为矿级劳动模范，增强了班组长的职业荣誉感，使他们工作有干头、前途有奔头，工作积极性得到了充分调动。

（4）加强班组建设日常管理。集团公司深入开展星级班组劳动竞赛与评比活动，考核内容包括班组日常学习室活动情况、班组长工作日志填写情况以及班组“安全、生产、劳动、质量、设备、成本、应急、民主”八项管理标准，每月劳资部门深入班组进行检查督导。通过这一活动，提高了班组建设水平，促进了班组现场管理。例如云岗矿综采二队白云安班严格落实“八标准”，实现了连续6年无事故；塔山矿综采一队刘武班狠抓班组建设，创造了同煤集团单班最高日产26 494 t、月均产量40万吨的生产纪录，实现了建队以来无轻伤以上事故。

2. 突出重点抓安全，强化班组安全管理

同煤集团公司领导在生产实践中充分认识到，班组是安全工作的源头。为此，不断创新班组安全管理模式，以“落实一个理念，实施三项管理”为主线，全面构建班组安全保障体系。

（1）以“人人都是通风员”为切入点，实现全员安全管理。集团公司将“人人都是安全员”理念深化为“人人都是通风员”，强化以“一通三防”为主要内容的班组全员安全知识培训，使员工人人懂安全、能识别安全隐患、会排除安全隐患。集团公司还把掌握安全知识作为井下员工入井的准入门槛，实施了井下员工“人人都是通风员”资格准入制度。2009年以来，按照规定共对154名班前安全知识考试不合格的员工责令离岗培训，对当班抽考有3人以上不及格的10个班组责令全班停产培训。

（2）实施“岗位就近管理”，解决岗位的安全问题。集团公司明确以岗位员工为作业现场的责任主体，把安全管理职责由岗位作业点拓展到就近的区段，岗位员工除保证本岗位安全外，还要负责全面检查责任区段的安全状况，保证环境、设备以及进入责任区域人员的安全，从而消除了岗位之间的安全管理盲区。雁崖矿综采二队将班组35个岗位所管辖的范围划分为29个区段，做到了安全工作时时有人管、事事有人管、处处有人管，2009年1—9月同比机电事故下降80%，杜绝了人身事故。

（3）实施“班组全程管理”，解决班组工作全过程的安全问题。集团公司对班组全体人员从班前会、集体入井、现场作业到整队出井，直至收班会全过程的安全责任与行为提出明确要求，实行责任连带、利益共享、处罚共担、班组长统一指挥、员工相互监督，杜绝了个别员工工作过程的随意性和盲目性，消除了个体不安全行为的发生，达到班组人人都做放心人、干标准活。马脊梁矿编制了班组全程管理的流程图，明确了每个过程的员工行为规范，“三违”得到了有效控制，实现了安全自保、互保、联保，实现了安全生产 2 545 天，获得煤炭工业特级安全高效型矿山称号。

（4）实施“安全程序化管理”，解决生产工序工艺过程中的安全问题。集团公司要求对生产过程每一道工序、每一个工艺的安全操作步骤进行细化、量化，作为员工作业的“规定动作”加以恪守，杜绝“自选动作”，做到执行程序严谨、落实标准到位。各矿按照工序工艺制定了井下各岗位工种的“岗位、技术、工作标准”，形成了程序化、模式化、标准化，有效控制了盲干、蛮干行为。

3. 严格奖惩抓落实，强化班组建设考核

考核是保证工作效果的必要手段。集团公司严格班组建设各项工作的落实，严格考核，构建起班组建设的激励奖惩机制。

（1）班组长考核方面。每月由劳资部门牵头，组织各部门对班组长进行考核，发生一起轻伤事故，扣除津贴 50%；发生两起轻伤事故，停发津贴；发生三起轻伤事故，免去班组长。班组长本人发生“三违”一次，停发津贴，参加安全培训，考试不合格解聘班组长职务。2009 年以来，共扣除班组长津贴 12.6 万元，解聘班组长 65 人，提高了班组长的工作压力和抓好安全工作的责任感。

（2）星级班组建设考核方面。每矿一般由 9～11 个考核部门按照班组管理考核标准逐日考核，月底汇总，上报矿班组建设工作领导组审定。60 分以下为不合格班组，60～65 分为一星级班组，66～70 分为二星级班组，71～80 分为三星级班组，81～90 分为四星级班组，91 分以上为五星级班组。三星级班组长每月补贴 100 元，四星级班组长每月补贴 300 元，五星级班组长每月补贴 500 元。2009 年评定五星级班组 58 个，四星级班组 104 个，每月兑现奖励 60 200 元，同时对考核不合格的 34 个班组解聘班组长职务，极大地调动了广大班组长加强班组建设的主动性。

（3）“岗位就近管理、班组全程管理、安全程序化管理”考核方面。集团公司将这三项管理作为安全基础、基层管理的重要考核内容，每季度由安监、生产、通风、机电、地质、培训六部门进行检查考核，考核结果上报集团公司“基础、基层”管理工作领导小组，与班组工资总额的 10%挂钩考核，作为班组安全绩效工资。2009 年以来，共对落实不力的班组扣发 52.1 万元。实行这一考核制度，有力地提升了矿井现场安全管理水平。

五、朱仙庄煤矿提升班组长素质促进班组安全管理的做法

安徽淮北矿业集团公司朱仙庄煤矿于 1975 年 12 月动工兴建，1982 年 12 月建成投产，设计生产能力为年产 120 万吨，建有与之配套的坑口选煤厂一座，年洗煤能力 120 万吨。该矿于 2001 年 12 月正式通过 ISO 9000 质量体系认证，先后获得“全国煤炭系统绿化工作

先进单位”“安徽省劳动保障管理信得过单位”等荣誉称号。

近几年，朱仙庄煤矿按照关于加强班组安全工作的要求和部署，结合自身的实际情况，注重以提升班组长素质为主要手段，突出做到完善制度、明确责任、强化管理，以班组管理的科学化、规范化、制度化，实现了矿井管理的关口前移、重心下移；夯实了安全管理基础，促进了安全生产管理水平的全面提升。

朱仙庄煤矿提升班组长素质促进班组安全管理的做法主要是：

1. 规范班组管理，稳定企业发展基石

班组是企业安全稳定发展的基石，是矿井安全生产建设的基础和保障。加强班组安全生产建设，是强化企业安全管理基础、减少“三违”、防止事故发生的有效途径，是创建本质安全型煤矿的关键环节。做好煤矿安全工作，必须抓好班组这个最基层、最基础的单元，实现班组规范化管理、标准化建设。朱仙庄煤矿多次组织召开领导班子会专题研究班组建设工作，并相继下发了《关于进一步加强班组长队伍建设的通知》《关于进一步加强班组安全生产建设的工作意见》《关于规范班组建设工作的意见》等指导性工作意见，明确了班组建设由党委书记亲自抓，工会主席具体抓，班组建设办公室负责抓日常工作，制定了矿副总以上领导干部联系基层班组工作制度，明确联系点，领导每周必须参加所在科区安全办公会，适时参加班组班前会，指导推进班组建设的稳步开展。

2010年以来，该矿召开数次班组建设工作推进会、促进会，对班组建设工作进一步明确了职责；完善了班组建设的流程，规范了班组管理内容；并且形成了会议纪要，就如何做好领导干部联系基层班组工作做了详细的安排和部署。一是领导干部每月至少参加1次联系班组的班前（班后）会，到联系班组工作现场2次以上，保证领导干部联系班组工作到现场、到一线。二是被联系单位利用周二安全办公会或周五群众例会的形式，每2周召开1次班组长通报会，由班组长负责汇报。矿上每月召开1次例会，由支部书记汇报，主要汇报安全生产、文明环境、思想认识、理念、工作落实情况及存在问题。三是领导干部每周与所联系的班组职工交流、谈心不少于4人次，支部书记、车间工会主席每周与班组职工交流、谈心不少于10人次。领导干部对职工存在的问题，要及时释疑解惑，并要求认真学习“感动中国的十大杰出矿工”之一、全国五一劳动奖章获得者倪龙的“五种精神”（用强烈的安全欲望和安全意识去抓安全工作的精神，爱岗敬业、默默奉献的精神，排查隐患、严谨细致的精神，坚持原则、不讲情面的精神，持之以恒、挚爱安全的精神）以及白国周班组管理法，抓好班组建设工作，力争建成标杆班组。

2. 完善班组设置，细化班组长职责和权力

（1）健全班组设置机制，确保人员配备科学合理。按照淮北矿业关于班组建设工作的要求，为确保班组设置的科学合理，朱仙庄煤矿对采掘、辅助、地面的班组进行合理设置和定员。原则上每个建制班不少于10人，现有班组人数不够的予以撤并，经分管矿领导审核、同意，报矿工会队建办审批、备案。掘进队工长由副区长兼任，井下辅助单位按照一正一副配备班组长，采煤、保运、运输等要害岗位按照一正两副配备班组长，地面单位每班配班长 1 人。通过班组的整合，全矿共设置班组 224 个，为班组建设的扎实推进提供了组织保证。在对班组进行整合的基础上，进一步细化了班组长的职责和权力，明确提出班组长是班组安全生产的第一责任人，并负有“四项责任”，即安全管理责任、生产经营责任、班组建设责任、班组思想政治教育责任等，拥有“四项权力”，即考核权、管理权、建议权和推荐权，使班组长实现了责任和权力统一，为进一步推进班组建设奠定了基础。

（2）健全班组长培养使用机制，不断调动班组长积极性。为了规范班组长的管理，注重从培训、沟通交流、后备及奖励四个方面加强对班组长的培养使用。一是各单位制订班组长培训计划，实行教考分离，增强培训的针对性，确保效果。安监处除做好班组长培训和中专化学历教育外，还建立班组长每月 1 次的集体学习制度，重点加强安全知识、生产知识、管理知识和班组建设等方面知识的学习培训，提高班组长综合素质。二是加大班组长沟通交流的力度，相互学习，不断提高班组管理水平。三是建立班组长后备人才库，班组长的选拔一律从后备人才库中选取，防止选拔任用的随意性。四是积极创造条件，不断丰富培训形式，确保学习时间，灵活采用岗位培训、外出参观学习等培训形式，促进班组长综合素质的全面提升。五是在政治上、生活上和经济上提高班组长待遇。政治上，把班组长作为一级管理者，明确规定班组长的任免须经科区班子集体研究决定，分管矿领导签字同意后，报组织部门备案，并纳入矿后备人才库进行管理。对于工作成绩出色的班组长，适时提拔到科区领导班子之中。生活上，在住房等政策上给予倾斜。经济上，在考核安全效果、管理规范的基础上，对采煤、井下辅助和地面单位的班组长分别按每个工作日 20 元、15 元和 8 元的标准发放班组长津贴，比集团公司规定的标准提高了 1 倍，进一步调动了班组长的工作积极性，使班组长岗位变成了“香饽饽”，由过去的许多职工不愿干变为现在的争着干。2010 年，该矿共发放班组长津贴 120 多万元。

（3）改变传统的上级任命班组长的做法。2011 年朱仙庄煤矿改变传统的上级任命班组长的做法，逐步推行班组长公推直选，并成立了以党委书记、矿长任组长的班组长公推直选工作领导小组，结合实际下发了《关于开展班组长公推直选工作的通知》，为公推直选工作提供了可靠保障。这种做法采取职工个人自荐、群众举荐、单位推荐的形式，推荐符合条件的人选，由班组建设办公室组织相关部门对推荐的人选进行资格审查，确定候选人。最后组织召开班组职工会议，由候选人进行竞聘演讲，参加会议的班组职工以无记名投票的方式进行选举，得票最高者当选。当选的班组长须在本单位进行为期 3 天的公示，公示无异议，经分管矿领导审批后报班组建设办公室和组织部门备案。公推直选产生的班组长，一律实行 3 个月的试用期，试用期期间享受班组长的有关待遇，试用期满经考察称职的，正式任用；考察不称职的，解除试用职务，并按原岗位安排工作，不再享受相应待遇。纪委、安监处以及督查办等部门对公推直选过程进行全程监督，确保公开、公平、公正。

（4）强化培训，注重实效，多渠道提升班组长素质。为全面提升班组长素质，朱仙庄煤矿多渠道加强班组长培训，主要采取脱产集中培训、优秀班组长走出去送训和个人自学相结合的方式。2010年以来，共举办10期班组长培训班，共计培训386人次，抽调2名优秀班组长实地学习白国周先进班组管理法，并在全矿组织开展白国周管理法的学习，通过网站下发了白国周管理法学习材料，矿工会还专门购买了白国周管理法图册下发给每名班组长以上管理干部供大家学习。从2010年下半年开始，该矿在全矿班组长以上干部中开展“月学一本书，季能上水平”的活动，特别为每位班组长定制了《班组长素质提升教程》《班组长现场管理实务》2本书，每季度下发1本，并采取单位培训和个人自学的方式，季度末通过检查学习笔记、评比学习体会和组织测试进行综合测评；前20名奖励500元，不及格的罚款500元，督促每位班组长自觉进行学习，逐步实现了“月度知识有提升，季度能力上水平”的目标。

3. 明确责任制度，落实安全管理责任

班组是煤矿企业的基本单位，也是煤矿企业最基础的管理工作，同样需要明确责任制度，落实安全管理责任。

（1）完善管理制度。健全班组管理制度是做好班组日常安全管理的基础。进一步在各班组建立健全了班组岗位责任制、班前班后会制度、现场交接班制度、班组长现场安全巡查及安全确认制度、安全质量标准化动态达标制度、隐患排查整改制度、班后验收制度等多项班组管理制度，并且把落实“手指口述”安全确认制度、班中走动式巡查制度和班后验收制度作为抓好现场安全生产的三项核心制度来抓，夯实了班组的安全管理基础。

（2）落实安全管理责任。为保证各项制度真正落实到现场，落实到具体工作中，做到事事有人管、人人都管事、责任不缺失，根据工作任务和性质，在现场实行了责任挂牌管理。班组长根据出勤人数在班前会上合理安排工作量，明确责任范围，职工按照班前会安排，挂牌确认，并承担责任范围内的安全生产工作，有效促进了班组岗位责任的落实。

（3）强化现场管理。在班组的现场管理过程中，实行“1＋3＋1”管理方式。“1”即开好1个班前会，各班组按照要求将班前会的每个议程都作为一项制度，认真落实。“3”即认真落实“三项核心制度”：一是班前的安全确认制度。结合风险预控安全确认和现场巡查，做到先确认、后开工。二是班中的走动式安全巡查制度。各单位完善跟班干部走动式管理执行、监督、考核办法，规范走动式巡查的次数、范围、时间、内容等，将查出的问题填写在“管理干部下井写实簿”及巡视卡上，并由责任人签字认可。班干部较多时，则实行分段走动，提高走动频次，增强管理效果。同时建立跟班干部走动式管理公示栏，公示内容包括巡查人、巡查地点、巡查问题、纠偏、“手指口述”考核等，按照“定时间、定区域、定责任”的原则，对巡查出的问题与被巡查责任人的A卡和本人的管理手册相闭合，实行层级责任追究，考核兑现。三是班后的质量验收制度。各单位依据矿上要求，进一步完善质量验收考核办法，实行“三级”质量验收，做到班组验收和科区复验均有记录可查，科区每天将质量验收及奖惩情况及时公布，接受群众监督。同时，由班长会同跟班干部对本班总体安全状况进行安全评估，并向区值班人员汇报。上一班与下一班交接班时进行验收，上一班将总体安全评估情况向下一班交代清楚，填写验收记录。“1”即每班进行1次分析总结。每班班后对当班安全生产中存在的问题进行闭合处理，每天由区（队）主要领导负责，对前一个班安全生产中存在的问题进行责任追究、闭合处理，实现“日事日毕、日清日高”目标，不断提高班组的现场管理水平。

（4）推行典型引路。将班组建设与学习倪龙“五种精神”、学习“白国周班组管理法”、创建“十佳采掘能手”、“优秀安全班组长”及举办“安康杯”竞赛等活动结合起来。开展“十佳班组长”评选活动，结合班组安全情况、工作任务等方面内容严格进行考核，对排在前10名的优秀班组长命名为“十佳班组长”，召开班组长会议予以表彰，并组织外出学习考核。2010年，有10个班组被矿评为红旗班组、30个班组被矿评为五好班组、12名班组长被评为矿标兵。

朱仙庄煤矿通过全方位的班组管理和全员的培训，班组安全自主管理能力显著增强，充分发挥了班组在安全生产中的第一道防线作用；初步实现了班组规范化管理，夯实了安全生产基础，从而保证了安全生产形势持续稳定。

第三节　煤矿企业强化班组自主安全管理预防事故新做法

班组作为企业的基本构成单位，对企业的各项生产任务的圆满完成和安全管理目标的顺利实现举足轻重，因此，强化班组自主安全管理，不断创新班组安全管理模式，有效发挥班组现场安全管理的第一道防线作用，进一步夯实矿井安全生产基础，能够促进煤矿企业安全生产形势的持续稳定、健康发展。

一、天祝煤业公司综掘七班加强现场管理预防事故的做法

窑街煤电集团天祝煤业公司综掘队七班，现有职工13人，其中劳动合同制职工2人、农民协议工11人，该班组从加强现场管理入手，按照“创建一流班组、建设安全班组”的工作思路，严格各项规章制度的落实，生产作业中确保工程质量，加强人员培训，不断提升员工素质，创造和谐的班组环境凝聚员工合力，从而避免和防范事故的发生，保证人员和设备安全，并取得了显著成绩。

天祝煤业公司综掘七班加强现场管理预防事故的做法主要是：

1. 抓“四个严格”的落实，确保安全文明生产

安全生产需要严格的制度规范，为保证安全生产，综掘队七班关键抓“四个严格”的落实。

（1）严格制度措施。在多年的生产实践中，班组严格做到只认制度不认人、只认标准不认情，制度面前人人平等。班组在生产中，严格执行公司制定的《创建“两型三化”矿井标准及考核评分办法》（“两型”即本质安全型、安全高效型，“三化”即基础管理精细化、技术装备现代化、人员培训制度化）中的目标任务、劳动工序、考核标准和奖罚措施，把指标任务具体分解落实到每个岗位、每名职工，确保了安全文明生产。

（2）严格操作工序。抓细节、抓配合、抓协调，干一道工序合格一道工序，一道工序不合格不得进入下一道工序，对每一道工序的安全操作进行细化、量化；职工作业必须严格遵守“规定动作”，坚决杜绝“自选动作”，做到执行程序严谨、落实标准到位，有效控制了盲干、蛮干行为。

（3）严格考核标准。综掘队七班把班组建设考核标准层层分解落实到员工，做到检查有标准，考核到人头，奖惩有依据，逐月有兑现，有效调动了员工搞好安全生产的积极性。

（4）严格材料控制。班组在生产中处处精打细算，从节约一根锚杆、一颗道钉抓起，降低工程成本，本着干什么、管什么、算什么的原则，严格领用手续，提高班组员工的节约意识，做到精打细算、降低消耗、修旧复用，有效控制生产消耗，防止了材料浪费和流失现象。

2. 坚持推行三项工作法，始终抓好工程质量

综掘队七班始终把抓好工程质量作为保证安全的重要途径，坚持推行三项工作法。

（1）一步到位法。综掘队七班在工作中坚决贯彻《天祝煤业公司回头工程追究办法》和《十二项一步到位工作法》，做到工程设计和工作安排一步到位、井巷工程施工质量一步到位、文明生产一步到位、质量检查验收一步到位等12项一步到位，坚决杜绝回头工程。严格落实工程质量责任制，做到自检、互检、专业检查相结合，预防了事故的发生。同时按照班组长主抓、职工按标准操作、验收员现场质量把关分工负责的原则，明确各级责任，严格落实质量标准化“班检周评”制度，对存在的问题，全面分析原因，总结经验，并制定有针对性措施认真整改。班组还加大动态质量标准化达标工作的管理力度，在生产现场由当班验收员进行质量验收，次班验收员对前一班的工作质量进行复检，第二天在班前会上公开考核，对造成质量问题的责任人，按责任大小给予相应的经济处罚，并在队务公开栏公示。由于采取严格的质量管理体系，杜绝了工作面质量验收走过场、检查留死角、考核看关系的现象，全面提高了工作面工程质量和质量标准化管理水平，保证了工程质量、工作质量。综掘队七班施工的巷道连续3年被集团公司评为精品工程，工程质量始终保持合格品100%，优良品率95%以上。通过强力推行一步到位工作法，强化了作业现场安全质量管理，杜绝了工程返工现象，有力地推动了安全生产上台阶、上水平。

（2）规范操作法。综掘队七班严格按照“工作有标准、岗位有责任、管理有制度、考核有依据”的原则，切实将安全质量摆在首位，建立完善各工种岗位标准和考核细则，规范职工操作行为。班长按时召开班前会，在布置好本班工作任务的同时，结合具体工作特点，根据每名员工个人的特长进行合理分工。职工进入工作现场后，严格执行交接班制度，严格检查设备，对工作场所、具体环境、工作区域的安全状况仔细查看，不放过任何蛛丝马迹，直到确定每个环节都正常后才开始作业。班组员工在平时工作中已经养成对设备精心操作、精心保养、精心维护的习惯，做到设备台台规范定置、时时安全运转、班班保持整洁，正是这种良好习惯，使得班组月月超额完成任务，月月安全零事故。

（3）“三查两盯一问”法。每班作业前，班长和小组长都坚持“三查”：查员工操作行为、查设备运行状况、查安全隐患；“两盯”：盯重点工序操作，盯重点隐患整改；“一问”：对主要岗位人员进行安全警示问询。

3. 加强安全教育培训，提升员工素质

加强安全教育培训，提高职工素质，是实现本质安全的前提条件。综掘队七班结合实际，在安全教育培训上，以干什么学什么、在什么岗位培训什么内容的原则，以现场管理为重点，注重引导班组员工从思想上、行为上提高控制不安全因素的能力。每周四作为班组员工的集中安全培训日，班长请公司和队里的技术人员和有经验的老职工授课讲解，并将学习、考试情况与当月工资奖金挂钩，奖罚兑现。

综掘队七班还积极组织职工参加公司组织的各种专业技能培训、各类技术比武和队里的安全教育活动，按时听技术员讲课，认真做好学习笔记，积极参加安全知识考试，在实践培训中，采取以老带新、以师带徒的方式，促使班组职工干中学、学中干，全面掌握安全生产的基本知识和技术技能，增强了应对急、难、险、重任务的能力。班长带头钻研学习，带动班组员工练绝活、学技能，5 名班组员工先后取得了放炮工、打眼工、小绞车司机、综掘机司机等操作证书，取得了掘砌高、中级工资格。

4. 坚持班组民主管理工作要求，凝聚员工合力

根据班组民主管理工作要求，针对班组员工普遍关心的热点、难点问题，综掘队七班严格按照“五公开、一上墙”制度要求，对员工工资奖金分配、考勤、奖罚、评选先进等工作，进行全过程公开，考核制度上墙。现在员工根据自己的出勤和当班任务完成考核情况就可以轻松地算出自己的收入，使员工真正感受到了民主气氛。

在综掘队七班，班长把员工当成自己的亲人，经常交心、谈心，定期不定期召开座谈会，及时与员工沟通思想，交流看法；班里的大小事情与员工商量，让大家积极发表意见，建言献策，参与班务管理，从而提高了全班的工作积极性，有效推动了班组建设，增进了员工与员工、队长与班组长、班组长与员工之间的和谐；在日常工作生活中，无论职工有什么困难，班长都尽力给予帮助解决，始终把职工的冷暖放在心上，不论谁有困难，都伸出援助之手。2009 年，班组一位职工因病住院，又赶上孩子上学交不起学费，班长知道情况后，发动全班职工捐款，以解燃眉之急。班长长期与员工谈心交流，及时化解他们的思想矛盾，帮助解决工作、生活中的实际困难，密切了班组成员间的关系，达到以情感人、以心换心的目的，为班组连续多年实现安全生产奠定了坚实的思想基础。综掘队七班现在已经成为“区队称心、家属放心、职工安心”的和谐团队和安全生产班组。

截至2010年，综掘队七班创造了15年无轻伤以上安全事故的新纪录，班组多次被天祝煤业公司和窑街煤电集团公司授予“安全生产先进班组”“优秀班组”，2010年被授予全国煤矿“十佳安全班组”等荣誉称号。

二、姚桥煤矿采煤二队三班增强自我约束能力的做法

姚桥煤矿采煤二队三班是一个早班检修班（半班检修半班生产），全班职工66人，是一个充满活力的班组。近年来，该班组通过提高职工安全意识，吸取安全教训，增强了人员的自我约束能力；通过持续不断的业务素质教育，提高了职工技术水平，并努力营造和谐的人际环境，从而使以前不起眼的班组一跃成为该队的模范班，在确保检修质量的同时，月月超额完成队下达的生产任务，安全上杜绝了破皮伤及以上事故，连续四年被评为矿集团公司先进班组，成为矿区采煤队伍中的佼佼者。

姚桥煤矿采煤二队三班增强自我约束能力的做法主要是：

1. 要把班组工作做好，抓职工思想最关键

四年前的三班是一个纪律涣散、人心不稳定、人员素质不齐、后进青年多的班组。其他班不要的、难管的人员都往三班“精减”，人们戏称该班是个“废品公司”。面对一个这样的烂摊子，三班骨干暗下决心，做到一年大变样，四年迈出四大步，用成绩证明自己。

三班首先从了解全班职工思想状况入手，建立了66人的思想档案及班组职工安全台账，根据每位职工的不同情况，做思想工作。其次，从抓骨干入手，民主选择了“六大员”，大家分工明确，各负其责。最后，又建立了每周一次的政治业务学习制度，长流水不断线地组织学习，给大家增加政治业务技术“营养”。一系列措施的落实，使班组工作很快走上正轨。

2006年7—8月，该队回采的7713工作面遇到25°大倾角回采，加上某些设备不配套，给正常检修带来了一定的难度，对职工积极性的发挥造成干扰。在重重困难面前，该班组成员将思想政治工作分解到党团员骨干，他们带队伍先抓思想，管人先管心，大力在班组中开展“讲形势、讲任务、讲责任、讲奉献”的教育活动，及时解决班组职工的思想问题，使困难得以顺利排除。

在工作中，三班注意改进工作方法，坚持贴近实际、贴近职工，把班组职工当作自己的亲人，从心灵上了解职工、从感情上贴近职工、从工作和生活上关心职工，努力营造和谐温馨的人际环境。2006年3月，班组召开班委会时得知，原来勤劳能干的小刘变得无精打采，有一次还差点出了工伤。经了解是其爱人埋怨小刘早出晚归，很少问家中事情，以为小刘在外边胡来，闹着要与他离婚。三班班长卢世平等人挤时间连续家访多次，做耐心的思想工作，很快小刘和妻子和好如初。就这样，该班组班长2006年家访谈心50多次，帮助困难职工解决各类问题86个，用自己真挚的情和爱，架起了班长与班内职工的连心

桥，把66名职工的心紧密地凝在一起，培育了无坚不摧的工作作风，创造了新的业绩。

2. 创建“学习班组”，提高职工的职业技能素质

该班针对本班职工的实际情况，把创建“学习班组”争当“知识型职工”的重点放在提高职工的学习力、创新力和适应能力上，激励职工自我超越。在班组中开展创建活动讲求寓教于乐，使大部分职工乐于接受，并注重实效，最终使创建活动在潜移默化中成为职工的自觉行动。

（1）开展“一日一题、一周一案、一月一考”的“三个一”活动。“一日一题”，每天班前会由技术员进行分解，分班组进行班组提问，在井下结合现场对照题目理解，隔日复习，定期检查班组职工“一日一题”笔记，对提问和笔记记得好的予以绩效奖励。“一周一案”就是每周进行案例教育互相点评，充分利用每周五安全活动的时间，对煤矿事故案例进行学习、总结、分析，结合本班班组岗位实际，采取人与人之间相互点评，实行人人过关，并提出吸取案例教训措施。“一月一考”就是每月对“一日一题、一周一案”学习内容进行考核，考试采用闭卷方式，对低于80分的罚款100元并要求其补考，坚持奖罚分明，有效地提高了职工业务素质和安全意识。

（2）开展“三项创新工作”。一是推行标准化作业程序，促进职工规范操作，上好标准岗，干好标准活，创建良好的安全生产环境。二是狠抓班前会改革，把班前会地面安排与井下实际情况结合起来，提高了班前会和现场安全管理的质量。三是狠抓了周五安全活动改革，通过职工相互点评，提高了职工的自主管理意识和安全意识。

3. 制定《班组安全文化实施办法》，提升班组整体管理水平

采煤二队三班把提升班组整体水平，作为搞好班组工作的基石。为此制定了《班组安全文化实施办法》，签订了“班组长安全考核责任书”，开展了“班组三一互保三报自保活动”，努力打造班组安全长效机制。同时积极进行管理创新，实施了岗位精细化管理，取得了良好的效果。

（1）规范职工行为，努力实现人本安全。一是规范了矿帽的佩戴标准，要求广大职工入井时必须系好帽带。二是规范了人行车乘车行为，要求广大职工必须遵守矿乘车规定，杜绝违章乘车、跳车等现象，防止了意外事故发生。三是规范了操作行为，实施了标准的操作程序，对煤机司机、支架工、出口工等工种编制操作程序，规范职工的操作，从而起到积极的作用。

（2）坚持推行定置化和规范化相结合，实现了系统文明整洁。一是统一了管线吊挂，对工作面风、水管线的铺设和吊挂均制定了统一的标准，并突出细节，比如要求管路卡子方向、丝帽方向必须一致。二是实行信号电缆与动力电缆分离和规范吊挂。三是规范了斜巷运输系统的安全设施，对挡车器统一标识。四是实行了定置管理，对现场材料、备品备件规定了分类码放位置，并设有标志，确保了各种设备有足够的安全间隙，对工作面开关车跑道和转载机电缆过桥进行了改革设计加工，使电缆的吊挂有条不紊，电缆的拖动实现了机械化，为了有利于皮带、支架检修，对皮带支架进行了编号。五是规范了防尘软管吊挂，实现了统一加工、统一吊挂、统一规定吊挂地点，形成了整齐一条线。对其他内容进行了规范，统一制定了安全标准，并开展了安全文化杯和精细化“安康杯”竞赛活动，努力营造良好的安全文化氛围。

(3) 坚持抓好现场管理工程质量动态达标。一是要求每班跟班队长必须对上班的工程质量进行细致的验收检查，发现隐患问题及时安排人员进行处理，之后再开始本班生产。二是坚持按标准化作业程序进行操作，通过现场对照、骨干帮教、强化宣教、定期检查等手段，督促每一名职工牢固掌握本岗位标准化操作程序，并在作业过程中严格程序作业，使各岗位各环节操作有秩序，工作有标准，长期坚持熟练掌握，养成自觉规范操作、上标准岗、干标准活的良好习惯。三是坚持工程质量动态达标，从细节抓起，从每道工序抓起，制定了各岗位量化考核制度，与绩效工资挂钩制度，确保了每道工序的施工质量。采煤二队三班还制定了精细化管理考核办法和各工种工作标准及考核细则，为全队开展精细化管理实现工程质量动态达标提供了制度保证。

三、新陆煤矿 271 采煤队甲班扎实推进基础工作建设的做法

黑龙江龙煤集团鹤岗分公司新陆矿一采区 271 采煤队甲班有 42 人，是主要从事煤炭开采的生产班组。近年来，271 采煤队甲班以开展“安康杯”竞赛为载体，充分发挥班组建设的优势，规范班前会程序和内容，强化工作面现场管理，扎实推进基础工作建设，班组建设工作在巩固中提升，在提升中发展，有力推动了班组的各项工作，连续多年荣获集团公司“五好班组”光荣称号，2009 年被黑龙江省授予“安康杯”竞赛活动优秀班组称号。

新陆煤矿 271 采煤队甲班扎实推进基础工作建设的做法主要是：

1. 从程序、内容、形式等环节入手，全面提高班前会质量

在进入工作状态之前召开班前会，将当班的工作任务、质量标准、安全技能操作程序等做详细安排，使职工明确目标、了解自身的任务。接受岗前安全教育，是煤矿多年工作积累形成的宝贵经验，更是班组日常管理的重点。对此，271 采煤队甲班从程序、内容、形式等环节入手，全面提高班前会质量。

(1) 班前程序清楚。针对过去班前会就是区长说完队长说，队长说完班长派工，想到哪里说到哪里，最后变成“豆腐账会”，班前会形式单调、质量不高的问题，甲班一方面增加班前时间，将班前时间由过去的 30 min 增加到 50 min，用以丰富班前内容，扩展班前形式。同时，将班前阵地前移，延伸班前会触角，将其分为井上学习室和井下工作面两个层面。另一方面硬性规定班前程序，推广标准化班前会。甲班规定班前在学习室内活动 30 min，分班前礼仪、班前点名、班前教育培训、班前派工、组织入井五个阶段。在井下工作面活动 20 min，主要是在进入工作面之前，班长提前与上个班班长交接后，由班长讲解当班工作现场实际情况及工作要领。收工后，对当班工作情况进行总结讲评。

（2）班前内容落实。班前是职工进入工作状态前学习、教育的“黄金”时间。甲班在班前会内容上既克服面面俱到，又防止脱离现实的空洞说教。具体做法：一是教育形式灵活多样。把班前安全宣誓、安全理念宣灌、每日一题、“三违”亮相、班组安全评估、有奖知识竞答、职工提合理化建议、事故案例分析、隐患排除及责任落实等都纳入班前教育培训内容，增强了班前教育的互动性，使职工在一种和谐愉快的环境中接受培训、受到教育。二是派工用人优化组合。派工环节中，根据工种性质需要，将操作技能较高的与较低的分为一组，将有多年工作经验的老工人与新工人分为一组，将安全意识较强的与较为薄弱的分为一组，将动作敏捷的与反应迟钝的分为一组，将性格急躁的与沉着稳重的分为一组，使职工之间能得到互保、互补、互助，有效地提升了职工的安全意识、劳动潜能和生产效率。三是班前触角延伸到井下。在井下利用工前 10 min，由班长从工作面上分工种组织从事该项作业的人员，在作业现场对“人员、工具、环境、对象”进行“四确认”，并对班前布置的重点地段、关键环节与操作人员进行确认，告知其应注意事项。收工后由班长带领到指定的地点开班后讲评会，总结当班安全生产工作，分析存在问题，对职工进行讲评。

（3）班前重点突出。煤矿生产，安全为天。在班前教育上也着重突出安全重点。一是坚持班前培训。本着缺什么学什么、干什么讲什么的原则，着重抓理念灌输、安全培训、知识竞赛三个方面的培训。理念灌输，即对集团公司、矿安全理念、安全文件逐条进行讲解，使职工充分理解和领会。安全培训，即以“每日一题”学习培训为突破口，有计划、有步骤、分阶段、有重点、有针对性地进行技术培训。知识竞赛，即把班前提问、举办安全知识有奖竞赛活动作为检阅职工安全知识的有效形式，建立个人培训档案，每月评比 1 名先进个人予以奖励。二是坚持班前排查隐患。由群检员负责通报本班在上个班隐患存在情况及处理意见，同时对上个班组内的隐患排查情况进行通报，提出工作中应该着重处理的地点。三是坚持案例分析。坚持每月对“三违”导致伤亡事故的剖析，使职工充分认识到安全生产不仅事关企业的外在形象和矿区发展、稳定，而且事关自己的生命安全和家庭的平安幸福。同时对当月发生“三违”的人员，在下月进行为期 3 天的现身说法，加大“三违”曝光力度，从不同角度采取得力措施，遏制“三违”现象的再次发生。

2. 强化现场管理，以工程质量的提升促进管理水平的提升

工作面现场是生产班组战斗的主战场，工程质量是安全和效益的源泉，抓好工作面现场质量管理是班组建设的核心内容。为此，甲班强化现场管理，严把施工关、验收关，加大隐患查处力度，以工程质量的提升促进管理水平的提升。

（1）干好标准活。在生产组织上，甲班抓好生产关键环节管理，严格按规程施工，确保施工一处，一处标准。具体做法：一是确保打眼放炮质量。从炮组人员抓起，规范放炮行为，严格执行“一炮三检”、三人联锁放炮制度，严格执行班组长跟炮机制，打好“五花眼”，摝足摝好水炮泥，杜绝倒放炮、超段长放炮和其他违章放炮。二是确保支护质量。串梁子时，先敲帮问顶、铺网、打好靠帮柱，消灭单挑梁、消灭卸压柱、失效柱，提升采面支护强度。三是确保工程质量。坚持“五上、一固定、一验收”的做法。五上：上尺、上线、单体上号、上镐、上挡煤板；一固定：工作地点固定；一验收：小班质量验收，由当班班长、组长、群检员三方验收合格后发验收卡，升井凭卡计算工分工资。当生产条件发生变化时，特别是老面收尾、新面投产的关键时期，针对生产现场情况，调整适合作业方式，由班队长、群检员和经验丰富的职工操作。

（2）把住验收关。具体做法：一是工前施行“一班三检”。即进入作业地点前，班长先自上而下全面检查工作面存在的问题和隐患，检查单体有无漏液、硬帮顶板情况、软帮联网情况，查出后立即整改，落实好防范措施后再操作；收工严格执行小班质量交接班制度，班长验收本班的工程质量并让职工签字，方可生效；跟班队级干部验收本班的工程质量，拿结果进行比较后进行奖罚。二是严格小组旬评制度。一旬一评比，班组长全体参加评比，现场打分，现场兑现。对一旬时排在最后的小组，罚该组组长 100 元；两旬时仍排最后，则罚 200 元；三旬时还是排最后，就换组长。在 2006 年 3 月下旬的评比中，产量最高的小组质量评比却最差，甲班仍然对该小组进行了罚款。

（3）查出隐患点。小事当作大事抓，隐患当作事故追，是班组多年工作中形成的一条重要经验。甲班坚持生产现场“小隐患不过人，一般隐患不过班”，对查出的问题能当场解决的立即解决，解决不了的第一时间上报连队、采区，由采区定人员、定措施、定标准、定复查人限期解决。同时放大群检员作用。群检员在队级干部直接领导下工作，全面负责本班组内的隐患排查、整理上报、现场治理以及防范措施的制定，并检查督促班组长执行。在施工中严格按照规程和措施检查班组的工程质量，对在施工中存在工程质量和排查出的隐患，有权制止违章作业，在紧急情况下对不听劝阻者，可停止其工作，并立即报请领导处理。

严格的施工管理，严肃的奖罚政策，严实的隐患排查，有力地推动了全班质量稳步提升。从 2004 年开始，甲班已经杜绝了重伤以上事故的发生。

3. 建设班前学习室，建成职工温馨之家

班组建设是一项系统工程。班组基础建设涉及方方面面，点多面广，需要日积月累、潜移默化的工作。在班组基础建设上，甲班着重抓好三个方面的建设。

（1）硬件建设。班前学习室是班组活动的重要场所和阵地。具体做法：一是修缮学习室，建成职工生活之家。在采区的支持下，甲班将过去的两个小会议室打通合并成一个大家的学习室，使空间更宽敞，便于开展各项活动。同时按矿工会整体设计要求，将所有椅子全部配上桌子，统一宣传栏、全家福相框、三公开四上墙牌板等规格，并全部采用铝合金框，达到整齐美观的效果。二是配齐“三大件”，建成职工温馨之家。在矿工会的帮助下，甲班陆续为职工配备了保温杯、热水壶、消毒柜，使职工喝上热乎卫生的开水；增添了 VCD、彩电等设施，安装了有线电视，使职工看上丰富多彩的电视节目；发放军用水壶、浴包，使职工在井下喝上干净卫生水，洗上舒服澡。三是开放“读书角”，建成职工学习之家。在矿工会为班组订阅《黑龙江工人报》《龙煤专刊》《鹤岗日报》《鹤岗晚报》《矿工报》的基础上，甲班每年自费购进1 000多元安全、工程等方面的书籍，为职工了解国家政策法规，国内外、企业新闻，强化业务学习提供条件。

（2）软件建设。为充分发挥学习室的功能，让墙壁会“说话”，让牌板为“镜子”。甲班在强化硬件建设的同时，更加注重软件建设。具体做法：一是班务公开“热点焦点”。每月定期召开班组月度班务会，向全班职工公布班组当月奖励情况，考勤情况，月度生产任务、工程质量完成情况等“热点焦点”问题，让每个职工都有充分发表自己意见和建议的机会。在召开班务会前，都要请区队领导参加，帮助指导、规范会议的内容和程序，同时也避免了走过场的现象。二是“三工”评比“日清月结”。职工的日清月结主要包括任务、质量、安全、成本、收入及行为考核等，同时还有班组长、群检员巡查记录，由班组长在当班结束后对照标准进行考核。甲班根据职工每日考核逐月累计的结果，确定合理的比例产生优秀职工、合格职工和试用职工，按照“班讲评、日排名、月考核”的原则以及班前优秀职工和试用职工登台讲评的方法，对职工不间断地进行激励，使优秀职工更加优秀，试用职工不断地向优秀职工看齐。三是学习型班组“真学深学”。每周组织职工观看一次《煤矿质量标准化》《安全事故剖析》等电教片。同时充分利用“读书角”，坚持做到“三必学、三必有”，即学习《煤矿安全规程》，学习各工种岗位责任制，学习安全法律、法规及外单位安全生产先进经验，并做到有学习记录、有职工签名、有学习心得。

（3）亲情建设。具体做法：一是挂起“全家福”。在班前挂起了安全警句标语牌板，贴上了全班所有职工的“全家福”照片和安全警句，职工开完班前会临下井前看看自己温馨的“全家福”、宣读安全誓言，已成了每天的“必修课”。二是唱响生日歌。甲班倡行带着感情搞管理，推出了排“生日休”的做法，建立了“职工生日档案”，把每名职工生日这天排为休息日，并制作了以“事业让我们心相连，平安使我们更快乐”为主题的生日贺卡，在职工生日前一天的班前会上，班组长代表工友送到过生日职工的手中，致以生日的祝福，让职工感受到了一种温暖、一种关怀、一种情感。三是签师徒合同。由班组长对试用期职工及不放心人签订包保合同，担负起现场“单教、单学、单练、单考、单查”示范教练任务，对错误的操作方式在现场指正，进行培训、教育、训练之后再观察，直到熟练操作为止。四是调适职工身心。甲班充分发挥思想政治工作在安全宣传教育、安全生产中调解人、关心人、爱护人、帮助人的作用，针对节假日、双休日、年末岁初、停工后等时期，新工人入矿、职工探亲返矿、职工婚丧大事、家庭矛盾纠纷等不失时机地进行了观察、谈心、帮助，消除了职工的后顾之忧，使职工能够以心情愉悦的状态投入到安全生产工作之中。

四、白庄煤矿马保庆班抓好班组安全质量标准化建设的做法

肥城矿业集团公司所属白庄煤矿采煤一区马保庆班，现有职工39人，平均年龄33岁，

是一支年轻精干的队伍，也是采煤一区的主力生产班组，担负着全区40%的生产任务。马保庆班是以班长马保庆的名字命名的先进班组，组建7年来，把“强素质、强管理、强技能、强安全”的意识始终贯穿在生产作业中，积极提升班组全员综合素质，抓好班组“安全质量标准化”建设，在班组中实施全员“安全质量标准化”达标活动。对每一道工序、每一个操作的细节进行明确细化、量化考核，从而提升了班组成员对安全工作的认识，有效地防范了各种事故的发生，7年来全班没有发生过一起擦皮伤，工程质量优良品率始终保持100%，先后获得“全国学习型先进班组”和“山东省创先争优活动先进班组”等荣誉称号。

白庄煤矿马保庆班抓好班组安全质量标准化建设的做法主要是：

1. 创建学习型班组，提升班组全员综合素质

班组成员素质高低，直接影响着班组的战斗力。近年来随着煤矿新设备、新技术、新工艺的广泛应用，对职工的素质要求也越来越高。针对全班职工技术业务素质跟不上生产要求的实际情况，认真按照矿开展“创建学习型组织，争当知识型员工”活动的安排部署，狠抓了学习型班组创建活动。

(1) 营造氛围推动学。通过召开班组动员会进行深入发动，大力倡导“终身学习、全员学习、全程学习、团队学习”的新理念。特别是首次使用大综采设备以来，全班更加感到掌握新知识、新技术的紧迫性，班组积极引导职工深刻理解“咱们工人有技术才能更有力量”的科学内涵，通过实践教育，增强了班组职工的危机意识，实现了由“被动学”到“主动学”，由“要我学”到“我要学”，由“应付式”到“自觉式”学习的转变。同时，在区队支持下，建立了较为完善的学习资料库，使班组职工心中有理念学习有资料、交流有内容，全班学习氛围日渐浓厚。

(2) 激励到位促进学。面对一线职工劳动强度大、工学矛盾突出的难题，该班坚持物质激励和精神激励双管齐下，充分利用矿上赋予班组长的自主权，专门制定奖励办法，对在各类技术比武中拿到名次以及通过自学成才拿到文凭的，每人给予不少于200元的奖励；同时坚持每季评选一次“成才新星”，予以适当奖励，并在评先树优、入党提干等方面优先推荐，真正让爱学习、肯钻研的职工经济上得实惠，工作上有奔头，激发和调动了班组成员的学习热情。目前，全班39人中已有12人取得大专以上学历，有21人持有两个岗位资格证。

(3) 以身作则带头学。打铁还须自身硬。马保庆作为一班之长，始终坚持学在前，用在前。在全班叫响了“向我看齐，对我监督”的口号，并总结提炼出了“师傅带徒弟”“安全传帮带”“岗位现场说法”等“育人成才十二法”，使学习的效果大大增强，涌现出了一批“土专家”。职工王开荣遇事爱琢磨，喜欢打破砂锅问到底，全矿第一台综采设备在该区投入使用时，他主动请缨，参加首批外出培训，很快成了离不开的“技术大拿”；液压泵工王士兵虽然只有初中文凭，却硬是凭着一股不服输的劲头，啃透了厚厚的十多本专业书籍，研制了高精度的乳化液自动配比器，发明了高压供液管路减震法，成为全矿小有名气的发明家。

2. 创建安全型班组，打造特色班组安全文化

近年来，该矿致力于以文化力激活生产力，提升核心竞争力，特别是“百安文化”的创建为企业安全生产提供了强有力的文化支撑。作为企业的细胞，全班更加坚定了通过打造特色班组文化提升安全管理水平的信心和决心，并进行了积极探索和实践。

（1）制定“小理念”。以提升全员安全思想境界为着眼点，广泛开展了安全理念征集活动，精心提炼出了“一举一动、规章至尊”的操作理念、“百年大计、质量为本”的质量理念、“今天安全零事故，我的岗位无违章”的责任理念等十大理念体系。每天班前会全班职工都面对“全家福”牌板反复诵读，强化记忆，在潜移默化中感受文化的熏陶和启迪，使各种安全理念内化于心，外化于形，逐步成为职工自觉遵守安全规章的行动指南。

（2）实行“小立法”。结合班组实际建立起了岗位责任制、材料管理、施工标准等一系列班组管理制度，对人人、事事、时时、处处量化标准、细化工序、强化考核，形成了职工对班组、班组对区队逐级负责的安全责任考核体系。为实现人人达标、班班达标、月月达标，实行了日考、月评、标准化分数与职工工资挂钩的考核奖励机制，每天对当班职工质量标准得分进行公布，充分利用经济杠杆增强职工抓质量、保安全的责任感。

（3）培育“小文化”。通过培育班组安全思想文化、技术文化、行为文化等，努力打造想安全、会安全、能安全的本质安全人。特别是在安全行为文化上，大力推行“手指口述”操作法，任何一项工作都做到先确认、后操作，使职工手脑合一、精力集中，操作失误率减少了1/3以上。实施预知预想、预报预警、预防预备“六预”管理，坚持每班向班组成员介绍上一班安全和工程质量状况，预报本班安全事项、质量要求和生产任务，使大家明白做什么、怎么做、做到什么程度。同时，建立班组安全教育培训制度，做到每人一个学习笔记本，形成了每日一题、每周一重点、每旬一案例、每月一考的“四个一”安全培训机制，并且坚持班中教育和现场提问，使职工从第一环境、第一现场、第一岗位全面落实安全行为规范，有效地提高了班组的安全生产能力。

（4）开展“小竞赛”。采取骨干演练、导师带徒、以强带弱等形式，大力开展岗位练兵技术比武，鼓励职工干中学、学中干，在全班掀起了“岗位大练兵、技术大比武、素质大提高”的热潮。自2006年以来，该班在上级各类“技术比武”中，先后有7名职工荣获“技术能手”称号，有3项科研成果获得市级以上奖励，并涌现出了以全国劳模、北京奥运会火炬手肖立军为代表的一批先进典型。

3. 创建和谐型班组，凝聚班组成员整体合力

俗话说，人心齐，泰山移。凝聚职工向心力是抓好班组管理的首要条件。为此，全班大力推行人性化管理，扎实开展了和谐型班组创建活动。

（1）班务公开聚合力。按照“职工关心什么就公开什么，想明白什么就说明什么”的原则，每月定期召开班务会，向全班人公布班组当月奖励、考勤、生产任务完成等情况，让每名成员都有充分发表自己意见和建议的机会。特别是对经济分配、工种调换、评先树优等热点焦点问题，都在班务公开会上公开投票表决，现场唱票公布，实施全过程阳光操作，有效维护了职工的民主权益，全班始终保持了风正气顺、和谐发展的良好势头。

（2）注重细节暖人心。“想职工所想、急职工所急、办职工所盼”，尽最大努力为职工创造温馨舒适的工作环境。第一个在井下现场设置了保温桶、条凳等物品，保证职工随时有热水喝，有地方休息。在夜班意志最为薄弱的凌晨3时，允许职工休息半小时，以保证精力充沛。根据每名职工特点，坚持做到表扬公开化、批评私下化等。尽管这些看似都是一些小事，却在一定程度上满足了职工的被尊重需求，营造出了和谐融洽的良好氛围，促进了班组自我管理能力的大大提高。

（3）团结互助促和谐。谁家也不可能天天挂着“无事牌”，为及时掌握全班职工的家庭情况，建立了职工家庭档案，班组长经常与职工交流谈心，谁家有难事，哪个职工有情绪，作为班长都做到了如指掌，坚持做到难时有人帮，惑时有人解，病时有人探。近两年来，先后为困难职工组织捐款2万余元，帮助农合工抢收小麦30余亩。特别是连续五年坚持开展为职工集体过生日活动，在每名班组成员生日来临之际送去精致的生日礼物，共同点燃包含真情的生日蜡烛，唱响了“关爱职工、共创和谐”的主旋律，增强了职工忠诚企业，爱岗敬业的内在动力，多次被集团公司和矿评为“和谐创建先进班组”。2009年5月和8月，马保庆班代表肥矿集团，先后在全国万名班组长培训推动会和全省班组建设推进会上做了经验介绍，得到一致好评。

五、陈四楼煤矿陈国玺班以人为本不断创新班组管理的做法

河南煤业化工集团所属永煤公司陈四楼煤矿综采队陈国玺班，在煤矿生产中坚持以人为本，以安全型、民主型、学习型班组为目标，创新思维，激活细胞，不断创新班组管理，为实现矿井的长治久安探索了有效途径。该班先后被评为2007年度河南省煤炭系统优秀班组、2008年度河南煤化集团优秀班组。

陈四楼煤矿陈国玺班以人为本不断创新班组管理的做法主要是：

1. 开展“三项安全工作方法”活动，努力打造安全型班组

抓安全首先要从抓思想认识入手。陈国玺班结合“一书、一卡、一询问”三种安全教育方法，开展“三项安全工作方法”活动，有力地保障了本班的安全生产。

（1）三种教育，防范安全事故。具体做法：一是“事故预想316例”。“事故预想”的原理是：事故发生的因果顺序有如一根链条，只要将其中任意一环掐掉，事故就不会发展到最后的一环。为使员工进行安全预想，防范事故，该班组充分利用《陈四楼煤矿零打碎敲预想事故316例》一书，不但让员工学习里面的案例，还从班组中选演员，让员工根据事故类别、经过、原因、责任、教训等自己排练小故事，进行表演，通过对事故进行场景

再现，较好地实现了资源的共享与员工的自我教育，达到了超前预防的效果。二是“安全警示卡”。该班组始终坚持把员工的生命、健康放在第一位，视员工为亲人，带着深厚的感情抓安全。为帮助员工进行事故预想，创新推出了员工的“护身符”——“安全警示卡”。此卡正面条目式列举了对各岗位、各工种的“危险预知”，背面则印上了家人、企业、朋友温馨的祝福，这种警示卡帮助了员工进行事故预想，达到了时刻警示员工规避危险的目的。此卡使用后，取得了明显效果，目前已在全矿推广。三是“询问式”检查。为消除人的不安全因素，提醒员工安全注意事项和自身薄弱环节，该班开展了不定时询问安全检查方法。即班组长在工作面，根据员工工作情况，现场对员工进行岗位职责、安全标准、设备操作规程、设备故障、危险源等方面的询问，通过对操作者进行设备性能、不安全因素、事故后果、检修方法、操作方法等询问式检查，职工安全意识得到明显提升，“三违”人次大幅下降，安全隐患条数明显降低。

（2）三项工作，确保安全高效。具体做法：一是“岗前三分钟安全确认”活动。环境的安全是保证安全工作的基础。为保证环境安全，陈国玺班制作了现场施工安全确认牌板，开展了“岗前三分钟安全确认”工作。员工到达工作面，在正式工作前三分钟，要先做到“看、想、诵”三件事。看，即上查顶板，下查底板，中间查两帮，按照牌板规定的现场工作范围内是否有不安全因素或安全隐患，进行安全确认；想，即想一下班前会的内容和有无遗忘的安全工作事宜；诵，即背诵一下本岗位的操作要领，提醒自己要规范操作。二是岗中“手指口述”安全操作。安全事故，绝大多数并不是由不可抗拒的因素造成的，而是由于管理不到位和操作人员的不安全行为造成的。基于安全生产的实际需要，该班组严格执行“手指口述”操作法。员工明确岗位责任制，牢记安全操作流程和安全操作规程，做到了事事有标准，时时有尺度，使班组做到了工作有标准，行动有准则，岗位有人员，人员有责任，责任有落实，实现了流程化管理。三是“岗位冠军”赛出安全高效。为提升员工的素质，打造安全高效团队，陈国玺班结合生产实际，开展了“岗位冠军”竞赛活动。每月，该班组针对员工的工序操作熟练程度、工程质量及完成工序所需时间，开展竞赛。参赛选手如果能在最短的时间内，保质保量完成规定工序，就是该工种的冠军，推荐为区队岗位技术能手，并给予一定的奖励。此方法激发了班组员工比、争、赶、帮、超学习业务技能的热情，形成了在竞争中学习、在切磋中探讨的学习氛围，提升了员工发现工作现场存在的不足与缺陷的能力，缩减了新老员工间的工作技能差距，为矿井技术型人才与实用型人才的培养和发掘奠定了坚实基础。同时，此方法也进一步提高了班组效率。2009 年1—9 月，班工程质量逐步提升，现场隐患明显减少，月产量由约 2 万吨递增到近 4 万吨。

2. 尊重职工的劳动成果和合法权益，培养民主型班组

该班坚持以人为本的原则，探索出“两个一”的民主管理新方法，建立了班组民主管理机制，充分尊重了班组职工的劳动成果和合法权益，让劳动创造的效益惠及所有班组职工，充分调动了班组职工的主观能动性，激发了班组职工的工作热情，创造班组民主管理的良好氛围，打造了民主、和谐班组，加快该班的民主建设进程。

（1）一项工程打造“透明”班组。该班创新班组民主管理载体，扎实开展班务公开工作，充分发挥班务公开这项阳光工程在班组管理的推动作用，从抓制度、抓落实做起，把班务公开与加强班组内部管理、促进安全生产、文明管理、工程质量结合起来，把班组管理工作中的热点、难点，作为班务公开的重点和突破口，不留“空当”和“死角”，形成“任务公开大家干、成本公开大家管、考核公开大家看、工资奖金公开大家算、评先公开大家选”的良性机制，真正调动起职工的积极性、创造性，让职工明白、班组长清白，被大家形象地称为“12213”阳光工程，使班务公开真正成了凝聚人心的“黏合剂”、和谐班组的“助力器”。“12213”阳光工程即做到12项内容公开上墙、两监督、一透明、三及时。12项内容公开上墙：安全生产及工程质量公开，考勤公开，职工个人得分公开，工资分配明细公开，安全工资分配公开，各种材料的使用、节余、超支情况公开，全员学习考核公开，工资表及各类奖金、补贴发放情况公开，职工劳动竞赛结果公开，职工奖罚情况公开，班组劳动竞赛考核公开，班组长民主评议结果公开。两监督：班务公开积极接受职工监督和班民主管理小组监督。一透明：班务公开要做到公开、公平、公正，内容透明。通过这种“阳光”操作，消除了员工的顾虑和不理解的想法。三及时：对管理中出现的问题及时督导，职工有疑问及时解释，发生错误及时纠正。

（2）一个“本”参与班组民主管理。为了保证职工在参与民主管理的过程中诉求渠道畅通，找到当家做主的主人翁感觉，真正行使员工的民主权利，准确记录下员工的心声，同时为集思广益，征集班组建设的合理化建议，真正让一线员工参与到民主管理中去，该班给每名员工都配备了一个“民主记录本”。记录本具体内容包括：职工在工作和生活上有什么困难需要解决，比如在露天工作时不宜安装空调，请求配备电扇的建议；对班组的日常管理的意见，如对当前班组的成本管理，可以依据自身的岗位经验，提出具体、合理的开源节流的方法；对目前本班面临的生产难题的好的解决建议。班组长定期将每个员工的“民主管理本”收集起来，把所有意见都整理在一起，由班组长组织召开民主管理会，民主管理会具有规模小、形式活泼的特点，会议的民主气氛浓厚，所以职工没有思想顾虑，都积极对班组各项工作进行评论，所有班组成员在会上对这些问题进行协商和解决，调动和发挥全体职工的积极性和创造性，共同搞好本班组的工作。为增强班组职工参与民主管理的意识，对一些难以决定的问题采取民主表决的方式，形成班组最终的决议。经过这些程序解决不了的问题再由班组长提交到队里，请求上一级部门的帮助。

该办法实行以来，该班共采纳职工意见152条，其中92条是有关班组日常管理和解决生产困难的合理化建议，该班通过落实这92项职工建议，大大推动了班组日常管理工作，加强了班组管理薄弱环节。其中60条和职工工作、生活上的困难有关，通过班组内成员和队领导的帮助，现已全部解决，极大地融洽了职工之间的关系，为职工营造了家的氛围。

3. 分为三个阶段建设学习型班组，不断提升班组管理水平

当新鲜血液注入机体时，需要一个过程使其适应这个机体。同样，在经过矿上的岗前培训后，新工人分配到各个班组后，要经过学习锻炼，才能熟练掌握运用操作技能胜任本职工作。

（1）掌握运用阶段。陈四楼煤矿创新思路分“学、评、选”三个步骤，加大对新工人的培养力度，取得了明显成效。

学：该班组充分发挥“导师带徒”作用，为每一名分到班组的新员工配备一名具有3年以上工作经验的老工人进行帮带。每名新员工的学习期为3个月，在此期间，师徒两人在工作中形影不离，新员工可以在言传身教和耳濡目染中学到技能和知识。在实施过程可以看到，大部分新员工可以在这一时间段熟练掌握本岗位的技术要领，为进一步提高技能夯实了基础。

评：该班组打破了“一站式”的学习模式，在每名新工人实习3个月期满后，组织人员对分配到岗的新员工进行摸底调查，对新员工及其师傅进行考评，并给予一定的奖励，此举极大地增强了新员工的岗位意识和学习意识，打造了学习长效机制，对于新员工自身素质提升大有裨益。

选：通过不间断的考评，该班组还对新员工细心筛选，力求把合适的人放在适合的岗位上，如各种设备司机、各工种专业技术人员等。通常情况下，有将近10%的新员工在实习期结束后会被“遣回”所在区队，再次接受理论培训，直到真正掌握了相关技能才能再次走上工作岗位。

（2）借鉴提高阶段。该班组开展的“岗位互换、师徒互学”，就是为了让所有班组成员相互借鉴、互相提高。班组从员工中选拔几名素质高、业务精的员工，每人分别帮带一名技术稍显一般的队友，双方签订导师带徒协议。在经过一段时间的帮带后，分别进行师徒互换和徒弟互换，并再次签订师徒协议。每月考核一次，内容包括安全、操作技能、企业文化、创新等方面。该班组规定，连续3个月得分在70分以下的调离该岗位。通过“岗位互换、师徒互学”，让班组人员认识到自己工作中的缺陷，继而及时跟进，快速提升自身素质，同时也为打造复合型人才奠定了基础。师傅变学徒激发了员工的学习积极性，迅速提高了员工的素质，有助于区队更全面地提升管理水平。

（3）专业升华阶段。班组人员技术水平达到一定程度后，将参加所在区队及矿上进行的各项技术比武活动，通过这样的舞台，一方面可以展示自己的才能，另一方面可以在差距中学到知识。该班组每月至少推荐5名特种作业人员参加矿内晋级认证考核，通过理论考试和实际操作考试，提升了员工的技能，打破了特殊岗位不可替代的神话，增强了员工的危机意识，也使员工学知识、学技术的热情空前高涨。此外，该班组还推荐班组成员参加矿上的“专业技术带头人”选拔，为他们搭建平台，同高手过招。对获得矿“专业技术带头人”荣誉称号的员工，除获得该矿统一颁发的“专业技术带头人”荣誉证书外，在班

组内要受到重用，成为班组员工的老师、教授，负责帮带 1 或 2 名徒弟，指导学生的理论学习、实际操作知识，及时解决工作中遇到的各项“疑难杂症”。此外，班组内获得“专业技术带头人”荣誉称号的员工，在班组评先时，享有优先权，同时将推荐到矿后备人才库，作为重点培养对象。

陈国玺班通过安全型、民主型、学习型班组建设，有效地提升了班组的创造力、凝聚力和战斗力，强基固本，为将企业打造成平安和谐企业做出了贡献。